HERNÁN CORTÉS

DE MÉXICO A HONDURAS: MI VIAJE POR EL INFIERNO

(Cartas de 1519 a 1526)

ERANDIQUE

COLECCIÓN

DE MÉXICO A HONDURAS: MI VIAJE POR EL INFIERNO (Cartas de 1519 a 1526)
Hernán Cortés
©Colección Erandique
Supervisión Editorial: Óscar Flores López
Diseño de portada: Andrea Rodríguez
Administración: Tesla Rodas—Jessica Cordero
Director Ejecutivo: José Azcona Bocock
Primera Edición
Tegucigalpa, Honduras—Noviembre de 2025

TRES MIL KILÓMETROS DE MÉXICO A HONDURAS

Hernán Cortés escribió cinco cartas de relación[1]. Dos de ellas tienen que ver con Hibueras[2] (hoy Honduras).

En la cuarta carta de relación, escrita desde Honduras, cuenta las dificultades políticas y personales que el conquistador sufrió tras la conquista. Cortés, además, relata las traiciones, motines y expediciones fallidas en las Hibueras (Honduras), la pérdida de varios navíos y hombres, y los desórdenes en México durante su ausencia.

"Yo he procurado siempre, con toda fidelidad y pureza de intención, servir a vuestra majestad y ensalzar su real corona, sin tener respecto a mi provecho, antes poniendo mi persona y hacienda en

---

[1] Se llaman "cartas de relación" porque "relación" en el castellano de los siglos XV–XVI significaba relato, informe o cuenta detallada de hechos. Eran cartas-informe dirigidas al rey y al Consejo (en este caso, de Cortés a Carlos V) para:
Notificar y justificar acciones ("dar relación" de lo obrado).
Pedir mercedes (recompensas, cargos) y legitimar decisiones.
Describir tierras, gentes, recursos y rutas con valor administrativo y jurídico.
Ese nombre no es exclusivo de Cortés: era un género administrativo común en la Monarquía Hispánica (piensa también en las relaciones geográficas). En suma, "carta de relación" = carta que contiene la relación (el informe) oficial de lo actuado.

[2] Durante la época de Hernán Cortés (siglo XVI), el territorio que hoy conocemos como Honduras era llamado Las Hibueras (también escrito Higueras o Ybueras, según la ortografía antigua).
El nombre proviene, según la mayoría de los historiadores, de una voz indígena local o del nombre de una bahía conocida por los conquistadores como "Bahía de las Hibueras" (la actual bahía de Trujillo, en la costa norte de Honduras).
Algunos cronistas españoles interpretaron que el nombre tenía relación con las "higueras" (los árboles de higo), aunque esto es más una etimología popular que una certeza histórica.

muchos y grandes peligros por acrecentar su señorío", escribe el conquistador.

"Determineme a ir en persona a las Hibueras, porque supe que Cristóbal de Olid, a quien yo había enviado por capitán, se había alzado y rebelado de la obediencia de vuestra majestad, y quise ir a castigar su traición y reducir aquella tierra al servicio real", escribe Cortés en su quinta y última carta de relación.

"Toda aquella tierra de las Hibueras hallé muy desordenada y los naturales alborotados por las crueldades que Olid y su gente habían hecho", señala en otra parte de su relato.

También cuenta que "Hice poblar la villa de Trujillo en nombre de vuestra majestad, porque el puerto es bueno y la comarca abundosa, y por ella se puede proveer toda la costa de las Hibueras."

La quinta carta de relación, escrita desde México, es la última que se le conoce a Hernán Cortés.

Partí de la ciudad de Tenuxtitlan en el mes de octubre del año de mil quinientos y veinticuatro, llevando conmigo hasta trescientos hombres de a pie y de a caballo, y alguna artillería —narró—. Y caminando por tierras y provincias nunca hasta entonces vistas ni conocidas, pasamos muy grandes trabajos, así de hambre como de sed y de malos caminos, porque todo era montañas, ciénagas y ríos grandes. Y con todo esto, plugo a Dios que, en todas las provincias por donde pasamos, los naturales me recibieron de paz, y se hicieron vasallos de Vuestra Majestad.

El viaje de México a Honduras fue brutal y extenuante, y puso a prueba la determinación de Cortés y de sus hombres. Fue uno de los episodios más duros y dramáticos de su vida: dos años en los que cuatrocientos hombres atravesaron selvas, pantanos, sierras e interminables lluvias tropicales; sufrieron hambre y motines. En el camino hubo deserciones, muertes, enfermedades y traiciones.

"Así que don Hernán Cortés notó la tardanza de su primo Las Casas, a quien enviara a Honduras, y resolvió salir en persona para castigar a Cristóbal de Olid. Aquella tierra era rica en minas de oro, en aves de cetrería y en maderas espléndidas, y aunque no estaba terminada la conquista de México, creía urgente hacer el viaje, el cual fue fastuoso como nunca antes se había visto en estas tierras, y había de ser materia hermosa para un romance, porque las sierras saldrían al encuentro con indios bravos, aguaceros torrenciales y largas tardes con sol", escribió Rafael Heliodoro Valle[3].

Valle describe así la comitiva: "Iban con el gentil hombre muchos escopeteros y ballesteros, varios soldados venidos últimamente de Castilla, un mayordomo que se tuteaba con el maestre sala, un repostero que cuidaba la vajilla de oro y plata, un médico, un barbero, un camarero que sabía muchas cosas, dos cazadores con halcones, muchos tañedores de sacabuches, dulzainas y chirimías, mozos de espuela, pajes, y otros hombres leales. Cerraban el cortejo el rey Cuauhtémoc, el señor de Tacuba y otros príncipes mexicanos."

Tras atravesar serranías, vadear lagunas donde se hundieron monturas y arneses, el ejército divisó la primera población de Honduras. Ya cerca de la desembocadura del golfo, soldados que avanzaban vieron a cuatro españoles en una huerta y allí supieron que Olid había muerto a manos de sus propios hombres y que Francisco de las Casas había regresado a la Nueva España. "Un tal Alonso Ortiz corrió a dar las albricias a Cortés".

Cuando Cortés emprendió el camino hacia las Hibueras era el 12 de octubre de 1524. Según cálculos aproximados, la caravana se componía así:

— Soldados españoles (a pie y a caballo): 400.

— Religiosos, oficiales, sirvientes, mujeres, esclavos, artilleros, carpinteros, etc.: 100–150.

— Indígenas aliados (tlaxcaltecas, mexicas, totonacas, etc.): 2.000–3.000.

— Animales (caballos, cerdos, perros, etc.): 200.

Entre los capitanes iban figuras de su confianza como Gonzalo de Sandoval, Luis Marín, Francisco de las Casas y Hernando de Saavedra.

"Fue tanta la miseria —escribiría Cortés después— que apenas parecía que quedaba vida en nosotros."

Tres mil kilómetros de infierno entre tierras y mares, acechados por animales salvajes y castigados por la naturaleza. El paso por Chiapas, Tabasco y las sierras fue particularmente cruel: fiebres, hambre, delirio y desesperación.

---

[3] El viaje de Hernán Cortes a las Hibueras por Rafael Heliodoro Valle.

En el 28 de febrero de 1525, durante la marcha hacia Honduras, Hernán Cortés mandó ejecutar a Cuauhtémoc en el territorio de Itzamkanac (Acalán), una región pantanosa situada entre el actual Tabasco y el Petén guatemalteco, cerca del río Usumacinta.

Según las crónicas, el emperador mexica le dijo a Cortés: "Ya sé que he conocido tu falso corazón; ahora vas a perderme injustamente, ¡Dios te lo demande."

Desde Nito (en la costa del Caribe guatemalteca o en la costa del Golfo de Honduras —la toponimia colonial y moderna se solapan y generan confusiones—), Cortés encuentra los restos de la expedición de Gil González Dávila, ruinosa y hambrienta. Antes de llegar a Trujillo (finales de 1525 o principios de 1526) funda la villa de la Natividad de Nuestra Señora (bahía de San Andrés, Honduras) y organiza un asentamiento para reorganizar la región y enviar mensajeros a los pueblos vecinos.

En Trujillo escribe la carta donde defiende su actuación y relata su odisea. En abril de 1526 Cortés y sus hombres embarcan y regresan a México. Cortés nunca llegó a castigar personalmente a Cristóbal de Olid —éste había sido asesinado por sus propias gentes—; en Honduras reprimió con dureza los alzamientos indígenas y trabajó por reorganizar la costa y restablecer la autoridad.

"Porque yo quedé muy malo de la mar, y hasta ahora lo estoy, no pude entrar la tierra adentro…", dejó escrito Cortés. El viaje a Honduras fue mezcla de fracaso y triunfo: perdió hombres, recursos y autoridad temporal, pero reafirmó su lealtad real y amplió los límites del dominio español.

"Y aunque algunos de mis capitanes y amigos me persuadían que no fuese yo a Hibueras, sino que enviase a otro en mi lugar, considerando cuán grande era el mal ejemplo que resultaría si semejante traición quedaba sin castigo, y que se perdería la obediencia y temor que los naturales tienen, y se destruiría el nombre de Vuestra Majestad y mi autoridad, determineme a ir en persona, con ayuda de Nuestro Señor, a poner remedio en ello."

Hernán Cortés decidió viajar a Honduras. Allí, en ese paraíso caribeño, el temido guerrero fue derrotado… y jamás volvió a ser el mismo.

Óscar Flores López/Editor Colección Erandique

PRIMERA CARTA DE RELACIÓN (JULIO 10 DE 1519): CORTÉS ES RECIBIDO POR MOCTEZUMA

Cortés narra su llegada a las costas de México tras desobedecer las órdenes del gobernador de Cuba, Diego Velázquez. Explica la fundación de la Villa Rica de la Vera Cruz para establecer un gobierno propio y justificar su autoridad ante el rey. Describe el primer contacto con los pueblos indígenas, las alianzas con los totonacas y tlaxcaltecas, y su entrada a la gran ciudad de Tenochtitlán, donde fue recibido por Moctezuma. Su propósito es legitimar su expedición y presentar el potencial económico y político del nuevo territorio.

HIJO DE LA JUSTICIA Y REGIMIENTO DE LA RICA VILLA DE LA VERACRUZ A LA REINA DOÑA JUANA Y AL EMPERADOR CARLOS V:

Muy altos y muy poderosos, excelentísimos príncipes, muy católicos y muy grandes reyes y señores:

Bien creemos que vuestras majestades, por letras de Diego Velázquez, teniente de almirante en la isla Fernandina, habrán sido informados de una tierra nueva que puede haber dos años más o menos que en estas partes fue descubierta; que al principio fue intitulada por nombre Cozumel y después la nombraron Yucatán, sin ser lo uno ni lo otro, como por esta nuestra relación vuestras reales altezas mandarán ver.

Y porque las relaciones que hasta ahora a vuestras majestades de esta tierra se han hecho —así de la manera y riquezas de ella, como de la forma en que fue descubierta y otras cosas que de ella se han dicho— no son ni han podido ser ciertas, porque nadie hasta ahora las ha sabido, será ésta que nosotros a vuestras reales altezas escribimos y contaremos aquí desde el principio en que fue descubierta esta tierra hasta el estado en que al presente está.

De esta manera vuestras majestades sabrán la tierra que es, la gente que la posee, la manera de su vivir, el rito y ceremonias, secta o ley que tienen, y el feudo que en ella vuestras reales altezas podrán hacer y de ella podrán recibir, y de quién en ella vuestras majestades han sido servidos, para que en todo vuestras reales majestades puedan hacer lo que más servidos serán.

Y la cierta y muy verdadera relación es en esta manera:

Puede haber dos años poco más o menos, muy esclarecidos príncipes, que en la ciudad de Santiago, que es en la isla Fernandina, donde nosotros hemos sido vecinos en los pueblos de ella, se juntaron tres vecinos de la dicha isla: el uno de los cuales se dice Francisco Fernández de Córdoba, el otro Lope Ochoa de Caicedo y el otro Cristóbal Morante.

Y como es costumbre en estas islas —que en nombre de vuestras majestades están pobladas de españoles— de ir por indios a las islas que no están pobladas de españoles para servirse de ellos, enviaron los susodichos dos navíos y un bergantín para que de las dichas islas trajesen indios a la dicha isla Fernandina, para servirse de ellos.

Y creemos —porque aún no lo sabemos de cierto— que el dicho Diego Velázquez, teniente de almirante, tenía la cuarta parte de la dicha armada. Y uno de los dichos armadores fue por capitán de la armada, llamado Francisco Fernández de Córdoba, y llevó por piloto a un Antón de Alaminos, vecino de la villa de Palos. A este Antón de Alaminos trajimos nosotros ahora también por piloto y lo enviamos a vuestras reales altezas, para que de él vuestras majestades puedan ser informados.

Y siguiendo en viaje, fueron a dar a la dicha tierra intitulada de Yucatán, a la punta de ella, que estará sesenta o setenta leguas de la dicha isla Fernandina, de esta tierra de la Rica Villa de la Vera Cruz, donde nosotros en nombre de vuestras reales altezas estamos.

En la cual saltó en un pueblo que se dice Campeche, donde al señor de él pusieron por nombre Lázaro, y allí le dieron dos mazorcas con una tela de oro por cama, y otras cosillas de oro.

Y porque los naturales de la dicha tierra no los consintieron estar en el pueblo y tierra, se partieron de allá y se fueron costa abajo hasta diez leguas, donde tornó a saltar en tierra junto a otro pueblo que se llama Nochopobón, y el señor de él, Champotón.

Allí fueron bien recibidos de los naturales de la tierra, mas no los consintieron entrar en su pueblo, y aquella noche durmieron los españoles fuera de las naos en tierra. Y viendo esto los naturales de aquella tierra, pelearon otro día en la mañana con ellos, en tal manera que murieron veintiséis españoles y fueron heridos otros tantos.

Finalmente, viendo el capitán Francisco Fernández de Córdoba esto, escapó con los que le quedaron a acogerse a las naos.

Viendo, pues, el dicho capitán cómo le habían muerto más de la cuarta parte de su gente, y que todos los que le quedaban estaban heridos, y que él mismo tenía treinta y tantas heridas y estaba casi muerto, pensando escaparse, se volvió con los dichos navíos y gente a la isla Fernandina, donde hicieron saber al dicho Diego Velázquez cómo habían hallado una tierra muy rica en oro, porque a todos los naturales de ella los habían visto traer puesto en las narices, en las orejas y en otras partes.

Y que en la dicha tierra había edificios de cal y canto y mucha cantidad de otras cosas, que de dicha tierra publicaron, de mucha administración y riquezas. Y dijéronle que, si él podía enviar navíos a rescatar oro, había mucha cantidad de ello.

Sabido esto por el dicho Diego Velázquez, movido más a codicia que a otro celo, despachó luego a un su procurador a la isla Española con cierta relación que hizo a los reverendos padres de San Jerónimo, que en ella residían por gobernadores de estas Indias, para que en nombre de vuestras majestades le diesen licencia —por los poderes que de vuestras altezas tenían— para que pudiese enviar a bojar la dicha tierra, diciéndoles que en ello haría gran servicio a vuestras majestades.

CON TAL QUE le diesen licencia para que rescatase con los naturales de ella oro, perlas, piedras preciosas y otras cosas, lo cual todo fuese suyo pagando el quinto a vuestras majestades.

Lo cual, por los dichos reverendos padres gobernadores Jerónimos, le fue concedido; así porque hizo relación de que él había descubierto la dicha tierra a su costa, como por saber el secreto de ella y proveer como al servicio de vuestras reales altezas conviniese.

Y por otra parte, sin saberlo los dichos padres Jerónimos, envió a un Gonzalo de Guzmán con su poder y con la dicha relación a vuestras altezas reales, diciendo que él había descubierto aquella tierra a su costa, en lo cual a vuestras majestades había hecho servicio; y que la quería conquistar a su costa, y suplicando a vuestras reales altezas lo hicieran adelantado y gobernador de ella, y ciertas mercedes que allende de esto pedía, como vuestras majestades habrán ya visto por su relación, y por esto no las expresamos aquí.

En este medio tiempo, como le vino la licencia que en nombre de sus majestades le dieron los reverendos padres gobernadores de la orden de San Jerónimo, diose prisa en armar tres navíos y un bergantín, porque si vuestras majestades no fuesen servidos de concederle lo que con Gonzalo de Guzmán les había enviado a pedir, lo hubiese ya enviado con la licencia de los dichos padres Jerónimos.

Y, armados, envió por capitán de ellos a un deudo suyo que se dice Juan de Grijalba, y con él a ciento sesenta hombres de los vecinos de la dicha isla, entre los cuales venimos algunos de nosotros por capitanes, por servir a vuestras reales altezas.

Y no sólo vinimos los de la dicha armada aventurando nuestras personas, sino que casi todos los bastimentos de la dicha armada pusieron y pusimos de nuestras casas, en lo cual gastaron y gastamos asaz parte de nuestras haciendas.

Y fue por piloto de la dicha armada el dicho Antón de Alaminos, que primero había descubierto la dicha tierra cuando fue con Francisco Fernández de Córdoba.

Y para hacer este viaje tomaron su dicha derrota, que antes que a la dicha tierra viniesen, descubrieron una isla pequeña que bojaba hasta treinta leguas, que está por la parte del sur de la dicha tierra, la cual es llamada Cozumel. Llegaron en la dicha isla a un pueblo que pusieron por nombre San Juan de Porta Latina, y a la dicha isla llamaron Santa Cruz.

En el primer día que allí llegaron, salieron a verlos hasta ciento cincuenta personas de los indios de dicho pueblo, y al día siguiente, según pareció, dejaron el pueblo los dichos indios y se acogieron al monte. Y como el capitán tuviese necesidad de agua, se hizo a la vela para ir a tomarla a otra parte.

El mismo día, yendo en su viaje, acordóse de volver al dicho puerto e isla de Santa Cruz, y surgió allí. Saltando en tierra, halló el pueblo sin gente, como si nunca fuese poblado; y, tomada su agua, se tornó a sus naos sin calar la tierra ni saber el secreto de ella, lo que no debieran haber hecho, pues fuera menester que la calaran y supieran, para hacer verdadera relación a vuestras altezas reales de lo que era aquella isla.

Y alzando velas, se fue y prosiguió su viaje hasta llegar a la tierra que Francisco Fernández de Córdoba había descubierto, a donde iba para la bojar y hacer su rescate. Llegados allá, anduvieron por la costa de ella, del sur hacia el poniente, hasta llegar a una bahía a la cual el dicho capitán Grijalba y el piloto mayor Antón de Alaminos pusieron por nombre Bahía de la Asunción, que, según opinión de pilotos, está muy cerca de la punta de Las Veras, que es la tierra que Vicente Yáñez Pinzón descubrió y apuntó. La parte y mitad de aquella bahía, la cual es muy grande, se cree que pasa a la Mar del Norte.

Desde allá se volvieron por la dicha costa por donde habían ido hasta doblar la punta de la dicha tierra, y por la parte del norte de ella navegaron hasta llegar al dicho puerto Campeche, cuyo señor se llama Lázaro, donde había llegado el dicho Francisco Fernández de Córdoba para hacer su rescate que por el dicho Diego Velázquez le era mandado, así como por la mucha necesidad que tenían de tomar agua.

Y luego que los vieron venir los naturales de la tierra, se pusieron en manera de batalla fuera de su pueblo para defender la entrada. El capitán los llamó con una lengua e intérprete que llevaba, y vinieron ciertos indios a los cuales hizo entender que él no venía sino a rescatar con ellos de lo que tuvieran y a tomar aguaje. Así se fue con ellos hasta un jagüey de agua que estaba junto a su pueblo, y allí comenzó a tomar su agua y a decirles con el dicho faraute que les dieran oro, y que les darían de las preseas que llevaban.

Y los indios, desde que aquello vieron, como no tenían oro que darle, le dijeron que se fuese. Y él les rogó le dejasen tomar su agua y que luego se irían. Y, con todo eso, no se pudo de ellos defender sin que otro día de mañana, a hora de misa, los indios comenzasen a pelear con ellos con sus arcos, flechas, lanzas y rodelas; de manera que mataron a un español e hirieron al dicho capitán Grijalba y a otros muchos. Aquella tarde se embarcaron en las carabelas con su gente, sin entrar en el pueblo de los dichos indios y sin saber cosa de que a vuestras reales majestades verdadera relación se pudiese hacer.

De allí se fueron por la dicha costa. Así llegaron a un río al cual pusieron por nombre el río de Grijalba, y surgió en él casi a hora de víspera. Otro día de mañana se pusieron de la una y de la otra parte del río un gran número de indios y gente de guerra, con sus arcos, flechas, lanzas y rodelas, para defender la entrada en su tierra; y, según pareció a algunas personas, creían contar cinco mil indios.

Como el capitán esto vio, no saltó a tierra nadie de los navíos, sino que, desde los navíos, les habló con las lenguas y farautes que traía, rogándoles que llegasen más cerca para que les pudiese decir la causa de su venida. Entraron veinte indios en una canoa y vinieron muy recatados, y acercáronse a los navíos, y el capitán Grijalba les dijo y dio a entender, por aquel intérprete que llevaba, cómo él no venía sino a rescatar, y que quería ser amigo de ellos, y que le trajesen oro de lo que tenían y que él les daría de las preseas que llevaba.

Así lo hicieron al día siguiente, trayéndole ciertas joyas de oro sutiles, y el dicho capitán les dio de su rescate lo que le pareció, y ellos se volvieron a su pueblo. El dicho capitán estuvo allá aquel día, y otro día siguiente se hizo a la vela, sin saber más secreto alguno de aquella tierra. Bojaron hasta llegar a una bahía a la cual pusieron por nombre la bahía de San Juan, y allí saltó el capitán en tierra con cierta gente, en unos arenales despoblados.

Y como los naturales de la tierra habían visto que aquellos navíos venían por la costa, acudieron allí, con los cuales él habló con sus intérpretes y sacó una mesa en que puso ciertas preseas, haciéndoles entender cómo venían a rescatar y a ser sus amigos.

Y como esto vieron y entendieron los indios, comenzaron a traer piezas de ropa y algunas joyas de oro, las cuales rescataron con el dicho capitán. Desde allí despachó y envió el dicho capitán Grijalba a Diego Velázquez una de las dichas carabelas con todo lo que hasta entonces había rescatado.

Partida la dicha carabela para la isla Fernandina, donde estaba Diego Velázquez, se fue el dicho capitán Grijalba por la costa abajo con los navíos que le quedaron y anduvo por ella hasta cuarenta y cinco leguas, sin saltar en tierra ni ver cosa alguna, excepto aquello que desde la mar se parecía. Desde allí se comenzó a volver para la isla Fernandina, y nunca más vio cosa alguna de aquella tierra que de contar fuese. Por lo cual vuestras reales altezas pueden creer que todas las relaciones que de esta tierra se les han hecho no han podido ser ciertas, pues no supieron los secretos de ella más de lo que por sus voluntades han querido escribir.

Llegado a la isla Fernandina el dicho navío que el capitán Juan de Grijalba había despachado de la bahía de San Juan, como Diego Velázquez vio el oro que llevaba y supo por las cartas que Grijalba le escribía, las ropas y preseas que por ellas habían dado con rescate, parecióle que se había rescatado poco, según las nuevas que le daban los que en la dicha carabela habían ido, y el deseo que él tenía de haber oro.

Publicaba que no había ahorrado la costa que había hecho en la dicha armada, y que le pesaba y mostraba sentimiento por lo poco que el capitán Grijalba en esta tierra había hecho.

En verdad no tenía mucha razón, porque los gastos que él hizo en la dicha armada se le ahorraron con ciertas botas y toneles de vino, con ciertas cajas y camisas de presillas, y con cierto rescate de cuentas que envió en la dicha armada. Porque acá se nos vendió el vino a cuatro pesos de oro, que son dos mil maravedís la arroba; la camisa de presilla se nos vendió a dos pesos de oro, y el mazo de cuentas verdes a dos pesos; por manera que ahorró con esto todo el gasto de la armada y aún ganó dineros.

Y hacemos de esto tan particular relación a vuestras majestades para que sepan que las armadas que hasta aquí ha hecho Diego Velázquez han sido tanto de trato de mercaderías como de armador, y con nuestras personas y gastos de nuestras haciendas. Y aunque hemos padecido infinitos trabajos, hemos servido a vuestras reales altezas y serviremos hasta tanto que la vida nos dure.

Estando el dicho Diego Velázquez con este enojo del poco oro que le habían llevado, y teniendo deseo de haber más, acordó —sin decirlo ni hacerlo saber a los padres gobernadores Jerónimos— hacer una armada y volver a enviar a buscar al dicho capitán Juan de Grijalba, su pariente.

Y para hacerlo a menos costa suya, habló con Fernando Cortés, vecino y alcalde de la ciudad de Santiago por vuestras majestades, y díjole que armaran ambos hasta ocho o diez navíos, porque a la sazón el dicho Fernando Cortés tenía mejor aparejo que otra persona alguna de la dicha isla, por tener entonces tres navíos suyos propios y dineros para poder gastar, y porque era bienquisto en la dicha isla. Y que con él se creía que querría venir mucha más gente que con otro, como vino.

Visto por el dicho Fernando Cortés lo que Diego Velázquez le decía, movido con celo de servir a vuestras reales altezas, propuso gastar todo cuanto tenía en hacer aquella armada, casi las dos partes de ella a su costa, así en navíos como en bastimentos, además de repartir sus dineros entre las personas que habían de ir en la dicha armada, que tenían necesidad para proveerse de cosas necesarias para el viaje.

Hecha y ordenada la dicha armada, nombró en nombre de vuestras majestades el dicho Diego Velázquez al dicho Fernando Cortés por capitán de ella, para que viniese a esta tierra a rescatar y hacer lo que Grijalba no había hecho.

Y todo el concierto de la dicha armada se hizo a voluntad del Diego Velázquez, aunque no puso ni gastó él más de la tercia parte de ella, según vuestras reales altezas podrán mandar ver por las instrucciones y poder que el dicho Fernando Cortés recibió de Diego Velázquez en nombre de vuestras majestades, las cuales enviamos ahora con estos nuestros procuradores a vuestras altezas.

Y sepan vuestras majestades que la mayor parte de la dicha tercia parte que el dicho Diego Velázquez gastó en hacer la dicha armada fue en emplear sus dineros en vinos y en ropas y en otras cosas de poco valor, para vendérnoslo acá en mucha más cantidad de lo que a él le costó; por manera que podemos decir que, entre nosotros los españoles, vasallos de vuestras reales altezas, hace Diego Velázquez su rescate y granjea sus dineros, cobrándolos muy bien.

Acabada de hacer la dicha armada, se partió de la dicha isla Fernandina el dicho capitán de vuestras reales altezas, Fernando Cortés, para seguir su viaje con diez carabelas y cuatrocientos hombres de guerra, entre los cuales vinieron muchos caballeros e hidalgos y dieciséis de caballo.

Prosiguiendo el viaje, a la primera tierra que llegaron fue a la isla Cozumel, que ahora se dice de Santa Cruz, como arriba hemos dicho, en el puerto de San Juan de Porta Latina.

Saltando en tierra, se halló el pueblo que allí hay despoblado, sin gente, como si nunca hubiera sido habitado de persona alguna. Y deseando el dicho capitán Fernando Cortés saber cuál era la causa de estar despoblado aquel lugar, hizo salir a la gente de los navíos y aposentáronse en aquel pueblo.

Estando allí con su gente, supo de tres indios que se tomaron en una canoa en la mar —que se pasaban a la isla de Yucatán— que los caciques de aquella isla, visto cómo los españoles habían aportado allí, habían dejado los pueblos y, con todos sus indios, se habían ido a los montes por temor de los españoles, por no saber con qué intención y voluntad venían con aquellas naos.

El dicho Fernando Cortés, hablándoles por medio de una lengua o faraute que llevaba, les dijo que no iban a hacerles mal ni daño alguno, sino para amonestarles y atraerlos para que viniesen en conocimiento de nuestra santa fe católica, y para que fueran vasallos de vuestras majestades y les sirviesen y obedeciesen como lo hacen todos los indios y gentes de estas partes que están pobladas de españoles, vasallos de vuestras reales altezas.

Asegurándoles el dicho capitán de esta manera, perdieron mucha parte del temor que tenían y dijeron que ellos querían ir a llamar a los caciques que estaban tierra adentro, en los montes. Luego el dicho capitán les dio una carta suya para que los dichos caciques vinieran seguros. Así se fueron con ella, dándoles el capitán término de cinco días para volver.

Pues como el capitán estuviese allí aguardando la respuesta que los dichos indios le habían de traer, y hubiesen ya pasado otros tres o cuatro días más de los cinco que llevaron de licencia, y viese que no venían, determinó, porque aquella isla no se despoblase, enviar por la costa de ella otra gente.

Envió dos capitanes con hasta cien hombres, y mandóles que el uno fuese a una punta de la isla y el otro a la otra, y que hablasen a los caciques que topasen, y les dijesen cómo él los estaba esperando en aquel pueblo y puerto de San Juan de Porta Latina para hablarles de parte de vuestras majestades, y que los rogasen y atrajesen como mejor pudiesen para que quisiesen venir al dicho puerto de San Juan, y que no les hiciesen mal alguno en sus personas, casas ni haciendas, para que no se alterasen ni alejasen más de lo que estaban.

Fueron los dichos dos capitanes como el capitán Fernando Cortés los mandó; y volviendo de allí a cuatro días, dijeron que todos los pueblos que habían topado estaban vacíos y trajeron consigo hasta diez o doce personas que pudieron haber, entre los cuales venía un indio principal, al que habló el dicho capitán Fernando Cortés de parte de vuestras altezas con la lengua e intérprete que traía, y le dijo que fuera a llamar a los otros caciques porque él no se había de partir en ninguna manera de esa dicha isla sin verlos y hablarlos.

Dijo que así lo haría, y así se partió con su carta para los otros caciques. De allí a dos días vino con él el principal y le dijo que era señor de la isla y que venía a ver qué era lo que quería.

El capitán le habló con el intérprete y le dijo que él no quería ni venía a hacerles mal alguno, sino a decirles que viniesen al conocimiento de nuestra santa fe y que supieran que teníamos por señores a los mayores príncipes del mundo, y que éstos obedecían a un mayor príncipe que él.

Y QUE LO QUE el dicho capitán Fernando Cortés les dijo que quería de ellos no era otra cosa sino que los caciques e indios de aquella isla obedecieran también a vuestras altezas, y que haciéndolo así serían muy favorecidos, y que haciendo esto no habría quien los enojase.

El dicho cacique respondió que era contento de hacerlo así, y envió luego a llamar a todos los principales de la dicha isla, los cuales vinieron, y venidos holgaron mucho de todo lo que el dicho capitán Fernando Cortés había hablado a aquel cacique, señor de la isla.

Y así los mandó volver, y volvieron muy contentos, y en tanta manera se aseguraron que, de allí a pocos días, estaban los pueblos tan llenos de gente y tan poblados como antes, y andaban entre nosotros todos aquellos indios con tan poco temor, como si mucho tiempo hubieran tenido conversación con nosotros.

En este medio tiempo supo el capitán que unos españoles estaban siete años cautivos en el Yucatán, en poder de ciertos caciques, los cuales se habían perdido en una carabela que dio al través en los bajos de Jamaica, la cual venía de Tierra Firme; y que ellos se escaparon en una barca de aquella carabela saliendo a aquella tierra, y desde entonces los tenían allí cautivos y presos los indios. Y también traía aviso de ello el dicho capitán Fernando Cortés cuando partió de la dicha isla Fernandina para saber de estos españoles; y, como aquí supo nuevas de ellos y la tierra donde estaban, le pareció que haría mucho servicio a Dios y a vuestra majestad en trabajar que saliesen de la prisión y cautiverio en que estaban. Y luego quisiera ir con toda la flota, con su persona, a redimirlos, si no fuera porque los pilotos le dijeron que en ninguna manera lo hiciese, porque sería causa de que la flota y la gente que en ella iba se perdiese, a causa de ser la costa muy brava, como lo es, y no haber en ella puerto ni parte donde pudiese surgir con los dichos navíos; y por esto lo dejó y proveyó luego enviar con ciertos indios en una canoa —los cuales le habían dicho que sabían quién era el cacique con quien los dichos españoles estaban—, y les escribió cómo, si él dejaba de ir en persona con su armada para librarlos, no era sino por ser mala y brava la costa para surgir; pero que les rogaba que trabajasen de soltarse y huir en algunas canoas, y que ellos les esperarían allí en la isla de Santa Cruz.

Tres días después que el dicho capitán despachó a aquellos indios con sus cartas, no le pareciendo que estaba muy satisfecho, creyendo que aquellos indios no lo sabrían hacer tan bien como él lo deseaba, acordó enviar —y envió— dos bergantines y un batel con cuarenta españoles de su armada a la dicha costa para que tomasen y recogiesen a los españoles cautivos si allí acudiesen. Y envió con ellos otros tres indios para que saltasen en tierra y fuesen a buscar y llamar a los españoles presos, con otra carta suya. Y, llegados estos dos bergantines y batel a la costa donde iban, echaron a tierra los tres indios y enviáronlos a buscar a los españoles, como el capitán les había mandado; y estuviéronlos esperando en la dicha costa seis días, con mucho trabajo, que casi se hubieran perdido y dado al través en la dicha costa, por ser tan brava allí la mar, según los pilotos habían dicho.

Y, visto que no venían los españoles cautivos ni los indios que a buscarlos habían ido, acordaron volverse adonde el dicho capitán Fernando Cortés los estaba aguardando, en la isla de Santa Cruz. Y llegados a la isla, como el capitán supo el mal recado que traían, recibió mucha pena; y luego, otro día, propuso embarcarse con toda determinación de ir y llegar a aquella tierra, aunque toda la flota se perdiese, y también por certificarse si era verdad lo que el capitán Juan de Grijalba había enviado a decir a la isla Fernandina, diciendo que era burla; que nunca a aquella costa habían llegado ni se habían perdido aquellos españoles que se decían estar cautivos.

Y estando en este propósito el capitán, embarcando ya toda la gente —que no faltaba de embarcarse salvo su persona con otros veinte españoles que con él estaban en tierra—, y haciéndoles el tiempo muy bueno y conforme, según a su propósito para salir del puerto, se levantó a deshora un viento contrario con unos aguaceros muy contrarios para salir, en tanta manera que los pilotos dijeron al capitán que no se embarcara, porque el tiempo era muy contrario para salir del puerto. Y, visto esto, el capitán mandó desembarcar toda la otra gente de la armada; y a otro día, a mediodía, vieron venir a una canoa a la vela hacia la dicha isla. Y, llegada donde nosotros estábamos, vimos cómo venía en ella uno de los españoles cautivos que se llama Jerónimo de Aguilar, el cual nos contó la manera cómo se había perdido y el tiempo que había que estaba en aquel cautiverio —que es, como arriba, vuestras reales altezas hemos hecho relación—. Y túvose entre nosotros aquella contrariedad de tiempo que sucedió de improviso —como es verdad— por muy gran misterio y milagro de Dios, por donde se cree que ninguna cosa se comienza que, en servicio de vuestras majestades, sea que pueda suceder sino en bien. De este Jerónimo de Aguilar fuimos informados que los otros españoles que con él se perdieron en aquella carabela que dio al través estaban muy derramados por la tierra —la cual nos dijo que era muy grande—, y que era imposible recogerlos sin estar y gastar mucho tiempo en ello.

Pues, como el capitán Fernando Cortés viese que se iban acabando los bastimentos de la armada y que la gente padecería mucha necesidad de hambre si dilatase y esperase allí el mal tiempo, y que no habría efecto el propósito de su viaje, determinó, con parecer de los que en su compañía venían, partirse; y luego se partió, dejando aquella isla de Cozumel —que ahora se llama de Santa Cruz— muy pacífica, y en tanta manera, que si fuera para ser poblador de ella, pudieran, con tanta voluntad, los indios de ella comenzar luego a servir. Y los caciques quedaron muy contentos y alegres por lo que, de parte de vuestras reales altezas, les había dicho el capitán, y por les haber dado muchos atavíos para sus personas; y tenemos por cierto que todos los españoles que de aquí adelante a la dicha isla vinieren serán también recibidos como si a otra tierra de las que ha mucho tiempo que son pobladas llegasen. Es la dicha isla pequeña y no hay en ella río alguno ni arroyo, y toda el agua que los indios beben es de pozos; que en ella no hay otra cosa sino peñas y piedras y artabucos y montes, y la granjería que los indios de ella tienen es colmenares. Y nuestros procuradores llevan a vuestras altezas la muestra de miel y cera de los dichos colmenares para que la manden ver.

Sepan vuestras majestades que, como el capitán reprendiese a los caciques de la dicha isla diciéndoles que no viviesen más en la secta y gentilidad que tenían, pidieron que les diesen ley en que viviesen de allí adelante; y el dicho capitán los informó, lo mejor que él supo, en la fe católica, y les dejó una cruz de palo puesta en una casa alta, y una imagen de Nuestra Señora la Virgen María, y les dio a entender muy cumplidamente lo que debían hacer para ser buenos cristianos; y ellos mostraron que recibían todo de muy buena voluntad, y así quedaron muy alegres y contentos.

Partidos de esta isla, fuimos a Yucatán, y por la banda del norte corrimos la tierra adelante hasta llegar al río grande que se dice de Grijalba —que es, según a vuestras reales altezas hicimos relación, adonde llegó el capitán Juan de Grijalba, pariente de Diego Velázquez—. Es tan baja la entrada de aquel río, que ningún navío de los grandes pudo en él entrar; mas, como el dicho capitán Fernando Cortés está tan inclinado al servicio de vuestra majestad y tenga voluntad de hacerles verdaderas relaciones de lo que en la tierra hay, propuso no pasar más adelante hasta saber el secreto de aquel río y pueblos que en la ribera de él están, por la gran fama que de riqueza se decía que tenían. Y así sacó toda la gente de su armada en los bergantines pequeños y en las barcas, y subimos por el dicho río arriba hasta llegar a ver la tierra y pueblos de ella.

Y como llegásemos al primer pueblo, hallamos la gente de los indios de él puesta a la orilla del agua, y el dicho capitán les habló con la lengua y faraute que llevábamos y con el dicho Jerónimo de Aguilar —que había, como dicho es de suso, estado cautivo en Yucatán—, que entendía muy bien y hablaba la lengua de aquella tierra; y les hizo entender cómo él no venía a hacerles mal ni daño alguno, sino a hablarles de parte de vuestras majestades, y que para esto les rogaba que nos dejasen y tuviesen por bien que saltásemos en tierra, porque no teníamos dónde dormir aquella noche sino en la mar, en aquellos bergantines y barcas, en las cuales no cabíamos aun de pies; porque, para volver a nuestros navíos, era muy tarde, pues quedaban en alta mar.

Oído esto por los indios, respondiéronle que hablase desde allí lo que quisiese, y que no tratase de saltar él ni su gente en tierra, sino que le defenderían la entrada. Y, luego en diciendo esto, comenzáronse a poner en orden para tirarnos flechas, amenazándonos y diciendo que nos fuésemos de allí; y, por ser este día muy tarde —que casi era ya que se quería poner el sol—, acordó el capitán que nos fuésemos a unos arenales que estaban enfrente de aquel pueblo; y allí saltamos en tierra y dormimos toda la noche.

Otro día de mañana vinieron a nosotros ciertos indios en una canoa y nos trajeron ciertas gallinas y un poco de maíz que habría para comer a hombres en una comida; y dijéronnos que tomásemos aquello y que nos fuésemos de su tierra. Y el capitán les habló con los intérpretes que teníamos y les dio a entender que en ninguna manera él se había de partir de aquella tierra hasta saber el secreto de ella, y que les tornaba a rogar que no recibiesen pena de ello ni le defendiesen la entrada en el dicho pueblo, pues que eran vasallos de vuestras reales altezas. Y todavía respondieron diciendo que no tratásemos de entrar en el dicho pueblo, sino que nos fuésemos de su tierra; y así se fueron.

Después de idos, determinó el dicho capitán de ir allá y mandó a un capitán de los que en su compañía estaban que se fuese con doscientos hombres por un camino —que aquella noche que en tierra estuvimos se halló que iba a aquel pueblo—; y el dicho capitán Fernando Cortés se embarcó hasta con ochenta hombres en las barcas y bergantines y se fue a poner frontero del pueblo para saltar en tierra si le dejasen. Y, como llegó, halló los indios puestos de guerra, armados con sus arcos y flechas y lanzas y rodelas, diciéndonos que nos fuésemos de su tierra; si no queríamos guerra, que comenzásemos luego, porque ellos eran hombres para defender su pueblo.

Y después de haberles requerido el dicho capitán tres veces —y pedídolo por testimonio al escribano de vuestras reales altezas que consigo llevaba—, diciéndoles que no quería guerra; viendo que la determinada voluntad de los dichos indios era resistirle que no saltase en tierra, y que comenzaban a flechar contra nosotros, mandó soltar los tiros de artillería que llevaba y que arremetiésemos a ellos. Y, soltados los tiros, al saltar —que la gente saltó en tierra—, nos hirieron a algunos; pero, finalmente, con la prisa que les dimos y con la gente que por las espaldas les dio, de la nuestra que por el camino había ido, huyeron y dejaron el pueblo; y así lo tomamos y nos aposentamos en la parte de él que más fuerte nos pareció.

Y, a otro día siguiente, vinieron, a hora de vísperas, dos indios de parte de los caciques y trajeron ciertas joyas de oro muy delgadas y de poco valor, y dijeron al capitán que ellos le traían aquello porque se fuese y les dejase su tierra como antes solían estar, y que no les hiciese mal ni daño. Y el dicho capitán les respondió diciendo que, a lo que pedían de no hacerles mal ni daño, él era contento; y a lo de dejarles la tierra dijo que supiesen que, de allí adelante, habían de tener por señores a los mayores príncipes del mundo y que habían de ser sus vasallos y les habían de servir; y que, haciendo esto, vuestras mercedes los favorecerían y ampararían y defenderían de sus enemigos.

Y ellos respondieron que eran contentos de hacerlo así, pero todavía le requerían que les dejase su tierra; y así quedamos todos amigos. Concertada esta amistad, les dijo el capitán que la gente española que allí estábamos no teníamos qué comer ni lo habíamos sacado de las naos; que les rogaba que, el tiempo que allí en tierra estuviésemos, nos trajesen de comer. Y ellos respondieron que otro día traerían; y así se fueron, y tardaron aquel día y otro, que no vinieron con ninguna comida; y de esta causa estábamos todos con mucha necesidad de mantenimientos.

Y, al tercer día, pidieron algunos españoles licencia al capitán para ir por las estancias de alrededor a buscar de comer; y, como el capitán viese que los indios no venían como habían quedado, envió cuatro capitanes con más de doscientos hombres a buscar, a la redonda del pueblo, si hallarían algo de comer; y, andándolo buscando, toparon con muchos indios, y comenzaron luego a flecharlos, en tal manera que hirieron a veinte españoles; y, si no fuera hecho de presto saber el capitán para que los socorriese, como los socorrió, créese que mataran más de la mitad de los cristianos. Y así nos vinimos y retrajimos a nuestro real, y fueron curados los heridos y descansaron los que habían peleado.

Y, viendo el capitán cuán mal los indios lo habían hecho —que, en lugar de traernos de comer, como habían quedado, nos flechaban y hacían guerra—, mandó sacar diez caballos y yeguas de los que en las naos llevaban y apercibir toda la gente, porque tenía pensamiento que aquellos indios, con el favor que el día pasado habían tomado, vendrían a dar sobre nosotros al real con pensamiento de hacer daño. Y, estando así todos bien apercibidos, envió, otro día, ciertos capitanes con trescientos hombres adonde el día pasado había habido la batalla, a saber si estaban allí los dichos indios o qué había sido de ellos. Y, al poco, envió otros dos capitanes con la retaguardia con otros cien hombres, y el dicho capitán Fernando Cortés se fue con los diez de a caballo encubiertamente por un lado.

Yendo, pues, en este orden, los delanteros toparon gran multitud de indios de guerra que venían todos a dar sobre nosotros en el real; y, si por caso aquel día no les hubiéramos salido a recibir al camino, pudiera ser que nos pusieran en harto trabajo. Y, como el capitán de la artillería que iba delante hiciese ciertos requerimientos por ante escribano a los dichos indios de guerra que topó —dándoles a entender, por los farautes y lenguas que allí iban con nosotros, que no queríamos guerra, sino paz y amor con ellos—, no se curaron de responder con palabras, sino con flechas muy espesas que comenzaron a tirar.

Y, estando así peleando los delanteros con los indios, llegaron los dos capitanes de la retaguardia; y, habiendo dos horas que estaban peleando todos con los indios, llegó el capitán Fernando Cortés con los de a caballo por una parte del monte por donde los indios comenzaron a cercar a los españoles a la redonda. Y allí anduvo peleando con los dichos indios una hora; y era tanta la multitud de indios, que ni los que estaban peleando con la gente de a pie de los españoles veían a los de a caballo —ni sabían a qué parte andaban—, ni los mismos de a caballo, entrando y saliendo en los indios, se veían unos a otros. Mas, después que los españoles sintieron a los de a caballo, arremetieron de golpe a ellos, y luego fueron los susodichos indios puestos en huida; y, siguiendo media legua el alcance, visto por el capitán cómo los indios iban huyendo y que no había más que hacer y que su gente estaba muy cansada, mandó que todos se recogiesen a unas casas de unas estancias que allí había. Y, después de recogidos, se hallaron heridos veinte hombres, de los cuales ninguno murió, ni de los que hirieron el día pasado.

Y, así recogidos y curados los heridos, nos volvimos al real y trajimos con nosotros dos indios que allí se tomaron, los cuales el dicho capitán mandó soltar, y envió con ellos sus cartas a los caciques, diciéndoles que, si quisiesen venir adonde él estaba, les perdonaría el yerro que habían hecho y que serían sus amigos. Y este mismo día, en la tarde, vinieron dos indios que parecían principales y dijeron que a ellos les pesaba mucho de lo pasado, y que aquellos caciques les rogaban que les perdonasen, y que no les hiciesen más daño de lo pasado, y que no les matase más gente de la muerte, que fueron hasta doscientos veinte hombres los muertos; y que lo pasado fuese pasado, y que en adelante ellos querían ser vasallos de aquellos príncipes que les decían, y que por tales se daban y tenían, y que quedaban y se obligaban de servirles cada vez que en nombre de vuestra majestad algo les mandasen; y así se asentaron y quedaron hechas las paces. Y preguntó el capitán a los dichos indios, por el intérprete que tenía, qué gente era la que en la batalla se había hallado, y respondiéronle que de ocho provincias se habían juntado los que allí habían venido, y que, según la cuenta y copia que ellos tenían, serían por todos cuarenta mil hombres, y que hasta aquel número sabían ellos muy bien contar. Crean vuestras reales altezas por cierto que esta batalla fue vencida más por la voluntad de Dios que por nuestras fuerzas, porque, para cuarenta mil hombres de guerra, poca defensa fuera cuatrocientos que éramos nosotros.

DESPUÉS DE QUEDAR todos muy amigos, nos dieron, en cuatro o cinco días que allí estuvimos, hasta ciento cuarenta pesos de oro entre todas piezas, y tan delgadas y tenidas de ellos en tanto, que bien parece su tierra muy pobre de oro, porque, de muy cierto, se pensó que aquello poco que tenían era traído de otras partes por rescate. La tierra es muy buena y muy abundante la comida, así de maíz como de fruta, pescado y otras cosas que ellos comen. Está asentado este pueblo en la ribera del susodicho río por donde entramos, en un llano en el cual hay muchas estancias y labranzas de las que ellos usan y tienen. Reprendióseles el mal que hacían en adorar ídolos y dioses que ellos tienen, e hízoseles entender cómo habían de venir en conocimiento de nuestra santa fe, y quedóles una cruz de madera grande puesta en alto; y quedaron muy contentos y dijeron que la tendrían en mucha veneración y la adorarían, quedando los dichos indios de esta manera por nuestros amigos y por vasallos de vuestras reales altezas.

El dicho capitán Fernando Cortés se partió de allí prosiguiendo su viaje, y llegamos al puerto y bahía que se dice San Juan, que es adonde el susodicho capitán Juan de Grijalba hizo el rescate de que arriba a vuestra majestad estrecha relación hace. Luego que allí llegamos, los indios naturales de la tierra vinieron a saber qué carabelas eran aquellas que habían venido; y porque el día que llegamos era muy tarde, de casi noche, estúvose quedo el capitán en las carabelas y mandó que nadie saltase a tierra; y otro día de mañana saltó a tierra el dicho capitán, con mucha parte de la gente de su armada, y halló allí dos principales de los indios, a los cuales dio ciertas preseas de vestir de su persona, y les habló con los intérpretes y lenguas que llevábamos, dándoles a entender cómo él venía a estas partes por mandado de vuestras reales altezas a hablarles y decir lo que habían de hacer que a su servicio convenía; y que, para esto, les rogaba que luego fuesen a su pueblo y llamasen al dicho cacique o caciques que allí hubiese para que le viniese a hablar. Y, porque viniesen seguros, les dio para los caciques dos camisas, cintas de oro y dos jubones, uno de raso y otro de terciopelo, y sendas gorras de grana y sendos pares de zaragüelles; y así se fueron con estas joyas a los dichos caciques.

Y, otro día siguiente, poco antes de mediodía, vino un cacique con ellos de aquel pueblo, al cual el dicho capitán habló y le hizo entender con los farautes que no venía a hacerles mal ni daño alguno, sino a hacerles saber cómo habían de ser vasallos de vuestras majestades y le habían de servir y dar lo que en su tierra tuviesen, como todos los que lo son así lo hacen. Y respondió que él era muy contento de lo ser y obedecer, y que le placía de servir y tener por señores a tan altos príncipes, como el capitán le había hecho entender que eran vuestras reales altezas. Y luego el capitán le dijo que, pues tan buena voluntad mostraba a su rey y señor, él vería las mercedes que vuestras majestades en adelante le harían. Diciéndole esto, le hizo vestir una camisa de holanda, un sayón de terciopelo y una cinta de oro, con lo cual el dicho cacique se fue muy contento y alegre, diciendo al capitán que él se quería ir a su tierra y que los esperásemos allí; que otro día volvería y traería de lo que tuviese, porque más enteramente conociésemos la voluntad que del servicio de vuestras reales altezas tiene; y así se despidió y se fue. Y, a otro día adelante, vino el dicho cacique como había quedado, e hizo tender una manta blanca delante del capitán, y ofreciérale ciertas preciosas joyas de oro, poniéndolas sobre la manta; de las cuales, y de otras que después se hubieron —y hacemos particular referencia a vuestras majestades en un memorial que nuestros procuradores llevan—.

Después de haberse despedido de nosotros el dicho cacique y vuelto a su casa en mucha conformidad, como en esta armada venimos personas nobles, caballeros hijosdalgo, celosos del servicio de Nuestro Señor y de vuestras reales altezas y deseosos de ensalzar su corona real, de acrecentar sus señoríos y de aumentar sus rentas, nos juntamos y platicamos con el dicho capitán Fernando Cortés, diciendo que esta tierra era buena y que, según la muestra de oro que aquel cacique había traído, se creía que debía de ser muy rica; y que, según las muestras que el dicho cacique había dado, era de creer que él y todos sus indios nos tenían muy buena voluntad. Por tanto, nos parecía que convenía al servicio de vuestras majestades que en tal tierra se hiciese lo que Diego Velázquez había mandado hacer al dicho capitán Fernando Cortés: y era rescatar todo el oro que pudiese, y, rescatado, volverse con todo ello a la isla Fernandina, para gozar solamente de ello el dicho Diego Velázquez y el dicho capitán. Y que lo mejor, que a todos nos parecía, era que, en nombre de vuestras reales altezas, se poblase y fundase allí un pueblo en que hubiese justicia, para que en esta tierra tuviesen señorío, como en sus reinos y señoríos lo tienen; porque, siendo esta tierra poblada de españoles, además de acrecentar los reinos y señoríos de vuestras majestades y sus rentas, nos podrían hacer mercedes a nosotros y a los pobladores que de más allá viniesen adelante.

Y, acordado esto, nos juntamos todos, y acordes, de un ánimo y voluntad, hicimos un requerimiento al dicho capitán, en el cual dijimos que, pues él veía cuánto al servicio de vuestras majestades convenía que esta tierra estuviese poblada —dándole las causas de que arriba a vuestras altezas se ha hecho relación—, le requerimos que luego cesase de hacer rescates de la manera que los venía a hacer, porque sería destruir la tierra en mucha manera, y vuestras majestades serían en ello muy deservidos; y que asimismo le pedíamos y requeríamos que luego nombrase, para aquella villa que se había por nosotros de hacer y fundar, alcaldes y regidores en nombre de vuestras reales altezas, con ciertas protestaciones en forma que contra él protestásemos si así no lo hiciese.

Y, hecho este requerimiento al dicho capitán, dijo que al día siguiente nos respondería. Y, viendo, pues, el dicho capitán cómo convenía al servicio de vuestras reales altezas lo que le pedíamos, luego, otro día, nos respondió diciendo que su voluntad estaba más inclinada al servicio de vuestras majestades que a otra cosa alguna; y que, no mirando el interés que a él se le siguiera si prosiguiera en el rescate que traía presupuesto de rehacer, ni los grandes gastos que de su hacienda había hecho en aquella armada junto con el dicho Diego Velázquez, antes, posponiéndolo todo, le placía y era contento de hacer lo que por nosotros le era pedido, pues tanto convenía al servicio de vuestras reales altezas. Y luego comenzó, con gran diligencia, a poblar y a fundar una villa, a la cual puso por nombre la Rica Villa de la Veracruz; y nos nombró —a los que la presente suscribimos— por alcaldes y regidores de la dicha villa, y, en nombre de vuestras reales altezas, recibió de nosotros el juramento y solemnidad que en tal caso se acostumbra y suele hacer.

Después de lo cual, otro día siguiente, entramos en nuestro cabildo y ayuntamiento, y, estando así juntos, enviamos a llamar al dicho capitán Fernando Cortés, y le pedimos, en nombre de vuestras reales altezas, que nos mostrase los poderes e instrucciones que el dicho Diego Velázquez le había dado para venir a estas partes. El cual envió luego por ellos y nos los mostró; y, vistos y leídos y por nosotros bien examinados, según lo que pudimos mejor entender, hallamos, a nuestro parecer, que por los dichos poderes e instrucciones no tenía más poder el dicho capitán Fernando Cortés, y que, por haber expirado ya, no podría usar de justicia ni capitán de allí en adelante.

Pareciéndonos, pues, muy excelentísimos príncipes, que para la pacificación y concordia de entre nosotros y para gobernarnos bien, convenía poner una persona para su real servicio que estuviese en nombre de vuestras majestades en la dicha villa y en estas partes por justicia mayor y capitán y cabeza, a quien todos acatásemos, hasta hacer relación de ello a vuestras reales altezas para que en ello proveyesen lo que más servidos fuesen; y visto que a ninguna persona se podría dar mejor el dicho cargo que al dicho Fernando Cortés —porque, además de ser persona tal cual para ello conviene, tiene muy gran celo y deseo del servicio de vuestras majestades, y asimismo por la mucha experiencia que de estas partes e islas tiene, a causa de los oficios reales y cargos que en ellas, de vuestras reales altezas, ha tenido, de los cuales ha siempre dado buena cuenta, y por haber gastado todo cuanto tenía por venir como vino en esta armada en servicio de vuestras majestades, y por haber tenido en poco, como hemos hecho relación, todo lo que podía ganar e interese que se le podía seguir, si rescatara como tenía concertado—, le proveímos, en nombre de vuestras reales altezas, de justicia y alcalde mayor, del cual recibimos el juramento que en tal caso se requiere; y, hecho como convenía al real servicio de vuestras majestades, lo recibimos, en su real nombre, en nuestro ayuntamiento y cabildo por justicia mayor y capitán de vuestras reales armas, y así está y estará hasta tanto que vuestras majestades provean lo que más a su servicio convenga. Hemos querido hacer de todo esto relación a vuestras reales altezas, porque sepan lo que acá se ha hecho y el estado y manera en que quedamos.

Después de todo lo susodicho, estando todos ayuntados en nuestro cabildo, acordamos de escribir a vuestras majestades y enviarles todo el oro, plata y joyas que en esta tierra habemos habido, además y allende de la quinta parte que de sus rentas y derechos reales le pertenece; y que con todo ello —por ser lo primero, sin quedar cosa alguna en nuestro poder— sirviésemos a vuestras reales altezas, mostrando en esto la mucha voluntad que a su servicio tenemos, como hasta aquí lo habemos hecho con nuestras personas y haciendas. Acordado por nosotros esto, elegimos por nuestros procuradores a Alonso Fernández Portocarrero y a Francisco de Montejo, los cuales enviamos a vuestra majestad con todo ello, y para que, de nuestra parte, besen sus reales manos, y, en nuestro nombre y de esta villa y concejo, supliquen a vuestras reales altezas nos hagan merced de algunas cosas cumplideras al servicio de Dios y de vuestras majestades y al bien público y común de la dicha villa, según más largamente va por las instrucciones que les dimos.

A los cuales humildemente suplicamos a vuestras majestades, con todo el acatamiento que debemos, reciban y den sus reales manos para que, de nuestra parte, las besen; y todas las mercedes que, en nombre de este concejo y nuestro, pidieren y suplicaren, las concedan, que, además de hacer vuestra majestad servicio a Nuestro Señor, con ello esta villa y concejo recibiremos muy señalada merced, como cada día esperamos que vuestras reales altezas nos han de hacer.

En un capítulo de esta carta dijimos de suso que haría a vuestras reales altezas, para que mejor vuestras majestades fuesen informados de las cosas de esta tierra y de la manera y riquezas de ella y de la gente que la posee, y de la ley o secta, ritos y ceremonias en que viven. En esta tierra, muy poderosos señores, donde ahora, en nombre de vuestras majestades, estamos, tiene cincuenta leguas de costa de una parte y de la otra de este pueblo. Por la costa del mar es toda llana, de muchos arenales, que en algunas partes duran dos leguas y más. La tierra adentro, y fuera de los dichos arenales, es tierra muy llana y de muy hermosas vegas y riberas en ellas, y tan hermosas que en toda España no pueden ser mejores, así de apacibles a la vista como de fructíferas de cosas que en ellas siembran, y muy aparejadas y convenibles, y para andar por ellas y se apacentar toda manera de ganado.

Hay en esta tierra todo género de caza y animales y aves conforme a los de nuestra naturaleza, así como ciervos, corzos, gamos, lobos, zorros, perdices, palomas, tórtolas de dos o tres maneras, codornices, liebres, conejos; de manera que, en aves y animales, no hay diferencia de esta tierra a España; y hay leones y tigres. A cinco leguas de la mar por unas partes, y por otras a menos y por otras a más, va una gran cordillera de sierras muy hermosas, y algunas de ellas son en gran manera muy altas, entre las cuales hay una que excede con mucha altura a todas las otras; y de ella se ve y descubre gran parte de la mar y de la tierra, y es tan alta que, si el día no es bien claro, no se puede divisar ni ver lo alto de ella, porque, de la mitad arriba, está todo cubierto de nubes; y, algunas veces, cuando hace muy claro el día, se ve por encima de las dichas nubes lo alto de ella, y está tan blanca que lo juzgamos por nieve, y aun los naturales de la tierra nos dicen que es nieve; mas, porque no lo hemos bien visto, aunque hemos llegado muy cerca, y por ser esta región tan cálida, no nos afirmamos si es nieve.

Trabajaremos de ver aquello y otras cosas de que tenemos noticias, para que de ellas hacer ver a vuestras reales altezas verdadera relación de las riquezas de oro, plata y piedras. Y juzgamos lo que vuestras majestades podrán mandar juzgar según la muestra que de aquello a vuestras reales altezas enviamos. A nuestro parecer se debe creer que hay en esta tierra tanto cuanto en aquella donde se dice haber llevado Salomón el oro para el templo; mas, como ha tan poco tiempo que en ella entramos, no hemos podido ver más de hasta cinco leguas de tierra adentro de la costa de la mar, y hasta diez o doce leguas de largo de tierra por las costas de una o de otra parte que hemos andado desde que saltamos en tierra, aunque desde la mar mucho más se parece y mucho más hemos visto viniendo navegando.

La gente de esta tierra que habita desde la isla de Cozumel y punta de Yucatán hasta donde nosotros estamos, es una gente de mediana estatura, de cuerpos y gestos bien proporcionados, excepto que en cada provincia se diferencian ellos mismos los gestos: unos horadándose las orejas y poniéndose en ellas muy grandes y feas cosas; y otros horadándose las ternillas de las narices hasta la boca y poniéndose en ellas unas ruedas de piedras muy grandes que parecen espejos; y otros se horadan los bezos de la parte de abajo de los dientes, y cuelgan de ellos unas grandes ruedas de piedra o de oro tan pesadas que les hacen traer los bezos caídos y parecen muy disformes. Y los vestidos que traen es como de almaizales muy pintados, y los hombres traen tapadas sus vergüenzas y encima del cuerpo unas mantas muy delgadas y pintadas a manera de alceles moriscos; y las mujeres, y de la gente común, traen unas mantas muy pintadas desde la cintura hasta los pies, y otras que les cubren las tetas, y todo lo demás traen descubierto. Y las mujeres principales andan vestidas de unas muy delgadas camisas de algodón muy grandes, labradas y hechas a manera de roquetes.

Los mantenimientos que tienen es maíz y algunos ajís como los de las otras islas, y patata, yuca, así como la que comen en la isla de Cuba, y cómenla asada porque no hacen pan de ella; y tienen sus pesquerías y cazas, y crían muchas gallinas como las de Tierra Firme, que son tan grandes como pavos.

Hay algunos pueblos grandes y bien concertados. Las casas, en las partes que alcanzan piedra, son de cal y canto, y los aposentos de ella pequeños y bajos, muy amoriscados; y en las partes donde no alcanzan piedra, hácenlas de adobes y encálanlos por encima, y las coberturas de encima son de paja. Hay casas de algunos principales muy frescas y de muchos aposentos, porque nosotros habemos visto casas de cinco patios dentro de una sola casa, y sus aposentos muy aconcertados, cada principal servido que ha de ser por sí. Tienen dentro sus pozos y albercas de agua y aposentos para esclavos y gentes de servicio, que tienen mucha. Y cada uno de estos principales tiene a la entrada de sus casas, fuera de ella, un patio muy grande, y algunos dos y tres y cuatro muy altos, con sus gradas para subir a ellos; y son muy bien hechos; y con estos tienen sus mezquitas y adoratorios y andenes todo a la redonda muy ancho, y allí tienen sus ídolos que adoran, de ellos de piedra y de ellos de palo, a los cuales honran y sirven de tanta manera y con tantas ceremonias, que en mucho papel no se podría hacer de todo ello a vuestras reales altezas entera y particular relación.

ESTAS CASAS Y mezquitas donde los tienen son las mayores y mejores y más bien obradas que en los pueblos hay, y tiénenlas muy ataviadas con plumajes y paños muy labrados y con toda manera de gentileza; y todos los días, antes que obra alguna comiencen, queman en las dichas mezquitas incienso, y algunas veces sacrifican sus mismas personas, cortándose unos la lengua, y otros las orejas, y otros acuchillándose el cuerpo con unas navajas. Toda la sangre que de ellos corre la ofrecen a aquellos ídolos, echándola por todas las partes de aquellas mezquitas, y otras veces echándola hacia el cielo y haciendo otras muchas maneras de ceremonias; por manera que ninguna obra comienzan sin que primero hagan allí sacrificio. Y tienen otra cosa horrible y abominable y digna de ser punida, que hasta hoy no habíamos visto en ninguna parte: y es que, a todas las veces que alguna cosa quieren pedirle a sus ídolos para que más aceptasen su petición, toman muchas niñas y niños, y aun hombres y mujeres de mayor edad, y, en presencia de aquellos ídolos, los abren vivos por los pechos y les sacan el corazón y las entrañas; y queman las dichas entrañas y corazones delante de los ídolos, ofreciéndoles en sacrificio aquel humo. Esto hemos visto algunos de nosotros, y los que lo han visto dicen que es la más cruda y espantosa cosa de ver que jamás han visto.

Hacen esto estos indios tan frecuentemente y tan a menudo que, según somos informados —y en parte hemos visto por experiencia en lo poco que ha que en esta tierra estamos—, no hay año en que no maten y sacrifiquen cincuenta ánimas en cada mezquita. Esto se usa y tienen por costumbre desde la isla de Cozumel hasta esta tierra donde estamos poblados. Y tengan vuestras majestades por muy cierto que, según la cantidad de la tierra nos parece ser grande, y las muchas mezquitas que tienen, no hay año que, en lo que hasta ahora hemos descubierto y visto, no maten y sacrifiquen de esta manera tres o cuatro mil ánimas. Vean vuestras reales majestades si deben evitar tan gran mal y daño; y cierto sería Dios Nuestro Señor muy servido, si por mano de vuestras reales altezas estas gentes fueran introducidas en nuestra muy santa fe católica y conmutada la devoción, fe y la esperanza que en estos sus ídolos tienen, en la divina potencia de Dios; porque es cierto que, si con tanta fe y fervor y diligencia a Dios sirviesen, ellos harían muchos milagros. Es de creer que no sin causa Dios Nuestro Señor ha sido servido que se descubriesen estas partes en nombre de vuestras reales altezas, para que tan gran fruto y merecimiento de Dios alcanzasen vuestras majestades, mandando informar y, siendo por su mano traídas a la fe estas gentes bárbaras, que —según lo que de ellas hemos conocido— creemos que, habiendo lenguas y personas que les hiciesen entender la verdad de la fe y el error en que están, muchos de ellos, y aun todos, se apartarían muy brevemente de aquella errónea secta que tienen y vendrían al verdadero conocimiento, porque viven más política y razonablemente que hasta hoy en estas partes se ha visto.

Querer decir a vuestra majestad todas las particularidades de esta tierra y gente de ella, podría ser que en algo se errase la relación, porque muchas de ellas no se han visto más de por informaciones de los naturales de ella; y por esto no nos entremetemos a decir más de aquello que por muy cierto y verdadero a vuestras reales altezas podrán mandar tener de ellos. Podrán vuestras majestades, si fueren servidos, hacer por cosa verdadera relación a nuestro muy Santo Padre, para que en la conversión de esta gente se ponga diligencia y buena orden, pues que de ello se espera sacar tan gran fruto; y también para que Su Santidad haya por bien y permita que los malos y rebeldes, siendo primero amonestados, puedan ser punidos y castigados como enemigos de nuestra santa fe católica, y será ocasión de castigo y espanto a los que fueren rebeldes, en venir en conocimiento de la verdad, y evitarse han tan grandes males y daños como son los que en servicio del demonio hacen. Porque, aun allende de que arriba hemos hecho relación a vuestras majestades de los niños y hombres y mujeres que matan y ofrecen en sus sacrificios, hemos sabido y sido informados de cierto que todos son sodomitas y usan aquel abominable pecado. En todo suplicamos a vuestras majestades manden proveer como vieren qué más conviene al servicio de Dios y de vuestras reales altezas, y cómo los que aquí en su servicio estamos seamos favorecidos y aprovechados.

Con estos nuestros procuradores que a vuestras reales altezas enviamos, entre otras cosas que en nuestra instrucción llevan, es una que, de nuestra parte, supliquen a vuestras majestades que en ninguna manera den ni hagan merced en estas partes a Diego Velázquez, teniente de almirante en la isla Fernandina, de adelantamiento ni gobernación perpetua, ni de otra manera, ni de cargos de justicia; y, si alguna se tuviere hecha, la manden revocar, porque no conviene al servicio de su corona real que el dicho Diego Velázquez ni otra persona alguna tenga señorío ni merced otra alguna perpetua, ni de otra manera, salvo por cuanto fuere la voluntad de vuestras majestades en esta tierra de vuestras reales altezas, por ser, como es, a lo que ahora alcanzamos y a lo que se espera, muy rica.

Y aun, allende de no convenir al servicio de vuestras majestades que el dicho Diego Velázquez sea proveído de oficio alguno, esperamos, si lo fuese, que los vasallos de vuestras reales altezas que en esta tierra hemos comenzado a poblar y vivimos seríamos muy maltratados por él; porque creemos que lo que ahora se ha hecho en servicio de vuestras majestades, en enviarles este servicio de oro, plata y joyas que les enviamos —que en esta tierra hemos podido haber—, no era su voluntad que así se hiciera, según ha parecido claramente por cuatro criados suyos que acá pasaron, los cuales, desde que vieron la voluntad que teníamos de enviarlo todo, como lo enviamos, a vuestras reales altezas, publicaron y dijeron que fuera mejor enviarlo a Diego Velázquez y otras cosas que hablaron, perturbando que no se llevase a vuestras majestades; por lo cual los mandamos prender y quedan presos para se hacer de ellos justicia. Y, después de hecha, se hará relación a vuestras majestades de lo que en ello hiciéremos; y, porque hemos visto lo que el dicho Diego Velázquez ha hecho, y por la experiencia que de ello tenemos, tenemos temor que, si con cargo a esta tierra viniese, nos trataría mal, como lo ha hecho en la isla Fernandina el tiempo que ha tenido cargo de la gobernación, no haciendo justicia a nadie más de por su voluntad y contra quien a él se antojaba por enojo y pasión, y no por justicia ni razón.

Y de esta manera ha destruido a muchos buenos, trayéndolos a mucha pobreza, no les queriendo dar indios con que puedan vivir y tornándoselos todos para sí, y tomando él todo el oro que han cogido sin darles parte de ello, teniendo como tiene compañías desaforadas con todos los más muy a su propósito y provecho. Y, como sea gobernador y repartidor, con pensamiento y miedo que los ha de destruir, no osan hacer más de lo que él quiere; y de esto no tienen vuestras majestades noticia, ni se les ha hecho jamás relación de ello, porque los procuradores que a su corte han ido de la dicha isla son hechos por su mano y sus criados, y tiénelos bien contentos dándoles indios a su voluntad; y los procuradores que van a él de las villas para negociar lo que toca a las comunidades, cúmpleles hacer lo que él quiere, porque les da indios a su contento; y, cuando los tales procuradores vuelven a sus villas y les mandan dar cuenta de lo que han hecho, dicen y responden que no envíen personas pobres, porque, por un cacique que Diego Velázquez les da, hacen todo lo que él quiere. Y, porque los regidores y alcaldes que tienen indios no se los quite el dicho Diego Velázquez, no osan hablar ni reprender a los procuradores que han hecho lo que no debían, complaciendo a Diego Velázquez. Y para esto, y para otras cosas, tiene él muy buenas mañas; por donde vuestras altezas reales pueden ver que todas las relaciones que la isla Fernandina por Diego Velázquez hiciese, y las mercedes que para él pide, son por los indios que da a los procuradores, y no porque las comunidades están por ello contentas, ni tal cosa desean, antes querrían que los tales procuradores fuesen castigados.

Y, siendo a todos los vecinos y moradores de esta Villa de la Veracruz notorio lo susodicho, se juntaron con el procurador de este Concejo y nos pidieron y requirieron, por su requerimiento firmado de sus nombres, que en su nombre, de todos, suplicásemos a vuestras majestades que no proveyesen de los dichos cargos, ni de alguno de ellos, al dicho Diego Velázquez; antes le mandasen tomar residencia y le quitasen el cargo que en la isla Fernandina tiene, pues que lo susodicho, tomándole residencia, se sabría que es verdad y muy notorio. Por lo cual a vuestra majestad suplicamos manden dar un pesquisidor para que haga la pesquisa de todo esto de que hemos hecho relación a vuestras reales altezas, así para la isla de Cuba como para otras partes; porque le entendemos probar cosas por donde vuestras majestades vean si es justicia ni conciencia que él tenga cargos reales en estas partes ni en las otras donde al presente reside.

Nos ha pedido asimismo el procurador y vecinos y moradores de esta villa, en el dicho pedimento, que en su nombre supliquemos a vuestra majestad que provean y manden dar su cédula y provisión real para Fernando Cortés, capitán y justicia mayor de vuestras reales altezas, para que él nos tenga en justicia y gobernación hasta tanto que esta tierra esté conquistada y pacífica, y por el tiempo que más a vuestra majestad pareciere y fuere servido, por conocer su tal persona que conviene para ello. El cual pedimento y requerimiento enviamos con estos nuestros procuradores a vuestra majestad; y, humildemente, suplicamos a vuestras reales altezas que, así en esto como en todas las otras mercedes que, en nombre de este Concejo y villas, les fueren suplicadas por parte de los dichos procuradores, nos las hagan y manden conceder, y que nos tengan por sus muy leales vasallos, como lo hemos sido y seremos siempre.

Y el oro, plata, joyas, rodelas y ropa que a vuestras reales altezas enviamos con los procuradores, demás del quinto que a vuestra majestad pertenece, de que suplica Fernando Cortés en este Concejo les hacen servicio, va en esta memoria firmada de los dichos procuradores, como por ella vuestras reales altezas podrán ver. De la Rica Villa de la Veracruz, a … de julio de 1519 años.

El oro, joyas, piedras y plumajes que han sido en estas partes descubiertas, después que estamos en ellas, que vos, Alonso Fernández de Portocarrero, y Francisco de Montejo, que vais por procuradores de esta Villa Rica de la Vera Cruz, a los muy altos, excelentísimos príncipes y muy católicos y muy grandes reyes y señores, la reina doña Juana y el rey don Carlos, su hijo, nuestros señores, lleváis, son las siguientes:

Primeramente, una rueda de oro grande con una figura de monstruos en ella, y labrada toda de follajes, la cual pesó tres mil ochocientos pesos de oro. Y en esta rueda, porque era la mejor pieza que acá se ha habido y de mejor oro, se tomó el quinto para sus altezas, que fue dos mil castellanos que le pertenecía de su quinto y derecho real, según la capitulación que trajo el capitán Fernando Cortés de los padres Jerónimos que residen en la isla Española y en las otras; y los mil ochocientos restantes, a todo lo demás que tiene a cumplimiento de los mil doscientos pesos, el Concejo de esta villa hace servicio de ellos a sus altezas, con todo lo demás que aquí en esta memoria va, que era y pertenecía a los de dicha villa.

Item: dos collares de oro y pedrería: el uno tiene ocho hilos, y en ellos doscientas treinta y dos piedras coloradas y ciento sesenta y tres verdes, y cuelgan por el dicho collar, por la orladura de él, veintisiete cascabeles de oro; y en medio de ellos hay cuatro figuras de piedras grandes, engarzadas en oro, y de cada uno de ellos dos, en medio, cuelgan pinjantes sencillos, y de las de los cabos, cada cuatro pinjantes doblados. Y el otro collar tiene cuatro hilos, que tienen ciento dos piedras coloradas y ciento setenta y dos piedras que parecen verdes, y a la redonda de las dichas piedras, veintiséis cascabeles de oro; y en el dicho collar diez piedras grandes engarzadas en oro, de que cuelgan ciento cuarenta y dos pinjantes de oro.

Item: cuatro pares de antiparras: los dos pares de hoja de oro delgado con una guarnición de cuero de venado amarillo; y las otras dos, de hojas de plata delgada con una guarnición de cuero de venado blanco; y las restantes de plumaje de diversos colores y muy bien obradas, de cada una de las cuales cuelgan dieciséis cascabeles de oro, y todas guarnecidas de cuero de venado colorado.

Item más: cien pesos de oro por fundir, para que sus altezas vean cómo se coge acá el oro de minas.

Item más: una caja: una pieza grande de plumajes, forrada en cuero que en los colores parecen martas; y atadas y puestas en la dicha pieza, y en el medio, una patena grande de oro que pesó sesenta pesos de oro; una pieza de pedrería azul y colorado a manera de rueda; y otra pieza de pedrería azul, un poco colorada; y, al cabo de la pieza, otro plumaje de colores que cuelgan de ella.

Item: un moscador de plumajes de colores con treinta y siete verguitas cubiertas de oro.

Item más: una pieza grande de plumajes de colores que se ponen en la cabeza, en que hay a la redonda de ella sesenta y ocho piezas pequeñas de oro (que será cada una como medio cuarto) y, debajo de ellas, veinte torrecitas de oro.

Item: una mitra de pedrería azul, con una figura de monstruos en medio de ella, y forrada en un cuero que parece, en los colores, martas, con un plumaje pequeño (el cual y el de que arriba se hace mención son de esta dicha mitra).

Item: cuatro arpones de plumajes con sus puntas de piedra, atadas con hilo de oro, y un centro de pedrería con dos anillos de oro, y lo demás, plumajes.

Item: un brazalete de pedrería, más una pieza de plumaje negra y de otros colores, pequeña.

Item: un par de zapatones de cuero, de colores, que parecen martas, y las suelas blancas, cosidas con tiritas de oro; más un espejo puesto en una pieza de pedrería azul y colorada, con un plumaje pegado allí, y dos tiras de cuero coloradas pegadas, y otro cuero que parece de aquellas martas.

Item: tres plumajes de colores, que son de una cabeza grande de oro que parece de caimán.

Item: unas antiparras de pedrería, de piedra azul, forradas en un cuero que los colores parecen martas, y cuelgan quince cascabeles de oro.

Item más: un manípulo de cuero de lobo con cuatro tiras de cuero que parecen de martas.

Item más: unas barbas puestas en unas plumas de colores, y las dichas barbas son blancas, que parecen de cabellos.

Item más: dos plumajes de colores, que son para dos capacetes de pedrería que abajo dirá.

Más otros dos plumajes de colores, que son para dos piezas de oro que se ponen en la cabeza, hechas de manera de caracoles grandes.

Más dos pájaros de plumaje verde, con sus pies y picos y ojos de oro, que se ponen en una pieza de las de oro que parecen caracoles.

Más dos guariques grandes de pedrería azul, que son para poner en la cabeza grande del caimán.

EN OTRA CAJA cuadrada, una cabeza de caimán grande de oro (que es la que arriba se dice) para poner las dichas piezas.

Más un capacete de pedrería azul, con veinte cascabeles de oro que le cuelgan a la redonda, con dos sartas que están encima de cada cascabel, y dos guariques de palo con dos chapas de oro.

Más una pájara de plumajes verdes, y los pies y pico y ojos de oro.

Item más: otro capacete de pedrería azul, con veinticinco cascabeles de oro y dos cuentas de oro encima de cada cascabel, que le cuelga a la redonda, con unos guariques de palo con chapas de oro, y un pájaro de plumaje verde con los pies, pico y ojos de oro.

Item más: hay una haba de caña: dos piezas grandes de oro que ponen en la cabeza, que son hechas a manera de caracol de oro, con sus guariques de palo y chapas de oro; más dos pájaros de pluma verde con sus pies, pico y ojos de oro.

Más dieciséis rodelas de pedrería, con sus plumajes de colores que cuelgan de la redonda de ellas, con una tabla ancha esquinada de pedrería con sus plumajes de colores; y, en medio de la dicha tabla hecha de la dicha pedrería, una cruz de rueda, la cual está forrada en cuero que tiene los colores de martas.

Otrosí: un cetro de pedrería colorada, hecho a manera de culebra, con su cabeza y los dientes y ojos que parecen de nácar, y el puño guarnecido con cuero de animal pintado; y, debajo del dicho puño, cuelgan seis plumajes pequeños.

Item más: un moscador de plumajes, puesto en una caña guarnecida en un cuero de animal pintado, hecho a manera de veleta, y encima tiene una copa de plumajes, y en fin de todo tiene muchas plumas verdes largas.

Item: dos aves hechas de hilo y de plumajes: tienen los cañones de las alas y las colas, las uñas de los pies, los ojos y los cabos de los picos de oro, puestas en sendas cañas, cubiertas de oro, y abajo unas pellas de plumajes (una blanca y otra amarilla), con cierta argentería de oro entre las plumas; y de cada una de ellas cuelgan siete ramales de plumaje.

Item: cuatro piezas hechas a manera de lisas, puestas en sendas cañas cubiertas de oro; y tienen las colas, las agallas, los ojos y las bocas de oro; abajo, en las colas, unos plumajes de plumas verdes; y tienen asida a la boca de las dichas lisas sendas copas de plumajes de colores; y, en algunas de las plumas blancas, está cierta argentería de oro; y, debajo del asidero, cuelgan de cada una seis ramas de plumajes de colores.

Item: una verguita de cobre, forrada en un cuero, en que está puesta una pieza de oro a manera de plumaje, que, encima y debajo, tiene ciertos plumajes de colores.

Item más: cinco moscadores de plumaje de colores, y cuatro de ellos tienen diez cañoncitos cubiertos de oro, y el otro tiene trece.

Item: cuatro arpones de pedernal blanco, puestos en cuatro varas de plumaje.

Item: una rodela grande de plumajes, guarnecida del revés de un cuero de animal pintado; y, en el campo de la dicha rodela, en el medio, una chapa de oro con una figura de las que los indios hacen, con otras cuatro medias chapas en la orla, que todas ellas juntas hacen una cruz.

Item más: una pieza de plumajes de diversos colores, hecha a manera de media casulla, forrada en un cuero de animal pintado, que los señores de estas partes que hasta ahora hemos visto se ponen colgadas del pescuezo; y en el pecho tiene trece piezas de oro muy bien aseritadas.

Item: una pieza de plumajes de colores que los señores de esta tierra se suelen poner en las cabezas, hecho a manera de cimera de justador; y de ella cuelgan dos orejas de pedrería, con dos cascabeles y dos cuentas de oro; y encima un plumaje de plumas verdes, ancho; y, debajo, cuelgan unos cabellos blancos.

Otrosí: cuatro cabezas de animales: las dos parecen de lobo y las otras dos de tigres, con unos cueros pintados, y de ello les cuelgan cascabeles de metal.

Item: dos cueros de animales pintados, forrados en unas mantas de algodón, y parecen los cueros de gato cerval.

Item: un cuero bermejo y pardillo de otro animal que parece de león, y otros dos cueros de venado.

Item: cuatro cueros de venado de guadameciles, de que acá hacen los guantes pequeños, adobados.

Más dos libros de los que acá tienen los indios; media docena de moscadores de plumajes de colores, y una poma de plumajes de colores.

Otrosí: una rueda de plata grande, que pesó cuarenta y ocho marcos de plata; y más, en unos brazaletes y unas hojas batidas, un marco, cinco onzas y cuatro adarmes de plata; que pesaron cuatro marcos y dos onzas; y otras dos rodelas que parecen de plata, que pesaron un marco y siete onzas; que son, por todas, sesenta y dos marcos de plata.

Item más: dos piezas grandes de algodón, tejidas de labores de blanco y negro y llanado, muy ricas.

Item: dos piezas tejidas de plumas y otra pieza tejida de varios colores; otra pieza tejida de labores, colorado, negro y blanco, y por el revés no aparecen las labores.

Item: otra pieza tejida de labores, y en medio una rueda negra de plumas.

Item: dos mantas blancas en unos plumajes tejidas.

Item: otra manta con unas presillas y colores pegadas.

Item: un sayo de hombre de la tierra.

Item: una pieza blanca con una rueda grande de plumas blancas en medio.

Item: dos piezas de guascasa pardilla con unas ruedas de pluma, y otras de guascasa leonada.

Item: seis piezas de pintura de pincel; otra pieza colorada con unas ruedas, y otras dos piezas azules de pincel, y dos camisas de mujer. Doce almaizares.

Item: seis rodelas, que tiene cada una chapa de oro que toma toda la rodela.

Item más: media mitra de oro.

Las cuales cosas, y cada una de ellas, según que por sus capítulos van declarados y sentados a Alonso Puerto Carrero y Francisco de Montejo, procuradores susodichos, es verdad que las recibimos y nos fueron entregadas para llevar a sus altezas, de vos, Fernando Cortés, Justicia Mayor por sus altezas en estas partes, y de vos, Alonso de Ávila y Alonso de Grado, tesorero y veedor de sus altezas en ellas; y porque es verdad, lo firmamos de nuestros nombres. Hecho a seis días de julio de mil quinientos diecinueve años. — Puerto Carrero, Francisco de Montejo.

Las cosas sus nombradas en el dicho memorial, con la carta y relación susodicha que el Concejo de la Veracruz envió, recibió el Rey don Carlos nuestro señor, como desuso se dio en Valladolid, en la Semana Santa, en principio del mes de abril del año del Señor de mil quinientos y veinte años.

SEGUNDA CARTA DE RELACIÓN (30 DE OCTUBRE DE 1520): LA VIOLENTA CONQUISTA DE TENOCHTITLÁN

Esta carta, la más célebre, relata la conquista de Tenochtitlán. Cortés detalla su trato con Moctezuma, la riqueza y organización del imperio mexica, la prisión del emperador y los conflictos con el ejército enviado por Velázquez. Tras la sublevación indígena y la Noche Triste, describe su retirada y posterior reorganización militar. Busca demostrar que, pese a la violencia y las pérdidas, sus acciones respondieron al servicio del rey y de la fe cristiana.

—De Hernán Cortés al Emperador Carlos V (Segura de la Frontera).

Enviada a su sacra majestad del emperador nuestro señor, por el capitán general de la Nueva España, llamado don Fernando Cortés, en la cual hace relación de las tierras y provincias sin cuento que ha descubierto nuevamente en el Yucatán del año de diez y nueve a esta parte, y ha sometido a la corona real de su Majestad. En especial hace relación de una grandísima provincia muy rica, llamada Culúa, en la cual hay muy grandes ciudades y de maravillosos edificios y de grandes tratos y riquezas, entre las cuales hay una más maravillosa y rica que todas, llamada Tenustitlan, que está, por maravilloso arte, edificada sobre una grande laguna; de la cual ciudad y provincia es rey un grandísimo señor llamado Mutezuma; donde le acaecieron al capitán y a los españoles espantosas cosas de oír. Cuenta largamente del grandísimo señorío del dicho Mutezuma [4], y de sus ritos y ceremonias, y de cómo se sirven.

---

[4] Hernán Cortés escribe "Mutezuma" (a veces también "Muteczuma" o "Moteczuma") porque así se transcribía en el siglo XVI el nombre náhuatl "Motecuhzoma" —nombre del emperador mexica que los españoles conocieron en 1519. En sus Cartas de Relación, Cortés prefiere "Mutezuma", que refleja la pronunciación castellana de su tiempo. No

Muy alto y poderoso y muy católico príncipe, invictísimo emperador y señor nuestro:

En una nao[5] que de esta Nueva España de vuestra sacra majestad despaché a diez y seis días de julio del año de quinientos y diez y nueve, envié a vuestra alteza muy larga y particular relación de las cosas hasta aquella sazón, después que yo a ella vine, en ella sucedidas. La cual relación llevaron Alonso Hernández Portocarrero y Francisco de Montejo, procuradores de la Rica Villa de la Vera Cruz, que yo, en nombre de vuestra alteza, fundé. Y después acá, por no haber oportunidad —así por falta de navíos y estar yo ocupado en la conquista y pacificación de esta tierra, como por no haber sabido de la dicha nao y procuradores— no he tornado a relatar a vuestra majestad lo que después se ha hecho; de que Dios sabe la pena que he tenido. Porque he deseado que vuestra alteza supiese las cosas de esta tierra, que son tantas y tales que, como ya en la otra relación escribí, se puede intitular de nuevo emperador de ella, y con título, y no menos mérito, que el de Alemaña[6], que por la gracia de Dios vuestra sacra majestad posee. Y porque, querer de todas las cosas de estas partes y nuevos reinos de vuestra alteza decir todas las particularidades y cosas que en ellas hay y decir se debían, sería casi proceder a infinito.

Si de todo a vuestra alteza no diere tan larga cuenta como debo, a vuestra sacra majestad suplico me mande perdonar; porque ni mi habilidad, ni la oportunidad del tiempo en que a la sazón me hallo, para ello me ayudan. Mas, con todo, me esforzaré a decir a vuestra alteza, lo menos mal que yo pudiere, la verdad y lo que al presente es necesario que vuestra majestad sepa. Y asimismo suplico a vuestra alteza me mande perdonar si todo lo necesario no contare, el cuándo y cómo muy cierto, y si no acertare algunos nombres, así de ciudades y villas como de señoríos de ellas, que a vuestra majestad han

---

significa que fuera otro personaje, sino el mismo emperador mexica que hoy conocemos como Moctezuma II Xocoyotzin.

[5] Navío.

[6] En los siglos XV y XVI —época de Hernán Cortés— era común escribir "Alemaña" en lugar de Alemania, del mismo modo que se decía España y Francia. Era simplemente una variación ortográfica antigua, no un lugar distinto.

ofrecido su servicio y dádose por sus súbditos y vasallos. Porque, en cierto infortunio ahora nuevamente acaecido —de que adelante en el proceso a vuestra alteza daré entera cuenta— se me perdieron todas las escrituras y autos que con los naturales de estas tierras yo he hecho, y otras muchas cosas.

En la otra relación, muy excelentísimo Príncipe, dije a vuestra majestad las ciudades y villas que hasta entonces a su real servicio se habían ofrecido y yo a él tenía sujetas y conquistadas. Y dije asimismo que tenía noticia de un gran señor que se llamaba Mutezuma —que los naturales de esta tierra me habían dicho que en ella había—, que estaba, según ellos señalaban las jornadas, hasta noventa o ciento leguas de la costa y puerto donde yo desembarqué. Y que, confiado en la grandeza de Dios y con esfuerzo del real nombre de vuestra alteza, pensara irle a ver a doquiera que estuviese; y aun me acuerdo que me ofrecí, en cuanto a la demanda de este señor, a mucho más de lo a mí posible, porque certifiqué a vuestra alteza que lo habría, preso o muerto, o súbdito a la corona real de vuestra majestad.

Y con este propósito y demanda me partí de la ciudad de Cempoal —que yo intitulé Sevilla— a diez y seis de agosto, con quince de caballo y trescientos peones, lo mejor aderezados de guerra que yo pude, y el tiempo dio a ello lugar; y dejé en la Villa de la Vera Cruz ciento y cincuenta hombres, con dos de caballo, haciendo una fortaleza que ya tengo casi acabada; y dejé toda aquella provincia de Cempoal, toda la sierra comarcana a la villa —que serán hasta cincuenta mil hombres de guerra y cincuenta villas y fortalezas— muy seguros y pacíficos y por ciertos y leales vasallos de vuestra majestad, como hasta ahora lo han estado y están. Porque ellos eran súbditos de aquel señor Mutezuma, y, según fui informado, lo era por fuerza y de poco tiempo acá; y, como por mí tuvieron noticias de vuestra alteza y de su muy grande y real poder, dijeron que querían ser vasallos de vuestra majestad y mis amigos, y que me rogaban que los defendiese de aquel gran señor que los tenía por fuerza y tiranía, y que les tomaba sus hijos para los matar y sacrificar a sus ídolos. Y me dijeron otras muchas quejas de él; y con esto han estado y están muy ciertos y leales en servicio de vuestra alteza, y creo lo estarán siempre por ser libres de la tiranía de aquél, y porque de mí han sido siempre bien tratados y favorecidos. Y para más seguridad de los que en la villa quedaban, traje conmigo algunas personas principales de ellos con alguna gente, que no poco provechosos me fueron en mi camino.

Y porque —como ya creo en la primera relación escribí a vuestra majestad— algunos de los que en mi compañía pasaron, que eran criados y amigos de Diego Velázquez, les había pesado de lo que yo en servicio de vuestra alteza hacía, y aun algunos de ellos se me quisieron alzar e írseme de la tierra, en especial cuatro españoles que se decían Juan Escudero y Diego Cermeño, piloto, y Gonzalo de Ungría, asimismo piloto, y Alonso Peñate; los cuales, según lo que confesaron espontáneamente, tenían determinado de tomar un bergantín que estaba en el puerto, con cierto pan y tocinos, y matar al maestre de él, e irse a la isla Fernandina a hacer saber a Diego Velázquez cómo yo enviaba la nao que a vuestra alteza envié y lo que en ella iba, y el camino que la dicha nao había de llevar, para que el dicho Diego Velázquez pusiese navíos en guarda para que la tomasen; como, después que lo supo, lo puso por obra, que, según he sido informado, envió tras la dicha nao una carabela. Y asimismo confesaron que otras personas tenían la misma voluntad de avisar al dicho Diego Velázquez; y, vistas las confesiones de estos delincuentes, los castigué conforme a justicia y a lo que, según el tiempo, me pareció que había necesidad y al servicio de vuestra alteza cumplía.

Y porque, demás de los que por ser criados y amigos de Diego Velázquez tenían voluntad de salir de la tierra, había otros que, por verla tan grande y de tanta gente y tal, y ver los pocos españoles que éramos, estaban del mismo propósito, creyendo que, si allí los navíos dejase, se me alzarían con ellos, y, yéndose todos los que de esta voluntad estaban, yo quedaría casi solo —por donde se estorbara el gran servicio que a Dios y a vuestra alteza en esa tierra se ha hecho— de tal manera que, so color de que los dichos navíos no estaban para navegar, los eché a la costa, por donde todos perdieron la esperanza de salir de la tierra. Y yo hice mi camino más seguro y sin sospechas de que, vueltas las espaldas, no había de faltarme la gente que yo en la villa había de dejar.

Ocho o diez días después de haber dado con los navíos a la costa, y siendo ya salido de la Vera Cruz hasta la ciudad de Cempoal —que está a cuatro leguas de ella—, para de allí seguir mi camino, me hicieron saber de la dicha villa cómo por la costa de ella andaban cuatro navíos, y que el capitán que yo allí dejaba había salido a ellos con una barca, y les había dicho que eran de Francisco de Garay, Teniente y Gobernador en la isla de Jamaica, y que venían a descubrir; y que el dicho capitán les había dicho cómo yo, en nombre de vuestra alteza, tenía poblada esta tierra y hecha una villa allí, a una legua de donde los dichos navíos andaban, y que allí podían ir con ellos y me harían saber de su venida, y, si alguna necesidad trajesen, se podrían reparar de ella, y que el dicho capitán los guiaría con la barca al puerto, el cual les señaló dónde era. Y que a eso les había respondido que ya habían visto el puerto, porque pasaron por frente de él, y que así lo harían como él me lo decía; y que se había vuelto con la dicha barca, y los navíos no le habían seguido ni venido al puerto, y que todavía andaban por la costa y que no sabía qué era su propósito, pues no habían venido al dicho puerto.

Y, VISTO LO que el dicho capitán me hizo saber, a la hora me partí para la dicha villa, donde supe que los dichos navíos estaban surtos tres leguas la costa abajo, y que ninguno no había saltado en tierra. Y de allí me fui por la costa con alguna gente para saber lengua; y, ya que casi llegaba a una legua de ellos, encontré con tres hombres de los dichos navíos, entre los cuales venía uno que decía ser escribano, y los dos traían —según me dijo— para que fuesen testigos de cierta notificación: que dizque el capitán le había mandado que me hiciese de su parte un requerimiento que allí traía, en el cual se contenía que me hacía saber cómo él había descubierto aquella tierra y quería poblar en ella. Por tanto, que me requería que partiese con él los términos, porque su asiento quería ser cinco leguas la costa abajo, después de pasada Nautecal —que es una ciudad que es doce leguas de la dicha villa, que ahora se llama Almería—. A los cuales yo dije que viniese su capitán y que se fuese con los navíos al puerto de la Vera Cruz, y que allí nos hablaríamos y sabría de qué manera venían; y, si sus navíos y gente trajesen alguna necesidad, les socorrería con lo que yo pudiese; y que, pues él decía venir en servicio de vuestra

47

sacra majestad, yo no deseaba otra cosa sino que se me ofreciese en qué sirviese a vuestra alteza, y que en le ayudar creía que lo hacía.

Ellos me respondieron que en ninguna manera el capitán ni otra gente vendría a tierra ni adonde yo estuviese; y, creyendo que debía de haber hecho algún daño en la tierra, pues se recelaban de ver ante mí, ya que era noche me puse secretamente junto a la costa de la mar, frontero de donde los dichos navíos estaban surtos, y allí me tuve encubierto hasta otro día, casi a mediodía, creyendo que el capitán o piloto saltarían en tierra, para saber de ellos lo que habían andado; y, si algún daño hubiesen hecho en la tierra, enviarlos a vuestra sacra majestad; y jamás salieron ellos ni otra persona. Visto que no salían, hice quitar los vestidos de aquellos que venían a hacerme el requerimiento y se los vistiesen otros españoles de los de mi compañía, los cuales hice ir a la playa y que llamasen a los de los navíos. Y, visto por ellos, salió a tierra una barca con hasta diez o doce hombres, con ballestas y escopetas; y los españoles que llamaban de la tierra se apartaron de la playa a unas matas que estaban cerca, como que se iban a la sombra de ellas; y así saltaron cuatro —los dos ballesteros y los dos escopeteros—, los cuales, como estaban cercados de gente que yo tenía en la playa puesta, fueron tomados. Y el uno de ellos era maestre de la una nao, el cual puso fuego a una escopeta para matar a aquel capitán que yo tenía en la Vera Cruz, si no que plugo a Nuestro Señor que la mecha no tenía fuego.

Los que quedaron en la barca se hicieron a la mar, y antes que llegasen a los navíos ya iban a la vela sin aguardar ni querer que de ello se supiese cosa alguna. Y de los que conmigo quedaron me informé cómo habían llegado a un río que está treinta leguas la costa abajo, después de pasada Almería, y que allí habían habido buen acogimiento de los naturales, y que por rescate les habían dado de comer, y que habían visto algún oro que traían los indios, aunque poco, y habían rescatado hasta tres mil castellanos de oro; y que no habían saltado en tierra, más de que habían visto ciertos pueblos en la ribera del río tan cerca, que de los navíos los podían bien ver. Y que no había edificios de piedra, sino que todas las casas eran de paja, excepto que los suelos de ellas tenían algo altos y hechos de mano; lo cual todo después supe más por entero de aquel gran señor

Mutezuma, y de ciertas lenguas de aquella tierra que él tenía consigo, a las cuales, y a un indio que en los dichos navíos traían del dicho río —que también yo les tomé—, envié con otros mensajeros del dicho Mutezuma para que hablasen al señor de aquel río que se dice Pánuco, para le atraer al servicio de vuestra sacra majestad. Y él me envió con ellos una persona principal y aun, según decía, señor de un pueblo, el cual me dio de su parte cierta ropa y piedras y plumajes, y me dijo que él y toda su tierra estaban muy contentos de ser vasallos de vuestra majestad y mis amigos. Yo les di otras cosas de las de España, con que fue muy contento, y tanto, que cuando los vieron otros navíos del dicho Francisco de Garay, de que adelante a vuestra alteza haré relación, me envió a decir el dicho Pánuco cómo los dichos navíos estaban en otro río, lejos de allí hasta cinco o seis jornadas, y que les hiciese saber si eran de mi naturaleza los que en ellos venían, porque les darían lo que hubiesen menester, y que les habían llevado ciertas mujeres y gallinas y otras cosas de comer.

Yo fui, muy poderoso Señor, por la tierra y señorío de Cempoal, tres jornadas, donde de todos los naturales fui muy bien recibido y hospedado; y a la cuarta jornada entré en una provincia que se llama Sienchimalen, en que hay en ella una villa muy fuerte y puesta en recio lugar, porque está en una ladera de una sierra muy agra, y para la entrada no hay sino un paso de escalera, que es imposible pasar sino gente de pie, y aun con harta dificultad si los naturales quieren defender el paso. En lo llano hay muchas aldeas y alquerías de a quinientos y a trescientos y doscientos labradores, que serán por todos hasta cinco o seis mil hombres de guerra, y esto es del señorío de aquel Mutezuma. Y aquí me recibieron muy bien y me dieron muy cumplidamente los bastimentos necesarios para mi camino, y me dijeron que bien sabían que yo iba a ver a Mutezuma su señor, y que fuese cierto que él era mi amigo y les había enviado a mandar que en todo caso me hiciesen muy buen acogimiento, porque en ello les servirían; y yo les satisfice a su buen comedimiento diciendo que vuestra majestad tenía noticia de él y me había mandado que le viese, y que yo no iba a más de verle. Así pasé un puerto que está al fin de esta provincia, al que pusimos de nombre Puerto de Nombre de Dios, por ser el primero que en estas tierras habíamos pasado, el cual es tan agro y alto que no lo hay en España otro tan dificultoso de pasar, el cual pasé seguramente y sin contradicción alguna; y a la bajada del dicho puerto están otras alquerías de una villa y fortaleza que se dice Ceyxnacan, que asimismo era del dicho Mutezuma, que, no menos que los de Sienchimalen, fuimos bien recibidos y nos dijeron de la voluntad de Mutezuma lo que los otros nos habían dicho, y yo asimismo los satisfice.

Desde aquí anduve tres jornadas de despoblado y tierra inhabitable a causa de su esterilidad y falta de agua y muy grande frialdad que en ella hay, donde Dios sabe cuánto trabajó la gente y padeció de sed y de hambre, en especial de un turbión de piedra y agua que nos tomó en el dicho despoblado, de que pensé que perecería mucha gente de frío; y así murieron ciertos indios de la isla Fernandina, que iban mal arropados. Al cabo de estas tres jornadas pasamos otro puerto, aunque no tan agro como el primero, y en lo alto de él estaba una torre pequeña casi como humilladero, donde tenían ciertos ídolos, y alrededor de la torre más de mil carretas de leña cortada, muy dispuesta, a cuyo respeto le pusimos nombre Puerto de la Leña; y a la bajada del dicho puerto, entre unas tierras muy agras, está un valle muy poblado de gente que, según pareció, debían ser gente pobre. Después de haber andado dos leguas por la población sin saber de ella, llegué a un asiento algo más llano, donde pareció estar el señor de aquel valle, que tenía las mejores y más bien labradas casas que hasta entonces en esta tierra habíamos visto, porque eran todas de cantería labradas y muy nuevas, y había en ellas muchas y muy grandes y hermosas salas y muchos aposentos muy bien obrados. Este valle y población se llama Caltanmí. Del señor y gente fui muy bien recibido y aposentado.

Después de haberle hablado de parte de vuestra majestad y de haberle dicho la causa de mi venida a estas partes, le pregunté si él era vasallo de Mutezuma o si era de otra parcialidad alguna; el cual, casi admirado de lo que le preguntaba, me respondió diciendo que quién no era vasallo de Mutezuma, queriendo decir que él era señor del mundo. Yo le torné aquí a decir y replicar el gran poder de vuestra majestad, y que otros muy muchos y muy mayores señores que no Mutezuma eran vasallos de vuestra alteza, y aun que no lo tenían en pequeña merced, y que así lo había de ser Mutezuma y todos los naturales de estas tierras; y que así lo requería a él que lo fuese, porque, siéndolo, sería muy honrado y favorecido, y por el contrario, no queriendo obedecer, sería punido. Y para que tuviese por bien de le mandar recibir a su real servicio, le rogaba que me diese algún oro que yo enviase a vuestra majestad. Y él me respondió que oro él lo tenía, pero que no me lo quería dar si Mutezuma no se lo mandase, y que, mandándolo él, que el oro y su persona y cuanto tuviese daría. Por no escandalizarle ni dar algún desmán a mi propósito y camino, disimulé con él lo mejor que pude y le dije que muy presto le enviaría a mandar Mutezuma que diese el oro y lo demás que tuviese.

Aquí me vinieron a ver otros dos señores que en aquel valle tenían su tierra, el uno cuatro leguas valle abajo y el otro dos leguas arriba, y me dieron ciertos collarejos de oro de poco peso y valor y siete u ocho esclavas; y, dejándolos así muy contentos, me partí después de haber estado allí cuatro o cinco días, y me pasé al asiento del otro señor que está casi dos leguas —que dije— el valle arriba, que se dice Istacmastitán. El señorío de éste serán tres o cuatro leguas de población, sin salir casa de casa, por lo llano de un valle, ribera de un río pequeño que va por él; y en un cerro muy alto está la casa del señor con la mejor fortaleza que hay en la mitad de España, y mejor cercada de muro y barbacanes y cavas. Y en lo alto de este cerro tendrá una población de hasta cinco o seis mil vecinos, de muy buenas casas y gente algo más rica que no la del valle abajo. Aquí mismo fui muy bien recibido, y también me dijo este señor que era vasallo de Mutezuma; y estuve en este asiento tres días, así por me reparar de los trabajos que en el despoblado la gente pasó, como por esperar cuatro mensajeros de los naturales de Cempoal que venían conmigo, que yo desde Caltanmí había enviado a una provincia muy grande que se llama Tascalteca, que me dijeron que estaba muy cerca de allí —como de verdad pareció—; y me habían dicho que los naturales de esta provincia eran sus amigos de ellos y muy capitanes enemigos de Mutezuma, y que me querían confederar con ellos porque eran muchos y muy fuerte gente; y que confinaba su tierra por todas partes con la del dicho Mutezuma, y que tenían con él muy continuas guerras, y que creían se holgarían conmigo y me favorecerían si el dicho Mutezuma se quisiese poner en algo conmigo.

Los cuales dichos mensajeros, en todo el tiempo que estuve en el dicho valle —que fueron por todos ocho días—, no vinieron. Y yo pregunté a aquellos principales de Cempoal que iban conmigo que cómo no venían los dichos mensajeros, y me dijeron que debía de ser lejos y que no podrían venir tan aína. Y yo, viendo que se dilataba su venida y que aquellos principales de Cempoal me certificaban tanto la amistad y seguridad de los de esta provincia, me partí para allá. Y a la salida del dicho valle hallé una gran cerca de piedra seca, tan alta como estado y medio, que atravesaba todo el valle de la una sierra a la otra, y tan ancha como veinte pies, y por toda ella un pretil de pie y medio de ancho para pelear desde encima, y no más de una entrada tan ancha como diez pasos; y en esta entrada, doblada la una cerca sobre la otra a manera de rebellín, tan estrecho como cuarenta pasos, de manera que la entrada fuese a vueltas y no a derechas. Preguntada la causa de aquella cerca, me dijeron que la tenían porque eran fronteros de aquella provincia de Tascalteca, que eran enemigos de Mutezuma y tenían siempre guerra con ellos.

LOS NATURALES DE este valle me rogaron que, pues iba a ver a Mutezuma su señor, no pasase por la tierra de estos sus enemigos, porque por ventura serían malos y me harían algún daño; que ellos me llevarían siempre por tierra del dicho Mutezuma sin salir de ella, y que en ella sería siempre bien recibido. Y los de Cempoal me decían que no lo hiciese, sino que fuese por allí; que lo que aquéllos me decían era por apartarme de la amistad de aquella provincia, y que eran malos traidores todos los de Mutezuma y que me llevarían a meter donde no pudiese salir. Y porque yo de los de Cempoal tenía más concepto que de los otros, tomé su consejo, que fue seguir el camino de Tascalteca, llevando a mi gente al mejor recado que yo podía; y yo, con hasta seis de caballo, iba adelante bien media legua y más, no con pensamiento de lo que después se me ofreció, pero por descubrir la tierra, para que, si algo hubiese, lo supiese y tuviese lugar de encontrar y apercibir la gente.

Y, después de haber andado cuatro leguas, encumbrando un cerro, dos de a caballo que iban delante de mí vieron ciertos indios con sus plumajes —que acostumbran traer en las guerras— y con sus espadas y rodelas; los cuales indios, como vieron los de a caballo, comenzaron a huir. A la sazón llegaba yo, e hice que los llamasen y que viniesen y no hubiesen miedo; y fui más hacia donde estaban, que serían hasta quince indios, y ellos se juntaron y comenzaron a tirar cuchilladas y a dar voces a la otra su gente que estaba en un valle, y pelearon con nosotros de tal manera que nos mataron dos caballos e hirieron otros tres y a dos de a caballo. Y en esto salió la otra gente, que sería hasta cuatro o cinco mil indios; y ya se habían llegado conmigo hasta ocho de a caballo —sin los otros muertos—, y peleamos con ellos haciendo algunas arremetidas hasta esperar los españoles, que con uno de a caballo habían enviado a decir que anduviesen. Y en las vueltas les hicimos algún daño, en que mataríamos cincuenta o sesenta de ellos, sin que daño alguno recibiésemos, puesto que peleaban con mucho denuedo y ánimo; pero, como todos éramos de a caballo, arremetíamos a nuestro salvo y salimos asimismo.

Y, desde que supieron que los nuestros se acercaban, se retrajeron porque eran pocos y nos dejaron el campo. Y, después de haberse ido, vinieron ciertos mensajeros que dijeron ser de los señores de la dicha provincia y, con ellos, dos de los mensajeros que yo había enviado, los cuales dijeron que los dichos señores no sabían nada de lo que aquéllos habían hecho, que eran comunidades, y sin su licencia lo habían hecho; y que a ellos les pesaba, que me pagarían los caballos que me habían matado, que querían ser mis amigos y que fuese en hora buena, que sería bien recibido. Yo les respondí que lo agradecía, que los tenía por amigos y que yo iría como ellos decían. Aquella noche me fue forzado dormir en un arroyo, una legua adelante de donde esto acaeció, así por ser tarde como porque la gente venía cansada.

Allí estuve al mejor recaudo que pude, con mis velas y escuchas, así de a caballo como de a pie, hasta que fue de día, que partí llevando mi delantera y recuaje bien concertadas y mis corredores delante. Y, llegando a un pueblo pequeñuelo, ya que salía el sol, vinieron los otros dos mensajeros llorando, diciendo que los habían atado para matarlos y que ellos se habían escapado aquella noche. Y, no dos tiros de piedra de ellos, asomó mucha cantidad de indios muy armados y con gran grita, y comenzaron a pelear con nosotros tirándonos muchas varas y flechas. Y yo les comencé a hacer mis requerimientos en forma con las lenguas que conmigo llevaba, por ante escribano. Y cuanto más me paraba a amonestarlos y requerir con la paz, tanto más prisa nos daban, ofendiéndonos cuanto ellos podían; y, viendo que no aprovechaban requerimientos ni protestaciones, comenzamos a defendernos como podíamos, y así nos llevaron peleando hasta meternos entre más de cien mil hombres de pelea, que por todas partes tenían cercados, y pelearnos con ellos y ellos con nosotros, todo el día hasta una hora antes de puesto el sol, que se retrajeron; en que, con media docena de tiros de fuego, con cinco o seis escopetas, cuarenta ballesteros y con los trece de a caballo que me quedaron, les hice mucho daño sin recibir de ellos ninguno, más del trabajo, cansancio de pelear y el hambre. Bien pareció que Dios fue el que por nosotros peleó, pues, entre tanta multitud de gente tan animosa y diestra en pelear y con tantos géneros de armas para ofendernos, salimos tan libres.

Aquella noche me hice fuerte en una torrecilla de sus ídolos que estaba en un cerrito; y luego, siendo de día, dejé en el real doscientos hombres y toda la artillería. Y, por ser yo el que acometía, salí a ellos con los de a caballo y cien peones, y cuatrocientos indios de los que traje de Cempoal y trescientos de Iztamestitán; y, antes que hubiese lugar de juntarse, les quemé cinco o seis lugares pequeños de hasta cien vecinos, y traje cerca de cuatrocientas personas —entre hombres y mujeres— presos, y me recogí al real peleando con ellos sin que daño ninguno me hiciesen. Otro día, en amaneciendo, dan sobre nuestro real más de ciento cuarenta y nueve mil hombres que cubrían toda la tierra, tan determinadamente, que algunos de ellos entraron dentro de él y anduvieron a cuchilladas con los españoles. Y salimos a ellos, y quiso Nuestro Señor en tal manera ayudarnos, que en obra de cuatro horas habíamos hecho lugar y paz que en nuestro real no nos ofendiesen, puesto que todavía hacían algunas arremetidas. Y así estuvimos peleando hasta que fue tarde, que se retrajeron.

Otro día torné a salir por otra parte antes que fuese de día, sin ser sentido de ellos, con los de a caballo, cien peones y los indios mis amigos, y les quemé más de diez pueblos, en que hubo pueblo de ellos de más de tres mil casas; y allí pelearon conmigo los del pueblo, que otra gente no debía de estar allí. Y como traíamos la bandera de la cruz y pugnábamos por nuestra fe y por servicio de vuestra sacra majestad, en su muy real ventura nos dio Dios tanta victoria, que les matamos mucha gente sin que los nuestros recibiesen daño. Y poco más de mediodía, ya que la fuerza de la gente se juntaba de todas partes, estábamos en nuestro real con la victoria habida.

Otro día siguiente vinieron mensajeros de los señores, diciendo que ellos querían ser vasallos de vuestra alteza y mis amigos, y que me rogaban les perdonase el yerro pasado. Yo les respondí que ellos habían hecho mal, pero que yo era contento de ser su amigo y perdonarles lo que habían hecho. Otro día siguiente vinieron hasta cincuenta indios que, según pareció, eran hombres de quien se hacía caso entre ellos, diciendo que nos venían a traer de comer; y comienzan a mirar las entradas y salidas del real y algunas chozuelas donde estábamos aposentados. Y los de Cempoal vinieron a mí y dijéronme que mirase que aquellos eran malos, y que venían a espiar y mirar cómo nos podrían dañar, y que tuviese por cierto que no venían a otra cosa. Yo hice tomar uno de ellos disimuladamente —que los otros no lo vieron— y me aparté con él y con las lenguas, y le amedrenté para que me dijese la verdad; el cual confesó que Sicutengal, que es el capitán general de esta provincia, estaba detrás de unos cerros que estaban fronteros del real, con mucha cantidad de gente para dar aquella noche sobre nosotros, porque decían que ya se habían probado de día con nosotros, que no les aprovechaba nada, y que querían probar de noche porque los suyos no temiesen los caballos ni los tiros ni las espadas; y que los habían enviado a ellos para que viesen nuestro real y las partes por donde nos podían entrar y cómo nos podrían quemar aquellas chozas de paja. Luego hice tomar otro de los dichos indios, y le pregunté asimismo, y confesó lo que el otro por las mismas palabras.

Y de éstos tomé cinco o seis, que todos confirmaron en sus dichos. Y visto, mandé tomar a todos cincuenta y cortarles las manos, y los envié que dijesen a su señor que, de noche y de día y cada cuando él viniese, verían quién éramos.

Hice yo fortalecer mi real a lo mejor que pude y poner la gente en las estancias que me pareció que convenían, y así estuve sobre aviso, hasta que se puso el sol. Y ya que anochecía, comenzó a bajar la gente de los contrarios por dos valles; y ellos pensaban que venían secretos para cercarnos y ponerse más cerca de nosotros para ejecutar su propósito. Y como yo estaba tan avisado, los vi, y me pareció que, dejarlos llegar al real, sería mucho daño; porque, de noche, como viesen lo que de mi parte se les hiciese, llegarían más sin temor. Y también porque los españoles, no viéndolos, algunos tendrían alguna flaqueza en el pelear; y temí que me pusieran fuego, lo cual, si acaeciera, fuera tanto daño que ninguno de nosotros escapara. Y determiné de salirles al encuentro con toda la gente de a caballo, para espantarlos y desbaratarlos en manera que ellos no llegasen. Y así fue que, como nos sintieron que íbamos con los caballos a dar sobre ellos, sin ningún tiento ni grita se metieron por los maizales —de que toda la tierra estaba casi llena— y aliviaron algunos de los mantenimientos que traían para estar sobre nosotros, de aquella vez, del todo nos pudiesen arrancar; y así se fueron por aquella noche, y quedamos seguros. Después de pasado esto, estuve ciertos días que no salí de nuestro real más del rededor, para defender la entrada de algunos indios que nos venían a gritar y hacer algunas escaramuzas.

Y, después de estar algo descansados, salí una noche, después de rondada la guarda de la prima, con cien peones, con los indios nuestros amigos y con los de a caballo. Y a una legua del real se me cayeron cinco de los caballos y yeguas que llevaba, que en ninguna manera los pude pasar adelante, y los hice volver. Y aunque todos los de mi compañía decían que me tornase porque era mala señal, todavía seguí mi camino, considerando que Dios es sobre natura, y antes que amaneciese di sobre dos pueblos, en que maté mucha gente; y no quise quemar las casas por no ser sentido con los fuegos de las otras poblaciones que estaban muy juntas. Y ya que amanecía, di en otro pueblo tan grande, que se ha hallado en él —por visitación que yo hice hacer— más de veinte mil casas. Y, como los tomé de sobresalto, salían desarmados y las mujeres y niños desnudos por las calles; y comencé a hacerles algún daño, y viendo que no tenían resistencia vinieron a mí ciertos principales del dicho pueblo a rogarme que no les hiciésemos más mal, porque ellos querían ser vasallos de vuestra alteza y mis amigos, y que bien veían que ellos tenían la culpa en no haberme querido servir, pero que de allí en adelante yo vería cómo ellos harían lo que yo, en nombre de vuestra majestad, les mandase, y que serían muy verdaderos vasallos suyos.

Y luego vinieron conmigo más de cuatro mil de ellos de paz, y me sacaron fuera a una fuente muy bien de comer; y así los dejé pacíficos y volví a nuestro real, donde hallé la gente que en él había dejado harto atemorizada, creyendo que se me hubiera ofrecido algún peligro, por lo que la noche antes habían visto en volver los caballos y yeguas.

DESPUÉS DE SABIDA la victoria que Dios nos había querido dar, y cómo dejaba aquellos pueblos de paz, hubieron mucho placer; porque certifico a vuestra majestad que no había tal de nosotros que no tuviese mucho temor, por vernos tan dentro en la tierra y entre tanta y tal gente y tan sin esperanzas de socorro de ninguna parte; de tal manera que ya a mis oídos oía decir por los corrillos, y casi público, que había sido Pedro Carbonero que los había metido donde nunca podrían salir. Y aun más oí decir, en una choza de ciertos compañeros, estando donde ellos no me veían, que si yo era loco y me metía donde nunca podría salir, que no lo fuesen ellos, sino que se volviesen a la mar; y que, si yo quisiese volver con ellos, bien; y si no, que me dejasen.

Muchas veces fui de esto por muchas veces requerido, y yo los animaba, diciéndoles que mirasen que eran vasallos de vuestra alteza, y que jamás en los españoles en ninguna parte hubo falta; y que estábamos en disposición de ganar para vuestra majestad los mayores reinos y señoríos que había en el mundo; y que, demás de hacer lo que como cristianos éramos obligados, en pugnar contra los enemigos de nuestra fe y por ello, en el otro mundo, ganábamos la gloria, y en éste conseguíamos el mayor prez y honra que hasta nuestros tiempos ninguna generación ganó. Y que mirasen que teníamos a Dios de nuestra parte, y que a Él ninguna cosa le es imposible, y que lo viesen por las victorias que habíamos habido, donde tanta gente de los enemigos habían muerto y de los nuestros ningunos. Y les dije otras cosas que me pareció decirles de esta calidad, que con ellas y con el real favor de vuestra alteza cobraron mucho ánimo, y los atraje a mi propósito y a hacer lo que yo deseaba, que era dar fin a mi demanda comenzada.

Otro día siguiente, a hora de las diez, vino a mí Sicutengal, el capitán general de esta provincia, con hasta cincuenta personas principales de ella, y me rogó, de su parte y de la de Magiscasin —que es la más principal persona de toda la provincia— y de otros muchos señores de ella, que yo les quisiese admitir al real servicio de vuestra alteza y a mi amistad, y les perdonase los yerros pasados, porque ellos no nos conocían ni sabían quién éramos; y que ya habían probado todas sus fuerzas, así de día como de noche, para excusarse a ser súbditos ni sujetos a nadie, porque en ningún tiempo esta provincia lo había sido, ni tenían ni habían tenido cierto señor; antes habían venido exentos y por sí, de inmemorial tiempo acá, y que siempre se habían defendido contra el gran poder de Mutezuma y de su padre y abuelos, que toda la tierra tenían sojuzgada, y a ellos jamás habían podido traer a sujeción, teniéndolos, como los tenían, cercados por todas partes, sin tener lugar para por ninguna de su tierra poder salir; que no comían sal porque no la había en su tierra ni se la dejaban salir a comprar a otras partes, ni vestían ropas de algodón porque en su tierra, por la frialdad, no se criaba, y otras muchas cosas de que carecían por estar así encerrados.

Y que todo lo sufrían y habían por bueno por ser exentos y no sujetos a nadie; y que conmigo quisieran hacer lo mismo, y para ello —como ya decían— habían probado sus fuerzas; y que veían claro que ni ellas ni las mañas que habían podido tener les aprovechaban; que querían antes ser vasallos de vuestra alteza que no morir y ser destruidas sus casas y mujeres e hijos. Yo les satisfice, diciendo que conociesen cómo ellos tenían la culpa del daño que habían recibido; y que yo me venía a su tierra creyendo que venía a tierra de mis amigos, porque los de Cempoal así me lo habían certificado que lo eran y querían ser, y que yo les había enviado mis mensajeros delante para hacerles saber cómo venía y la voluntad que de su amistad traía; y que, sin responderme, viniendo yo seguro, me habían salido a saltear en el camino y me habían matado dos caballos y herido otros. Y, demás de esto, después de haber peleado conmigo, me enviaron sus mensajeros diciendo que aquello que se había hecho había sido sin ser licencia y consentimiento, y que ciertas comunidades se habían movido a ello sin darles parte; pero que ellos se lo habían reprendido y que querían mi amistad. Y yo, creyendo ser así, les había dicho que me placía y me vendría otro día seguramente en sus casas como en casas de amigos; y que asimismo me habían salido al camino y peleado conmigo todo el día hasta que la noche sobrevino, no obstante que para mí habían sido requeridos con la paz. Y trájeles a la memoria todo lo demás que contra mí habían hecho y otras muchas cosas, que por no dar a vuestra alteza importunidad dejo. Finalmente, que ellos quedaron y se ofrecieron por súbditos y vasallos de vuestra majestad; y, para su real servicio, ofrecieron sus personas y haciendas; y así lo hicieron y han hecho hasta hoy, y creo lo harán siempre por lo que adelante vuestra majestad verá.

Y así estuve sin salir de aquel aposento y real que allí tenía seis o siete días, porque no me osaba fiar de ellos, puesto que me rogaban que me viniese a una ciudad grande que tenían, donde todos los señores de su provincia residían y residen, hasta tanto que todos los señores me vinieron a rogar que me fuese a la ciudad, porque allí sería mejor recibido y provisto de las cosas necesarias que no en el campo, y porque ellos tenían vergüenza de que yo estuviese tan mal aposentado, pues me tenían por su amigo y ellos y yo éramos vasallos de vuestra alteza. Y por su ruego me vine a la ciudad, que está seis leguas del aposento y real que yo tenía.

La cual ciudad es tan grande y de tanta admiración, que aunque mucho de lo que de ella podría decir dejé, lo poco que diré creo que es casi increíble; porque es muy mayor que Granada y muy más fuerte, y de tan buenos edificios y de mucha más gente que Granada a la sazón que se ganó, y muy mejor abastecida de las cosas de la tierra —que es de pan, de aves, caza, pescado de ríos y de otras legumbres y cosas que ellos comen— muy buenas. Hay en esta ciudad un mercado, en que casi cotidianamente, todos los días hay en él de treinta mil ánimas arriba vendiendo y comprando, sin otros muchos mercadillos que hay por la ciudad en partes. En este mercado hay todas cuantas cosas, así de mantenimiento como de vestido y calzado, que ellos tratan y puede haber. Hay joyerías de oro, plata, piedras y otras joyas de plumaje, tan bien concertado como puede ser en todas las plazas y mercados del mundo. Hay mucha loza de muchas maneras y muy buena, y tal como la mejor de España. Venden mucha leña, carbón e hierbas de comer y medicinales. Hay casas donde lavan las cabezas como barberos y las rapan; hay baños. Finalmente, que entre ellos hay toda manera de buena orden y policía, y es gente de toda razón y concierto, tal que lo mejor de África no se le iguala.

Es esta provincia de muchos valles llanos y hermosos, y todos labrados y sembrados, sin haber en ella cosa vacua; tiene en torno la provincia noventa leguas y más. El orden que hasta ahora se ha alcanzado que la gente de ella tiene en gobernarse, es casi como las señorías de Venecia y Génova o Pisa, porque no hay señor general de todos. Hay muchos señores y todos residen en esta ciudad, y los pueblos de la tierra son labradores y son vasallos de estos señores, y cada uno tiene su tierra por sí; tienen unos más que otros; y para sus guerras que han de ordenar, júntanse todos y todos juntos las ordenan y conciertan.

CRÉESE QUE deben de tener alguna manera de justicia para castigar a los malos, porque uno de los naturales de esta provincia hurtó cierto oro a un español, y yo lo dije a aquel Magiscasin, que es el mayor señor de todos; e hicieron su pesquisa y siguiéronlo hasta una ciudad que está cerca de allí, que se dice Churultecal, y de allí lo trajeron preso y me lo entregaron con el oro, y me dijeron que yo lo hiciese castigar. Yo les agradecí la diligencia que en ello pusieron y les dije que, pues estaba en su tierra, que ellos le castigasen como lo acostumbraban y que yo no me quería entremeter en castigar a los suyos estando en su tierra; de lo cual me dieron gracias y lo tomaron, y con pregón público que manifiesta su delito le hicieron llevar por aquel grande mercado, y allí le pusieron al pie de uno como teatro que está en medio del dicho mercado; y, encima del teatro, subió el pregonero y, en altas voces, tornó a decir el delito de aquél, y viéndolos todos le dieron con unas porras en la cabeza hasta que lo mataron. Y muchos otros hemos visto en prisiones, que dicen que les tienen por hurtos y cosas que han hecho. Hay en esta provincia —por visitación que yo en ella mandé hacer— ciento cincuenta mil vecinos, con otra provincia pequeña que está junto con ésta, que se dice Guasincango, que viven a la manera de éstos, sin señor natural, los cuales no menos están por vasallos de vuestra alteza que estos tascalteca.

Estando, muy católico señor, en aquel real que tenía en el campo cuando en la guerra de esta provincia estaba, vinieron a mí seis señores muy principales, vasallos de Mutezuma, con hasta doscientos hombres para su servicio, y me dijeron que venían de parte del dicho Mutezuma a decirme cómo él quería ser vasallo de vuestra alteza y mi amigo, y que viese yo qué era lo que quería que él diese por vuestra alteza en cada año de tributo, así de oro como de plata, piedras, esclavos, ropa de algodón y otras cosas de las que él tenía, y que todo lo daría con tanto que yo no fuese a su tierra; y que lo hacía porque era muy estéril y falta de todos mantenimientos, y que le pesaría de que yo padeciese necesidad y los que conmigo venían. Y con ellos me envió hasta mil pesos de oro y otras tantas piezas de ropa de algodón de la que ellos visten. Y estuvieron conmigo en mucha parte de la guerra, hasta el fin de ella, que vieron bien lo que los españoles podían y las paces que con los de esta provincia se hicieron y el ofrecimiento que al servicio de vuestra sacra majestad los señores y toda la tierra hicieron; de que, según pareció y ellos mostraban, no hubieron mucho placer, porque trabajaron muchas vías y formas de revolverme con ellos, diciendo cómo no era cierto lo que me decían ni verdadera la amistad que afirmaban, y que lo hacían por me asegurar para hacer a su salvo alguna traición. Los de esta provincia, por consiguiente, me decían y avisaban muchas veces que no me fiase de aquellos vasallos de Mutezuma, porque eran traidores y sus cosas siempre las hacían a traición y con mañas, y con éstas habían sojuzgado toda la tierra; y que me avisaban de ello como verdaderos amigos y como personas que los conocían de mucho tiempo acá. Vista la discordia y disconformidad de los unos y de los otros, no hube poco placer, porque me pareció hacer mucho a mi propósito, y que podría tener manera de más aína sojuzgarlos y que me dijese aquel común decir de "monte, etc."; y aun me acordé de una autoridad evangélica que dice: Omne regnum in se ipsum divisum desolabitur. Y con los unos y con los otros maneaba, y a cada uno en secreto le agradecía el aviso que me daba y le daba crédito de más amistad que al otro.

Después de haber estado en esta ciudad veinte días y más, me dijeron aquellos señores mensajeros de Mutezuma, que siempre estuvieron conmigo, que me fuese a una ciudad que está a seis leguas de esta de Tascaltecal, que se dice Churultecal, porque los naturales de ella eran amigos de Mutezuma su señor, y que allí sabríamos la voluntad del dicho Mutezuma, si era que yo fuese a su tierra; y que algunos de ellos irían a hablar con él y a decirle lo que yo les había dicho, y me volverían con la respuesta. Y aunque sabían que allí estaban algunos mensajeros suyos para hablarme, yo les dije que me iría y que partiría para un día cierto que les señalase. Y, sabido por los de esta provincia de Tlascaltecal lo que aquéllos habían concertado conmigo y cómo yo había aceptado irme con ellos a aquella ciudad, vinieron a mí con mucha pena los señores y me dijeron que en ninguna manera fuese, porque me tenían ordenada cierta traición para matarme en aquella ciudad a mí y a los de mi compañía, y que para ello había enviado Mutezuma de su tierra —porque alguna parte de ella confina con esta ciudad— cincuenta mil hombres, y que los tenía en guarnición a dos leguas de la dicha ciudad, según señalaron; y que tenían cerrado el camino real por donde solían ir y hecho otro nuevo, de muchos hoyos y palos agudos hincados y encubiertos, para que los caballos cayesen y se mancasen; y que tenía muchas de las calles tapiadas y, por las azoteas de las casas, muchas piedras, para que, después que entrásemos en la ciudad, tomarnos seguramente y aprovecharse de nosotros a su voluntad. Y que, si yo quería ver cómo era verdad lo que ellos me decían, que mirase cómo los señores de aquella ciudad nunca habían venido a verme ni hablar, estando tan cerca de ésta; pues habían venido los de Guasincango, que estaban más lejos que ellos; y que los enviase a llamar y vería cómo no querían venir. Yo les agradecí su aviso y les rogué que me diesen ellos personas que, de mi parte, los fuesen a llamar; y así me los dieron, y yo les envié a rogar que viniesen a verme, porque les quería hablar ciertas cosas de parte de vuestra alteza y decirles la causa de mi venida a esta tierra.

Los cuales mensajeros fueron y dijeron mi mensaje a los señores de la dicha ciudad, y con ellos vinieron dos o tres personas no de mucha autoridad, y me dijeron que ellos venían de parte de aquellos señores porque ellos no podían venir por estar enfermos; que a ellos les dijese lo que quería. Los de esta ciudad me dijeron que era burla y que aquellos mensajeros eran hombres de poca calidad, y que en ninguna manera me partiese sin que los señores de la ciudad viniesen aquí. Yo hablé a aquellos mensajeros y les dije que embajada de tan alto príncipe como vuestra sacra majestad no se debía de dar a tales personas como ellos, y que aun sus señores eran poco para oírla; por tanto, que dentro de tres días pareciesen ante mí a dar la obediencia a vuestra alteza y a ofrecerse por sus vasallos, con apercibimiento de que, pasado el término que les daba, si no viniesen, iría sobre ellos y los destruiría y procedería contra ellos como contra personas rebeldes y que no se querían someter debajo del dominio de vuestra alteza. Y para ello les envié un mandamiento, firmado de mi nombre y de un escribano, con relación larga de la real persona de vuestra sacra majestad y de mi venida, diciéndoles cómo todas estas partes y otras muy mayores tierras y señoríos eran de vuestra alteza; y que los que quisiesen ser sus vasallos serían honrados y favorecidos, y, por el contrario, los que fuesen rebeldes serían castigados conforme a justicia.

Y otro día vinieron algunos de los señores de la dicha ciudad, o casi todos, y me dijeron que si ellos no habían venido antes, la causa era porque los de esta provincia eran sus enemigos y que no osaban entrar por su tierra porque no pensaban venir seguros, y que bien creían que me habían dicho algunas cosas de ellos; que no les diese crédito porque las decían como enemigos y no porque pasara así; y que me fuese a su ciudad y que allí conocería ser falsedad lo que éstos me decían y la verdad lo que ellos me certificaban; que desde entonces se daban y ofrecían por vasallos de vuestra sacra majestad, y que lo serían para siempre y servirían y contribuirían en todas las cosas que de parte de vuestra alteza se les mandase. Y así lo asentó un escribano, por las lenguas que yo tenía. Y todavía determiné de irme con ellos, así por no mostrar flaqueza como porque desde allí pensaba hacer mis negocios con Moctezuma, porque confina con su tierra, como ya he dicho; y allí usaban venir, y los de allí ir allá, porque en el camino no tenían requesta alguna.

Y COMO LOS de Tascaltecal vieron mi determinación, pesóles mucho y dijéronme muchas veces que lo erraba. Pero, que, pues ellos se habían dado por vasallos de vuestra sacra majestad y mis amigos, que querían ir conmigo a ayudarme en todo lo que se ofreciese. Y, puesto que yo se lo defendiese, y rogué que no fuesen porque no había necesidad, todavía me siguieron hasta cien mil hombres muy bien aderezados de guerra, y llegaron conmigo hasta dos leguas de la ciudad; y desde allí, por mucha importunidad mía, se volvieron, aunque todavía quedaron en mi compañía hasta cinco o seis mil de ellos. Dormí en un arroyo que allí estaba a las dos leguas, por despedir la gente, porque no hiciesen algún escándalo en la ciudad, y también porque era ya tarde y no quise entrar en la ciudad sobre tarde. Otro día de mañana salieron de la ciudad a recibirme al camino, con muchas trompetas y atabales y muchas personas de las que ellos tienen por religiosas en sus mezquitas, vestidas de las vestiduras que usan y cantando a su manera, como lo hacen en las dichas mezquitas. Y con esta solemnidad nos llevaron hasta entrar en la ciudad, y nos metieron en un aposento muy bueno, a donde toda la gente de mi compañía se aposentó a mi placer. Allí nos trajeron de comer, aunque no cumplidamente; y en el camino topamos muchas señales de las que los naturales de esta provincia nos habían dicho, porque hallamos el camino real cerrado y hecho otro, y algunos hoyos —aunque no muchos—, y algunas calles de la ciudad tapiadas y muchas piedras en todas las azoteas. Con esto nos hicieron estar más sobre aviso y a mayor recaudo.

Allí hallé ciertos mensajeros de Mutezuma que venían a hablar con los que conmigo estaban, y a mí no me dijeron cosa alguna, más de que venían a saber de aquéllos lo que conmigo habían hecho y concertado, para irlo a decir a su señor; y así se fueron, después de haberles hablado ellos, y aun el uno de los que antes conmigo estaban, que era el más principal. En tres días que allí estuve, proveyeron muy mal y cada día peor, y muy pocas veces me venían a ver ni hablar los señores y personas principales de la ciudad. Y estando algo perplejo en esto, a la lengua que yo tengo —que es una india de esta tierra, que hube en Potonchán, que es el río grande que ya en la primera relación a vuestra majestad hice memoria— le dijo otra natural de esta ciudad cómo, muy cerquita de allí, estaba mucha gente de Mutezuma junta, y que los de la ciudad tenían fuera sus mujeres e hijos y toda su ropa, y que habían de dar sobre nosotros para matarnos a todos; y que si ella se quería salvar, que se fuese con ella, que ella la guarecería. La cual lo dijo a aquel Jerónimo de Aguilar, lengua que yo hube en Yucatán —de que asimismo a vuestra alteza hube escrito—, y me lo hizo saber. Y yo tuve uno de los naturales de la dicha ciudad, que por allí andaba, y le aparté secretamente, que nadie lo vio, y le interrogué, y confirmó todo lo que la india y los naturales de Tascaltecal me habían dicho.

Y así, por esto como por las señales que para ello veía, acordé de prevenir antes de ser prevenido; e hice llamar a algunos de los señores de la ciudad, diciendo que les quería hablar, y les metí en una sala; y, en tanto, hice que la gente de los nuestros estuviese apercibida, y que, en soltando una escopeta, diesen en mucha cantidad de indios que había junto al aposento y muchos dentro de él. Así se hizo; que, después que tuve los señores dentro de aquella sala, dejélos atados y cabalgué, e hice soltar la escopeta, y dímosles tal mano, que en pocas horas murieron más de tres mil hombres. Y porque vuestra majestad vea cuán apercibidos estaban, antes que yo saliese de nuestro aposento tenían todas las calles tomadas y toda la gente a punto; aunque, como los tomamos de sobresalto, fueron buenos de desbaratar, mayormente que les faltaban los caudillos, porque los tenía ya presos; e hice poner fuego a algunas torres y casas fuertes donde se defendían y nos ofendían. Y así anduve por la ciudad peleando —dejando a buen recaudo el aposento, que era muy fuerte— bien cinco horas, hasta que eché toda la gente fuera de la ciudad por muchas partes de ella, porque me ayudaban bien cinco mil indios de Tascaltecal y otros cuatrocientos de Cempoal.

Vuelto al aposento, hablé con aquellos señores que tenía presos y les pregunté qué era la causa que me querían matar a traición; y me respondieron que ellos no tenían la culpa, porque los de Culúa, que son los vasallos de Mutezuma, los habían puesto en ello; y que el dicho Mutezuma tenía allí —en tal parte que, según después pareció, sería legua y media— cincuenta mil hombres en guarnición para hacerlo; pero que ya conocían cómo habían sido engañados; que soltase uno o dos de ellos y que harían recoger la gente de la ciudad y tornar a ella todas las mujeres, niños y ropa que tenían fuera; y que me rogaban que aquel yerro les perdonase, que ellos me certificaban que, de allí adelante, nadie les engañaría, y serían muy ciertos y leales vasallos de vuestra alteza y mis amigos. Después de haberles hablado muchas cosas acerca de su yerro, solté dos de ellos; y, otro día siguiente, estaba toda la ciudad poblada y llena de mujeres y niños, muy seguros, como si cosa alguna de lo pasado no hubiera acaecido; y luego solté todos los otros señores que tenía presos, con que me prometieron servir a vuestra majestad muy lealmente. Y, en obra de quince o veinte días que allí estuve, quedó la ciudad y tierra tan pacífica y tan poblada que parecía que nadie faltaba de ella, en sus mercados y tratos por la ciudad como antes lo solían tener. E hice que los de esta ciudad de Churultecal y los de Tascaltecal fuesen amigos, porque lo solían ser antes, y muy poco tiempo había que Mutezuma, con dádivas, los había seducido a su amistad y hechos enemigos de estos otros.

Esta ciudad de Churultecal está asentada en un llano, y tiene hasta veinte mil casas dentro, en el cuerpo de la ciudad, y tiene de arrabales otras tantas. Es señorío por sí y tiene sus términos conocidos; no obedece a señor ninguno, excepto que se gobiernan como estos otros de Tascaltecal. La gente de esta ciudad es más vestida que los de Tascaltecal, en alguna manera, porque los honrados ciudadanos de ellos todos traen albornoces encima de la otra ropa, aunque son diferenciados de los de África porque tienen sus maneras; pero en la hechura, tela y los rapacejos son muy semejantes. Todos éstos han sido y son, después de este trance pasado, muy ciertos vasallos de vuestra majestad y muy obedientes a lo que yo, en su real nombre, les he requerido y dicho; y creo lo serán de aquí adelante. Esta ciudad es muy fértil de labranzas, porque tiene mucha tierra y se riega la más parte de ella; y aun es la ciudad más hermosa de fuera que hay en España, porque es muy torreada y llana; y certifico a vuestra alteza que yo conté desde una mezquita cuatrocientas y treinta y tantas torres en la dicha ciudad, y todas son de mezquitas. Es la ciudad más a propósito de vivir españoles que yo he visto de los puertos acá, porque tiene algunos baldíos y aguas para criar ganados, lo que no tienen ningunas de cuantas hemos visto; porque es tanta la multitud de la gente que en estas partes mora, que ni un palmo de tierra hay que no esté labrada; y aun con todo, en muchas partes padecen necesidad por falta de pan; y aun hay mucha gente pobre que pide entre los ricos por las calles y por las casas y mercados, como hacen los pobres en España y en otras partes que hay gente de razón.

A aquellos mensajeros de Mutezuma que conmigo estaban hablé acerca de aquella traición que en aquella ciudad se me quería hacer, y cómo los señores de ella afirmaban que por consejo de Mutezuma se había hecho; y que no me parecía que era hecho de tan gran señor enviarme sus mensajeros y personas tan honradas como me había enviado a decirme que era mi amigo y, por otra parte, buscar maneras de ofenderme con mano ajena para salvarse él de culpa si no le sucediese como él pensaba. Y que, pues así era, que él no me guardaba su palabra ni me decía verdad, que yo quería mudar mi propósito: que, así como iba hasta entonces a su tierra con voluntad de verle, hablar, tener por amigo y tener con él mucha conversación y paz, que ahora quería entrar por su tierra de guerra, haciéndole todo el daño que pudiese como a enemigo, y que me pesaba mucho de ello, porque más le quisiera siempre por amigo y tomar siempre su parecer en las cosas que en esta tierra hubiera de hacer.

Aquellos suyos me respondieron que ellos había muchos días que estaban conmigo y que no sabían nada de aquel concierto, más de lo que allí, en aquella ciudad, después de aquello se ofreció, supieron; y que no podían creer que por consejo y mandado de Mutezuma se hiciese; y que me rogaban que, antes que me determinase a perder su amistad y hacerle la guerra que decía, me informase bien de la verdad y que diese licencia a uno de ellos para ir a hablarle, que él volvería muy presto. Hay de esta ciudad a donde Mutezuma residía veinte leguas. Yo les dije que me placía, y dejé ir al uno de ellos; y, de allí a seis días, volvió él y otro que primero se había ido, y trajéronme diez platos de oro, mil quinientas piezas de ropa, mucha provisión de gallinas, pan y cacao —que es cierto brebaje que ellos beben—, y me dijeron que a Mutezuma le había pesado mucho de aquel desconcierto que en Churultecal se quería hacer, porque yo no creería ya sino que había sido por su consejo y mandado; y que él me hacía cierto que no era así, y que la gente que allí estaba en guarnición era verdad que era suya, pero que ellos se habían movido sin habérselo él mandado, por inducimiento de los de Churultecal, porque eran de dos provincias suyas, que se llamaban la una Acancingo y la otra Yzcucan, que confina con la tierra de la dicha ciudad de Churultecal, y que entre ellos conciertan alianzas de vecindad para ayudarse los unos a los otros; y que de esta manera habían venido allí y no por su mandado.

Pero que adelante yo vería en sus obras si era verdad lo que él me había enviado a decir o no, y que todavía me rogaba que no curase de ir a su tierra, porque era estéril y padeceríamos necesidad, y que donde quiera que yo estuviese le enviase a pedir lo que yo quisiese, y que lo enviaría muy cumplidamente.

Yo le respondí que la ida a su tierra no se podía excusar, porque había de enviar de él y de ella relación a vuestra majestad, y que yo creía lo que él me enviaba a decir; por tanto, que, pues yo no había de dejar de llegar a verle, que él lo hubiese por bien y que no se pusiese en otra cosa, porque sería mucho daño suyo y a mí me pesaría de cualquiera que le viniese. Y, desde que ya vio que mi determinada voluntad era de verle a él y a su tierra, me envió a decir que fuese en hora buena, que él me hospedaría en aquella gran ciudad donde estaba, y envióme muchos de los suyos para que fuesen conmigo, porque ya entraba por su tierra; los cuales me querían encaminar por cierto camino donde ellos debían de tener algún concierto para ofendernos, según después pareció, porque lo vieron muchos españoles que yo enviaba después por la tierra. Había en aquel camino tantas puentes y pasos malos, que, yendo por él, muy a su salvo pudieran ejecutar su propósito. Mas, como Dios haya tenido siempre cuidado de encaminar las reales cosas de vuestra sacra majestad desde su niñez, y como yo y los de mi compañía íbamos en su real servicio, nos mostró otro camino —aunque algo agro— no tan peligroso como aquel por donde nos querían llevar; y fue de esta manera:

QUE A OCHO LEGUAS de esta ciudad de Churultecal están dos sierras muy altas y muy maravillosas, porque, en fin de agosto, tienen tanta nieve que otra cosa de lo alto de ellas, si no la nieve, no se parece. Y de la una, que es la más alta, sale muchas veces, así de día como de noche, tan grande bulto de humo como una gran casa, y sube encima de la sierra hasta las nubes, tan derecho como una vita, que, según parece, es tanta la fuerza con que sale que, aunque arriba en la sierra andaba siempre muy recio el viento, no lo puede torcer. Y porque yo siempre he deseado, de todas las cosas de esta tierra, poder hacer a vuestra alteza muy particular relación, quise de ésta —que me pareció algo maravillosa— saber el secreto; y envié a diez de mis compañeros, tales cuales para semejante negocio eran necesarios, y con algunos naturales de la tierra que los guiasen, y les encomendé mucho procurasen de subir la dicha sierra y saber el secreto de aquel humo: de dónde y cómo salía. Los cuales fueron y trabajaron lo que fue posible para subirla, y jamás pudieron, a causa de la mucha nieve que en la sierra hay y de muchos torbellinos que, de la ceniza que de allí sale, andan por la sierra; y también porque no pudieron sufrir la gran frialdad que arriba hacía. Pero llegaron muy cerca de lo alto, y tanto, que, estando arriba, comenzó a salir aquel humo; y dicen que salía con tanto ímpetu y ruido que parecía que toda la sierra se caía abajo. Y así se bajaron y trajeron mucha nieve y carámbanos para que los viésemos, porque nos parecía cosa muy nueva en estas partes, a causa de estar en parte tan cálida, según hasta ahora ha sido opinión de los pilotos, especialmente que dicen que esta tierra está en veinte grados, que es en el paralelo de la isla Española, donde continuamente hace muy gran calor. Y, yendo a ver esta sierra, toparon un camino y preguntaron a los naturales de la tierra que iban con ellos que para dónde iba, y dijeron que a Culúa, y que aquél era buen camino, y que el otro por donde nos querían llevar los de Culúa no era bueno. Y los españoles fueron por él hasta encumbrar las sierras, por medio de las cuales, entre la una y la otra, va el camino; y descubrieron los llanos de Culúa y la gran ciudad de Temixtitan, y las lagunas que hay en la dicha provincia —de que adelante haré relación a vuestra alteza—; y vinieron muy alegres por haber descubierto tan buen camino, y Dios sabe cuánto holgué yo de ello.

Después de venidos estos españoles que fueron a ver la sierra, y haberme informado —así de ellos como de los naturales— de aquel camino que hallaron, hablé a aquellos mensajeros de Mutezuma que conmigo estaban para guiarme a su tierra, y les dije que quería ir por aquel camino y no por el que ellos decían, porque era más cerca. Y ellos respondieron que yo decía verdad: que era más cerca y más llano; y que la causa por que por allí no me encaminaban era porque habíamos de pasar una jornada por tierra de Guasucingo, que eran sus enemigos, y porque allí no teníamos las cosas necesarias como por las tierras del dicho Mutezuma; y que, pues yo quería ir por allí, que ellos proveerían cómo por la otra parte saliese bastimento al camino. Y así nos partimos con harto temor de que aquéllos quisiesen perseverar en hacernos alguna burla; pero, como ya habíamos publicado ser allá nuestro camino, no me pareció fuera loable dejarlo ni volver atrás, porque no creyesen que falta de ánimo lo impedía.

Aquel día que de la ciudad de Churultecal me partí, fui cuatro leguas a unas aldeas de la ciudad de Guasucingo, donde de los naturales fui muy bien recibido, y me dieron algunas esclavas, ropas y ciertas piecezuelas de oro —que de todo fue bien poco—, porque éstos no lo tienen, a causa de ser de la liga y parcialidad de los de Tascaltecal, y por tenerlos, como he dicho, Mutezuma cercados con su tierra, en tal manera que con ningunas provincias tienen contratación, más de en su tierra; y a esta causa viven muy pobremente. Otro día siguiente subí al puerto por entre las dos sierras que he dicho, y a la bajada de él, ya que la tierra del dicho Mutezuma descubríamos —por una provincia de ella que se dice Chalco—, dos leguas antes que llegásemos a las poblaciones hallé un muy buen aposento, nuevamente hecho, tal y tan grande que muy cumplidamente todos los de mi compañía y yo nos aposentamos en él; aunque llevaba conmigo más de cuatro mil indios de los naturales de estas provincias de Tascaltecal, Guasucingo, Churultecal y Cempoal; y, para todos, muy cumplidamente de comer, y en todas las posadas muy grandes fuegos y mucha leña, porque hacía muy gran frío, a causa de estar cercado de las dos sierras y ellas con mucha nieve.

Aquí me vinieron a hablar ciertas personas que parecían principales, entre los cuales venía uno que me dijeron que era hermano de Mutezuma; y me trajeron hasta tres mil pesos de oro, y, de parte de él, me dijeron que él me enviaba aquello y me rogaba que me volviese y no curase de ir a su ciudad, porque era tierra muy pobre de comida; y que, para ir allá, había muy mal camino y que estaba toda de agua y que no podía entrar allá sino en canoas, y otros muchos inconvenientes que para la ida me pusieron. Y que viese todo lo que quería, que Mutezuma su señor me lo mandaría dar; y que, así mismo, concertarían de darme en cada un año certum quid, el cual me llevarían hasta la mar o donde yo quisiese. Yo los recibí muy bien y les di algunas cosas de las de nuestra España —de las que ellos tenían en mucho—, en especial al que decían que era hermano de Mutezuma y su embajador. Le respondí que, si en mi mano fuera volverme, que yo lo hiciese por hacer placer a Mutezuma; pero que yo había venido a esta tierra por mandado de vuestra majestad, y de la principal cosa que de ella me mandó le hiciese relación fue del dicho Mutezuma y de aquella su gran ciudad, de la cual y de él había mucho tiempo que vuestra alteza tenía noticia; y que le dijesen de mi parte que le rogaba que mi ida a verle tuviese por bien, porque de ella a su persona y tierra ningún daño, antes provecho, se le había de seguir; y que, después que yo le viese, si fuese su voluntad todavía de no tenerme en su compañía, que yo me volvería; y que mejor haríamos entre él y yo orden y la manera que, en el servicio de vuestra alteza, él había de tener, que por terceras personas, puesto que ellos eran tales a quienes todo crédito se debía de dar. Y con esta respuesta se volvieron. En este aposento que he dicho, según las apariencias que para ello vimos y el aparejo que en él había, los indios tuvieron pensamiento que nos pudieran ofender aquella noche; y, como yo lo sentí, puse tal recaudo que, conociéndolo ellos, mudaron su pensamiento y muy secretamente hicieron ir aquella noche mucha gente que en los montes —que estaban junto al aposento— tenían junta; que, por muchas de nuestras velas y escuchas, fue vista. Y, luego siendo de día, me partí a un pueblo que está dos leguas de allí, que se dice Amecameca, que es de la provincia de Chalco, que tendrá, en la población principal con las aldeas que hay a dos leguas de él, más de veinte mil vecinos; y, en el dicho pueblo, nos aposentaron en unas muy buenas casas del señor del lugar. Y muchas personas que parecían principales me vinieron allí a hablar, diciéndome que Mutezuma su señor los había enviado para que me esperasen allí y me hiciesen proveer de todas las cosas necesarias.

EL SEÑOR DE esa provincia y pueblo me dio hasta cuarenta esclavas y tres mil castellanos; y, dos días que allí estuve, nos proveyó muy cumplidamente de todo lo necesario para nuestra comida. Y, otro día, yendo conmigo aquellos principales que, de parte de Mutezuma, me dijeron que me esperaban allí, me partí y fui a dormir cuatro leguas de allí a un pueblo pequeño, que está junto a una gran laguna y casi la mitad de él sobre el agua de ella; y, por la parte de la tierra, tiene una sierra muy áspera de piedras y peñas, donde nos aposentaron muy bien. Y, asimismo, quisieran allí probar sus fuerzas con nosotros, excepto que, según pareció, quisieran hacerlo muy a su salvo y tomarnos de noche descuidados; y, como yo iba tan sobre aviso, hallábame delante de sus pensamientos, y aquella noche tuve tal guarda que, así de espías que venían por el agua en canoas como de otras que por la sierra bajaban a ver si había aparejo para ejecutar su voluntad, amanecieron casi quince o veinte, que las nuestras las habían tomado y muerto; por manera que pocas volvieron a dar su respuesta del aviso que venían a tomar; y, con hallarnos siempre tan apercibidos, acordaron de mudar el propósito y llevarnos por bien.

Y otro día por la mañana, ya que me quería partir de aquel pueblo, llegaron hasta diez o doce señores muy principales —según después supe—, y, entre ellos, un gran señor mancebo, de hasta veinticinco años, a quien todos mostraban tener mucho acatamiento, y tanto, que, después de bajado de unas andas en que venía, todos los otros le venían limpiando las piedras y pajas del suelo delante de él. Y, llegados a donde yo estaba, me dijeron que venían de parte de Mutezuma su señor, y que los enviaba para que se fuesen conmigo; y que me rogaba que le perdonase porque no salía en su persona a verme y recibirme, y que la causa era estar mal dispuesto; pero que ya su ciudad estaba cerca y que, pues yo todavía determinaba de ir a ella, que allá nos veríamos y conocería de él la voluntad que al servicio de vuestra alteza tenía. Pero que todavía me rogaba que, si fuese posible, no fuese allá porque padecería mucho trabajo y necesidad, y que él tenía mucha vergüenza de no poderme allá proveer como él deseaba; y en esto ahincaron y porfiaron mucho aquellos señores, y tanto, que no les quedaba sino decir que me defenderían el camino si todavía porfiase ir.

Yo les respondí, satisfice y aplaqué con las mejores palabras que pude, haciéndoles entender que de mi ida no les podía venir daño, sino mucho provecho; y así se despidieron, después de haberles dado algunas cosas de las que yo traía. Y yo partí luego tras ellos, muy acompañado de muchas personas que parecían de mucha cuenta —como después pareció serlo—; y todavía seguía el camino por la costa de aquella gran laguna, y, a una legua del aposento donde paré, vi dentro en ella, casi dos tiros de ballesta, una ciudad pequeña —que podría ser hasta de mil o dos mil vecinos— toda armada sobre el agua, sin haber para ella ninguna entrada, y muy torreada, según lo que de fuera parecía. Y otra legua adelante entramos por una calzada tan ancha como una lanza jineta, por la laguna adentro, de dos tercios de legua; y por ella fuimos a dar en una ciudad la más hermosa —aunque pequeña— que hasta entonces habíamos visto, así de muy bien labradas casas y torres como de la buena orden que en el fundamento había, por ser armada toda sobre agua. Y en esta ciudad, que será hasta de dos mil vecinos, nos recibieron muy bien y nos dieron bien de comer; y allí me vinieron a hablar el señor y los principales de ella, y me rogaron que me quedase allí a dormir. Y aquellas personas que conmigo iban de Mutezuma me dijeron que no parase, sino que me fuese a otra ciudad que está tres leguas de allí, que se dice Iztapalapa, que es de un hermano del dicho Mutezuma; y así lo hice.

Y a la salida de la ciudad donde comimos, cuyo nombre al presente no me ocurre a la memoria, es por otra calzada que tendrá una legua grande hasta llegar a la tierra firme; y, llegado a esta ciudad de Iztapalapa, me salió a recibir algo fuera de ella el señor y otro de una gran ciudad que está cerca de ella —que será obra de tres leguas—, que se llama Caluanalcan, y otros señores que allí me estaban esperando; y me dieron hasta tres mil o cuatro mil castellanos, algunas esclavas, ropa, y me hicieron muy buen acogimiento. Tendrá esta ciudad de Iztapalapa doce o quince mil vecinos, la cual está en la costa de una laguna salada, grande: la mitad dentro del agua y la otra mitad en la tierra firme. Tiene el señor de ella unas casas nuevas, que aún no están acabadas, que son tan buenas como las mejores de España —digo de grandes y bien labradas, así de obra de cantería como de carpintería, suelos y cumplimientos para todo género de servicios de casa—, excepto mazonerías y otras cosas ricas que en España usan en las casas, que acá no las tienen.

Tiene muchos cuartos altos y bajos, jardines muy frescos de muchos árboles y rosas olorosas; asimismo albercas de agua dulce muy bien labradas, con sus escaleras hasta lo hondo. Tiene una muy grande huerta junto a la casa, y sobre ella un mirador de muy hermosos corredores y salas; y dentro de la huerta una muy grande alberca de agua dulce, muy cuadrada, y las paredes de ella de gentil cantería, y alrededor de ella un andén de muy buen suelo ladrillado, tan ancho que pueden ir por él cuatro paseándose, y tiene de cuadra cuatrocientos pasos, que son en torno mil seiscientos. De la otra parte del andén hacia la pared de la huerta va todo labrado de cañas con unas vergas, y detrás de ellas todo de arboledas y hierbas olorosas; y dentro de la alberca hay mucho pescado y muchas aves, así como lavancos, zarzetas y otros géneros de aves de agua, tantas que muchas veces casi cubren el agua.

Otro día, después que a esta ciudad llegué, me partí; y, a media legua andada, entré por una calzada que va por medio de esta dicha laguna, dos leguas, hasta llegar a la gran ciudad de Temixtitan, que está fundada en medio de la dicha laguna; la cual calzada es tan ancha como dos lanzas y muy bien obrada, que pueden ir por toda ella ocho de caballo a la par; y en estas dos leguas, de la una parte y de la otra de la dicha calzada, están tres ciudades, y la una de ellas, que se dice Misicalcingo, está fundada la mayor parte de ella dentro de la dicha laguna; y las otras dos, que se llaman la una Niciaca y la otra Huchilohuchico, están en la costa de ella, y muchas casas de ellas dentro en el agua. La primera ciudad de éstas tendrá hasta tres mil vecinos; y la segunda, más de seis mil; y la tercera, otros cuatro o cinco mil vecinos; y en todas muy buenos edificios de casas y torres, en especial las casas de los señores y personas principales y las de sus mezquitas y oratorios donde ellos tienen sus ídolos. En estas ciudades hay mucho trato de sal, que hacen del agua de la dicha laguna y de la superficie que está en la tierra que baña la laguna, la cual cuecen en cierta manera y hacen panes de ella —dicha sal—, que venden para los naturales y para fuera de la comarca. Y así seguí la dicha calzada; y a media legua antes de llegar al cuerpo de la ciudad de Temixtitan, a la entrada de otra calzada que viene a dar de la tierra firme a esta otra, está un muy fuerte baluarte con dos torres, cercado de muro de dos estados, con su pretil almenado por toda la cerca, que toma con ambas calzadas; y no tiene más de dos puertas: una por donde entran y otra por donde salen.

Aquí me salieron a ver y hablar hasta mil hombres principales, ciudadanos de la dicha ciudad, todos vestidos de una manera de hábito —y según su costumbre, bien rico—; y, llegados a hablarme, cada uno por sí, hacía, en llegando ante mí, una ceremonia que entre ellos se usa mucho, que ponía cada uno la mano en tierra y la besaba; y así estuve esperando casi una hora hasta que cada uno hiciese su ceremonia.

Y ya, junto a la ciudad, está un puente de madera de diez pasos de anchura, y por allí está abierta la calzada porque tenga lugar el agua de entrar y salir —porque crece y mengua—, y también por fortaleza de la ciudad, porque quitan y ponen algunas vigas muy luengas y anchas, de que el dicho puente está hecho, todas las veces que quieren; y de éstas hay muchas por toda la ciudad, como adelante, en la relación que de las cosas de ella haré, vuestra alteza verá. Pasado este puente, nos salió a recibir aquel señor Mutezuma con hasta doscientos señores, todos descalzos y vestidos de otra librea o manera de ropa —asimismo bien rica a su uso, y más que la de los otros—; venían en dos procesiones, muy arrimados a las paredes de la calle, que es muy ancha y muy hermosa y derecha, que de un cabo se parece el otro, y tiene dos tercios de legua; y, de la una parte y de la otra, muy buenas y grandes casas, así de aposentamientos como de mezquitas. Y el dicho Mutezuma venía por medio de la calle con dos señores, el uno a la mano derecha y el otro a la izquierda, de los cuales el uno era aquel señor grande que dije que me había salido a hablar en las andas, y el otro era su hermano del dicho Mutezuma, señor de aquella ciudad de Iztapalapa, de donde yo aquel día había partido; todos tres vestidos de una manera, excepto el Mutezuma, que iba calzado, y los otros dos señores descalzos: cada uno lo llevaba de su brazo; y, como nos juntamos, yo me apeé y le fui a abrazar solo, y aquellos dos señores que con él iban me detuvieron con las manos para que no le tocase; y ellos y él hicieron asimismo ceremonia de besar la tierra; y, hecha, mandó a aquel su hermano que venía con él que se quedase conmigo y me llevase por el brazo, y él con el otro se iba adelante de mí poquito trecho.

Y, después de haberme él hablado, vinieron asimismo a hablarme todos los otros señores que iban en las dos procesiones, en orden, uno en pos de otro; y luego se tornaban a su procesión. Y al tiempo que yo llegué a hablar al dicho Mutezuma, me quité un collar que llevaba de margaritas y diamantes de vidrio y se lo eché al cuello; y, después de haber andado la calle adelante, vino un servidor suyo con dos collares de camarones envueltos en un paño —que eran hechos de huesos de caracoles colorados, que ellos tienen en mucho—, y de cada collar colgaban ocho camarones de oro, de mucha perfección, tan largos casi como un geme; y, como se los trajeron, se volvió a mí y me los echó al cuello. Y tornó a seguir por la calle en la forma ya dicha, hasta llegar a una muy grande y hermosa casa que él tenía para aposentarnos, bien aderezada. Y allí me tomó de la mano y me llevó a una gran sala que estaba frontera del patio por donde entramos, y allí me hizo sentar en un estrado muy rico que para él lo tenía mandado hacer; y me dijo que le esperase allí, y él se fue.

Y, dende a poco rato —ya que toda la gente de mi compañía estaba aposentada—, volvió con muchas y diversas joyas de oro, plata, plumajes y hasta cinco o seis mil piezas de ropa de algodón,

75

muy ricas y de diversas maneras tejidas y labradas; y, después de habérmelas dado, se sentó en otro estrado que luego le hicieron allí, junto con el otro donde yo estaba; y, sentado, propuso en esta manera: «Muchos días ha que, por nuestras escrituras, tenemos de nuestros antepasados noticia que yo ni todos los que en esta tierra habitamos no somos naturales de ella, sino extranjeros y venidos a ella de partes muy extrañas; y tenemos, asimismo, que a estas partes trajo nuestra generación un señor cuyos vasallos todos eran, el cual se volvió a su naturaleza; y después tornó a venir, dende en mucho tiempo, y tanto, que ya estaban casados los que habían quedado con las mujeres naturales de la tierra, y tenían mucha generación y hechos pueblos donde vivían; y, queriéndolos llevar consigo, no quisieron ir ni menos recibirle por señor; y así se volvió. Y siempre hemos tenido que los que de él descendiesen habían de venir a sojuzgar esta tierra y a nosotros como a sus vasallos. Y, según de la parte que vos decís que venís —que es adonde sale el sol—, y las cosas que decís de ese gran señor o rey que acá os envió, creemos y tenemos por cierto él sea nuestro señor natural; en especial que nos decís que él ha muchos días tenía noticia de nosotros.

Y, por tanto, vos sed cierto que os obedeceremos y tendremos por señor, en lugar de ese gran señor que vos decís, y que en ello no habrá falta ni engaño alguno; y bien podéis, en toda la tierra —digo que en la que yo, en mi señorío, poseo—, mandar a vuestra voluntad, porque será obedecido y hecho; y todo lo que nosotros tenemos es para lo que vos de ello quisiéredes disponer. Y, pues estáis en vuestra naturaleza y en vuestra casa, holgad y descansad del trabajo del camino y guerras que habéis tenido, que muy bien sé todos los que se os han ofrecido de Potonchán acá; y bien sé que los de Cempoal y de Tascalecal os han dicho muchos males de mí. No creáis más de lo que por vuestros ojos veredes, en especial de aquellos que son mis enemigos, y algunos de ellos eran mis vasallos y se me han rebelado con vuestra venida y, por favorecerse con vos, lo dicen; los cuales sé que también os han dicho que yo tenía las casas con las paredes de oro, y que las esteras de mis estrados y otras cosas de mi servicio eran asimismo de oro; y que yo era y me hacía dios, y otras muchas cosas. Las casas, ya las veis, que son de piedra, cal y tierra». Y entonces alzó las vestiduras y me mostró el cuerpo, diciendo: «A mí me veis aquí, que soy de carne y hueso como vos y como cada uno, y que soy mortal y palpable» —asiéndose él con sus manos de los brazos y del cuerpo—; «ved cómo os han mentido. Verdad es que tengo algunas cosas de oro que me han quedado de mis abuelos; todo lo que yo tuviere tenéis cada vez que vos lo quisiéredes. Yo me voy a otras casas donde vivo; aquí seréis provisto de todas las cosas necesarias para vos y para vuestra gente. Y no recibáis pena alguna, pues estáis en vuestra casa y naturaleza». Yo le respondí a todo lo que me dijo, satisfaciendo a aquello que me pareció que convenía, en especial en hacerle creer que vuestra majestad era a quien ellos esperaban; y, con esto, se despidió. E ido, fuimos muy bien provistos de muchas gallinas, pan, frutas y otras cosas necesarias, especialmente para el servicio del aposento; y de esta manera estuve seis días, muy bien provisto de todo lo necesario y visitado de muchos de aquellos señores.

Ya, muy católico Señor, dije al principio de ésta cómo, a la sazón que yo me partí de la Villa de la Veracruz en demanda de este señor Mutezuma, dejé en ella ciento cincuenta hombres para hacer aquella fortaleza que dejaba comenzada; y dije asimismo cómo había dejado muchas villas y fortalezas de las comarcanas a aquella villa, puestas debajo del real dominio de vuestra alteza y a los naturales de ella muy seguros.

Y por ciertos vasallos de vuestra majestad, que, estando en la ciudad de Churultecal, recibí letras del capitán que yo, en mi lugar, dejé en la dicha villa, por las cuales me hizo saber cómo Qualpopoca, señor de aquella ciudad que se dice Almería, le había enviado decir, por sus mensajeros, que él tenía de ser vasallo de vuestra alteza; y que, si hasta entonces no había venido ni venía a dar obediencia — que es obligado— y a ofrecerse por tal vasallo de vuestra majestad con todas sus tierras, la causa era que había de pasar por tierra de sus enemigos y que, temiendo ser de ellos ofendido, lo dejaba; pero que le enviase cuatro españoles que viniesen con él, porque aquellos, por cuya tierra había de pasar, sabiendo a lo que él vendría, luego... Y que el dicho capitán, creyendo ser cierto lo que el dicho Qualpopoca le enviaba a decir —y que así lo habían hecho otros muchos—, le había enviado los dichos cuatro españoles; y que, después que en su casa los tuvo, los mandó matar por cierta manera como que pareciese que él no lo hacía; y que habían muerto dos de ellos y los otros dos se habían escapado por unos montes, heridos. Y que él había ido sobre la dicha ciudad de Almería con cincuenta españoles y los dos de caballo y dos tiros de pólvora, y con hasta ocho o diez mil indios de los amigos nuestros; y que había peleado con los naturales de la dicha ciudad, y le habían matado seis o siete españoles; y había tomado la dicha ciudad y muertos muchos de los naturales de ella, y los demás echados fuera; y que la habían quemado y destruido, porque los indios que en su compañía llevaba —como eran sus enemigos— habían puesto en ello mucha diligencia.

Y QUE EL DICHO Qualpopoca, señor de la dicha ciudad, con otros señores sus aliados que en su favor habían venido allí, se habían escapado huyendo; y que, de algunos prisioneros que tomó en la dicha ciudad, se habían informado cuáles eran los que allí estaban en defensa de ella y la causa por que habían matado a los españoles que él envió; la cual dice que fue: el dicho Mutezuma había mandado al dicho Qualpopoca y a los otros que allí habían venido —como a sus vasallos que eran— que, salido yo de aquella Villa de la Veracruz, fuesen sobre aquellos que se le habían alzado y ofrecido al servicio de vuestra alteza; y que tuviesen todas las formas que ser pudiesen para matar los españoles que yo allí dejase, porque no le ayudasen ni favoreciesen; y que a esta causa lo habían hecho.

Pasados, invictísimo Señor, seis días después que en la gran ciudad de Temixtitan entré —y habiendo visto algunas cosas de ella, aunque pocas, según las que hay que ver y notar—, por aquéllas me pareció, y aun por lo que de la tierra había visto, que convenía al real servicio de vuestra majestad y a nuestra seguridad, que aquel señor estuviese en mi poder y no en toda su libertad, porque no mudase el propósito y voluntad que mostraba en servir a vuestra majestad —mayormente que los españoles somos algo incomportables e importunos, y porque, enojándose, nos podría hacer mucho daño, y tanto, que no hubiese memoria de nosotros según su gran poder—; y también porque, teniéndole conmigo, todas las otras tierras que a él eran súbditas vendrían más aína al conocimiento y servicio de vuestra majestad, como después sucedió. Determiné de prenderle y ponerle en el aposento donde yo estaba —que era bien fuerte—, y porque en su prisión no hubiese algún escándalo ni alboroto, pensadas todas las formas y maneras que, para hacerlo sin éste, debía tener, me acordé de lo que el capitán, que en la Veracruz había dejado, me había escrito cerca de lo que había acaecido en la ciudad de Almería —según que en el capítulo antes de éste he dicho— y cómo se había sabido que todo lo allí sucedido había sido por mandado del dicho Mutezuma. Y, dejando buen recaudo en las encrucijadas de las calles, me fui a las casas del dicho Mutezuma como otras veces había ido a verle; y, después de haberle hablado en burlas y cosas de placer, y de haberme él dado algunas joyas de oro y una hija suya y otras hijas de señores a algunos de mi compañía, le dije que ya sabía lo que en la ciudad de Nautecal o Almería había acaecido y los españoles que en ella me habían matado, y que Qualpopoca daba por disculpa que todo lo que había hecho había sido por su mandado, y que, como su vasallo, no había podido hacer otra cosa; y, porque yo creía que no era así como el dicho Qualpopoca decía —que antes era por excusarse de culpa— que me parecía que debía enviar por él y por los otros principales que en la muerte de aquellos españoles se habían hallado, porque la verdad se supiese y que ellos fuesen castigados, y vuestra majestad supiese su buena voluntad claramente; y, en lugar de las mercedes que vuestra alteza le había de mandar hacer, los dichos de aquellos malos no provocasen a vuestra alteza a ira contra él, por donde le mandase hacer daño, pues la verdad era al contrario de lo que aquéllos decían, y yo estaba de él bien satisfecho.

Y luego, a la hora, mandó llamar ciertas personas de los suyos, a los cuales dio una figura de piedra pequeña, a manera de sello, que él tenía atado en el brazo, y les mandó que fuesen a la dicha ciudad de Almería —que está sesenta o setenta leguas de la de Tenuxtitán— y que trajesen al dicho Qualpopoca y se informasen de los demás que habían sido en la muerte de aquellos españoles, y que asimismo los trajesen. Y que si por su voluntad no quisiesen venir, los trajesen presos, y si se pusiesen a resistir la prisión, que requiriesen a ciertas comunidades comarcanas a aquella ciudad que allí les señaló, para que fuesen con mano armada a prenderlos, de manera que no viniesen sin ellos. Los cuales luego partieron.

Y así idos, le dije al dicho Mutezuma que yo le agradecía la diligencia que ponía en la prisión de aquéllos, porque yo había de dar cuenta a vuestra alteza de aquellos españoles, y que restaba, para yo darla, que él estuviese en mi posada hasta tanto que la verdad más se aclarase y se supiese él ser sin culpa; y que le rogaba mucho que no recibiese pena de ello, porque él no había de estar como preso, sino en toda su libertad, y que en el servicio ni en el mando de su señorío yo no le ponía ningún impedimento, y que escogiese un cuarto de aquel aposento donde yo estaba, cual él quisiese, y que allí estaría muy a su placer, y que fuese cierto que ningún enojo ni pena se le había de dar; antes, además de su servicio, los de mi compañía le servirían en todo lo que él mandase.

Acerca de esto pasamos muchas pláticas y razones que serían largas para escribir, y aun para dar cuenta de ellas a vuestra alteza, algo prolijas y también no sustanciales para el caso. Y por tanto no diré más de que finalmente él dijo que le placía de irse conmigo, y mandó luego ir a aderezar el aposentamiento donde él quiso estar, el cual fue muy puesto y bien aderezado.

Y hecho esto, vinieron muchos señores, y quitadas las vestiduras, y puestas por bajo de los brazos, y descalzos, traían unas andas no muy bien aderezadas; y llorando, lo tomaron en ellas con mucho silencio, y así nos fuimos hasta el aposento donde estaba, sin haber alboroto en la ciudad, aunque se comenzó a mover. Pero sabido por el dicho Mutezuma, envió a mandar que no lo hubiese, y así hubo toda quietud según que antes la había, y la hubo todo el tiempo que yo tuve preso al dicho Mutezuma, porque él estaba muy a su placer y con todo su servicio, según en su casa lo tenía, que era bien grande y maravilloso, según adelante diré. Y yo y los de mi compañía le hacíamos todo el placer que a nosotros era posible.

Y habiendo pasado quince o veinte días de su prisión, vinieron aquellas personas que había enviado por Qualpopoca y los otros que habían matado a los españoles, y trajeron al dicho Qualpopoca y a un hijo suyo, y con ellos quince personas que decían que eran principales y habían sido en la dicha muerte. Al dicho Qualpopoca traían en unas andas, y muy a manera de señor, como de hecho lo era, y traídos me los entregaron, y yo los hice poner a buen recaudo con sus prisiones.

Después que confesaron haber matado a los españoles, les hice interrogar si ellos eran vasallos de Mutezuma, y el dicho Qualpopoca respondió que si había otro señor de quien pudiese serlo, casi diciendo que no había otro, y que sí eran. Y asimismo les pregunté si lo que allí se había hecho había sido por su mandado, y dijeron que no, aunque después, al tiempo que en ellos se ejecutó la sentencia de que fuesen quemados, todos a una voz dijeron que era verdad que el dicho Mutezuma se lo había enviado a mandar, y que por su mandado lo habían hecho.

Y así fueron éstos quemados públicamente en una plaza, sin haber alboroto alguno; y el día que se quemaron, porque confesaron que el dicho Mutezuma les había mandado que matasen a aquellos españoles, le hice echar unos grillos, de que él no recibió poco espanto, aunque después de haberle hablado aquel día, se los quité, y él quedó muy contento.

De allí adelante siempre trabajé de agradarle y contentarle en todo lo a mí posible, en especial que siempre publiqué y dije a todos los naturales de la tierra, así señores como los que a mí venían, que vuestra majestad era servido que el dicho Mutezuma se estuviese en su señorío, reconociendo el que vuestra alteza sobre él tenía, y que servirían mucho a vuestra alteza en obedecerle y tenerle por señor, como antes que yo a la tierra viniese le tenían.

Y fue el buen tratamiento que yo le hice y el contentamiento que de mí tenía, que algunas veces y muchas le acometí con su libertad, rogándole que fuese a su casa, y me dijo todas las veces que se lo decía que él estaba bien allí y que no quería irse, porque allí no le faltaba cosa de lo que él quería, como si en su casa estuviese; y que podría ser que, yéndose y habiendo lugar, los señores de la tierra, sus vasallos, le importunasen o le induciesen a que hiciese alguna cosa contra su voluntad, que fuese fuera del servicio de vuestra alteza; y que él tenía propuesto de servir a vuestra alteza en todo lo a él posible.

Y que hasta tanto que los tuviese informados de lo que quería hacer, él estaba bien allí, porque aunque alguna cosa le quisiesen decir, con responderles que no estaba en su libertad se podría excusar y eximir de ellos. Y muchas veces me pidió licencia para irse a holgar y pasar tiempo a ciertas casas de placer que él tenía, así fuera de la ciudad como dentro, y ninguna vez se la negué.

Y fue muchas veces a holgar con cinco o seis españoles a una o dos leguas fuera de la ciudad, y volvía siempre muy alegre y contento al aposento donde yo le tenía, y siempre que salía hacía muchas mercedes de joyas y ropa, así a los españoles que con él iban como a sus naturales, de los cuales siempre iba tan acompañado, que cuando menos con él iban pasaban de tres mil hombres, que los más de ellos eran señores y personas principales, y siempre les hacía muchos banquetes y fiestas, que los que con él iban tenían bien que contar.

Después que yo conocí de él muy por entero tener mucho deseo al servicio de vuestra majestad, le rogué que, porque más enteramente yo pudiese hacer relación a vuestra majestad de las cosas de esta tierra, me mostrase las minas de donde se sacaba el oro. El cual, con muy alegre voluntad, según mostró, dijo que le placía, y luego hizo venir ciertos servidores suyos, y de dos en dos los repartió para cuatro provincias donde dijo que se sacaba, y pidióme que le diese españoles que fuesen con ellos para que lo viesen sacar. Y asimismo yo le di, a cada dos de los suyos, otros dos españoles.

Y los unos fueron a una provincia que se dice Cuzula, que está a ochenta leguas de la gran ciudad de Temixtitán, y los naturales de aquella provincia son vasallos del dicho Mutezuma; y allí les mostraron tres ríos, y de todos me trajeron muestras de oro y muy buena, aunque sacada con poco aparejo, porque no tenían otros instrumentos más que aquellos con que los indios lo sacan. En el camino pasaron tres provincias, según los españoles dijeron, de muy hermosa tierra y de muchas villas, ciudades y otras poblaciones en mucha cantidad, y de tales y tan buenos edificios, que dicen que en España no podían ser mejores.

En especial me dijeron que habían visto una casa de aposentamiento y fortaleza que es mayor, más fuerte y mejor edificada que el castillo de Burgos, y la gente de una de estas provincias, que se llama Tamazulapa, era más vestida que esta otra que hemos visto y, según a ellos les pareció, de mucha razón. Los otros fueron a otra provincia que se dice Malinaltepeque, que está a otras setenta leguas de la dicha gran ciudad, más hacia la costa del mar, y asimismo me trajeron muestra de oro de un río grande que por allí pasa.

Y los otros fueron a una tierra que está río arriba, que es de una gente diferente de la lengua de Culúa, a la cual llaman Tenis, y el señor de aquella tierra se llama Coatelicamat. Por tener su tierra en unas sierras muy altas y ásperas, no es sujeto al dicho Mutezuma, y también porque la gente de aquella provincia es muy guerrera y pelean con lanzas de veinticinco y treinta palmos.

Por no ser éstos vasallos del dicho Mutezuma, los mensajeros que con los españoles iban no osaron entrar en la tierra sin hacerlo saber primero al señor de ella y pedir para ello licencia, diciéndole que iban con aquellos españoles a ver las minas de oro que tenían en su tierra y que le rogaban, de mi parte y del dicho Mutezuma su señor, que lo hubiese por bien.

El dicho Coatelicamat respondió que a los españoles él era muy contento que entrasen en su tierra y viesen las minas y todo lo demás que quisiesen, pero que los de Culúa, que son los de Mutezuma, no habían de entrar en su tierra porque eran sus enemigos. Algo estuvieron los españoles perplejos en si irían o no, porque los que con ellos iban les dijeron que no fuesen, que los matarían, y que por matarlos no consentían que los de Culúa entrasen con ellos.

Al fin se determinaron a entrar solos, y fueron del dicho señor y de los de su tierra muy bien recibidos, y les mostraron siete u ocho ríos de donde dijeron que ellos sacaban el oro, y en su presencia lo sacaron los indios, y ellos me trajeron muestra de todos. Con los dichos españoles me envió el dicho Coatelicamat ciertos mensajeros suyos, con los cuales me envió a ofrecer su persona y tierra al servicio de vuestra sacra majestad, y me envió ciertas joyas de oro y ropa de la que ellos tienen.

LOS OTROS fueron a otra provincia que se dice Tuchitebeque, que está casi en el mismo derecho hacia la mar, doce leguas de la provincia de Malinaltebeque, donde ya he dicho que se halló oro, y allá les mostraron otros dos ríos de donde asimismo sacaron muestra de oro.

Y porque allí, según los españoles que allá fueron me informaron, hay mucho aparejo para hacer estancias para sacar oro, rogué al dicho Mutezuma que en aquella provincia de Malinaltebeque, porque era para ello más aparejada, hiciese hacer una estancia para vuestra majestad. Y puso en ello tanta diligencia, que desde en dos meses que yo se lo dije, estaban sembradas sesenta hanegas de maíz, diez de fríjoles y dos mil de cacao, que es una fruta como almendras, que ellos venden molida y la tienen en tanto que se trata por moneda en toda la tierra, y con ella se compran todas las cosas necesarias en los mercados y otras partes.

Había hechas cuatro casas muy buenas, en que en una, además de los aposentamientos, hicieron un estanque de agua, y en él pusieron quinientos patos, que acá tienen en mucho, porque se aprovechan de la pluma de ellos, y los pelan cada año y hacen sus ropas con ella. Pusieron hasta mil quinientas gallinas, sin otros aderezos de granjerías, que muchas veces, juzgadas por los españoles que las vieron, las apreciaban en veinte mil pesos de oro.

Asimismo le rogué al dicho Mutezuma que me dijese si en la costa de la mar había algún río o ancón en que los navíos que viniesen pudiesen entrar y estar seguros. El cual me respondió que no lo sabía, pero que él me haría pintar toda la costa, ancones y ríos de ella, y que enviase yo españoles a verlos, y que él me daría quien los guiase y fuese con ellos, y así lo hizo.

Otro día me trajeron figurada en un paño toda la costa, y en ella parecía un río que salía a la mar más abierto, según la figura, que los otros, el cual parecía estar entre las sierras que dicen San Martín, y son tan altas que forman un ancón por donde los pilotos hasta entonces creían que se partía la tierra en una provincia que se dice Mazamalco. Me dijo que viese yo a quién quería enviar y que él proveería a quién y cómo se viese y supiese todo.

Luego señalé diez hombres, y entre ellos algunos pilotos y personas que sabían de la mar, y con el recaudo que él dio se partieron y fueron por toda la costa desde el puerto de Chalchilmeca —que dicen de San Juan— donde yo desembarqué, y anduvieron por ella setenta y tantas leguas, en ninguna de las cuales hallaron río ni ancón donde pudiesen entrar navíos, aunque en la dicha costa había muchos y muy grandes, y todos los sondaron con canoas.

Así llegaron a la dicha provincia de Cuacalcalco, donde el dicho río está. El señor de aquella provincia, que se dice Tuchintecla, los recibió muy bien y les dio canoas para mirar el río, y hallaron en la entrada de él dos brazas y media largas en lo más bajo del bojar, y subieron por el dicho río arriba doce leguas, y lo más bajo que en él hallaron fueron cinco o seis brazas.

Según lo que de él vieron, se cree que sube más de treinta leguas de aquella hondura, y en la ribera de él hay muchas y grandes poblaciones, y toda la provincia es muy llana y muy fuerte y abundosa de todas las cosas de la tierra y de mucha y casi innumerable gente. Y los de esta provincia no son vasallos ni súbditos de Mutezuma, antes sus enemigos.

Asimismo, el señor de ella, al tiempo que los españoles llegaron, les envió a decir que los de Culúa no entrasen en su tierra, porque eran sus enemigos. Y cuando se volvieron los españoles a mí con esta relación, envió con ellos ciertos mensajeros con los cuales me envió ciertas joyas de oro, cueros de tigres, plumajes, piedras y ropa.

Ellos me dijeron de su parte que había muchos días que Tuchintecla, su señor, tenía noticia de mí, porque los de Putunchán —que es el río de Grijalva—, que son sus amigos, le habían hecho saber cómo yo había pasado por allí y había peleado con ellos porque no me dejaban entrar en su pueblo, y cómo después quedamos amigos y ellos por vasallos de vuestra majestad; y que él asimismo se ofrecía a su real servicio con toda su tierra y me rogaba que le tuviese por amigo, con tal condición que los de Culúa no entrasen en su tierra, y que yo viese las cosas que en ella había de que se quisiese servir vuestra alteza, y que él daría de ellas las que yo señalase en cada un año.

Como de los españoles que vinieron de esta provincia me informé ser ella aparejada para poblar y del puerto que en ella habían hallado, holgué mucho, porque después que en esta tierra salté siempre he trabajado de buscar puerto en la costa de ella tal que estuviese a propósito de poblar, y jamás lo había hallado ni lo hay en toda la costa desde el río San Antón —que es junto al de Grijalva— hasta el de Pánuco, que es la costa abajo, adonde ciertos españoles, por mandado de Francisco de Garay, fueron a poblar, de que adelante a vuestra alteza haré relación.

Y para más certificarme de las cosas de aquella provincia y puerto, y de la voluntad de los naturales de ella y de las otras cosas necesarias a la población, torné a enviar ciertas personas de las de mi compañía, que tenían alguna experiencia, para alcanzar lo susodicho. Los cuales fueron con los mensajeros que aquel señor Tuchintecla me había enviado y con algunas cosas que yo les di para él; y, llegados, fueron de él bien recibidos, y tornaron a ver y sondar el puerto y el río y ver los asientos que había en él para hacer el pueblo, y de todo me trajeron verdadera y larga relación, y dijeron que había todo lo necesario para poblar y que el señor de la provincia estaba muy contento y con mucho deseo de servir a vuestra alteza. Y, venidos con esta relación, luego despaché un capitán con ciento cincuenta hombres, para que fuesen a trazar y formar el pueblo y hacer una fortaleza, porque el señor de aquella provincia se me había ofrecido de hacerla; y asimismo todas las cosas que fuesen menester le mandasen, y aun hizo seis en el asiento que para el pueblo señalaron, y dijo que era muy contento que fuésemos allí a poblar y estar en su tierra.

En los capítulos pasados, muy poderoso señor, dije cómo, al tiempo que yo iba a la gran ciudad de Temixtitán, me había salido al camino un gran señor que venía de parte de Mutezuma, y, según lo que después de él supe, él era muy cercano deudo del dicho Mutezuma y tenía su señorío junto al del dicho Mutezuma, cuyo nombre era Haculuacán. Y la cabeza de él es una muy gran ciudad que está junto a esta laguna salada, que hay desde ella, yendo en canoas por la dicha laguna hasta la dicha ciudad de Temixtitán, seis leguas, y por la tierra, diez. Llámase esta ciudad Tezcuco y será de hasta treinta mil vecinos. Tienen, señor, en ella muy maravillosas casas, mezquitas y oratorios muy grandes y muy bien labrados. Hay muy grandes mercados, y, demás de esta ciudad, tiene otras dos: la una, de tres leguas de esta de Tezcuco, que se llama Acuruman, y la otra, a seis leguas, que se dice Otumpa. Tendrá cada una de éstas hasta tres mil o cuatro mil vecinos. Tiene la dicha provincia y señorío de Haculuacán otras aldeas y alquerías en mucha cantidad, y muy buenas tierras y sus labranzas. Confina todo este señorío por la una parte con la provincia de Tascaltecal, de que ya a vuestra majestad he dicho.

Este señor, que se dice Cacamazin, después de la prisión de Mutezuma se rebeló, así contra el servicio de vuestra alteza —a quien se había ofrecido—, como contra el dicho Mutezuma. Y, puesto que por muchas veces fue requerido que viniese a obedecer los reales mandamientos de vuestra majestad, nunca quiso, aunque, demás de lo que yo le enviaba a requerir, el dicho Mutezuma se lo enviaba a mandar; antes respondía que, si algo le querían, que fuesen a su tierra y que allá verían para cuánto era y el servicio que era obligado a hacer. Y, según yo me informé, tenía gran copia de gente de guerra junta y todos para ella bien a punto. Y, como por amonestaciones ni requerimientos yo no lo pude atraer, hablé al dicho Mutezuma y le pedí su parecer de lo que debíamos hacer para que aquél no quedase sin castigo de su rebelión. El cual me respondió que, quererle tomar por guerra, se ofrecía mucho peligro, porque él era gran señor y tenía muchas fuerzas y gente, y que no se podía tomar tan sin peligro que no muriese mucha gente; pero que él tenía en su tierra del dicho Cacamazin muchas personas principales que vivían con él y les daba su salario, que él hablaría con ellos para que atrajesen alguna de la gente del dicho Cacamazin a sí, y que, atraída y estando seguros que aquéllos favorecerían nuestro partido, se podría prender seguramente.

Y así fue, que el dicho Mutezuma hizo sus conciertos de tal manera, que aquellas personas atrajeron al dicho Cacamazin a que se juntase con ellos en la dicha ciudad de Tezcuco, para dar orden en las cosas que convenían a su estado, como personas principales, y que les dolía que él hiciese cosas por donde se perdiese. Y así se juntaron en una muy gentil casa del dicho Cacamazin, que está junto a la costa de la laguna, y es de tal manera edificada que, por debajo de toda ella, navegan las canoas y salen a la dicha laguna. Allí secretamente tenían aderezadas ciertas canoas con mucha gente apercibida, para, si el dicho Cacamazin quisiese resistir la prisión. Y, estando en la consulta, lo tomaron todos aquellos principales antes que fuesen sentidos de la gente del dicho Cacamazin, y lo metieron en aquellas canoas, y salieron a la laguna, y pasaron a la gran ciudad —que, como ya dije, está seis leguas de allí—, y, llegados, lo pusieron en unas andas como su estado requería y lo acostumbraban, y me lo trajeron; al cual yo hice echar unos grillos y poner a mucho recaudo. Y, tomado el parecer de Mutezuma, puse, en nombre de vuestra alteza, en aquel señorío a un hijo suyo, que se decía Cucuzcacin, al cual hice que todas las comunidades y señores de la dicha provincia y señorío le obedeciesen por señor, hasta tanto que vuestra alteza fuese servido de otra cosa. Y así se hizo, que, de allí adelante, todos lo tuvieron y obedecieron por señor, como al dicho Cacamazin, y él fue obediente en todo lo que yo, de parte de vuestra majestad, le mandaba.

Pasados algunos pocos días después de la prisión de este Cacamazin, el dicho Mutezuma hizo llamamiento y congregación de todos los señores de las ciudades y tierras allí comarcanas, y, juntos, me envió a decir que subiese allí adonde él estaba con ellos; y, llegado yo, les habló de esta manera: «Hermanos y amigos míos, ya sabéis que de mucho tiempo acá vosotros y vuestros padres y abuelos habéis sido y sois súbditos y vasallos de mis antecesores y míos, y siempre de ellos y de mí habéis sido muy bien tratados y honrados, y vosotros asimismo habéis hecho lo que buenos y leales vasallos son obligados a sus naturales señores. Y también creo que de vuestros antecesores tenéis memoria cómo nosotros no somos naturales de esta tierra, y que vinieron a ella de muy lejos tierra, y los trajo un señor que en ella los dejó, cuyos vasallos todos eran.

El cual volvió dende ha mucho tiempo y halló que nuestros abuelos estaban ya poblados y asentados en esta tierra y casados con las mujeres de esta tierra, y tenían mucha multiplicación de hijos; por manera que no quisieron volverse con él ni menos lo quisieron recibir por señor de la tierra, y él se volvió y dejó dicho que tornaría o enviaría con tal poder que los pudiese constreñir y atraer a su servicio. Y bien sabéis que siempre lo hemos esperado, y, según las cosas que el capitán nos ha dicho de aquel rey y señor que le envió acá, y según la parte de donde él dice que viene, tengo por acierto —y así lo debéis vosotros tener— que aqueste es el señor que esperábamos, en especial que nos dice que allá tenía noticia de nosotros. Y, pues nuestros predecesores no hicieron lo que a su señor eran obligados, hagámoslo nosotros, y demos gracias a nuestros dioses porque en nuestros tiempos vino lo que tanto aquéllos esperaban. Y mucho os ruego, pues a todos es notorio todo esto, que así como hasta aquí a mí me habéis tenido y obedecido por señor vuestro, de aquí en adelante tengáis y obedezcáis a este gran rey, pues él es vuestro natural señor; y en su lugar tengáis a este su capitán, y todos los tributos y servicios que hasta aquí a mí me hacíades, hacedlos y dadlos a él, porque yo asimismo tengo de contribuir y servir con todo lo que me mandare; y, demás de hacer lo que debéis y sois obligados, a mí me haréis en ello mucho placer». Lo cual todo lo dijo llorando con las mayores lágrimas y suspiros que un hombre podía manifestar; y asimismo todos aquellos señores que le estaban oyendo lloraban tanto, que en gran rato no le pudieron responder. Y certifico a vuestra sacra majestad que no había tal de los españoles que oyese el razonamiento que no hubiese mucha compasión.

Y, después de algo sosegadas sus lágrimas, respondieron que ellos lo tenían por su señor y habían prometido de hacer todo lo que les mandase; y que por esto, y por la razón que para ello les daba, que eran muy contentos de hacerlo, y que desde entonces para siempre se daban ellos por vasallos de vuestra alteza; y desde allí todos juntos y cada uno por sí prometían, y prometieron, de hacer y cumplir todo aquello que, con el real nombre de vuestra majestad, les fuese mandado, como buenos y leales vasallos lo deben hacer, y de acudir con todos los atributos y servicios que antes al dicho Mutezuma hacían y eran obligados, y con todo lo demás que les fuese mandado en nombre de vuestra alteza. Lo cual todo pasó ante un escribano público, y lo asentó por auto en forma, y yo lo pedí así por testimonio, en presencia de muchos españoles.

Pasado este auto y ofrecimiento que estos señores hicieron al real servicio de vuestra majestad, hablé un día al dicho Mutezuma y le dije que vuestra alteza tenía necesidad de oro para ciertas obras que mandaba hacer, y que le rogaba que enviase algunas personas de los suyos, y que yo enviaría asimismo algunos españoles por las tierras y casas de aquellos señores que allí se habían ofrecido, a rogarles que, de lo que ellos tenían, sirviesen a vuestra majestad con alguna parte; porque, demás de la necesidad que vuestra alteza tenía, parecería que ellos comenzaban a servir, y vuestra alteza tendría más concepto de las voluntades que a su servicio mostraban; y que él asimismo me diese de lo que tenía, porque lo quería enviar, como el oro y como las otras cosas que había enviado a vuestra majestad con los pasajeros. Y luego mandó que le diese los españoles que quería enviar, y, de dos en dos y de cinco en cinco, los repartió para muchas provincias y ciudades, cuyos nombres, por haberse perdido las escrituras, no me acuerdo —porque son muchos y diversos—, más de que algunas de ellas están a ochenta y a cien leguas de la dicha gran ciudad de Temixtitán; y con ellos envió de los suyos, y les mandó que fuesen a los señores de aquellas provincias y ciudades y les dijesen cómo yo mandaba que cada uno de ellos diese cierta medida de oro que les dio. Y así se hizo, que todos aquellos señores a que él envió dieron muy cumplidamente lo que se les pidió, así en joyas como en tejuelos y hojas de oro y plata; y otras cosas de las que ellos tenían; que, fundido todo lo que era para fundir, cupo a vuestra majestad, del quinto, treinta y dos mil y cuatrocientos y tantos pesos de oro, sin todas las joyas de oro, plata, plumajes, piedras y otras muchas cosas de valor que, para vuestra sacra majestad, yo asigné y aparté, que podrían valer cien mil ducados y más suma; las cuales, demás de su valor, eran tales y tan maravillosas que, consideradas por su novedad y extrañeza, no tenían precio, ni es de creer que alguno de todos los príncipes del mundo de quien se tiene noticia las pudiese tener tales y de tal calidad. Y no le parezca a vuestra majestad fabuloso lo que digo, pues es verdad que todas las cosas criadas, así en la tierra como en la mar, de que el dicho Mutezuma pudiese tener conocimiento, tenían contrahechas muy al natural, así de oro como de plata, como de pedrería y de plumas, en tanta perfección que casi ellas mismas parecían; de las cuales todas me dio, para vuestra alteza, mucha parte, sin otras que yo le di figuradas y él las mandó hacer de oro, así como imágenes, crucifijos, medallas, joyeles, collares y otras muchas cosas de las nuestras que les hice contrahacer. Cupieron asimismo a vuestra alteza, del quinto de la plata que se hubo, ciento y tantos marcos, los cuales hice labrar a los naturales, de platos grandes y pequeños, escudillas, tazas y cucharas, y lo labraron tan perfecto como se lo podíamos dar a entender.

DEMÁS DE ESTO, me dio el dicho Mutezuma mucha ropa de la suya, que era tal que, considerada ser toda de algodón y sin seda, en todo el mundo no se podía hacer ni tejer otra tal, ni de tantos ni tan diversos y naturales colores ni labores: en que había ropas de hombres y de mujeres muy maravillosas; y había paramentos para camas que, hechos de seda, no se podían comparar; y había otros paños como de tapicería que podían servir en salas y en iglesias; había colchas y cobertores de cama, así de pluma como de algodón, de diversos colores asimismo muy maravillosos; y otras muchas cosas que, por ser tantas y tales, no las sé significar a vuestra majestad. También me dio una docena de cerbatanas de las con que él tiraba, que tampoco sabré decir a vuestra alteza su perfección, porque eran todas pintadas de muy excelentes pinturas y perfectos matices, en que había figuradas muchas maneras de avecicas y animales y árboles y flores y otras diversas cosas, y tenían los brocales y puntería tan grandes como un geme de oro, y en el medio otro tanto muy labrado. Dióme, para con ellas, un carniel de red, de oro, para los bodoques, que también me dijo que me había de dar de oro; y dándome unas turquesas de oro y otras muchas cosas, cuyo número es casi infinito.

Porque, para dar cuenta, muy poderoso señor, a vuestra real excelencia, de la grandeza, extrañas y maravillosas cosas de esta gran ciudad de Temixtitán, del señorío y servicio de este Mutezuma, señor de ella, y de los ritos y costumbres que esta gente tiene, y de la orden que en la gobernación, así de esta ciudad como de las otras que eran de este señor, hay, sería menester mucho tiempo y ser muchos relatores y muy expertos. No podré yo decir de cien partes una de las que de ellas se podrían decir; mas, como pudiere, diré algunas cosas de las que vi, que, aunque mal dichas, bien sé que serán de tanta admiración que no se podrán creer, porque los que acá, con nuestros propios ojos, las vemos, no las podemos con el entendimiento comprender. Pero puede vuestra majestad ser cierto que, si alguna falta en mi relación hubiere, que será antes por corto que por largo, así en esto como en todo lo demás de que diere cuenta a vuestra alteza; porque me parecía justo, a mi príncipe y señor, decir muy claramente la verdad, sin interponer cosas que la disminuyan y acrecienten.

Antes que comience a relatar las cosas de esta gran ciudad y las otras que en este capítulo dije, me parece —para que mejor se puedan entender— que débese decir de la manera de México, que es donde esta ciudad y algunas de las otras que he hecho relación están fundadas, y donde está el principal señorío de este Mutezuma. La cual dicha provincia es redonda, y está toda cercada de muy altas y ásperas sierras, y lo llano de ella tendrá en torno hasta setenta leguas; y en el dicho llano hay dos lagunas que casi lo ocupan todo, porque tienen, en torno, más de cincuenta leguas. Y la una de estas dos lagunas es de agua dulce, y la otra, que es mayor, es de agua salada; divídelas por una parte una cuadrilla pequeña de cerros muy latos, que están en medio de esta llanura, y al cabo se van a juntar las dichas lagunas en un estrecho de llano que, entre estos cerros y las sierras altas, se hace. El cual estrecho tendrá un tiro de ballesta, y, por entre una laguna y la otra, las ciudades y otras poblaciones que están en las dichas lagunas contratan las unas con las otras en sus canoas por el agua, sin haber necesidad de ir por la tierra. Y, porque esta laguna salada grande crece y mengua por sus mareas, según hace la mar, todas las crecientes corre el agua de ella a la otra dulce tan recio como si fuese caudaloso río; y, por consiguiente, a las menguantes va la dulce a la salada.

Esta gran ciudad de Temixtitán está fundada en esta laguna salada, y, desde la tierra firme hasta el cuerpo de la dicha ciudad, por cualquiera parte que quisieren entrar a ella, hay dos leguas. Tienen cuatro entradas, todas de calzada hecha a mano, tan ancha como dos lanzas jinetas. Es tan grande la ciudad como Sevilla y Córdoba. Son las calles de ella —digo las principales— muy anchas y muy derechas; y algunas de éstas, y todas las demás, son la mitad de tierra y, por la otra mitad, es agua, por la cual andan en sus canoas; y todas las calles, de trecho a trecho, están abiertas por donde atraviesa el agua de las unas a las otras, y en todas estas aberturas —que algunas son muy anchas— hay sus puentes de muy anchas y muy grandes vigas, juntas y recias y bien labradas, y tales que por muchas de ellas pueden pasar diez de a caballo juntos a la par. Y, viendo que, si los naturales de esta ciudad quisiesen hacer alguna traición, tenían para ello mucho aparejo, por ser la dicha ciudad edificada de la manera que digo, y, quitadas las puentes de las entradas y salidas, nos podrían dejar morir de hambre sin que pudiésemos salir a la tierra, luego que entré en la dicha ciudad di mucha prisa en hacer cuatro bergantines, y los hice en muy breve tiempo, tales que podían echar trescientos hombres en la tierra y llevar los caballos cada vez que quisiésemos.

Tiene esta ciudad muchas plazas donde hay continuo mercado y trato de comprar y vender. Tiene otra plaza tan grande como dos veces la ciudad de Salamanca, toda cercada de portales alrededor, donde hay cotidianamente arriba de sesenta mil ánimas comprando y vendiendo; donde hay todos los géneros de mercadurías que en todas las tierras se hallan, así de mantenimientos como de vituallas, joyas de oro y de plata, de plomo, de latón, de cobre, de estaño, de piedras, de huesos, de conchas, de caracoles y de plumas. Véndese cal, piedra labrada y por labrar, adobes, ladrillos, madera labrada y por labrar, de diversas maneras. Hay calle de caza donde venden todos los linajes de aves que hay en la tierra, así como gallinas, perdices, codornices, lavancos, dorales, zarcetas, tórtolas, palomas, pajaritos en cañuela, papagayos, búharos, águilas, halcones, gavilanes y cernícalos; y de algunas de estas aves de rapiña venden los cueros con su pluma y cabezas y pico y uñas.

Venden conejos, liebres, venados y perros pequeños —que crían para comer—, castrados. Hay calle de herbolarios, donde hay todas las raíces y hierbas medicinales que en la tierra se hallan. Hay casas como de boticarios, donde se venden las medicinas hechas, así potables como ungüentos y emplastos. Hay casas como de barberos, donde lavan y rapan las cabezas. Hay casas donde dan de comer y beber por precio. Hay hombres como los que llaman en Castilla ganapanes, para traer cargas. Hay mucha leña, carbón, braseros de barro y esteras de muchas maneras para camas, y otras más delgadas para asiento y esterar salas y cámaras. Hay todas las maneras de verduras que se hallan, especialmente cebollas, puerros, ajos, mastuerzo, berros, borrajas, acederas y cardos y tagarninas. Hay frutas de muchas maneras, en que hay cerezas y ciruelas, que son semejantes a las de España.

Venden miel de abejas y cera, y miel de cañas de maíz, que son tan melosas y dulces como las de azúcar, y miel de unas plantas que llaman en las otras islas maguey, que es mucho mejor que arrope; y de estas plantas hacen azúcar y vino, que asimismo venden. Hay a vender muchas maneras de hilados de algodón de todos colores, en sus madejicas, que parece propiamente alcaicería de Granada en las sedas, aunque esto otro es en mucha más cantidad. Venden colores para pintores, cuantos se pueden hallar en España, y de tan excelentes matices cuanto pueden ser. Venden cueros de venado con pelo y sin él; teñidos, blancos y de diversas colores. Venden mucha loza, en gran manera muy buena; venden muchas vasijas: tinajas grandes y pequeñas, jarros, ollas, ladrillos y otras infinitas maneras de vasijas, todas de singular barro, todas, o las más, vidriadas y pintadas.

Venden mucho maíz en grano y en pan, lo cual hace mucha ventaja, así en el grano como en el sabor, a todo lo de las otras islas y tierra firme. Venden pasteles de aves y empanadas de pescado. Venden mucho pescado fresco y salado, crudo y guisado. Venden huevos de gallinas y de ánsares, y de todas las otras aves que he dicho, en gran cantidad; venden tortillas de huevos hechas. Finalmente, que en los dichos mercados se venden todas cuantas cosas se hallan en toda la tierra, que, demás de las que he dicho, son tantas y de tantas calidades, que por la prolijidad y por no me ocurrir tantas a la memoria, y aun por no saber poner los nombres, no las expreso. Cada género de mercaduría se vende en su calle, sin que entremetan otra mercaduría ninguna, y en esto tienen mucha orden. Todo se vende por cuenta y medida, excepto que hasta ahora no se ha visto vender cosa alguna por peso.

Hay en esta gran plaza una gran casa como de audiencia, donde están siempre sentadas diez o doce personas que son jueces y libran todos los casos y cosas que en el dicho mercado acaecen, y mandan castigar los delincuentes. Hay en la dicha plaza otras personas que andan continuo entre la gente, mirando lo que se vende y las medidas con que miden lo que venden; y se ha visto quebrar alguna que estaba falsa.

Hay en esta gran ciudad muchas mezquitas o casas de sus ídolos, de muy hermosos edificios, por las colaciones y barrios de ella, y en las principales de ella hay personas religiosas de su secta, que residen continuamente en ellas, para los cuales, demás de las casas donde tienen los ídolos, hay buenos aposentos. Todos estos religiosos visten de negro y nunca cortan el cabello, ni lo peinan desde que entran en la religión hasta que salen; y todos los hijos de las personas principales, así señores como ciudadanos honrados, están en aquellas religiones y hábito desde edad de siete u ocho años hasta que los sacan para casarlos; y esto más acaece en los primogénitos que han de heredar las casas, que en los otros. No tienen acceso a mujer, ni entra ninguna en las dichas casas de religión. Tienen abstinencia en no comer ciertos manjares, y más en algunos tiempos del año que no en los otros; y entre estas mezquitas hay una que es la principal, que no hay lengua humana que sepa explicar la grandeza y particularidades de ella, porque es tan grande que dentro del circuito de ella —que es todo cercado de muro muy alto— se podía muy bien hacer una villa de quinientos vecinos. Tiene dentro de este circuito, todo a la redonda, muy gentiles aposentos, en que hay muy grandes salas y corredores donde se aposentan los religiosos que allí están. Hay bien cuarenta torres muy altas y bien obradas, que la mayor tiene cincuenta escalones para subir al cuerpo de la torre; la más principal es más alta que la torre de la iglesia mayor de Sevilla. Son tan bien labradas, así de cantería como de madera, que no pueden ser mejor hechas ni labradas en ninguna parte, porque toda la cantería de dentro de las capillas donde tienen los ídolos es de imaginería y zaquizamíes, y el maderamiento es todo de masonería, muy pintado de cosas de monstruos y otras figuras y labores. Todas estas torres son enterramiento de señores, y las capillas que en ellas tienen son dedicadas cada una a su ídolo, a que tienen devoción.

Hay tres salas dentro de esta gran mezquita donde están los principales ídolos, de maravillosa grandeza y altura, y de muchas labores y figuras esculpidas, así en la cantería como en el maderamiento; y dentro de estas salas están otras capillas, que las puertas por donde entran a ellas son muy pequeñas, y ellas asimismo no tienen claridad alguna; y allí no están sino aquellos religiosos, y no todos; y dentro en éstas están los bultos y figuras de los ídolos, aunque, como he dicho, de fuera hay también muchos. Los más principales de estos ídolos, y en quien ellos más fe y creencia tenían, derroqué de sus sillas y los hice echar por las escaleras abajo, e hice limpiar aquellas capillas donde los tenían, porque todas estaban llenas de sangre que sacrifican, y puse en ellas imágenes de Nuestra Señora y de otros santos; de lo cual no poco el dicho Mutezuma y los naturales sintieron. Los cuales primero me dijeron que no lo hiciese, porque, si se sabía por las comunidades, se levantaría contra mí, porque tenían que aquellos ídolos les daban todos los bienes temporales, y que, dejándolos maltratar, se enojarían y no les darían nada, y les sacarían los frutos de la tierra y moriría la gente de hambre.

YO LES HICE entender con las lenguas cuán engañados estaban en tener su esperanza en aquellos ídolos, que eran hechos por sus manos de cosas no limpias, y que habían de saber que había un solo Dios, universal Señor de todos, el cual había criado el cielo y la tierra y todas las cosas, y que hizo a ellos y a nosotros, y que Este era sin principio e inmortal, y que a Él había de adorar y creer y no a otra criatura ni cosa alguna; y les dije todo lo demás que yo en este caso supe, para los desviar de sus idolatrías y atraer al conocimiento de Dios Nuestro Señor; y todos, en especial el dicho Mutezuma, me respondieron que ya me habían dicho que ellos no eran naturales de esta tierra, y que había muchos tiempos que sus predecesores habían venido a ella, y que bien creían que podrían estar errados en algo de aquello que tenían, por haber tanto tiempo que salieron de su naturaleza; y que yo, como más nuevamente venido, sabría las cosas que debían tener y creer mejor que no ellos; que se las dijese e hiciese entender, que ellos harían lo que yo les dijese que era lo mejor. Y el dicho Mutezuma y muchos de los principales de la ciudad dicha estuvieron conmigo hasta quitar los ídolos y limpiar las capillas y poner las imágenes, y todo con alegre semblante; y les defendí que no matasen criaturas a los ídolos, como acostumbraban, porque, demás de ser muy aborrecible a Dios, vuestra sacra majestad por sus leyes lo prohíbe, y manda que al que matare lo maten. Y de ahí adelante se apartaron de ello, y en todo el tiempo que yo estuve en la dicha ciudad, nunca se vio matar ni sacrificar criatura alguna.

Los bultos y cuerpos de los ídolos en quien estas gentes creen son de muy mayores estaturas que el cuerpo de un hombre. Son hechos de masa de todas las semillas y legumbres que ellos comen, molidas y mezcladas unas con otras, y amásanlas con sangre de corazón de cuerpos humanos, los cuales abren por los pechos, vivos, y les sacan el corazón; y de aquella sangre que sale de él amasan aquella harina, y así hacen tanta cantidad cuanta basta para hacer aquellas estatuas grandes. Y también, después de hechas, les ofrecían más corazones que asimismo les sacrificaban, y les untaban las caras con la sangre. Y a cada cosa tienen su ídolo dedicado, al uso de los gentiles que antiguamente honraban a sus dioses. Por manera que, para pedir favor para la guerra, tienen un ídolo; y para sus labranzas, otro; y así, para cada cosa de las que ellos quieren o desean que se hagan bien, tienen sus ídolos a quien honran y sirven.

Hay en esta gran ciudad muchas casas muy buenas y muy grandes; y la causa de haber tantas casas principales es que todos los señores de la tierra, vasallos del dicho Mutezuma, tienen sus casas en la dicha ciudad y residen en ella cierto tiempo del año; y, demás de esto, hay en ella muchos ciudadanos ricos que tienen asimismo muy buenas casas. Todos ellos, demás de tener muy grandes y buenos aposentamientos, tienen muy gentiles vergeles de flores de diversas maneras, así en los aposentamientos altos como bajos. Por la una calzada que a esta gran ciudad entra vienen dos caños de argamasa, tan anchos como dos pasos cada uno, y tan altos como un estado; y por el uno de ellos viene un golpe de agua dulce muy buena, del gordor de un cuerpo de hombre, que va a dar al cuerpo de la ciudad, de que se sirven y beben todos. El otro, que va vacío, es para cuando quieren limpiar el otro caño, porque echan por allí el agua en tanto que se limpia; y, porque el agua ha de pasar por los puentes a causa de las quebradas por donde atraviesa el agua salada, echan la dulce por unas canales tan gruesas como un buey, que son de la longura de las dichas puentes, y así se sirve toda la ciudad.

Traen a vender el agua por canoas por todas las calles, y la manera de cómo la toman del caño es que llegan las canoas debajo de los puentes por donde están las canales, y de allí hay hombres en lo alto que hinchen las canoas, y les pagan por ello su trabajo. En todas las entradas de la ciudad, y en las partes donde descargan las canoas —que es donde viene la más cantidad de los mantenimientos que entran en la ciudad—, hay chozas hechas donde están personas por guardas y que reciben certum quid de cada cosa que entra. Esto no sé si lo lleva el señor o si es propio para la ciudad, porque hasta ahora no lo he alcanzado; pero creo que para el señor, porque en otros mercados de otras provincias se ha visto coger aquel derecho para el señor de ellas. Hay en todos los mercados y lugares públicos de la dicha ciudad, todos los días, muchas personas, trabajadores y maestros de todos oficios, esperando quien los alquile por sus jornales.

La gente de esta ciudad es de más manera y primor en su vestir y servicio que no la otra de estas otras provincias y ciudades, porque, como allí estaba siempre este señor Mutezuma, y todos los señores sus vasallos ocurrían siempre a la ciudad, había en ella más manera y policía en todas las cosas. Y, por no ser más prolijo en la relación de las cosas de esta gran ciudad —aunque no acabaría tan aína—, no quiero decir más sino que en su servicio y trato de la gente de ella hay la manera casi de vivir que en España, y con tanto concierto y orden como allá; y que, considerando esta gente ser bárbara y tan apartada del conocimiento de Dios y de la comunicación de otras naciones de razón, es cosa admirable ver la que tienen en todas las cosas.

En lo del servicio de Mutezuma y de las cosas de admiración que tenía por grandeza y estado, hay tanto que escribir que certifico a vuestra alteza que yo no sé por dónde comenzar que pueda acabar de decir alguna parte de ellas; porque, como ya he dicho, ¿qué más grandeza puede ser que un señor bárbaro como éste tuviese contrahechas de oro y plata y piedras y plumas todas las cosas que debajo del cielo hay en su señorío, tan al natural lo de oro y plata, que no hay platero en el mundo que mejor lo hiciese, y lo de las piedras, que no baste juicio comprender con qué instrumentos se hiciese tan perfecto, y lo de pluma, que ni de cera ni en ningún bordado se podría hacer tan maravillosamente? El señorío de tierras que este Mutezuma tenía no se ha podido alcanzar cuánto era, porque a ninguna parte, doscientas leguas de un cabo y de otro de aquella su gran ciudad, enviaba sus mensajeros que no fuese cumplido su mandado, aunque había algunas provincias en medio de estas tierras con quien él tenía guerra. Pero por lo que se alcanzó, y yo de él pude comprender, era su señorío tanto casi como España; porque hasta sesenta leguas de esta parte de Putunchán, que es el río de Grijalva, envió mensajeros a que se diesen por vasallos de vuestra majestad los naturales de una ciudad que se dice Cumatán, que había desde la gran ciudad a ella doscientas y veinte leguas; porque las ciento y cincuenta yo he hecho andar y ver a los españoles. Todos los más de los señores de estas tierras y provincias, en especial los comarcanos, residían, como ya he dicho, mucho tiempo del año en aquella gran ciudad; y todos, o los más, tenían sus hijos primogénitos en el servicio del dicho Mutezuma.

En todos los señoríos de estos señores tenía fuerzas hechas, y en ellas gente suya, y sus gobernadores y cogedores del servicio y renta que de cada provincia le daban; y había cuenta y razón de lo que cada uno era obligado a dar, porque tienen caracteres y figuras escritas en el papel que hacen, por donde se entienden. Cada una de estas provincias servía con su género de servicio, según la calidad de la tierra, por manera que a su poder venía toda suerte de cosas que en las dichas provincias había. Era tan temido de todos, así presentes como ausentes, que nunca príncipe del mundo lo fue más. Tenía, así fuera de la ciudad como dentro, muchas casas de placer, y cada una de su manera de pasatiempo, tan bien labradas como se podría decir, y cuales requerían ser para un gran príncipe y señor. Tenía dentro de la ciudad sus casas de aposentamiento, tales y tan maravillosas que me parecía casi imposible poder decir la bondad y grandeza de ellas; y, por tanto, no me pondré en expresar cosa de ellas, más de que en España no hay su semejante.

Tenía una casa poco menos buena que ésta, donde tenía un muy hermoso jardín con ciertos miradores que salían sobre él, y los mármoles y losas de ellos eran de jaspe, muy bien obradas. Había en esta casa aposentamientos para se aposentar dos muy grandes príncipes con todo su servicio. En esta casa tenía diez estanques de agua, donde tenía todos los linajes de aves de agua que en estas partes se hallan —que son muchos y diversos—, todas domésticas; y para las aves que se crían en la mar eran los estanques de agua salada, y para los de ríos, lagunas de agua dulce, la cual agua vaciaban de cierto a cierto tiempo por la limpieza, y la tornaban a henchir por sus caños. Y a cada género de aves se daba aquel mantenimiento que era propio a su natural y con que ellas en el campo se mantenían, de forma que a las que comían pescado, se lo daban; y las que gusanos, gusanos; y a las que maíz, maíz; y a las que otras semillas más menudas, por el consiguiente se las daban. Y certifico a vuestra alteza que a las aves que solamente comían pescado se les daba cada día diez arrobas de él, que se toma en la laguna salada. Había, para tener cargo de más aves, trescientos hombres, que en ninguna otra cosa entendían. Había otros hombres que solamente entendían en curar las aves que adolecían. Sobre cada alberca y estanque de estas aves había sus corredores y miradores muy gentilmente labrados, donde el dicho Mutezuma se venía a recrear y a las ver. Tenía en esta casa un cuarto en que tenía hombres y mujeres y niños blancos de su nacimiento en el rostro y cuerpo y cabellos y cejas y pestañas.

Tenía otra casa muy hermosa, donde tenía un gran patio losado de muy gentiles losas, todo él hecho a manera de un juego de ajedrez, y las casas eran hondas cuanto estado y medio, y tan grandes como seis pasos en cuadra; y la mitad de cada una de estas casas era cubierta — el soterrado— de losas, y la mitad que quedaba por cubrir tenía encima una red de palo muy bien hecha; y en cada una de estas casas había un ave de rapiña, comenzando de cernícalo hasta águila, todas cuantas se hallan en España, y muchas más raleas que allá no se han visto. Y de cada una de estas raleas había mucha cantidad; y en lo cubierto de cada una de estas casas había un palo como alcándara, y otro fuera, debajo de la red, que en el uno estaban de noche y cuando llovía, y en el otro se podían salir al sol y al aire a curarse. Y a todas estas aves daban todos los días de comer gallinas, y no otro mantenimiento. Había en esta casa ciertas salas grandes bajas, todas llenas de jaulas grandes de muy gruesos maderos muy bien labrados y encajados; y en todas, o en las más, había leones, tigres, lobos, zorras y gatos de diversas maneras, y de todos en cantidad, a los cuales daban de comer gallinas cuantas les bastaban. Y para esos animales y aves había otros trescientos hombres que tenían cargo de ellos.

Tenía otra casa donde tenía muchos hombres y mujeres monstruos, en que había enanos, corcovados y contrahechos y otros con otras disformidades; y cada una manera de monstruos en su cuarto por sí, y también había para éstos personas dedicadas para tener cargo de ellos; y las otras cosas de placer que tenía en su ciudad dejo de decir, por ser muchas y de muchas calidades.

La manera de su servicio era que todos los días, luego en amaneciendo, eran en su casa más de seiscientos señores y personas principales, los cuales se sentaban y otros andaban por unas salas y corredores que había en la dicha casa, y allí estaban hablando y pasandotiempo sin entrar donde su persona estaba. Y los servidores de éstos y personas de quien se acompañaban henchían dos o tres grandes patios y la calle, que era muy grande. Y todos estaban sin salir de allí todo el día hasta la noche. Y al tiempo que traían de comer al dicho Mutezuma, así mismo lo traían a todos aquellos señores tan cumplidamente quanto a su persona, y también a los servidores y gentes de éstos les daban sus raciones. Había cotidianamente la despensa y botillería abierta para todos aquellos que quisiesen comer y beber.

La manera de cómo le daban de comer es que venían trescientos o cuatrocientos mancebos con el manjar, que era sin cuento; porque todas las veces que comía le traían de todas las maneras de manjares, así de carnes como de pescados, frutas y yerbas que en toda la tierra se podían haber. Y porque la tierra es fría, traían debajo de cada plato y escudilla de manjar un braserico con brasa para que no se enfriase. Poníanle todos los manjares juntos en una gran sala en que él comía, que casi toda se henchía, la cual estaba toda muy bien esterada y muy limpia; y él estaba sentado en una almohada de cuero, pequeña y muy bien hecha. Al tiempo que comía, estaban allí desviados de él cinco o seis señores ancianos, a los cuales él daba de lo que comía; y estaba en pie uno de aquellos servidores, que le ponía y alzaba los manjares y pedía a los otros que estaban más afuera lo que era necesario para el servicio. Y al principio y fin de la comida y cena, siempre le daban agua a manos y con la toalla que una vez se limpiaba, nunca se limpiaba más; ni tampoco los platos y escudillas en que le traían una vez el manjar se los tornaban a traer, sino siempre nuevos, y así hacían de los brasericos.

Vestíase todos los días de cuatro maneras de vestiduras, todas nuevas, y nunca más se las vestía otra vez. Todos los señores que entraban en su casa no entraban calzados; y cuando iban delante de él algunos que él enviaba a llamar, llevaban la cabeza y ojos inclinados y el cuerpo muy humillado, y hablando con él no le miraban a la cara, lo cual hacían por mucho acatamiento y reverencia. Y sé que lo hacían por este respecto, porque ciertos señores reprendían a los españoles diciendo que cuando hablaban conmigo estaban exentos, mirándome la cara, que parecía desacatamiento y poca vergüenza.

Cuando salía fuera el dicho Mutezuma, que era pocas veces, todos los que iban con él y los que topaba por las calles le volvían el rostro y en ninguna manera le miraban, y todos los demás se postraban hasta que él pasaba. Llevaba siempre delante de sí un señor de aquellos con tres varas delgadas altas, que creo se hacía porque se supiese que iba allí su persona. Y cuando lo descendían de las andas tomaban la una en la mano y llevábanla hasta donde iba.

Eran tantas y tan diversas las maneras y ceremonias que este señor tenía en su servicio, que era necesario más espacio del que yo al presente tengo para relatarlas y aun mejor memoria para retenerlas; porque ninguno de los sultanes ni otro ningún señor infiel de los que hasta ahora se tiene noticia, no creo que tantas ni tales ceremonias en su servicio tengan.

En esta gran ciudad estuve proveyendo las cosas que parecía que convenía al servicio de vuestra sacra majestad y pacificando y atrayendo a él muchas provincias y tierras pobladas de muchas y muy grandes ciudades, villas y fortalezas, y descubriendo minas y sabiendo e inquiriendo muchos secretos de las tierras del señorío de este Mutezuma como de otras que con él confinaban y él tenía noticia; que son tantas y tan maravillosas que son casi increíbles, y todo con tanta voluntad y contentamiento del dicho Mutezuma y de todos los naturales de las dichas tierras, como si de ab initio hubieran conocido a vuestra sacra majestad por su rey y señor natural; y no con menos voluntad hacían todas las cosas que en su real nombre les mandaba.

EN LAS CUALES dichas cosas y en otras no menos útiles al servicio de vuestra alteza, gasté, de 8 de noviembre de 1519 hasta entrante el mes de mayo de este año presente, que estando en toda quietud y sosiego en esta dicha ciudad, teniendo repartidos muchos de los españoles por muchas y diversas partes, pacificando y poblando esta tierra, con mucho deseo que viniesen navíos con la respuesta de la relación que a vuestra majestad habían hecho de esta tierra, para con ellos enviar las que ahora envío y todas las cosas de oro y joyas que en ella había habido para vuestra alteza, vinieron a mí ciertos naturales de esta tierra, vasallos del dicho Mutezuma, de los que en la costa del mar moran, y me dijeron cómo, junto a las sierras de San Martín, que son junto en la dicha costa, antes del puerto o bahía de San Juan, habían llegado dieciocho navíos, y que no sabían quién eran; porque, así como los vieron en la mar, me lo vinieron a hacer saber.

Y tras de estos dichos indios vino otro natural de la isla Fernandina, el cual me trajo una carta de un español que yo tenía puesto en la costa, para que si navíos viniesen, les diese razón de mí y de aquella villa que allí estaba cerca de aquel puerto, porque no se perdiesen. En la cual dicha carta se contenía que «en tal día había asomado un navío, frontero del dicho puerto de San Juan, solo, y que había mirado por toda la costa de la mar cuanto su vista podía comprender, y que no había visto otro, y que creía que era la nao que yo había enviado a vuestra sacra majestad, porque ya era tiempo que viniese; y que, para más certificarse, él quedaba esperando que la dicha nao llegase al puerto para informarse de ella, y que luego venía a traerme la relación». Vista esta carta, despaché dos españoles, uno por un camino y otro por otro, porque no errasen a algún mensajero si de la nao viniese. A los cuales dije llegasen hasta el dicho puerto y supiesen cuántos navíos eran llegados y de dónde eran y lo que traían, y se volviesen a la más prisa que fuese posible a hacérmelo saber. Y asimismo despaché otro a la Villa de la Veracruz a decirles lo que de aquellos navíos había sabido, para que de allá mismo se informasen y me lo hiciesen saber; y otro al capitán que con los ciento cincuenta hombres enviaba a hacer el pueblo de la provincia y puerto de Quacucalco, al cual escribí que doquiera que el dicho mensajero le alcanzase, se estuviese y no pasase adelante hasta que yo segunda vez le escribiese, porque tenía nueva que eran llegados al puerto ciertos navíos.

El cual, según después pareció, ya cuando llegó mi carta sabía de la venida de los dichos navíos; y enviados estos dichos mensajeros, se pasaron quince días que ninguna cosa supe, ni hube respuesta de ninguno de ellos; de que no estaba poco espantado. Y pasados estos quince días, vinieron asimismo otros indios vasallos del dicho Mutezuma, de los cuales supe que los dichos navíos estaban ya surtos en el dicho puerto de San Juan y la gente desembarcada, y traían por copia que había ochenta caballos y ochocientos hombres y diez o doce tiros de fuego, lo cual todo lo traía figurado en un papel de la tierra para mostrarlo al dicho Mutezuma. Y dijéronme cómo el español que yo tenía puesto en la costa y los otros mensajeros que yo había enviado estaban con la dicha gente, y que les habían dicho a estos indios que el capitán de aquella gente no los dejaba venir y que me lo dijesen.

Y sabido esto, acordé de enviar un religioso que yo traje en mi compañía con una carta mía y otra de alcaldes y regidores de la Villa de la Vera Cruz que estaban conmigo en la dicha ciudad. Las cuales iban dirigidas al capitán y gente que a aquel puerto había llegado, haciéndole saber muy por extenso lo que en esta tierra me había sucedido y cómo tenía muchas ciudades, villas y fortalezas ganadas, conquistadas, pacíficas y sujetas al real servicio de vuestra majestad, y preso al señor principal de todas estas partes, y cómo estaba en aquella gran ciudad y la cualidad de ella, el oro y joyas que para vuestra alteza tenía. Y cómo había enviado relación de esta tierra a vuestra majestad, y que les pedía por merced me hiciesen saber quiénes eran y si eran vasallos naturales de los reinos y señoríos de vuestra alteza; me escribiesen si venían a esta tierra por su real mandado o a poblar y estar en ella, o si pasaban adelante o habían de volver atrás; o si traían alguna necesidad, que yo les haría proveer de todo lo que a mí posible fuese; y que si eran de fuera de los reinos de vuestra alteza, asimismo me hiciesen saber si traían alguna necesidad, porque también lo remediaría pudiendo. Donde no, le requería de parte de vuestra majestad que luego se fuesen de sus tierras y no saltasen en ellas, con apercibimiento que si así no lo hiciesen, iría contra ellos y con todo el poder que yo tuviese, así de españoles como de naturales de la tierra, y los prendería y mataría como extranjeros que se querían entremeter en los reinos y señoríos de mi rey y señor.

Y partido el dicho religioso con el dicho despacho, donde en cinco días llegaron a la ciudad de Temixtitán veinte españoles de los que en la Villa de la Vera Cruz tenía, los cuales me traían un clérigo y otros dos legos que habían tomado de la dicha villa; de los cuales supe cómo la armada y gente que en el dicho puerto estaba era de Diego Velázquez, que venía por capitán de ella un Pánfilo de Narváez, vecino de la isla Fernandina, y que traían ochenta de a caballo y muchos tiros de pólvora y ochocientos peones; entre los cuales dijeron que había ochenta escopeteros y ciento veinte ballesteros y que venía y se nombraba por capitán general y teniendo por gobernador de todas estas partes, por el dicho Diego Velázquez. Y que para ella traía provisiones de vuestra majestad, y que los mensajeros que yo había enviado y el hombre que en la costa tenía estaban con el dicho Pánfilo de Narváez y no les dejaban venir.

El cual se había informado de ellos de cómo yo tenía poblada allí aquella villa, doce leguas del dicho puerto, y de la gente que en ella estaba, y asimismo de la gente que yo enviaba a Quacucalco y cómo estaban en una provincia, treinta leguas del dicho puerto, que se dice Tuchitebeque, y de todas las cosas que yo en la tierra había hecho en servicio de vuestra alteza y las ciudades y villas que yo tenía conquistadas y pacíficas y de aquella gran ciudad de Temixtitán y del oro y joyas que en la tierra se había habido; y se había informado de ellos de todas las otras cosas que me habían enviado el dicho Narváez a la dicha Villa de la Vera Cruz, a que si pudiesen, hablasen de su parte a los que en ella estaban y los atrajesen a su propósito y se levantasen contra mí. Y con ellos me trajeron más de cien cartas que el dicho Narváez y los que con él estaban enviaban a los de la dicha villa, diciendo que diesen crédito a lo que aquel clérigo y los otros que iban con él, de su parte, les dijesen; y prometiéndoles que, si así lo hiciesen, que por parte del dicho Diego Velázquez y de él en su nombre les serían hechas muchas mercedes, y los que lo contrario hiciesen habían de ser muy maltratados; y otras muchas cosas que en las dichas cartas se contenían.

Casi junto con éstos vino un español de los que iban a Quacucalco con cartas del capitán, que era un Juan Velázquez de León, el cual me hacía saber cómo la gente que había llegado al puerto era Pánfilo de Narváez, que venía en nombre de Diego Velázquez con la gente que traían; y me envió una carta que el dicho Narváez le había enviado con un indio, como a pariente del dicho Diego Velázquez y cuñado del dicho Narváez, en que por ella le decía cómo de aquellos mensajeros míos había sabido que estaba allí con aquella gente; que luego se fuese con ella a él, porque en ello haría lo que cumplía y lo que era obligado a sus deudos, y que bien creía que yo le tenía por la fuerza, y otras cosas que el dicho Narváez le escribía.

EL CUAL DICHO capitán, como más obligado al servicio de vuestra majestad, no sólo dejó de aceptar lo que el dicho Narváez por su letra le decía, más aún luego se partió, después de haberme enviado la carta, para venirse a juntar conmigo con toda la gente que tenía. Y después de haberme informado de aquel clérigo y de otros dos que con él venían, de muchas cosas y de la intención de los del dicho Diego Velázquez y Narváez y de cómo se habían movido con aquella armada y gente contra mí, porque yo había enviado la relación y cosas de esta tierra a vuestra majestad y no al dicho Diego Velázquez; y cómo venía con dañada voluntad para matarme a mí y a muchos de mi compañía que ya desde allá traían señalados; supe asimismo cómo Figueroa, juez de residencia en la isla Española, y los jueces y oficiales de vuestra alteza que en ella residen, sabido por ellos cómo el dicho Diego Velázquez hacía la dicha armada y la voluntad con que la hacía, constándoles el daño y deservicio que de su venida a vuestra majestad podía redundar, enviaron al licenciado Lucas Vázquez de Ayllón, uno de los dichos jueces, con su poder, a requerir y mandar al dicho Diego Velázquez no enviase la dicha armada; el cual vino y vio él al dicho Velázquez con toda la gente armada en la punta de la dicha isla Fernandina, ya que quería pasar, y allí le requirió a él y a todos los que en la dicha armada venían que no viniesen, porque de ello vuestra alteza era muy deservido. Y sobre ello les impuso muchas penas, las cuales no obstante ni todo lo por el dicho licenciado requerido ni mandado, todavía había enviado la dicha armada; y que el dicho licenciado Ayllón estaba en el dicho puerto que había venido juntamente con ella, pensando de evitar el daño que de la venida de la dicha armada se seguía. Porque a él y a todos era notorio el mal propósito y la voluntad con que la dicha armada venía.

Envié al dicho clérigo con una carta mía para el dicho Narváez, por la cual le decía cómo yo había sabido del dicho clérigo y de los que con él habían venido, cómo él se intitulaba capitán de la gente de aquella armada, y que holgaba que fuese él, porque tenía otro pensamiento viendo que los mensajeros que yo había enviado no venían; pero que, pues él sabía que yo estaba en esta tierra en servicio de vuestra alteza, me maravillaba no me escribiese o enviase mensajero, haciéndome saber de su venida, pues sabía que yo había de holgar con ella, así por él ser mi amigo de mucho tiempo, como porque creía que él venía a servir a vuestra alteza, que era lo que yo más deseaba; y que había enviado, como había enviado, sobornadores y cartas de inducimiento a las personas que yo tenía en mi compañía en servicio de vuestra majestad, para que se levantasen contra mí y se pasasen a él, como si fuéramos los unos infieles y los otros cristianos, o los unos vasallos de vuestra alteza y los otros sus deservidores. Y que le pedía por merced que de allí adelante no tuviese aquellas formas; antes, me hiciese saber la causa de su venida; y que me habían dicho que se intitulaba capitán general y teniente de gobernador por Diego Velázquez y por tal se había hecho pregonar en la tierra y que había hecho alcaldes y regidores y ejecutado justicia, lo cual era en mucho deservicio de vuestra alteza y contra todas sus leyes.

Porque, siendo esta tierra de vuestra majestad y estando poblada de sus vasallos y habiendo en ella justicia y cabildo, no se debía intitular de los dichos oficios ni usar de ellos sin ser primero a ellos recibido; puesto que, para ejercerlos, trajese provisiones de vuestra majestad, las cuales, si traía, le pedía por merced y le requería las presentase ante mí y ante el cabildo de la Vera Cruz, y que de él y de mí serían obedecidas como cartas y provisiones de nuestro rey y señor natural, y cumplidas en cuanto al real servicio de vuestra majestad conviniese. Porque yo estaba en aquella ciudad y en ella tenía preso a aquel señor y tenía mucha suma de oro y joyas, así de lo de vuestra alteza como de los de mi compañía y mío; lo cual yo no osaba dejar, con temor que salido yo de la dicha ciudad la gente se rebelase y perdiese tanta cantidad de oro y joyas y tal ciudad, mayormente que perdida aquélla era perdida toda la tierra. Y así mismo di al dicho clérigo una carta para el dicho licenciado Ayllón, el cual, según supe yo después, al tiempo que el dicho clérigo llegó, había prendido el dicho Narváez y enviado preso con dos navíos.

El día que el dicho clérigo se partió, me llegó un mensajero de los que estaban en la villa de la Vera Cruz, por el cual me hacían saber que toda la gente de los naturales de la tierra estaban levantados y hechos con el dicho Narváez, en especial los de la ciudad de Cempoal y su partido; y que ninguno de ellos quería venir a servir a la dicha villa, así en la fortaleza como en las otras cosas en que solían servir. Porque decían que Narváez les había dicho que yo era malo y que me venía a prender a mí y a todos los de mi compañía, y llevarnos presos y dejar la tierra; y que la gente que el dicho Narváez traía era mucha y la que yo tenía poca; y que él traía muchos caballos y muchos tiros y que yo tenía pocos, y que querían ser a viva quien vence. Y que también me hacían saber que eran informados de los dichos indios que el dicho Narváez se venía a aposentar en la dicha ciudad de Cempoal y que ya sabía cuán cerca estaba de aquella villa; y que creían, según eran informados del mal propósito que el dicho Narváez contra todos traía, que desde allí venía sobre ellos, teniendo de su parte a los indios de la dicha ciudad. Y por tanto me hacían saber que ellos dejaban la villa sola, por no pelear con ellos, y por evitar escándalo se subían a la sierra a casa de un señor vasallo de vuestra alteza y amigo nuestro, y que allí pensaban estar hasta que yo les enviase a mandar lo que hiciesen.

Y como yo vi el gran daño que se comenzaba a revolver y cómo la tierra se levantaba a causa del dicho Narváez, parecióme que con ir yo donde él estaba se apaciguaría mucho, porque viéndome los indios presente no se osarían a levantar; y también porque pensaba dar orden con el dicho Narváez para que tan gran mal como se comenzaba cesase. Y así me partí aquel mismo día, dejando la fortaleza muy bien bastecida de maíz y de agua y quinientos hombres dentro en ella y algunos tiros de pólvora. Y con la otra gente que allí tenía, que serían hasta setenta hombres, seguí mi camino con algunas personas principales de los del dicho Mutezuma, al cual yo, antes que me partiese, hice muchos razonamientos, diciéndole que mirase que él era vasallo de vuestra majestad y que ahora había de recibir mercedes de vuestra majestad por los servicios que le habían hecho; y que aquellos españoles le dejaba encomendados con todo aquel oro y joyas que él me había dado y mandado dar para vuestra alteza; porque yo iba a aquella gente que allí había venido a saber qué gente era, pues hasta entonces no lo había sabido y creía que debía ser alguna mala gente y no vasallos de vuestra alteza. Y él me prometió de hacerlos proveer de todo lo necesario y guardar mucho todo lo que allí le dejaba puesto para vuestra majestad, y que aquellos suyos que iban conmigo me llevarían por camino que no saliese de su tierra y me harían proveer en él de todo lo que hubiese menester; y que me rogaba, si aquella fuese gente mala, que se lo hiciese saber, porque luego proveería de mucha gente de guerra para que fuese a pelear con ellos y echarlos fuera de la tierra. Lo cual yo le agradecí y certifiqué que por ello vuestra alteza le mandaría hacer muchas joyas y ropas a él y a un hijo suyo y a muchos señores que estaban con él a la sazón.

Y en una ciudad que se dice Chururtecal topé a Juan Velázquez, capitán, que, como he dicho, enviaba a Quacucalco, que con toda la gente se venía. Y, sacados algunos que venían mal dispuestos —a quienes envié a la ciudad con él y con los demás—, seguí mi camino. Y quince leguas adelante de esta ciudad de Chururtecal, topé a aquel padre religioso de mi compañía que yo había enviado al puerto a saber qué gente era la de la armada que allí había venido; el cual me trajo una carta del dicho Narváez, en que me decía que él traía ciertas provisiones para tener esta tierra por Diego Velázquez; que luego fuese donde él estaba a obedecerlas y cumplir, y que él tenía hecha una villa, alcaldes y regidores. Y del dicho religioso supe cómo habían prendido al dicho licenciado Ayllón y a su escribano y alguacil, y los habían enviado en dos navíos; y cómo allá le habían acometido con partidos para que él atrajese algunos de los de mi compañía y se pasasen al dicho Narváez, y cómo habían hecho alarde delante de él y de ciertos indios que con él iban, de toda la gente, así de pie como de caballo, y soltado ellos artillería que estaba en los navíos y la que tenían en tierra, a fin de atemorizar; porque le dijeron al dicho religioso: «Mirad cómo os podéis defender de nosotros si no hacéis lo que quisiéremos». Y también me dijo cómo había hallado con el dicho Narváez a un señor natural de esta tierra, vasallo del dicho Mutezuma, que le tenía por gobernador suyo en toda su costa desde los puertos hacia la mar; y que supo que al dicho Narváez le había hablado de parte del dicho Mutezuma, dándole ciertas joyas de oro, y el dicho Narváez le había dado también a él ciertas cosillas; y que supo que había despachado de allí ciertos mensajeros para el dicho Mutezuma y enviado a decirle que él le soltaría y que venía a prenderme a mí y a todos los de mi compañía e irse luego y dejar la tierra. Y que él no quería oro, sino preso yo y los que conmigo estaban, volverse y dejar la tierra y sus naturales de ella en su libertad. Finalmente, que supe que su intención era apoderarse de la tierra por su autoridad, sin pedir que fuese recibido de ninguna persona; y no queriendo yo ni los de mi compañía tenerle por capitán y justicia en nombre del dicho Diego Velázquez, venía contra nosotros a tomarnos por guerra, y que para ello estaba confederado con los naturales de la tierra, en especial con el dicho Mutezuma, por sus mensajeros. Y como yo viese tan manifiesto el daño y deservicio que a vuestra majestad de lo susodicho se podía seguir —puesto que me dijeron el gran poder que traía—, y aunque traía mandado de Diego Velázquez que a mí y a ciertos de los de mi compañía que venían señalados, luego que nos pudiese haber, nos ahorcase, no dejé de acercarme más a él, creyendo bien hacerle conocer el gran deservicio que a vuestra alteza hacía y poderle apartar del mal propósito y dañada voluntad que traía; y así seguí mi camino.

A quince leguas antes de llegar a la ciudad de Cempoal, donde el dicho Narváez estaba aposentado, llegaron a mí el clérigo que de ellos los de la Vera Cruz habían enviado —con quien yo al dicho Narváez y al licenciado Ayllón había escrito—, y otro clérigo y un Andrés de Duero, vecino de la isla Fernandina, que asimismo vino con el dicho Narváez. Los cuales, en respuesta de mi carta, me dijeron de parte del dicho Narváez que yo todavía le fuese a obedecer y tuviese por capitán y le entregase la tierra; porque, de otra manera, me sería hecho mucho daño, porque el dicho Narváez traía gran poder y yo tenía poco; y, demás de la mucha gente de españoles que traía, que los más de los naturales eran en su favor; y que si yo le quisiese dar la tierra, que me daría de los navíos y mantenimientos que él traía los que yo quisiese y me dejaría ir en ellos a mí y a los que conmigo quisiesen ir, con todo lo que quisiésemos llevar, sin ponernos impedimento en cosa alguna.

Y uno de los dichos clérigos me dijo que así venía capitulado del dicho Diego Velázquez que hiciesen conmigo el dicho partido, y para ello había dado su poder al dicho Narváez y a los dichos dos clérigos juntamente; y que acerca de esto me harían todo el partido que yo quisiese.

Yo les respondí que no veía provisión de vuestra alteza por donde le debiese entregar la tierra, y que si alguna traía que la presentase ante mí y ante el cabildo de la Villa de la Vera Cruz, según orden y costumbre de España; y que yo estaba presto a obedecerla y cumplir, y que hasta tanto, por ningún interés ni partido haría lo que él decía; antes, yo y los que conmigo estaban moriríamos en defensa de la tierra, pues la habíamos ganado y tenido por vuestra majestad pacífica y segura, y por no ser traidores y desleales a nuestro rey.

Y otros muchos partidos me movieron por atreverme a su propósito, y ninguno quise aceptar sin ver provisión de vuestra alteza por donde lo debiese hacer; la cual nunca me quisieron mostrar. En conclusión, estos clérigos y el dicho Andrés de Duero y yo quedamos concertados que el dicho Narváez con diez personas y yo con otras tantas nos viésemos con seguridad de ambas las partes, y que allí me notificase las provisiones, si algunas traía, y que yo respondiese. Y yo, de mi parte, envié firmado el seguro, y él así mismo me envió otro firmado de su nombre; el cual, según me pareció, no tenía pensamiento de guardar, antes concertó que en la visita se tuviese forma como de presto se matasen; y para ello se señalaron dos de los diez que con él habían de venir y que los demás peleasen con los que conmigo habían de ir. Porque decían que muerto yo, era su hecho acabado; como de verdad lo fuera si Dios, que en semejantes casos remedia, no remediara con cierto aviso que de los mismos que eran en la traición me vino juntamente con el seguro que me enviaban, lo cual sabido, escribí una carta al dicho Narváez y otra a los terceros, diciéndoles cómo yo había sabido su mala intención y que yo no quería ir de aquella manera que ellos tenían concertado.

Y luego les envié ciertos requerimientos y mandamientos, por los cuales requería al dicho Narváez que, si algunas provisiones de vuestra alteza traía, me las notificase; y que, hasta tanto, no se nombrase capitán ni justicia ni se entremetiese en cosa alguna de los dichos oficios, so cierta pena que para ello le impuse. Y así mismo mandé por el dicho mandamiento a todas las personas que con el dicho Narváez estaban que no tuviesen ni obedeciesen al dicho Narváez por tal capitán ni justicia; antes, dentro de cierto término que en el dicho mandamiento señalé, pareciesen ante mí para que yo les dijese lo que debían hacer en servicio de vuestra alteza, con protestación de que, lo contrario haciendo, procedería contra ellos como contra traidores, aleves y malos vasallos que se rebelaban contra su rey y querían usurpar sus tierras y señoríos y darlas y apoderar de ellas a quien no pertenecían, ni de ellos ha acción ni derecho que competa. Y que para la ejecución de esto, no pareciendo ante mí ni haciendo lo contenido en el dicho mi mandamiento, iría contra ellos a prenderlos y cautivar, conforme a justicia.

Y la respuesta que de esto hube del dicho Narváez fue prender al escribano y a la persona que con mi poder le fueron a notificar el dicho mandamiento y tomarles ciertos indios que llevaban, los cuales estuvieron detenidos hasta que llegó otro mensajero que yo envié a saber de ellos; ante los cuales tornaron a hacer alarde de toda la gente y amenazar a ellos y a mí, si la tierra no les entregásemos. Y visto que por ninguna vía yo podía excusar tan gran daño y mal, y que los naturales de la tierra se alborotaban y levantaban cada vez más, encomendándome a Dios y pospuesto todo el temor del daño que se me podía seguir —considerando que morir en servicio de mi rey y por defender y amparar sus tierras y no dejarlas usurpar a mí y a los de mi compañía se nos seguía harta gloria—, di mi mandamiento a Gonzalo de Sandoval, alguacil mayor, para prender al dicho Narváez y a los que se llamaban alcaldes y regidores; al cual di ochenta hombres y les mandé que fuesen con él a prenderlos, y yo con otros ciento setenta —que por todos éramos doscientos cincuenta hombres, sin tiro de pólvora ni caballo, sino a pie— seguí al dicho alguacil mayor para ayudarlo si el dicho Narváez y los otros quisiesen resistir su prisión.

Y el día que el dicho alguacil mayor y yo con la gente llegamos a la ciudad de Cempoal, donde el dicho Narváez y su gente estaba aposentada, luego que supo de nuestra ida salió al campo con ochenta de caballo y quinientos peones, sin los demás que dejó en su aposento, que era la mezquita mayor de aquella ciudad, asaz fuerte; y llegó casi una legua de donde yo estaba; y como lo que de mi ida sabía era por lengua de los indios y no me halló, creyó que le burlaban y volvió a su aposento teniendo apercibida toda su gente, y puso dos espías casi a una legua de la dicha ciudad. Y como yo deseaba evitar todo escándalo, parecióme que sería bien yo ir de noche, sin ser sentido si fuese posible, e ir derecho al aposento del dicho Narváez —que yo y todos los de mi compañía sabíamos muy bien— y prenderlo. Porque preso él, creí que no habría escándalo, pues los demás querrían obedecer a la justicia, en especial porque los otros venían por fuerza que el dicho Diego Velázquez les hizo y por temor que no les quitase los indios que en la isla Fernandina tenían.

Y ASÍ FUE QUE, el día de Pentecostés, poco más de medianoche, yo di en el dicho aposento; y antes topé las dichas espías que el dicho Narváez tenía puestas, y las que yo delante llevaba prendieron a una de ellas y la otra se escapó, de quien me informé de la manera que estaban. Y porque la espía que se había escapado no llegase antes que yo y diese mandado de mi venida, me di la mayor prisa que pude, aunque no pude tanta que la dicha espía no llegase primero casi media hora. Cuando llegué al dicho Narváez, ya todos los de su compañía estaban armados, ensillados sus caballos y muy a punto, y llevaba cada cuarto doscientos hombres. Y llegamos tan sin ruido que, cuando fuimos sentidos y ellos tocaron alarma, entraba yo por el patio de su aposento, en el cual estaba toda la gente aposentada y junta, y tenían tomadas tres o cuatro torres que en él había y todos los demás aposentos fuertes. Y en una de las dichas torres, donde el dicho Narváez estaba aposentado, tenía en la escalera de ella hasta diecinueve tiros de fusilería, y dimos tanta prisa a subir la dicha torre que no tuvieron lugar de poner fuego más de a un tiro, el cual quiso Dios que no salió ni hizo daño ninguno. Así se subió la torre hasta donde el dicho Narváez tenía su cama, donde él y hasta cincuenta hombres que con él estaban pelearon con el dicho alguacil mayor y con los que con él subieron; y, puesto que muchas veces le requirieron que se diese a prisión por vuestra alteza, nunca quisieron, hasta que se les puso fuego y con él se dieron. Y en tanto que el dicho alguacil mayor prendía al dicho Narváez, yo con los que conmigo quedaron defendía la subida de la torre de la demás gente que en su socorro venía, e hice tomar toda la artillería y me fortalecí con ella. Por manera que, sin muertes de hombres —más de dos que un tiro mató—, en una hora eran presos todos los que se habían de prender y tomadas las armas a todos los demás, y ellos prometieron ser obedientes a la justicia de vuestra majestad, diciendo que hasta allí habían sido engañados, porque les habían dicho que traían provisiones de vuestra alteza y que yo estaba alzado con la tierra y que era traidor a vuestra majestad, y les habían hecho entender otras muchas cosas.

Y como todos conocieron la verdad y la mala intención y dañada voluntad del dicho Diego Velázquez y del dicho Narváez, y cómo se habían movido con mal propósito, todos fueron muy alegres, porque así Dios lo había hecho y provisto. Porque certifico a vuestra majestad que si Dios misteriosamente esto no proveyera y la victoria fuera del dicho Narváez, fuera el mayor daño que de mucho tiempo acá en españoles tantos por tantos se ha hecho; porque él ejecutara el propósito que traía y lo que por Diego Velázquez era mandado, que era ahorcarme a mí y a muchos de los de mi compañía, porque no hubiese quien del hecho diese razón. Y según de los indios yo me informé, tenían acordado que si a mí el dicho Narváez prendiese —como él les había dicho—, no sería sin daño suyo y de su gente, que muchos de ellos y de mi compañía no muriesen; y que entre tanto ellos matarían a los que yo en la ciudad dejaba, como lo acometieron, y después se juntarían y darían sobre los que acá quedasen, de manera que ellos y su tierra quedasen libres y de los españoles no quedase memoria. Puede vuestra alteza ser muy cierta que si así lo hicieran y saliesen con su propósito, de hoy en veinte años no se tornara a ganar ni a pacificar la tierra que estaba ganada y pacífica.

Dos días después de preso el dicho Narváez, porque en aquella ciudad no se podía sostener tanta gente junta —mayormente que ya estaba casi destruida, porque los que con el dicho Narváez estaban en ella la habían robado y los vecinos de ella estaban ausentes y sus casas solas—, despaché dos capitanes con cada doscientos hombres: uno para que fuese a hacer el pueblo en el puerto de Cucicacalco, que, como a vuestra alteza he dicho, antes enviaba a hacer; y el otro a aquel río que los navíos de Francisco de Garay dijeron que habían visto, porque ya lo tenía seguro. Y así mismo envié otros doscientos hombres a la Villa de la Vera Cruz, donde hice que los navíos que el dicho Narváez traía viniesen. Y con la gente demás me quedé en la dicha ciudad para proveer lo que al servicio de vuestra majestad convenía. Y despaché un mensajero a la ciudad de Temixtitán y con él hice saber a los españoles que allí había dejado lo que me había sucedido. El cual dicho mensajero volvió de ahí a doce días y me trajo cartas del alcalde que allí había quedado, en que me hacía saber cómo los indios les habían combatido la fortaleza por todas partes y puesto fuego por muchas partes y hecho ciertas minas, y que se habían visto en mucho trabajo y peligro y que aún los matarían si el dicho Mutezuma no mandara cesar la guerra; y que aún los tenían cercados, puesto que no los combatían, sin dejar salir ninguno de ellos dos pasos fuera de la fortaleza.

Y que les habían tomado en el combate gran parte del bastimento que yo les había dejado, y que les habían quemado los cuatro bergantines que yo allí tenía, y que estaban en muy extrema necesidad, y que por amor de Dios los socorriese a mucha prisa. Vista la necesidad en que estos españoles estaban, y que si no los socorría, además de matarlos los indios y perderse todo el oro, plata y joyas que en la tierra se habían habido —así de vuestra alteza como de españoles y míos—, se perdía la mejor, más noble y mejor ciudad de todo lo nuevamente descubierto del mundo; y ella perdida, se perdía todo lo que estaba ganado, por ser la cabeza de todo y a quien todos obedecían. Y luego despaché mensajeros a los capitanes que había enviado con la gente, haciéndoles saber lo que me habían escrito de la gran ciudad, para que luego, dondequiera que los alcanzasen, volviesen y por el camino principal más cercano fuesen a la provincia de Tascaltecal, donde yo con la gente estaba en mi compañía; y con toda la artillería que pude y con setenta de caballos me fui a juntar con ellos; y allí juntos, y hecho alarde, se hallaron los dichos setenta de caballo y quinientos peones. Y con ellos, a la mayor prisa que pude, me partí para la dicha ciudad; y en todo el camino nunca me salió a recibir ninguna persona del dicho Mutezuma como antes lo solían hacer, y toda la tierra estaba alborotada y casi despoblada, creyendo que los españoles que en la dicha ciudad habían quedado eran muertos y que toda la gente de la tierra estaba junta esperándome en algún paso o parte donde ellos pudiesen aprovechar mejor de mí.

Y con este temor fui al mejor recaudo que pude, hasta que llegué a la ciudad de Tescucan, que, como ya he hecho relación a vuestra majestad, está en la costa de aquella gran laguna. Allí pregunté a algunos de los naturales de ella por los españoles que en la gran ciudad habían quedado, los cuales me dijeron que eran vivos; y yo les dije que me trajesen una canoa, porque yo quería enviar un español a saberlo, y que, en tanto que él iba, había de quedar conmigo un natural de aquella ciudad que parecía algo principal, porque los señores y principales de ella, de quien yo tenía noticia, no parecía ninguno. Y él mandó traer la canoa y envió ciertos indios con el español que yo enviaba, y se quedó conmigo. Y estándose embarcado este español para ir a la dicha ciudad de Temixtitán, vio venir por la mar otra canoa y esperó a que llegase al puerto; y en ella venía uno de los españoles que habían quedado en la dicha ciudad, de quien supe que eran vivos todos, excepto cinco o seis que los indios habían matado, y que los demás estaban todavía cercados y que no los dejaban salir de la fortaleza ni los proveían de cosas que habían menester, sino por mucha copia de rescate; aunque, después de mi ida, habían sabido, lo hacían algo mejor con ellos, y que el dicho Mutezuma decía que no esperaba sino que yo fuese, para que luego tornasen a andar por la ciudad como antes solían. Y con el dicho español me envió el dicho Mutezuma un mensajero suyo, en que me decía que ya creía que debía saber lo que en aquella ciudad había acaecido y que él tenía pensamiento que por ello yo venía enojado y traía voluntad de hacerle algún daño; que me rogaba que perdiese el enojo, porque a él le había pesado tanto cuanto a mí, y que ninguna cosa se había hecho por su voluntad y consentimiento; y me envió a decir otras cosas para aplacarme la ira que él creía que yo traía por lo acaecido, y que me fuese a la ciudad a aposentar, como antes estaba, porque no menos se haría en ella lo que yo mandase que antes se solía hacer. Yo le envié a decir que no traía enojo ninguno de él, porque bien sabía su buena voluntad y que así como él lo decía, lo haría yo.

Y otro día siguiente —que fue víspera de San Juan Bautista— partí y dormí en el camino a tres leguas de la dicha gran ciudad; y, día de San Juan, después de haber oído misa, partí y entré en ella casi al mediodía, y vi poca gente por la ciudad y algunas puertas de las encrucijadas y traviesas de las calles quitadas, que no me pareció bien, aunque pensé que lo hacían de temor de lo que habían hecho y que entrando yo los aseguraría. Con esto me fui a la fortaleza, en la cual y en aquella mezquita mayor que estaba junto a ella se aposentó toda la gente que conmigo venía; y los que estaban en la fortaleza nos recibieron con tanta alegría como si nuevamente les diéramos las vidas que ya ellos estimaban perdidas; y con mucho placer estuvimos aquel día y noche creyendo que ya estaba todo pacífico.

Y otro día, después de misa, enviaba un mensajero a la Villa de la Vera Cruz, por darles buenas nuevas de cómo los cristianos eran vivos y yo había entrado en la ciudad y estaba segura. El cual mensajero volvió donde a media hora todo descalabrado y herido, dando voces que todos los indios de la ciudad venían de guerra y que tenían todas las puentes alzadas; y, junto tras él, dio sobre nosotros tanta multitud de gente por todas partes, que ni las calles ni azoteas se parecían con la gente; la cual venía con los mayores alaridos y gritos más espantables que en el mundo se puede pensar; y eran tantas las piedras que nos echaban con hondas dentro de la fortaleza, que no parecía sino que el cielo las llovía; y las flechas y tiraderas eran tantas que todas las paredes y patios estaban llenos, que casi no podíamos andar. Y yo salí fuera a ellos por dos o tres partes, y pelearon con nosotros muy reciamente; aunque por una parte un capitán salió con doscientos hombres y antes que se pudiese recoger le mataron cuatro e hirieron a él y a muchos de los otros; y por la parte que yo andaba, me hirieron a mí y a muchos de los españoles. Y nosotros matamos pocos de ellos, porque se nos acogían por la otra parte de las puentes y de las azoteas y terrados nos hacían daño con piedras, de las cuales azoteas ganamos algunas y quemamos. Pero eran tantas, tan fuertes, tan pobladas de gente y tan bastecidas de piedras y otros géneros de armas, que no bastábamos para tomarlas todas ni defender que ellos no nos ofendiesen a su placer.

En la fortaleza dieron tan recto combate que por muchas partes nos pusieron fuego; y por una se quemó mucha parte de ella, sin poderlo remediar, hasta que la atajamos cortando las paredes y derrocando un pedazo que mató el fuego. Y si no fuera por la mucha guarda que allí puse de escopeteros y ballesteros y otros tiros de pólvora, nos entrarían a escala vista sin poderlos resistir. Así estuvimos peleando todo aquel día, hasta que fue la noche bien cerrada, y aun en ella no nos dejaron sin grita y rebato hasta el día. Aquella noche hice reparar los portillos de aquello quemado y todo lo demás que me pareció que en la fortaleza había flaco, y concerté las estancias y la gente que en ellas había de estar y la que otro día habíamos de salir a pelear fuera; e hice curar los heridos, que eran más de ochenta.

Y LUEGO QUE fue de día, ya la gente de los enemigos nos comenzó a combatir más reciamente que el día pasado, porque era tanta la cantidad de ellos que los artilleros no tenían necesidad de puntería, sino asestar en los escuadrones de los indios. Y, puesto que la artillería hacía mucho daño —porque jugaban trece arcabuceros, sin las escopetas y ballestas—, hacían tan poca mella que ni parecía que lo sentían; porque por donde llevaba el tiro diez o doce hombres, se cerraba luego de gente, que no parecía que hacía daño ninguno. Y dejado en la fortaleza el recaudo que convenía y se podía dejar, yo torné a salir y les gané algunas de las puentes y quemé algunas casas, y matamos muchos en ellas que las defendían; y eran tantos que, aunque más daño se hiciera, hacíamos muy poca mella; y a nosotros convenía pelear todo el día, y ellos peleaban por horas, que se remudaban y aun les sobraba gente.

También hirieron aquel día otros cincuenta o sesenta españoles, aunque no murió ninguno, y peleamos hasta que fue de noche, que, de cansados, nos retrajimos a la fortaleza. Y, viendo el gran daño que los enemigos nos hacían y cómo nos herían y mataban a su salvo, y que, puesto que nosotros hacíamos daño en ellos, por ser tantos no se parecía, toda aquella noche y otro día gastamos en hacer tres ingenios de madera, y cada uno llevaba veinte hombres, los cuales iban dentro porque con las piedras que nos tiraban desde las azoteas no los pudiesen ofender; porque iban los ingenios cubiertos de tablas, y los que iban dentro eran ballesteros y escopeteros, y los demás llevaban picos, azadones y varas de hierro para horadarles las casas y derrocar las albarradas que tenían hechas en las calles. Y en tanto que estos artificios se hacían, no cesaba el combate de los contrarios en tanta manera que, como salíamos fuera de la fortaleza, se querían ellos entrar dentro, a los cuales resistimos con harto trabajo.

Y el dicho Mutezuma, que todavía estaba preso, y un hijo suyo con otros muchos señores que al principio se habían tomado, dijo que le sacasen a las azoteas de la fortaleza y que él hablaría a los capitanes de aquella gente y les haría que cesase la guerra. Y yo le hice sacar; y, en llegando a un pretil que salía fuera de la fortaleza, queriendo hablar a la gente que por allí combatía, le dieron una pedrada los suyos en la cabeza, tan grande, que de allí a tres días murió; y yo le hice sacar así muerto a dos indios que estaban presos, y a cuestas lo llevaron a la gente, y no sé lo que de él hicieron, salvo que por eso no cesó la guerra, y fue muy más recia y muy cruda cada día.

Y este día llamaron por aquella parte por donde habían herido al dicho Mutezuma, diciendo que me allegase yo allí, que me querían hablar ciertos capitanes; y así lo hice, y pasamos entre ellos muchas razones, rogándoles que no peleasen conmigo, pues ninguna razón para ello tenían, y que mirasen las buenas obras que de mí habían recibido y cómo habían sido muy bien tratados de mí. La respuesta suya era que me fuese y que les dejase la tierra y que luego dejarían la guerra; y que, de otra manera, que creyese que habían de morir todos o dar fin con nosotros. Lo cual, según pareció, hacían porque yo me saliese de la fortaleza para tomarme a su placer al salir de la ciudad entre las puentes. Yo les respondí que no pensasen que les rogaba con la paz por temor que les tenía, sino porque me pesaba el daño que les hacía y el que había de hacer y por no destruir tan buena ciudad como aquella era; y todavía respondían que no cesarían de darme guerra hasta que saliese de la ciudad.

Después de acabados aquellos ingenios, luego otro día salí para ganarles ciertas azoteas y puentes, y yendo los ingenios delante y tras ellos cuatro tiros de fuego y otra mucha gente de ballesteros y rodeleros y más de tres mil indios de los naturales de Tascalteal que habían venido conmigo y servían a los españoles; y llegados a una puente, pusimos los ingenios arrimados a las paredes de unas azoteas y ciertas escaleras que llevábamos para subirlas, y era tanta la gente que estaba en defensa de la dicha puente y azoteas y tantas las piedras que de arriba tiraban y tan grandes, que nos desconcertaron los ingenios y nos mataron un español e hirieron a otros muchos, sin poderles ganar ni aun un paso; aunque pugnábamos mucho por ello, porque peleamos desde la mañana hasta mediodía, y nos volvimos con harta tristeza a la fortaleza, de donde cobraron tanto ánimo que casi a las puertas nos llegaban.

Y tomaron aquella mezquita grande, y en la torre más alta y más principal de ella se subieron hasta quinientos indios, que, según me pareció, eran personas principales. Y en ella subieron mucho mantenimiento de pan y agua y otras cosas de comer y muchas piedras; y todos los demás tenían lanzas muy largas con unos hierros de pedernal más anchos que los de las nuestras y no menos agudos; y de allí hacían mucho daño a la gente de la fortaleza porque estaba muy cerca de ella. La cual dicha torre combatieron los españoles dos o tres veces y la acometieron a subir, y como era muy alta y tenía la subida agria —porque tiene ciento y tantos escalones— y los de arriba estaban bien pertrechados de piedras y otras armas, y favorecidos a causa de no haberles podido ganar las otras azoteas, ninguna vez los españoles comenzaban a subir que no volvían rodando y herían mucha gente; y los que de las otras partes los veían, cobraban tanto ánimo que se nos venían hasta la fortaleza sin ningún temor.

Y yo, viendo que si aquéllos salían con tener aquella torre, además de hacernos de ella mucho daño, cobraban esfuerzo para ofendernos, salí fuera de la fortaleza —aunque manco de la mano izquierda de una herida que el primer día me habían dado y liada la rodela en el brazo—, fui a la torre con algunos españoles que me siguieron e hice cercarla toda por bajo, porque se podía muy bien hacer; y, aunque los sacerdotes no estaban de balde —porque por todas partes peleaban con los contrarios, de los cuales, por favorecer a los suyos, se recrecieron muchos—, comencé a subir por la escalera de la dicha torre y tras mí ciertos españoles. Y, puesto que nos defendían la subida muy reciamente y tanto que derrocaron tres o cuatro españoles, con ayuda de Dios y de su gloriosa Madre —por cuya casa aquella torre se había señalado y puesta en ella su imagen— les subimos la dicha torre, y arriba peleamos con ellos tanto que les fue forzado saltar de ella abajo a unas azoteas que tenía alrededor, tan anchas como un paso. Y de éstas tenía la dicha torre tres o cuatro, tan altas la una de la otra como tres estados; y algunos cayeron abajo del todo, que, además del daño que recibían de la caída, los españoles que estaban abajo alrededor de la torre los mataban. Y los que en aquellas azoteas quedaron pelearon desde allí tan reciamente que estuvimos más de tres horas en acabarlos de matar; por manera que murieron todos, que ninguno escapó; y crea vuestra sacra majestad que fue tanto ganarles esta torre que, si Dios no les quebrara las alas, bastaban veinte de ellos para resistir la subida a mil hombres. Como quiera que pelearon muy valientemente hasta que murieron, e hice poner fuego a la torre y a las otras que en la mezquita había, los cuales habían ya quitado y llevado las imágenes que en ellas teníamos.

Algo perdieron del orgullo con haberles tomado esta fuerza y tanto que por todas partes aflojaron en mucha manera; y luego torné a aquella azotea y hablé a los capitanes que antes habían hablado conmigo, que estaban algo desmayados por lo que habían visto. Los cuales luego llegaron, y les dije que mirasen que no se podían amparar y que les hacíamos de cada día mucho daño y que morían muchos de ellos y quemábamos y destruíamos su ciudad, y que no había de parar hasta no dejar de ella ni de ellos cosa alguna. Los cuales me respondieron que bien veían que recibían de nosotros mucho daño y que morían muchos de ellos, pero que ellos estaban ya determinados de morir todos por acabarnos, y que mirase yo por todas aquellas calles, plazas y azoteas cuán llenas de gente estaban; y que tenían hecha cuenta que, al morir veinticinco mil de ellos y uno de los nuestros, nos acabaríamos nosotros primero porque éramos pocos y ellos muchos; y que me hacían saber que todas las calzadas de las entradas de la ciudad eran deshechas —como de hecho pasaba—, que todas las habían deshecho excepto una, y que ninguna parte teníamos por do salir sino por el agua, y que bien sabían que teníamos pocos mantenimientos y poca agua dulce, que no podíamos durar mucho; y que de hambre nos moriríamos aunque ellos no nos matasen.

Y de verdad que ellos tenían mucha razón: que aunque no tuviéramos otra guerra sino el hambre y necesidad de mantenimientos, bastaba para morir todos en breve tiempo. Y pasamos otras muchas razones, favoreciendo cada uno sus partidos. Ya que fue de noche, salí con ciertos españoles y como los tomé descuidados, ganámosles una calle donde les quemamos más de trescientas casas, y luego volví por otra, ya que allí acudía la gente, y así mismo quemé muchas casas de ella, en especial ciertas azoteas que estaban junto a la fortaleza, de donde nos hacían mucho daño; y con lo que aquella noche se les hizo recibieron mucho temor, y en esta misma noche hice tornar y aderezar los ingenios que el día antes nos habían desconcertado.

Y por seguir la victoria que Dios nos daba, salí en amaneciendo por aquella calle donde el día antes nos habían desbaratado, donde no menos defensa hallamos que el primero; pero como nos iban las vidas y la honra —porque por aquella calle estaba sana la calzada que iba hasta la tierra firme, aunque hasta llegar a ella había ocho puentes muy grandes y muy hondos y toda la calle de muchas y altas azoteas y torres—, pusimos tanta determinación y ánimo que, ayudándonos Nuestro Señor, les ganamos aquel día las cuatro y se quemaron todas las azoteas, casas y torres que había hasta la postrera de ellas. Aunque por lo de la noche pasada tenían en todas las puentes hechas muchas y muy fuertes albarradas de adobes y barro, en manera que los tiros y ballestas no les podían hacer daño, dichas cuatro puentes las cegamos con los adobes y tierra de las albarradas y con mucha piedra y madera de las casas quemadas; y aunque todo no fue tan sin peligro que no hiriesen muchos españoles. Aquella noche puse mucho recaudo en guardar aquellas puentes porque no las tornasen a ganar; y otro día de mañana torné a salir y Dios nos dio asimismo tan buena dicha y victoria, que, aunque era innumerable la gente que defendía las puentes, albarradas y ojos que aquella noche nos habían hecho, se las ganamos todas y las cegamos.

ASIMISMO FUERON ciertos de caballo siguiendo el alcance y victoria hasta la tierra firme; y, estando yo reparando aquellas puentes y haciéndolas cegar, vinieron a llamarme a mucha prisa diciendo que los indios combatían la fortaleza y pedían paces y que me estaban esperando allí ciertos señores capitanes de ellos. Y, dejando allí toda la gente y ciertos tiros, me fui solo con dos de caballo a ver lo que aquellos principales querían, los cuales me dijeron que si yo les aseguraba que por el hecho no serían punidos, que ellos harían alzar el cerco y tornar a poner las puentes y hacer las calzadas y servirían a vuestra majestad como antes lo hacían. Y rogáronme que hiciese traer allí a uno como religioso de los suyos que yo tenía preso, el cual era como general de aquella religión; el cual vino y les habló y dio concierto entre ellos y mí, y luego pareció que enviaban mensajeros, según ellos dijeron, a los capitanes y a la gente que tenían en las estancias, a decir que cesase el combate que daban a la fortaleza y toda la otra guerra. Con esto nos despedimos y yo me metí en la fortaleza a comer, y en comenzando vinieron a mucha prisa a decirme que los indios habían tornado a ganar las puentes que aquel día les habíamos ganado y que habían muerto ciertos españoles, de lo que Dios sabe cuánta alteración recibí; porque pensé que había más que hacer con tener ganada la salida, y cabalgué a la mayor prisa que pude y corrí por toda la calle adelante con alguna parte, torné a romper por los dichos indios y les torné a ganar las puentes, y fui en alcance de ellos hasta la tierra firme.

Y como los peones estaban cansados, heridos y atemorizados y vi al presente el grandísimo peligro, ninguno me siguió. A cuya causa, después de pasadas yo las puentes, ya que me quise volver, las hallé tomadas y ahondadas mucho, más de lo que habíamos cegado. Y por una parte y por la otra de toda la calzada, llena de gente, así en la tierra como en el agua en canoas, la cual nos garrochaba y apedreaba en tanta manera que, si Dios misteriosamente no nos quisiera salvar, era imposible escapar de allí; y aun ya era público entre los que quedaban en la ciudad que yo era muerto. Y cuando llegué a la postrera puente de hacia la ciudad, hallé a todos los de caballo que conmigo iban caídos en ella y un caballo suelto, por manera que yo no pude pasar y me fue forzado de revolver solo contra mis enemigos; y con aquello hice algún tanto de lugar para que los caballos pudiesen pasar, y hallé la puente desembarazada y pasé, aunque con harto trabajo, porque había de la una parte a la otra casi un estado de saltar con el caballo, lo cual, por ir yo y él bien armados, no nos hirieron, más de atormentar el cuerpo.

Y así quedó aquella noche con la victoria y ganadas las dichas cuatro puentes, y yo dejé en las otras cuatro buen recaudo, y fui a la fortaleza e hice hacer una puente de madera que llevaban cuarenta hombres; y viendo el gran peligro en que estábamos y el mucho daño que los indios cada día nos hacían, y temiendo que también deshiciesen aquella calzada como las otras —y deshecha era, forzoso morir todos—, y porque de todos los de mi compañía fui requerido muchas veces que me saliese y porque todos los más estaban heridos y tan mal que no podían pelear, acordé de hacerlo aquella noche; y tomé todo el oro y joyas de vuestra majestad que se podían sacar y lo puse en una sala, y allí lo entregué con ciertos líos a los oficiales de vuestra alteza que yo en su real nombre tenía señalados; y a los alcaldes y regidores y a toda la gente que allí estaba les rogué y requerí que me ayudasen a sacarlo y salvarlo, y di una yegua mía para ello, en la cual se cargó tanta parte cuanta yo podía llevar; y señalé ciertos españoles, así criados míos como de los otros, que viniesen con el dicho oro y yegua, y lo demás los dichos oficiales, alcaldes y regidores y yo lo dimos y repartimos por los españoles para que lo sacasen.

Desamparada la fortaleza, con mucha riqueza así de vuestra alteza como de los españoles y mía, me salí lo más secreto que yo pude, sacando conmigo un hijo y dos hijas del dicho Mutezuma, y al otro su hermano que yo había puesto en su lugar, y a otros señores de provincias y ciudades que allí tenía presos. Y, llegando a las puentes que los indios tenían quitadas, a la primera de ellas se echó la puente que yo traía hecha con poco trabajo, porque no hubo quien la resistiese; excepto ciertas velas que en ella estaban, las cuales apelaban tan recio que antes de llegar a la segunda estaba infinita gente de los contrarios sobre nosotros, combatiéndonos por todas partes, así desde el agua como de la tierra. Yo pasé presto con cinco de caballo y cien peones, con los cuales pasé a nado todas las puentes y las gané hasta la tierra. Y, dejando aquella gente a la delantera, torné a la rezagada, donde hallé que peleaban reciamente y que era sin comparación el daño que los nuestros recibían, así los españoles como los indios de Tascaltecal que con nosotros estaban; y así a muchos los mataron y muchas naturales de los españoles; y así mismo habían muerto muchos españoles y caballos y perdido todo el oro, joyas, ropa y otras muchas cosas que sacábamos y toda la artillería.

Recogidos los que estaban vivos, los eché adelante, y yo con tres o cuatro de caballo y hasta veinte peones que osaron quedar conmigo, me fui en la rezaga peleando con los indios hasta llegar a una ciudad que se dice Tacuba, que está fuera de la calzada, de que Dios sabe cuánto trabajo y peligro recibí; porque todas las veces que volvía sobre los contrarios salía lleno de flechas, viras y apedreado, porque, como era agua de una parte y de otra, herían a su salvo sin temor. A los que salían a tierra, luego volvíamos sobre ellos y saltaban al agua, así que recibían muy poco daño, si no eran algunos que con los muchos se tropezaban unos con otros y caían, y aquellos morían. Y con este trabajo y fatiga llevé toda la gente hasta la dicha ciudad de Tacuba, sin matarme ni herirme ningún español ni indio; sino fue uno de los de caballo que iba conmigo en la rezaga. No menos peleaban así en la delantera como por los lados, aunque la mayor fuerza era en las espaldas, por do venía la gente de la gran ciudad.

Y, llegado a la dicha ciudad de Tacuba, hallé toda la gente remolinada en una plaza, que no sabían dónde ir; a los cuales yo di prisa que se saliesen al campo antes que se recreciese más gente en la dicha ciudad y tomasen las azoteas, porque nos harían de ellas mucho daño. Y los que llevaban la delantera dijeron que no sabían por dónde habían de salir; yo los hice quedar en la rezaga y tomé la delantera hasta sacarlos fuera de la dicha ciudad y esperé en unas labranzas. Y cuando llegó la rezaga supe que habían recibido algún daño y que habían muerto algunos españoles e indios, y que se quedaba por el camino mucho oro perdido, lo cual los indios cogían; y allí estuve hasta que pasó toda la gente peleando con los indios, en tal manera que los detuve para que los peones tomasen un cerro donde estaba una torre y aposento fuerte, el cual tomaron sin recibir algún daño porque no me partí de allí ni dejé pasar los contrarios hasta haber tomado ellos el cerro, en que, Dios sabe, el trabajo y fatiga que allí se recibió fue grande; porque ya no había caballo de veinticuatro que nos habían quedado que pudiese correr, ni caballero que pudiese alzar el brazo, ni peón sano que pudiese menearse. Llegados al dicho aposento, nos fortalecimos en él y allí nos cercaron, y estuvimos cercados hasta noche, sin dejarnos descansar una hora. En este desbarato se halló por copia que murieron ciento cincuenta españoles y cuarenta y cinco yeguas y caballos, y más de dos mil indios que servían a los españoles; entre los cuales mataron al hijo e hijas de Mutezuma y a todos los otros señores que traíamos presos.

Y aquella noche, a medianoche, creyendo no ser sentidos, salimos del dicho aposento muy calladamente, dejando en él hechos muchos fuegos, sin saber camino ninguno ni para dónde íbamos, más de que un indio de los de Tascaltecal nos guiaba, diciendo que él nos sacaría a su tierra si el camino no nos impedían. Y muy cerca estaban guardas que nos sintieron y muy prestos apelaron muchas poblaciones que había a la redonda, de las cuales se recogió mucha gente y nos fueron siguiendo hasta el día; y, ya que amanecía, cinco de caballo que iban delante por corredores dieron en unos escuadrones de gente que estaban en el camino y mataron algunos de ellos, los cuales fueron desbaratados creyendo que iba más gente de caballo y de pie.

Y porque vi que de todas partes se recrecía la gente de los contrarios, concerté allí la de los nuestros y de la que había sana para algo: hice escuadrones y puse en delantera, rezaga, lados y en medio a los heridos; y así mismo repartí los de caballo, y así fuimos todo aquel día peleando por todas partes, en tanta manera que en toda la noche y día no anduvimos más de tres leguas. Quiso Nuestro Señor que, ya que la noche sobrevenía, nos mostrase una torre y buen aposento en un cerro, donde así mismo nos hicimos fuertes. Y por aquella noche nos dejaron, aunque casi al alba hubo otro cierto rebato sin haber de qué, más del temor que ya todos llevábamos de la multitud de gente que a la continua nos seguía al alcance. Otro día me partí a una hora del día por la orden ya dicha, llevando la delantera y rezaga a buen recaudo, y siempre nos seguían de una parte y de otra los enemigos, gritando y apelando toda aquella tierra, que es muy poblada; y los de caballo, aunque éramos pocos, arremetíamos y hacíamos poco daño en ellos, porque como por allí la tierra era algo fragosa, se nos acogían a los cerros. De esta manera fuimos aquel día por cerca de unas leguas, hasta que llegamos a una población buena, donde pensamos haber algún reencuentro con los del pueblo; y, como llegamos, lo desampararon y se fueron a otras poblaciones que estaban por allí a la redonda.

Y allí estuve aquel día y otro, porque la gente, así heridos como los sanos, venían muy cansados y fatigados y con mucha hambre y sed. Y los caballos asimismo traíamos bien cansados; y porque allí hallamos algún maíz, que comimos y llevamos por el camino cocido y tostado, otro día partimos siempre acompañados de gente de los contrarios, y por la delantera y rezaga nos acometían gritando y haciendo algunas arremetidas; y seguimos nuestro camino por donde el indio tascaltecal nos guiaba, por el cual llevábamos mucho trabajo y fatiga, porque nos convenía ir muchas veces fuera de camino. Y ya que era tarde, llegamos a un llano donde había unas casas pequeñas, donde aquella noche nos aposentamos con harta necesidad de comida.

Y otro día, luego por la mañana, comenzamos a andar, y aun no éramos salidos al camino cuando ya la gente de los enemigos nos seguía por la rezaga; y escaramuzando con ellos llegamos a un pueblo grande que estaba dos leguas de allí, y a la mano derecha de él estaban algunos indios encima de un cerro pequeño; y, creyendo tomarlos —porque estaban muy cerca del camino y también por descubrir si había más gente de la que parecía detrás del cerro—, me fui con cinco de caballo y diez o doce peones rodeando el dicho cerro; y detrás de él estaba una gran ciudad de mucha gente, con los cuales peleamos tanto que, por ser la tierra donde estaba algo áspera de piedras y la gente mucha y nosotros pocos, nos convino retraer al pueblo donde los nuestros estaban; y de allí salí yo muy mal herido en la cabeza de dos pedradas. Y después de haberme atado las heridas, hice salir los españoles del pueblo porque me pareció que no era aposento seguro para nosotros, y así caminando, siguiéndonos todavía los indios en harta cantidad —los cuales pelearon con nosotros tan reciamente que hirieron cuatro o cinco españoles y otros tantos caballos y nos mataron un caballo—, que aunque, Dios sabe, cuánta falta nos hizo y cuánta pena recibimos con habérnosle muerto, porque no teníamos después de Dios otra seguridad sino la de los caballos, nos consoló su carne, porque la comimos sin dejar cuero ni otra cosa de él, según la necesidad que traíamos; porque, después que de la gran ciudad salimos, ninguna otra cosa comimos sino maíz tostado y cocido, y esto no todas veces ni en abasto, y yerbas que cogíamos del campo.

Y, viendo que de cada día sobrevenía más gente y más recia, y nosotros íbamos enflaqueciendo, hice esa noche que los heridos y dolientes, que llevábamos a las ancas de los caballos y a cuestas, hiciesen muletas y otras maneras de ayudas como se pudiesen sostener y andar, porque los caballos y españoles sanos estuviesen libres para pelear. Y pareció que el Espíritu Santo me alumbró con este aviso, según lo que al otro día siguiente sucedió: que, habiendo partido en la mañana de este aposento y siendo apartados legua y media de él, yendo por mi camino, salieron al encuentro mucha cantidad de indios, y tanta que por la delantera, lados ni rezaga ninguna cosa de los campos que se podían ver había de ellos vacía.

Los cuales pelearon con nosotros tan fuertemente por todas partes que casi no nos conocíamos unos a otros, tan revueltos y juntos andaban con nosotros; y cierto creíamos ser aquel el último de nuestros días, según el mucho poder de los indios y la poca resistencia que en nosotros hallaban, por ir, como íbamos, muy cansados y casi todos heridos y desmayados de hambre. Pero quiso Nuestro Señor mostrar su gran poder y misericordia con nosotros, que con toda nuestra flaqueza quebrantamos su gran orgullo y soberbia, en que murieron muchos de ellos y muchas personas muy principales y señaladas; porque eran tantos que los unos a los otros se estorbaban y no podían pelear ni huir. Y con este trabajo fuimos mucha parte del día, hasta que quiso Dios que murió una persona tan principal de ellos que, con su muerte, cesó toda aquella guerra.

Así fuimos algo más descansados, aunque todavía mordiéndonos, hasta una casa pequeña que estaba en el llano, adonde por aquella noche nos aposentamos; y en el campo ya desde allí se parecían ciertas sierras de la provincia de Tascaltecal, de que no poca alegría allegó a nuestro corazón, porque ya conocíamos la tierra y sabíamos por dónde habíamos de ir; aunque no estábamos muy satisfechos de hallar los naturales de la dicha provincia seguros y por nuestros amigos, porque creíamos que viéndonos ir tan desbaratados quisieran ellos dar fin a nuestras vidas por cobrar la libertad que antes tenían. El cual pensamiento y sospecha nos puso en tanta aflicción cuanta traíamos viniendo peleando con los de Culúa.

El día siguiente, siendo ya claro, comenzamos a andar por un camino muy llano que iba derecho a la dicha provincia de Tascaltecal, por el cual nos siguió muy poca gente de los contrarios, aunque había muy cerca de él muchas gentes y grandes poblaciones, puesto que de algunos cerrillos y en la rezaga, aunque lejos, todavía nos gritaban. Y así salimos este día —que fue domingo, a 8 de julio— de toda la tierra de Culúa y llegamos a la de la dicha provincia de Tascaltecal, a un pueblo de ella que se dice Gualipán, de hasta tres o cuatro mil vecinos, donde de los naturales de él fuimos muy bien recibidos y reparados en algo de la gran hambre y cansancio que traíamos; aunque muchas de las provisiones que nos daban eran por nuestros dineros y aunque no querían otro sino de oro y éramos forzados a dárselo por la mucha necesidad en que nos veíamos. En este pueblo estuve tres días, donde me vinieron a ver y hablar Magiscacin y Singutecal y todos los señores de la dicha provincia y algunos de la de Guasucingo, los cuales mostraron mucha pena por lo que nos había acaecido y trabajaron de consolarme, diciéndome que muchas veces ellos me habían dicho que los de Culúa eran traidores y que me guardase de ellos y que no lo había querido creer; pero que, pues yo había escapado vivo, me alegrase, porque ellos me ayudarían hasta morir para satisfacerse del daño que aquéllos me habían hecho; porque, además de obligarles a ello ser vasallos de vuestra alteza, se dolían de muchos hijos y hermanos que en mi compañía les habían muerto y de otras muchas injurias que en los tiempos pasados de ellos habían recibido. Y que tuviese por cierto que me serían muy ciertos y verdaderos amigos hasta la muerte; y que, puesto que yo venía herido y todos los demás de mi compañía estaban muy trabajados, nos fuésemos a la ciudad, que está cuatro leguas de este pueblo, y que allí descansaríamos y nos curarían y repararían de nuestros trabajos y cansancio. Yo se lo agradecí y acepté su ruego, y les di algunas pocas cosas de joyas que se habían escapado, con que fueron muy contentos. Y me fui con ellos a la dicha ciudad, donde asimismo hallamos buen recibimiento; y Magiscacin me trajo una cama de madera encasada con alguna ropa de la que ellos tienen, en que durmiese, porque ninguna trajimos, y a todos hizo reparar de lo que él tuvo y pudo.

Aquí, en esta ciudad, había dejado ciertos enfermos cuando pasé a la de Temixtitán y ciertos criados míos con plata y ropas mías y otras cosas de casa y provisiones que yo llevaba, por ir más desocupado si algo se nos ofreciese; y se perdieron todas las escrituras y autos que yo había hecho con los naturales de estas partes, y quedó asimismo toda la ropa de los españoles que conmigo iban sin llevar otra cosa más de lo que llevaban vestido y con sus capas. Y supe cómo había venido otro criado mío de la Villa de la Vera Cruz, que traía mantenimientos y cosas para mí y con él cinco de caballo y cuarenta y cinco peones; el cual había llevado asimismo consigo a los otros que yo allí había dejado con toda la plata y ropa y otras cosas, así mías como de mis compañeros, con siete mil pesos de oro fundido que yo había dejado allí en dos cofres, sin otras joyas, y más otros catorce mil pesos de oro en piezas que en la provincia de Tuchitebeque se habían dado a aquel capitán que yo enviaba a hacer el pueblo de

Cuacuacalco, y otras muchas cosas que valían más de treinta mil pesos de oro; y que los indios de Culúa los habían matado en el camino a todos y tomando lo que llevaban; y asimismo supe que habían muerto otros muchos españoles por los caminos, los cuales iban a la dicha ciudad de Temixtitán creyendo que yo estaba en ella pacífico y que los caminos estaban, como yo antes los tenía, seguros. De lo cual certifico a vuestra majestad que hubimos todos tanta tristeza que no pudo ser más; porque, aparte de la pérdida de estos españoles y de los demás que se perdió, fue renovarnos las muertes y pérdidas de los españoles que en la ciudad y puentes de ella y en el camino nos habían muerto; en especial que me puso en mucha sospecha que asimismo hubiesen dado en los de la villa de la Vera Cruz y que los que tuviésemos por amigos, sabiendo nuestro desbarato, se hubiesen rebelado. Y luego despaché, para saber la verdad, ciertos mensajeros con algunos indios que los guiaron, a los cuales les mandé que fuesen fuera de camino hasta llegar a la dicha villa y que muy brevemente me hiciesen saber lo que allá pasaba. Quiso Nuestro Señor que hallasen a los españoles muy buenos y a los naturales de la tierra muy seguros. Lo cual sabido, fue harto reparo de nuestra pérdida y tristeza; aun para ellos fue muy mala nueva saber nuestro suceso y desbarato.

En esta provincia de Tascaltecal estuve veinte días curándome de las heridas que traía, porque con el camino y mala cura se me habían empeorado mucho, en especial las de la cabeza, y haciendo curar asimismo a los de mi compañía que estaban heridos. Algunos murieron, así de las heridas como del trabajo pasado, y otros quedaron mancos y cojos, porque traían muy malas heridas y para curarse había muy poco refrigerio; y yo asimismo quedé manco de dos dedos de la mano izquierda.

Viendo los de mi compañía que eran muertos muchos y que los que restaban quedaban flacos, heridos y atemorizados de los peligros y trabajos en que se habían visto y temiendo los por venir, que estaban a razón muy cercanos, fui por muchas veces requerido que me fuese a la Villa de la Vera Cruz y que allí nos haríamos fuertes antes que los naturales de la tierra, que teníamos por amigos, viendo nuestro desbarato y pocas fuerzas, se confederasen con los enemigos y nos tomasen los puertos que habíamos de pasar y diesen en nosotros por una parte y por otra en los de la Villa de la Vera Cruz; y que estando todos juntos y allí los navíos, estaríamos más fuertes y nos podríamos mejor defender, puesto que nos acometiesen, hasta tanto que enviásemos por socorro a las islas. Y yo, viendo que mostrar a los naturales poco ánimo —en especial a nuestros amigos— era causa de que más aún nos dejasen y fuesen contra nosotros, acordándome que siempre a los osados ayuda la fortuna y que éramos cristianos y confiando en la grandísima bondad y misericordia de Dios, que no permitiría que del todo pereciésemos y se perdiese tanta y tan noble tierra como para vuestra majestad estaba pacífica y en punto de pacificarse, ni se dejase de hacer tan gran servicio como se hacía en continuar la guerra —por cuya causa se había de seguir la pacificación de la tierra como antes estaba—, acordé y me determiné de por ninguna manera bajar a los puertos hacia la mar; antes, pospuesto todo trabajo y peligro que se nos pudiesen ofrecer, les dije que yo no había de desamparar esta tierra, porque en ello me parecía que, además de ser vergonzoso a mi persona y a todos muy peligroso, a vuestra majestad haríamos muy gran traición. Y que antes me determinaba de por todas las partes que pudiese volver contra los enemigos y ofenderlos por cuantas vías a mí fuese posible.

Y HABIENDO estado en esta provincia veinte días, aunque ni yo estaba muy sano de mis heridas ni los de mi compañía todavía bien fuertes, salí de ella para otra que se dice Tepeaca, que era de la liga y consorcio de los de Culúa, nuestros enemigos; de donde estaba informado que habían muerto diez o doce españoles que venían de la Vera Cruz a la gran ciudad, porque por allí es el camino. La cual provincia de Tepeaca confina y parte términos con la de Tascaltecal y Churultecal, porque es muy gran provincia. Y, entrando por tierra de la dicha provincia, salió mucha gente de los naturales de ella a pelear con nosotros, y pelearon y nos defendieron a la entrada cuanto a ellos fue posible, poniéndose en los pasos fuertes y peligrosos. Y por no dar cuenta de todas las particularidades que nos acaecieron en esta guerra, que sería prolijidad, no diré sino que, después de hechos los requerimientos para que viniesen a obedecer los mandamientos que de parte de vuestra majestad se les hacían acerca de la paz, no los quisieron cumplir; y les hicimos la guerra y pelearon muchas veces con nosotros, y con la ayuda de Dios y de la real ventura de vuestra alteza siempre los desbaratamos y matamos muchos, sin que en toda la dicha guerra me matasen ni hiriésen a un español. Y aunque, como he dicho, esta dicha provincia es muy grande, en obra de veinte días hube pacíficas muchas villas y poblaciones a ella sujetas, y los señores y principales de ellas han venido a ofrecerse y dar por vasallos de vuestra majestad; y, demás de esto, he echado de todas ellas a muchos de los de Culúa que habían venido de esta dicha provincia a favorecer a los naturales de ella para hacernos guerra y aun estorbarles, para que por fuerza ni grado no fuesen nuestros amigos. Por manera que, hasta ahora, he tenido en qué entender en esta guerra y aun todavía no está acabada, porque me quedan algunas villas y poblaciones que pacificar, las cuales, con ayuda de Nuestro Señor, presto serán, como estas otras, sujetas al real dominio de vuestra majestad.

En cierta parte de esta provincia, que es donde mataron aquellos diez españoles —porque los naturales de allí siempre estuvieron muy de guerra y muy rebeldes y por fuerza de armas se tomaron—, hice ciertos esclavos, de que se dio el quinto a los oficiales de vuestra majestad; porque, además de haber muerto a los dichos españoles y rebelándose contra el servicio de vuestra alteza, comen todos carne humana, por cuya notoriedad no envío a vuestra majestad probanza de ello. Y también me movió a hacer los dichos esclavos por poner algún espanto a los de Culúa y porque también hay tanta gente que, si no se hiciese grande el castigo y cruel en ellos, nunca se enmendarían jamás. En esta guerra nos anduvimos con ayuda de los naturales de las provincias de Tascaltecal, Churultecal y Guasucingo, donde han bien confirmado la amistad con nosotros, y tenemos mucho concepto que servirán siempre como leales vasallos de vuestra alteza.

Estando en esta provincia de Tepeaca haciendo esta guerra, recibí cartas de la Vera Cruz por las cuales me hacían saber cómo allí al puerto habían llegado doce navíos de los de Francisco de Garay, desbaratados; que, según parece, él había tornado a enviar con más gente a aquel río grande de que yo hice relación a vuestra alteza, y que los naturales de ella habían peleado con ellos y les habían matado diecisiete o dieciocho cristianos y herido otros muchos; asimismo les habían matado siete caballos, y que los españoles que quedaron se habían entrado a nado en los navíos y se habían escapado por buenos pies; que el capitán y todos ellos venían muy perdidos y heridos y que el teniente que yo había dejado en la villa los había recibido muy bien y hecho curar. Y, porque mejor pudiesen convalecer, habían enviado cierta parte de los dichos españoles a tierra de un señor nuestro amigo que está cerca de allí, donde eran bien provistos. De lo cual todo nos pesó tanto como de nuestros trabajos pasados, y por ventura no les acaeciera este desbarato si la otra vez ellos viniesen a mí, como ya hice relación a vuestra alteza; porque, como yo estaba muy informado de las coyunturas de estas partes, podrían haber tenido de mí tal aviso por donde no les acaeciera lo que les acaeció; especialmente que el señor de aquel río y tierra, que se dice Pánuco, se había dado por vasallo de vuestra sacra majestad, en cuyo reconocimiento me había enviado a la ciudad de Temixtitán con sus mensajeros ciertas cosas, como ya he dicho. Yo he escrito a la dicha villa que, si el capitán del dicho Francisco de Garay y su gente se quisiesen ir, les den favor y los ayuden para despacharse ellos y sus navíos.

Después de haber pacificado lo que toda esta provincia de Tepeaca se pacificó y sujetó al real servicio de vuestra alteza, los oficiales de vuestra majestad y yo platicamos muchas veces la orden que se debía tener en la seguridad de esta provincia. Y, viendo cómo los naturales de ella, habiéndose dado por vasallos de vuestra alteza, se habían rebelado y muerto por españoles, y cómo están en el camino y paso por donde la contratación de todos los puertos de la mar es para la tierra adentro; y considerando que, si esta dicha provincia se dejase sola, como antes, los naturales de la tierra y señorío de Culúa, que están cerca de ellos, los tornarían a inducir y atraer a que otra vez se levantasen y rebelasen —de donde se seguiría mucho daño e impedimento a la pacificación de estas partes y al servicio de vuestra alteza y cesaría la dicha contratación—, mayormente que para el camino de la costa de la mar no hay más que dos puertos muy agrestes y ásperos que confinan con esta provincia, y los naturales de ella los podrían defender con poco trabajo suyo; y así, por esto como por otras razones y causas muy convenientes, nos pareció que, para evitar lo ya dicho, se debía de hacer en esta dicha provincia de Tepeaca una villa en la mejor parte de ella, adonde concurriesen las calidades necesarias para los pobladores de ella. Y, poniéndolo en efecto, yo, en nombre de vuestra majestad, puse su nombre a la dicha villa: Segura de la Frontera, y nombré alcaldes y regidores y otros oficiales, conforme a lo que se acostumbra. Y, por más seguridad de los vecinos de esta villa, en el lugar donde la señalé se ha comenzado a traer materiales para hacer la fortaleza, porque aquí los hay buenos, y se dará en ella toda la prisa que sea más posible.

Estando escribiendo esta relación vinieron a mí ciertos mensajeros del señor de una ciudad que está cinco leguas de esta provincia, que se llama Guacachula y es a la entrada de un puerto que se pasa para entrar a la provincia de México por allí; los cuales, de parte del dicho señor, me dijeron que porque ellos pocos días ha habían venido a mí a dar la obediencia que a vuestra sacra majestad debían y se habían ofrecido por sus vasallos, y porque yo no los culpase, creyendo que por su consentimiento era, me hacían saber cómo en la dicha ciudad estaban aposentados ciertos capitanes de Culúa y que en ella y a una legua de ella estaban treinta mil hombres en guarnición, guardando aquel puerto y paso para que no pudiésemos pasar por él y también para defender que los naturales de la dicha ciudad ni de otras provincias a ellas comarcanas sirviesen a vuestra alteza ni fuesen nuestros amigos. Y que algunos hubieran venido a ofrecerse a su real servicio si aquéllos no lo impidiesen y que me lo hacían saber para que lo remediase; porque, además del impedimento que era a los que buena voluntad tenían, los de la dicha ciudad y todos los comarcanos recibían mucho daño; porque, como había mucha gente junta y de guerra, eran muy agraviados y maltratados, y les tomaban sus mujeres y haciendas y otras cosas; y que viese yo qué era lo que mandaba que ellos hiciesen, y que, dándoles favor, ellos lo harían. Y luego, después de haberles agradecido su aviso y ofrecimiento, les di trece de caballo y doscientos peones que con ellos fuesen, y hasta treinta mil indios de nuestros amigos. Y fue el concierto que los llevaría por partes que no fuesen sentidos, y que después que llegase junto a la ciudad el señor y los naturales de ella y los demás sus vasallos y valedores, estarían apercibidos y cercarían los aposentos donde los capitanes estaban aposentados, y los prenderían y matarían antes que la gente los pudiese socorrer; y que, cuando la gente viniese, ya los españoles estarían dentro de la ciudad y pelearían con ellos y los desbaratarían.

Idos ellos y los españoles, fueron por la ciudad de Chururtecal y por alguna parte de la provincia de Guasucingo, que confina con la tierra de esta ciudad de Guacachula, hasta cuatro leguas de ella; y en un pueblo de la dicha provincia de Guasucingo, dizque dijeron a los españoles que los naturales de esta provincia estaban confederados con los de Guacachula y con los de Culúa, para que, debajo de aquella cautela, llevasen a los españoles a la dicha ciudad y que allá todos juntos diesen en los dichos españoles y les matasen. Y como aún no del todo había salido el temor que los de Culúa en su ciudad y en su tierra nos pusieron, puso espanto esta información a los españoles; y el capitán que yo enviaba con ellos hizo sus pesquisas, como lo supo entender, y prendieron todos aquellos señores de Guacachula; y presos con ellos se volvieron a la ciudad de Chururtecal, que está cuatro leguas de allí, y desde allí me enviaron todos los presos con cierta gente de caballo y peones, con la información que habían tenido. Y, demás de esto, me escribió el capitán que los nuestros estaban atemorizados y que le parecía que aquella jornada era muy dificultosa. Llegados los presos, les hablé con las lenguas que yo tengo y, habiendo puesto toda diligencia para saber la verdad, pareció que el capitán no los había bien entendido. Y luego los mandé soltar y los satisfice con que yo creía que aquéllos eran leales vasallos de vuestra sacra majestad y que yo quería ir en persona a desbaratar aquellos de Culúa; y, por no mostrar flaqueza ni temor a los naturales de la tierra, así a los amigos como a los enemigos, me pareció que no debía cesar la jornada comenzada. Y, por quitar algún temor del que los españoles tenían, determiné dejar los negocios y despacho para vuestra majestad en que entendía, y a la hora me partí a la mayor prisa que pude y llegué aquel día a la ciudad de Chururtecal, que está ocho leguas de esta villa, donde hallé a los españoles que todavía afirmaban ser cierta la traición.

Y otro día fui a dormir al pueblo de Guasucingo donde los señores habían sido presos. Al día siguiente, después de haber concertado con los mensajeros de Guacachula por dónde y cómo había de entrar en la dicha ciudad, me partí para allá una hora antes que amaneciese y fui sobre ella casi a las diez del día. Y a media legua me salieron al camino ciertos mensajeros de la dicha ciudad y me dijeron cómo estaba todo muy bien provisto y a punto, y que los de Culúa no sabían nada de nuestra venida, porque ciertas espías que ellos tenían en los caminos los naturales de la dicha ciudad las habían prendido; y así mismo habían hecho a otros que los capitanes de Culúa enviaban a asomarse por las cercas y torres de la ciudad a descubrir el campo, y que a esta causa toda la gente de los contrarios estaba muy descuidada, creyendo que tenían recaudo en sus velas y escuchas; por tanto, que llegase, que no podía ser sentido. Y así me di mucha prisa por llegar a la ciudad sin ser sentido, porque íbamos por un llano donde desde allá nos podrían bien ver.

Y, según pareció, como fuimos vistos por los de la ciudad, viendo que tan cerca estábamos, luego cercaron los aposentos donde los dichos capitanes estaban y comenzaron a pelear con los demás que por la ciudad estaban repartidos. Y cuando yo llegué a un tiro de ballesta de la dicha ciudad ya me traían hasta cuarenta prisioneros, y todavía me di prisa a entrar. Dentro, en la ciudad, andaba muy gran grita por todas las calles; peleando con los contrarios y guiado por un natural de la dicha ciudad, llegué al aposento donde los capitanes estaban, el cual hallé cercado de más de tres mil hombres que peleaban por entrarles por la puerta y les tenían tomados todos los altos y azoteas. Los capitanes y la gente que con ellos se halló peleaban tan bien y esforzadamente que no les podían entrar el aposento, puesto que eran pocos; porque, además de pelear ellos como valientes hombres, el aposento era muy fuerte; y como yo llegué luego, entramos, y entró tanta gente de los naturales de la ciudad que en ninguna manera los podíamos socorrer, que muy brevemente no fuesen muertos.

Porque yo quisiera tomar algunos a vida, para informarme de las cosas de la gran ciudad y de quién era señor después de la muerte de Mutezuma y de otras cosas, no pude tomar sino a uno más muerto que vivo, del cual me informé, como adelante diré.

Por la ciudad mataron muchos de los que en ella estaban aposentados; y los que estaban vivos cuando yo en la ciudad entré, sabiendo mi venida, comenzaron a huir hacia donde estaba la gente que tenían en guarnición, y en el alcance, asimismo, murieron muchos. Y fue tan presto oído y sabido este tumulto por la dicha gente de la guarnición, porque estaba en un alto llano del derredor, que casi a una sazón llegaron los que salían huyendo de la dicha ciudad y la gente que venía en socorro y a ver qué cosa era aquella. Los cuales eran más de treinta mil hombres y las más lucidas gentes que hemos visto, porque traían muchas joyas de oro y plata y plumajes; y como es grande la ciudad, comenzaron a poner fuego en ella por aquella parte por donde entraban. Lo cual fue muy presto hecho saber por los naturales, y salí con sola la gente de caballo, porque los peones estaban ya muy cansados, y rompimos por ellos, y retrajéronse a un paso, el cual les ganamos, y salimos tras ellos, alcanzando muchos por una cuesta arriba muy agra; y tal, que cuando acabamos de encumbrar la sierra, ni los enemigos ni nosotros podíamos ir atrás ni adelante. Y así cayeron muchos de ellos muertos y ahogados de la calor, sin herida ninguna, y dos caballos se ancaron y uno murió. Y de esta manera hicimos mucho daño, porque acudieron muchos indios de nuestros amigos, y como iban descansados y los contrarios casi muertos, mataron muchos. Por manera que en poco rato estaba el campo vacío de los vivos, aunque algo ocupado de los muertos; y llegamos a los aposentos y albergues que tenían hechos en el campo nuevamente, los cuales, en tres partes que estaban, parecían cada una de ellas una razonable villa; porque, además de la gente de guerra, tenían mucho aparato de servidores y fornecimiento para su real, porque, según después supe, en ellos había personas principales; lo cual fue todo despojado y quemado por los indios nuestros amigos, y certifico a vuestra sacra majestad que había ya juntos de los dichos nuestros amigos más de cien mil hombres. Y con esta victoria, habiendo echado todos los enemigos de la tierra hasta pasar allende unas puentes y malos pasos que ellos tenían, nos volvimos a la ciudad, donde de los naturales fuimos bien recibidos y aposentados, y descansamos en la dicha ciudad tres días, de que teníamos bien necesidad.

En este tiempo vinieron a ofrecerse al real servicio de vuestra majestad los naturales de una población grande que está encima de aquellas sierras, dos leguas de donde el real de los enemigos estaba, y también al pie de la sierra, donde he dicho que sale aquel humo, que se llama esta dicha población Ocupatuyo. Y dijeron que el señor que allí tenían se había ido con los de Culúa al tiempo que por allí los habíamos corrido, creyendo que no parábamos hasta su pueblo, y que muchos días había que ellos quisieran mi amistad y haber venido a ofrecerse por vasallos de vuestra majestad, sino que aquel señor no los dejaba ni había querido, puesto que ellos muchas veces se lo habían requerido y dicho. Y que ahora ellos querían servir a vuestra alteza; y que allí había quedado un hermano del dicho señor, el cual siempre había sido de su opinión y propósito, y ahora asimismo lo era. Y que me rogaban que tuviese por bien que aquel sucediese en el señorío, y que, aunque el otro volviese, no consintiese que por señor fuese recibido, y que ellos tampoco lo recibirían. Y yo les dije que, por haber sido hasta allí de la liga y parcialidad de los de Culúa y haberse rebelado contra el servicio de vuestra majestad, eran dignos de mucha pena, y que así tenía pensado de ejecutar en sus personas y haciendas; pero que, pues habían venido y decían que la causa de su rebelión y alzamiento había sido aquel señor que tenían, yo, en nombre de vuestra majestad, les perdonaba el yerro pasado y los recibía y admitía a su real servicio, y que los apercibía que si otra vez semejante yerro cometiesen serían punidos y castigados, y que si fuesen leales vasallos a vuestra alteza serían de mí, en su real nombre, muy favorecidos y ayudados; y así lo prometieron.

Esta ciudad de Guacachula está asentada en un llano, arrimada por la una parte a unos muy altos y ásperos cerros, y por la otra todo el llano la cercan dos ríos, a dos tiros de ballesta el uno del otro, que cada uno tiene muy altas y muy grandes barrancas; y tanto, que para la ciudad hay por ellos muy pocas entradas, y las que hay son ásperas de bajar y subir, que apenas las pueden hacer cabalgando. Y toda la ciudad está cercada de muy fuerte muro de cal y canto, tan alto como cuatro estados por de fuera de la ciudad, y por dentro está casi igual con el suelo. Y por toda la muralla va su petril tan alto como medio estado; para pelear tiene cuatro entradas tan anchas como uno puede entrar a caballo, y hay en cada entrada tres o cuatro vueltas de la cerca, que encabalgan un lienzo en el otro; y hacia aquellas vueltas hay también encima de la muralla su petril para pelear. En toda la cerca tienen mucha cantidad de piedras grandes y pequeñas y de todas maneras con que pelean. Será esta ciudad de hasta cinco o seis mil vecinos, y tendrá de aldeas a ellas sujetas otros tantos y más. Tiene muy gran sitio, porque de dentro de ella hay muchas huertas y frutas y flores a su costumbre.

Y después de haber reposado en esta dicha ciudad tres días, fuimos a otra ciudad que se dice Izcucan, que está cuatro leguas de ésta de Guacachula, porque fui informado que en ella asimismo había mucha gente de los de Culúa en guarnición, y que los de la dicha ciudad y otras villas y lugares sus sufragáneos eran, y se mostraban, muy parciales de los de Culúa, porque el señor de ella era su natural y aun pariente de Mutezuma. Iba en mi compañía tanta gente de los naturales de la tierra, vasallos de vuestra majestad, que casi no podíamos alcanzar a ver; y, de verdad, había más de ciento y veinte mil hombres. Llegamos sobre la dicha ciudad de Izcucan a hora de las diez, y estaba despoblada de mujeres y de gente menuda, y había en ella hasta cinco o seis mil hombres de guerra muy bien aderezados. Y, como los españoles llegamos delante, comenzaron algo a defender su ciudad; pero en poco rato la desampararon, porque por la parte que fuimos guiados para entrar en ella estaba razonable la entrada. Seguimos por toda la ciudad, hasta los hacer saltar por encima de los adarves a un río que por la otra parte la cerca toda, del cual tenían quebradas las puentes; y nos detuvimos algo en pasar, y seguimos el alcance hasta legua y media más, en que creo se escaparon pocos de aquellos que allí quedaron.

Vueltos a la ciudad, envié dos de los naturales de ella, que estaban presos, a que hablasen a las personas principales de la dicha ciudad —porque el señor de ella se había también ido con los de Culúa que estaban allí en guarnición—, para que los hiciese volver a su ciudad; y que yo les prometía, en nombre de vuestra majestad, que, siendo ellos leales vasallos de vuestra alteza, de allí adelante serían de mí muy bien tratados y perdonados de la rebelión y yerro pasado. Los dichos naturales fueron y, dende a tres días, vinieron algunas personas principales y pidieron perdón de su yerro, diciendo que no habían podido más, porque habían hecho lo que su señor les mandó; y que ellos prometían, de ahí adelante —pues su señor era ido y dejádolos—, servir a vuestra majestad muy bien y lealmente. Yo les aseguré y dije que se viniesen a sus casas y trajesen sus mujeres e hijos, que estaban en otros lugares y villas de su parcialidad. Y les dije que hablasen asimismo a los naturales de ellas para que viniesen a mí, y que yo les perdonaba lo pasado; y que no quisiesen que yo hubiese de ir sobre ellos, porque recibirían mucho daño, de lo cual me pesaría mucho; y así fue hecho.

De ahí a tres días se tornó a poblar la dicha ciudad de Izcucan, y todos los sufragáneos a ella vinieron a se ofrecer por vasallos de vuestra alteza, y quedó toda aquella provincia muy segura, y por nuestros amigos y confederados con los de Guacachula. Porque hubo cierta diferencia sobre a quién pertenecía el señorío de aquella ciudad y provincia de Izcucan por ausencia del que se había ido a México; y, puesto que hubo algunas contradicciones y parcialidades entre un hijo bastardo del señor natural de la tierra —que había sido muerto por Mutezuma y puesto el que a la sazón era, y casádole con una sobrina suya— y entre un nieto del dicho señor natural, hijo de su hija legítima, la cual estaba casada con el señor de Guacachula, y habían habido aquel hijo, nieto del dicho señor natural de Izcucan, se acordó entre ellos que heredase el señorío aquel hijo del señor de Guacachula, que venía de legítima línea de los señores de allí. Y, puesto que el otro fuese hijo, por ser bastardo no debía de ser señor; así quedó, y obedecieron, en mi presencia, a aquel muchacho, que es de edad de hasta diez años; y que, por no ser de edad para gobernar, aquel su tío bastardo y otros tres principales —uno de la ciudad de Guacachula y los dos de Izcucan— fuesen gobernadores de la tierra y tuviesen al muchacho en su poder hasta tanto que fuese de edad para gobernar.

Esta ciudad de Izcucan será de hasta tres o cuatro mil vecinos; es muy concertada en sus calles y tratos; tenía cien casas de mezquitas y oratorios muy fuertes con sus torres, las cuales todas se quemaron. Está en un llano, a la falda de un cerro mediano, donde tiene una muy buena fortaleza; y por la otra parte, hacia el llano, está cercada de un hondo río que pasa junto a la cerca, y está cercada de la barranca del río, que es muy alta, y, sobre la barranca, hecho un petril toda la ciudad en torno, tan alto como un estado; tenía por toda esta cerca muchas piedras. Tiene un valle redondo, muy fértil de frutas y algodón —que en ninguna parte de los puertos arriba se hace, por la gran frialdad—, y allí es tierra caliente; y cáusalo que está muy abrigado de sierras. Todo este valle se riega por muy buenas acequias, que tiene muy bien sacadas y concertadas.

En esta ciudad estuve hasta la dejar muy poblada y pacífica; y a ella vinieron asimismo a se ofrecer por vasallos de vuestra majestad el señor de una ciudad que se dice Guajocingo y el señor de otra ciudad que está a diez leguas de esta de Izcucan, y son fronteros de la tierra de México. También vinieron de ocho pueblos de la provincia de Coastoaca —que es una de que en los capítulos antes de éste hice mención— que habían visto los españoles que yo envié a buscar oro a la provincia de Zuzula; donde, y en la de Tamazuela, porque está junto a ella, dije que había muy grandes poblaciones y casas muy bien obradas, de mejor cantería que en ninguna de estas partes se había visto. La cual dicha provincia de Coastoaca está cuarenta leguas de allí de Izcucan; y los naturales de los dichos ocho pueblos se ofrecieron asimismo por vasallos de vuestra alteza, y dijeron que otros cuatro que restaban en la dicha provincia vendrían muy presto; y me dijeron que les perdonase porque antes no habían venido, que la causa había sido no osar, por temor de los de Culúa; porque ellos nunca habían tomado armas contra mí, ni habían sido en muerte de ningún español; y que siempre, después que al servicio de vuestra alteza se habían ofrecido, habían sido buenos y leales vasallos suyos en sus voluntades, pero que no las habían osado manifestar por temor de los de Culúa. De manera que puede vuestra alteza ser muy cierto que, siendo Nuestro Señor servido en su real ventura, en muy breve tiempo se tornará a ganar lo perdido o mucha parte de ello; porque de cada día se vienen a ofrecer por vasallos de vuestra majestad muchas provincias y ciudades que antes eran sujetas a Mutezuma, viendo que los que así lo hacen son de mí muy bien recibidos y tratados, y los que al contrario, de cada día, destruidos.

De los que en la ciudad de Guacachula se prendieron —en especial de aquel herido— supe muy por extenso las cosas de la gran ciudad de Temixtitan, y cómo, después de la muerte de Mutezuma, había sucedido en el señorío un hermano suyo, señor de la ciudad de Ixtapalapa, que se llamaba Cuetravacín; el cual sucedió en el señorío porque murió en las puentes el hijo de Mutezuma, que heredaba el señorío, y otros dos hijos suyos que quedaron vivos: el uno dicen que es loco y el otro paralítico; y, a esta causa, decían aquellos que había heredado aquel hermano suyo; y también porque él nos había hecho la guerra y porque lo tenían por valiente hombre, muy prudente. Supe asimismo cómo se fortalecían, así en la ciudad como en todas las otras de su señorío, y hacían muchas cercas y cavas y fosados, y muchos géneros de armas; en especial supe que hacían lanzas largas como piernas para los caballos, y aun ya hemos visto algunas de ellas; porque, de esta provincia de Tepeaca, se hallaron algunas con que pelearon, y en los ranchos y aposentos en que la gente de Culúa estaba en Guacachula se hallaron asimismo muchas de ellas. Otras muchas cosas supe que, por no dar a vuestra alteza importunidad, dejo.

Yo envío a la isla Española cuatro navíos para que luego vuelvan cargados de caballos y gente para nuestro socorro; y, asimismo, envío a comprar otros cuatro para que, desde la dicha isla Española y ciudad de Santo Domingo, traigan caballos y armas y ballestas y pólvora, porque esto es lo que en estas partes es más necesario; porque peones y rodeleros aprovechan muy poco solos, por ser tanta cantidad de gente y tener tan fuertes y grandes ciudades y fortalezas. Y escribo al licenciado Rodrigo de Figueroa y a los oficiales de vuestra alteza que residen en la dicha isla, que den para ello todo el favor y ayuda que ser pudiere, porque así conviene mucho al servicio de vuestra alteza y a la seguridad de nuestras personas; porque, viniendo esta ayuda y socorro, pienso volver sobre aquella gran ciudad y su tierra, y creo —como ya a vuestra majestad he dicho— que en muy breve tornará al estado en que antes yo la tenía, y se restaurarán las pérdidas pasadas. En tanto, yo quedo haciendo doce bergantines para entrar por la laguna; y estáse labrando ya la tablazón y piezas de ellos, porque así se han de llevar por tierra, para que, en llegando, luego se liguen y acaben en breve tiempo; y asimismo se hace clavazón para ellos, y está aparejada pez y estopa, y velas y remos, y las otras cosas para ello necesarias. Y certifico a vuestra majestad que, hasta conseguir este fin, no pienso tener descanso ni cesar para ello todas las formas y maneras a mí posibles, posponiendo para ello todo el trabajo y peligro y costa que se me puede ofrecer.

Habrá dos o tres días que, por carta del teniente que en mi lugar está en la Villa de la Vera Cruz, supe cómo al puerto de la dicha villa había llegado una carabela pequeña, con hasta treinta hombres de mar y tierra, que dizque venía en busca de la gente que Francisco de Garay había enviado a esta tierra, de que ya a vuestra alteza he hecho relación; y cómo había llegado con mucha necesidad de bastimentos, y tanta, que, si no hubieran hallado allí socorro, se murieran de sed y hambre. Supe de ellos cómo habían llegado al río de Pánuco y estado en él treinta días surtos, y no habían visto gente en todo el río ni tierra; de donde se cree que, a causa de lo que allí sucedió, se ha despoblado aquella tierra. Y asimismo dijo la gente de la dicha carabela que, luego tras ellos, habían de venir otros dos navíos del dicho Francisco de Garay con gentes y caballos, y que creían que eran ya pasados la costa abajo; y pareciome que cumplía al servicio de vuestra alteza — porque aquellos navíos y gente que en ellos iba no se pierda y, yendo desproveídos de aviso de las cosas de la tierra, los naturales no hiciesen en ellos más daño de lo que en los primeros hicieron— enviar la dicha carabela en busca de los dos navíos para que los avisen de lo pasado y se viniesen al puerto de la dicha villa, donde el capitán que envió el dicho Francisco de Garay primero estaba esperándoles. Pléga a Dios que los halle y a tiempo que no hayan salido a tierra; porque, según, los naturales ya estaban sobre aviso, y los españoles sin él, temo recibirían mucho daño, y de ello Dios Nuestro Señor y vuestra alteza serían muy deservidos; porque sería encarnar más aquellos perros de lo que están encarnados y darles más ánimo y osadía para acometer a los que adelante fueren.

En un capítulo antes de éstos he dicho cómo había sabido que, por muerte de Mutezuma, habían alzado por señor a su hermano, que se dice Cuetravacín, el cual aparejaba muchos géneros de armas y se fortalecía en la gran ciudad y en otras ciudades cerca de la laguna. Y ahora, de poco acá, he asimismo sabido que el dicho Cuetravacín ha enviado sus mensajeros por todas las tierras y provincias y ciudades sujetas a aquel señorío a decir y certificar a sus vasallos que él les hace gracia por un año de todos los tributos y servicios que son obligados a le hacer, y que no le den ni le paguen cosa alguna, con tanto que, por todas las maneras que pudiesen, hiciesen muy cruel guerra a todos los cristianos, hasta los matar o echar de toda la tierra; y que asimismo la hiciesen a todos los naturales que fuesen nuestros amigos y aliados. Y aunque tengo esperanza en Nuestro Señor que en ninguna cosa saldrán con su intención y propósito, hállome en muy extrema necesidad para socorrer y ayudar a los indios nuestros amigos, porque cada día vienen de muchas ciudades y villas y poblaciones a pedir socorro contra los indios de Culúa, sus enemigos y nuestros, que les hacen cuanta guerra pueden a causa de tener nuestra amistad y alianza; y yo no puedo socorrer a todas partes como querría. Pero, como digo, placerá a Nuestro Señor suplir a nuestras pocas fuerzas, y enviará presto el socorro, así el suyo como el que yo envío a pedir a la Española.

Por lo que yo he visto y comprendido acerca de la similitud que toda esta tierra tiene a España —así en la fertilidad como en la grandeza y fríos que en ella hace, y en otras muchas cosas que la equiparan a ella—, me pareció que el más conveniente nombre para esta dicha tierra era llamarse la Nueva España del mar Océano; y así, en nombre de vuestra majestad, se le puso aqueste nombre. Humildemente suplico a vuestra alteza lo tenga por bien y mande que se nombre así.

Yo he escrito a vuestra majestad —aunque mal dicho— la verdad de todo lo sucedido en estas partes y aquello de que más necesidad hay de hacer saber a vuestra alteza; y, por otra mía que va con la presente, envío a suplicar a vuestra real excelencia mande enviar una persona de confianza que haga inquisición y pesquisa de todo e informe a vuestra sacra majestad de ello. También en ésta lo torno humildemente a suplicar, porque en tan señalada merced lo tendré como en dar entero crédito a lo que escribo.

Muy alto y muy excelentísimo príncipe, Dios Nuestro Señor la vida y muy real persona y muy poderoso estado de vuestra sacra majestad conserve y aumente por muy largos tiempos, con acrecentamiento de muy mayores reinos y señoríos, como su real corazón desea. De la villa Segura de la Frontera de esta Nueva España, a 30 de octubre de mil quinientos veinte años. De vuestra sacra majestad, muy humilde siervo y vasallo, que los muy reales pies y manos de vuestra alteza besa. Fernán Cortés.

Después de ésta, en el mes de marzo primero que pasó, vinieron nuevas de la dicha Nueva España: cómo los españoles habían tomado por fuerza la grande ciudad de Temixtitan, en la cual murieron más indios que en Jerusalén judíos en la destrucción que hizo Vespasiano; y asimismo había en ella más número de gente que en la dicha ciudad santa. Hallaron poco tesoro, a causa que los naturales lo habían echado y sumido en las lagunas. Sólo doscientos mil pesos de oro tomaron, y quedaron muy fortalecidos en la dicha ciudad los españoles, de los cuales hay al presente en ella mil quinientos peones y quinientos de caballo; y tienen más de cien mil indios de los naturales de la tierra en el campo en su favor. Son cosas grandes y extrañas, y es otro mundo sin duda, que de sólo verlo tenemos harta codicia los que a los confines de él estamos. Estas nuevas son hasta principio de abril de mil quinientos veintidós años, las que acá tenemos dignas de fe.

TERCERA CARTA DE RELACIÓN (15 DE MAYO DE 1522): EVANGELIZACIÓN A SANGRE Y FUEGO

Cortés informa sobre la reconquista y caída definitiva de México-Tenochtitlán, la fundación de la Ciudad de México sobre sus ruinas, y la consolidación del dominio español. Destaca la conversión de los indígenas, la organización política y económica del territorio, y la promesa de futuras riquezas para la Corona. Se presenta como un leal servidor del emperador, pidiendo reconocimiento por sus logros militares y administrativos.

De Hernán Cortés Emperador Carlos V. Coyoacán

Enviada por Fernando Cortés, capitán y justicia mayor del Yucatán, llamado la Nueva España del mar Océano, al muy alto y potentísimo César e invictísimo señor don Carlos, emperador semper Augusto y Rey de España, nuestro señor.

De las cosas sucedidas y muy dignas de admiración en la conquista y recuperación de la muy grande y maravillosa ciudad de Temixtitan, y de las otras provincias a ellas sujetas, que se rebelaron. En la cual dicha ciudad y dichas provincias el dicho capitán y españoles consiguieron grandes y señaladas victorias dignas de perpetua memoria. Asimismo hace relación cómo han descubierto el mar del Sur y otras muchas y grandes provincias muy ricas de minas de oro, perlas y piedras preciosas, y aún tiene noticia que hay especiería.

Muy alto y potentísimo príncipe, muy católico e invictísimo emperador, rey y señor. Con Alonso de Mendoza, natural de Medellín, que despaché de esta Nueva España a 5 de marzo del año pasado de 521, hice segunda relación de todo lo sucedido en ella, la cual ya tenía acabada de hacer a 30 de octubre del año 520; y, a causa de los tiempos muy contrarios y de perderse tres navíos que yo tenía para enviar —en el uno a vuestra majestad la dicha relación y en los otros dos enviar por socorro a la isla Española—, hubo mucha dilación en la partida del dicho Mendoza, según que también más

145

luego, con él, lo escribí a vuestra majestad. En lo último de la dicha relación hice saber a vuestra majestad cómo, después que los indios de la ciudad de Temixtitan nos habían echado por la fuerza de ella, yo había venido sobre la provincia de Tepeaca, que era sujeta a ellos y estaba rebelada; y con los españoles que habían quedado y con los indios nuestros amigos le había hecho la guerra y reducido al servicio de vuestra majestad; y que, como la traición pasada y el gran daño y muertes de españoles estaban tan recientes en nuestros corazones, mi determinada voluntad era revolver sobre los de aquella gran ciudad, que de todo había sido la causa; y que, para ello, comenzaba a hacer trece bergantines para, por la laguna, hacer con ellos todo el daño que pudiese, si los de la ciudad perseverasen en su mal propósito. Escribí a vuestra majestad que, entre tanto que los dichos bergantines se hacían, y yo y los indios nuestros amigos nos aparejábamos para volver sobre los enemigos, enviaba a la dicha Española por socorro de gente, caballos, artillería y armas; y que sobre ello escribía a los oficiales de vuestra majestad que allí residen, y les enviaba dineros para todos los gastos y expensas que para el dicho socorro fuese necesario, y certifiqué a vuestra majestad que hasta conseguir victoria contra los enemigos no pensaba tener descanso ni cesar de poner para ello toda la solicitud posible, posponiendo cuanto peligro, trabajo y costa se me pudiese ofrecer; y que, con esta determinación, estaba aderezando de me partir de la dicha provincia de Tepeaca.

Asimismo hice saber a vuestra majestad cómo al puerto de la Villa de la Vera Cruz había llegado una carabela de Francisco de Garay, teniente de gobernador de la isla de Jamaica, con mucha necesidad; la cual traía hasta treinta hombres, que habían dicho que otros dos navíos eran partidos para el río de Pánuco, donde habían desbaratado a un capitán del dicho Francisco de Garay, y que temían que si allá aportasen habían de recibir daño de los naturales del dicho río. Y así mismo escribí a vuestra majestad que yo había proveído luego de enviar una carabela en busca de los dichos navíos, para darles aviso de lo pasado; y después que aquello escribí, plúgo a Dios que uno de los navíos llegó al dicho puerto de la Vera Cruz, en el cual venía un capitán con obra de ciento veinte hombres, y allí se informó cómo los de Garay que antes habían sido desbaratados hablaron con el capitán que se halló en el desbarato, y se les certificó que si iba al dicho río de Pánuco no podía ser sin recibir mucho daño de los indios.

Y estando así en el puerto, con determinación de irse al dicho río, comenzó un tiempo y viento muy recio; e hizo la nao salir, quebradas las amarras, y fue a tomar puerto doce leguas la costa arriba, a un puerto que se dice de San Juan; y allí, después de haber desembarcado toda la gente y siete u ocho caballos y otras tantas yeguas que traían, dieron con el navío a la costa, porque hacía mucha agua. Y, como esto se me hizo saber, yo escribí luego al capitán de él haciéndole saber cómo a mí me había pesado mucho de lo que le había sucedido, y que yo había escrito al teniente de la dicha Villa de la Vera Cruz que a él y la gente que consigo traía hiciese muy buen acogimiento y les diesen todo lo que habían menester, y que viesen qué era lo que determinaban; y que, si todos o algunos de ellos se quisiesen volver en los navíos que allí estaban, que les diese licencia y los despachase a placer. Y el dicho capitán y los que con él vinieron determinaron quedarse y venir a donde yo estaba; del otro navío no hemos sabido hasta ahora, y, como hace ya tanto tiempo, tenemos harta duda de su salvamento: plégue a Dios lo haya llevado a buen puerto.

Estando para partir de aquella provincia de Tepeaca, supe cómo dos provincias que se dicen Cecatami y Xalazingo, sujetas al señor de Temixtitan, estaban rebeladas, y que, como de la villa de la Vera Cruz para acá es por allí el camino, habían muerto en ellas algunos españoles, y que los naturales estaban rebelados y de muy mal propósito. Y, por asegurar aquel camino y hacer en ellos algún castigo, si no quisiesen venir de paz, despaché un capitán con veinte de caballo y doscientos peones y con gente de nuestros amigos, al cual encargué mucho, y mandé de parte de vuestra majestad que requiriese a los naturales de aquellas provincias que viniesen de paz a darse por vasallos de vuestra majestad, como antes lo habían hecho, y que tuviese con ellos toda la templanza que fuese posible; y que, si no quisiesen recibirle de paz, que les hiciese la guerra, y que hecha y allanadas aquellas dos provincias, se volviese con toda la gente a la ciudad de Tascaltecal, a donde le estaría esperando. Y se partió entrante el mes de diciembre de 520, y siguió su camino para dichas provincias, que están de allí veinte leguas.

Acabado esto, muy poderoso señor, mediado el mes de diciembre del dicho año, me partí de la Villa de Segura la Frontera, que está en la provincia de Tepeaca, y dejé en ella un capitán con sesenta hombres, porque los naturales de allí me lo rogaron mucho; y envié toda la gente de pie a la ciudad de Tascaltecal, donde se hacían los bergantines, que está de Tepeaca nueve o diez leguas; y yo, con veinte caballos, me fui aquel día a dormir a la ciudad de Cholula, porque los naturales de allí deseaban mi venida, porque a causa de la enfermedad de las viruelas —que también alcanzó a los de estas tierras como a los de las islas— eran muertos muchos señores de allí, y querían que por mi mano y con su parecer y el mío se pusiesen otros en su lugar. Llegados allí, fuimos de ellos muy bien recibidos; y, después de dar conclusión a su voluntad en este negocio que he dicho y haberles dado a entender cómo mi camino era para ir a entrar de guerra por las provincias de México y Temixtitan, les rogué que, pues eran vasallos de vuestra majestad, y ellos, como tales, habían de conservar su amistad con nosotros y nosotros con ellos hasta la muerte, me ayudasen con gente para el tiempo que yo hubiese de hacer la guerra, y que a los españoles que yo enviase a su tierra y fuesen y viniesen por ellas les hiciesen el tratamiento que, como amigos, eran obligados.

Y después de habérmelo prometido así y haber estado dos o tres días en su ciudad, partí para la de Tascaltecal, que está a seis leguas; y, llegado a ella, hallé juntos a todos los españoles y a los de la ciudad, y tuvieron mucho placer con mi venida. Otro día, todos los señores de esta ciudad y provincia me vinieron a hablar y a decir cómo Magiscacin, que era el principal señor de todos ellos, había fallecido de aquella enfermedad de las viruelas; y bien sabían que, por ser tan amigo mío, me pesaría mucho; pero allí quedaba su hijo de doce o trece años, y a aquel pertenecía el señorío del padre, que me rogaban que a él, como a heredero, se lo diese; y yo, en nombre de vuestra majestad, lo hice así, y todos ellos quedaron muy contentos.

Cuando a esta ciudad llegué, hallé que los maestros y carpinteros de los bergantines se daban mucha prisa en hacer la ligazón y tablazón para ello, y que tenían hecha razonable obra; y luego proveí de enviar a la Villa de la Vera Cruz por todo el hierro y clavazón que hubiese, y velas, jarcia y otras cosas necesarias para ellos; y proveí —porque no había pez— la hiciesen ciertos españoles en una sierra cerca de allí, por manera que todo el recaudo que fuese necesario para los dichos bergantines estuviese aparejado, para que después, pláceme a Dios, yo estuviese en las provincias de México y de Temixtitan, pudiese enviar por ellos desde allá, que serían diez o doce leguas hasta la dicha ciudad de Tascaltecal. En quince días que en ella estuve no entendí en otra cosa sino en dar prisa a los maestros y en aderezar armas para dar orden en nuestro camino.

DOS DÍAS ANTES de Navidad llegó el capitán con la gente de pie y de caballo que habían ido a las provincias de Cecatami y Xalazingo, y supe cómo algunos naturales de ellas habían peleado con ellos, y que al cabo —de ellos por voluntad, de otros por fuerza— habían venido de paz; y trajéronme algunos señores de aquellas provincias, a los cuales, no obstante que eran muy dignos de culpa por su alzamiento y muertes de cristianos, y porque me prometieron que de ahí en adelante serían buenos y leales vasallos de su majestad, yo, en su real nombre, los perdoné y los envié a su tierra; y así se concluyó aquella jornada, en que vuestra majestad fue muy servida, así por la pacificación de los naturales de allí como por la seguridad de los españoles que habían de ir y venir por las dichas provincias a la Villa de la Vera Cruz.

El segundo día de la dicha pascua de Navidad hice alarde en la dicha ciudad de Tascaltecal, y hallé cuarenta de caballo y quinientos cincuenta peones —ochenta de ellos ballesteros y escopeteros— y ocho o nueve tiros de campo, con bien poca pólvora; e hice de los de caballo cuatro cuadrillas de diez en diez cada una, y de los peones hice nueve capitanías, de a sesenta españoles cada una. A todos juntos, en el dicho alarde, les hablé y dije que ya sabían cómo ellos y yo, por servir a vuestra sacra majestad, habíamos poblado en esta tierra, y que ya veían que todos los naturales de ella se habían dado por vasallos de vuestra majestad, como tales habían perseverado algún tiempo, recibiendo buenas obras de nosotros y nosotros de ellos; y cómo, sin causa ninguna, todos los naturales de Culúa —que son los de la gran ciudad de Temixtitan y los de todas las otras provincias a ella sujetas— no solamente se habían rebelado contra vuestra majestad, mas aún nos habían muerto muchos parientes y amigos nuestros, y nos habían echado fuera de toda su tierra. Que se acordasen de cuántos peligros y trabajos habíamos pasado, y viesen cuántos convenía al servicio de Dios y de vuestra majestad tornar a recobrar lo perdido; pues para ello teníamos de nuestra parte justas causas y razones: lo uno, por pelear en aumento de nuestra fe y con gente bárbara; lo otro, por servir a vuestra majestad; lo tercero, por seguridad de nuestras vidas; y porque en nuestra ayuda teníamos muchos de los naturales nuestros amigos, que eran causas potísimas para animar nuestros corazones. Por tanto, les rogaba que se alegrasen y esforzasen, y que, porque yo, en nombre de vuestra majestad, había hecho ciertas ordenanzas para la buena orden y cosas tocantes a la guerra —las cuales luego allí hice pregonar públicamente—, les rogaba que las guardasen y cumpliesen, porque de ello redundaría mucho servicio a Dios y a vuestra majestad. Y todos prometieron hacerlo y cumplirlo así, y que de muy buena gana querían morir por vuestra fe y por servicio de vuestra majestad, o tornar a recobrar lo perdido y vengar tan gran traición como nos habían hecho los de Temixtitan y sus aliados. Y yo, en nombre de vuestra majestad, se lo agradecí; y así, con mucho placer, nos volvimos a nuestras posadas aquel día de alarde.

Otro día siguiente, que fue día de San Juan Evangelista, hice llamar a todos los señores de la provincia de Tascaltecal; y, venidos, les dije cómo ya sabían que yo me había de partir otro día para entrar por la tierra de nuestros enemigos, y que ya veían cómo la ciudad de Temixtitan no se podía ganar sin aquellos bergantines que allí se estaban haciendo, que les rogaba que a los maestros de ellos y a los otros españoles que allí dejaba les diesen lo que hubiesen menester y les hiciesen el buen tratamiento que siempre nos habían hecho, y que estuviesen aparejados para cuando yo, desde la ciudad de Tesuico, si Dios nos diese victoria, enviase por la ligazón y tablazón y otros aparejos de los dichos bergantines. Ellos me prometieron que así lo harían, y que también querían ahora enviar gente de guerra conmigo, y que para cuando fuesen con los bergantines, todos ellos irían con cuanta gente tenían en su tierra; y que querían morir donde yo muriera, o vengarse de los de Culúa, sus capitales enemigos.

Y otro día, que fue 28 de diciembre, día de los Inocentes, partí con toda la gente puesta en orden, y fuimos a dormir a seis leguas de

Tascaltecal, en una población que se dice Texmoluca —que es de la provincia de Guajocingo; los naturales de la cual han tenido siempre y tienen con nosotros la misma amistad y alianza que los naturales de Tascaltecal—; y allí reposamos aquella noche.

En la otra relación, muy católico señor, dije cómo había sabido que los de las provincias de México y Temixtitan aparejaban muchas armas y hacían por toda su tierra muchas cavas y albarradas y fuerzas para resistirnos la entrada, porque ya ellos sabían que yo tenía voluntad de revolver sobre ellos. Y yo, sabiendo esto y cuán mañosos y ardidos son en las cosas de la guerra, había muchas veces pensado por dónde podríamos entrar para tomarlos con algún descuido; y, porque ellos sabían que nosotros teníamos noticia de tres caminos o entradas, por cada una de las cuales podíamos dar en su tierra, acordé de entrar por este de Texmoluca, porque —como el puerto de él era más agro y fragoso que los de las otras entradas— tenía creído que por allí no tendríamos mucha resistencia ni ellos estarían sobre aviso.

Y otro día siguiente después de los Inocentes, habiendo oído misa y encomendándonos a Dios, partimos de la dicha población de Texmoluca, y yo tomé la delantera con diez de caballo y sesenta peones ligeros y hombres diestros en la guerra; y comenzamos a seguir nuestro camino el puerto arriba con todo el orden y concierto que nos era posible, y fuimos a dormir a cuatro leguas de la dicha población, en lo alto del puerto, que era ya término de los de Culúa; y aunque hacía muchísimo frío en él, con la mucha leña que había nos remediamos aquella noche. Otro día por la mañana, domingo, comenzamos a seguir nuestro camino por el llano del puerto, y envié cuatro de caballo y tres o cuatro peones para que descubriesen la tierra; y, yendo nuestro camino, comenzamos a bajar el puerto, y yo mandé que los de caballo fuesen delante y luego los ballesteros y escopeteros; y así, en su orden, la otra gente, porque por muy descuidados que tomásemos los enemigos, bien teníamos por cierto que nos habían de salir al camino a recibir, por tenernos urdida alguna celada y otro ardid para ofendernos. Y como los cuatro de caballo y los cuatro peones siguieron su camino, halláronle cerrado de árboles y ramas, cortados y atravesados en él muy grandes y gruesos pinos y cipreses, que parecía que entonces se acababan de cortar; y, creyendo que el camino adelante no estaría de aquella manera, procuraron seguir su paso, y cuanto más iban, más cerrado de pinos y de rama lo hallaban. Y, como por todo el puerto iba muy espeso de árboles y matas grandes, y el camino hallaban con aquel estorbo, pasaban adelante con mucha dificultad; y viendo que el camino estaba de aquella manera, tuvieron muy gran temor y creían que tras cada árbol estaban los enemigos. Y, a causa de las grandes arboledas, no se podían aprovechar de los caballos; cuanto más adelante iban, más el temor se les aumentaba.

Y ya que de esta manera habían andado gran rato, uno de los cuatro de caballo dijo a los otros: «Hermanos, no pasemos más adelante si os parece, que será bien; volvamos a decir al capitán el estorbo que hallamos y el peligro grande en que todos venimos por no podernos aprovechar de los caballos; y si no, vamos adelante, que ofrecida tengo mi vida a la muerte tan bien como todos, hasta dar fin a esta jornada». Y los otros respondieron que bueno era su consejo, pero que no les parecía bien volver a mí hasta ver alguna gente de los enemigos o saber cuánto duraba aquel camino. Y comenzaron a pasar adelante, y como vieron que duraba mucho, detuviéronse; y con uno de los peones me hicieron saber lo que habían visto. Y, como yo traía la avanzadilla con la gente de caballo, encomendándonos a Dios, seguimos por aquel mal camino adelante, y envié a decir a los de la retaguardia que se diesen mucha prisa y que no tuviesen temor, porque presto saldríamos a lo raso. Y como encontré a los cuatro de caballo, comenzamos a pasar adelante, aunque con harto estorbo y dificultad; y al cabo de media legua, plúgo a Dios que bajamos a lo raso, y allí me reparé a esperar la gente. Llegados, díjeles a todos que diesen gracias a Nuestro Señor, pues nos había traído a salvo hasta allí, donde comenzamos a ver todas las provincias de México y Temixtitan que están en las lagunas y en torno a ellas. Y, aunque hubimos mucho placer en verlas, considerando el daño pasado que en ellas habíamos recibido, se representó en nosotros alguna tristeza por ello, y prometimos todos de nunca de ellas salir sin victoria, o dejar allí las vidas.

Y con esta determinación íbamos todos tan alegres como si fuéramos a cosa de mucho placer. Y como ya los enemigos nos sintieron, comenzaron de improviso a hacer muchas y grandes ahumadas por toda la tierra; y yo torné a rogar y encomendar mucho a los españoles que hiciesen como siempre habían hecho y como se esperaba de sus personas, y que nadie no se desmandase, que fuesen con mucho concierto y orden por su camino. Ya los indios comenzaron a darnos grita de unas estancias y poblaciones pequeñas, apellidando a toda la tierra para que se juntase gente y nos ofendiesen en unos puentes y malos pasos que por allí había. Pero nosotros nos dimos tanta prisa, que, sin que tuviesen lugar de juntarse, ya estábamos abajo en todo lo llano. Yendo así, pusiéronse adelante en el camino ciertos escuadrones de indios, y yo mandé a quince de caballo que rompiesen por ellos; y así fueron alanceando en ellos y mataron algunos, sin recibir ningún daño. Y comenzamos a seguir nuestro camino por la ciudad de Tesuico, que es una de las mayores y más hermosas que hay en todas estas partes. Y como la gente de pie venía algo cansada y se hacía tarde, dormimos en una población que se dice Coatepeque, que es sujeta a esta ciudad de Tesuico, y está de ella tres leguas, y hallárnosla despoblada. Aquella noche tuvimos pensamiento que, como esta ciudad y su provincia —que se dice Aculuacan— es muy grande y de tanta gente, que se puede bien creer que había en ella a la sazón más de ciento cincuenta mil hombres, quisieran dar sobre nosotros; y yo, con diez de caballo, comencé la vela y ronda de la prima, e hice que toda la gente estuviese muy apercibida.

Y otro día, lunes, al último de diciembre, seguimos nuestro camino por la orden acostumbrada; y a un cuarto de legua de esta población de Coatepeque, yendo todos en harta perplejidad y razonando con nosotros si saldrían de guerra o de paz los de aquella ciudad —teniendo por más cierta la guerra—, salieron al camino cuatro indios principales con una bandera de oro en una vara, que pesaba cuatro marcos de oro, y por ella daban a entender que venían de paz; la cual, Dios sabe cuánto deseábamos y cuánta la habíamos menester, por ser tan pocos y tan apartados de cualquier socorro, y metidos en las fuerzas de nuestros enemigos. Y como vi aquellos cuatro indios, al uno de los cuales ya conocía, hice que la gente se detuviese y llegué a ellos. Y después de habernos saludado, dijéronme que ellos venían de parte del señor de aquella ciudad y provincia —el cual se decía Guanacacin— y que, de su parte, me rogaban que en su tierra no hiciese ni consintiese hacer daño alguno, porque de los daños pasados que yo había recibido, los culpantes eran los de Temixtitan y no ellos; y que ellos querían ser vasallos de vuestra majestad y nuestros amigos, porque siempre guardarían y conservarían nuestra amistad; y que nos fuésemos a la ciudad, que en sus obras conoceríamos lo que teníamos en ellos. Yo les respondí con las lenguas que fuesen bienvenidos, que yo holgaba con toda paz y amistad suya, y que, ya que ellos se excusaban de la guerra que me habían dado en la ciudad de Temixtitan, que bien sabían que a cinco o seis leguas de allí, de la ciudad de Tesuico, en ciertas poblaciones a ellos sujetas, me habían muerto la otra vez cinco de caballo y cuarenta y cinco peones, y más de trescientos indios de Tascaltecal que venían cargados, y nos habían tomado mucha plata y oro y otras cosas; que, por tanto, pues no se podían excusar de esta culpa, que la pena fuese volvernos lo nuestro, y que, de esta manera —aunque todos eran dignos de muerte por haber muerto tantos cristianos— yo quería paz con ellos, pues me convidaban a ella; pero que de otra manera yo había de proceder contra ellos con todo rigor.

Ellos me respondieron que todo lo que allí se había tomado lo habían llevado el señor y los principales de Temixtitan; pero que ellos buscarían todo lo que pudiesen y me lo darían. Y preguntáronme si aquel día iría a la ciudad o me aposentaría en una de dos poblaciones que son como arrabales de la dicha ciudad, las cuales se dicen Coatinchan y Guaxuta, que están a una legua y media de ella, y siempre va todo poblado; lo cual ellos deseaban por lo que adelante sucedió. Y yo les dije que no me había de detener hasta llegar a la ciudad de Tesuico; y ellos dijeron que fuese en buena hora, y que se querían ir adelante a aderezar la posada para los españoles y para mí. Y así se fueron; y, llegando a estas dos poblaciones, saliéronnos a recibir algunos principales de ellas y a darnos de comer. Y a hora de mediodía llegamos al cuerpo de la ciudad, donde nos habíamos de aposentar, que era en una casa grande que había sido de su padre de Guanacacin, señor de la dicha ciudad. Y antes que nos aposentásemos, estando toda la gente junta, mandé a pregonar, so pena de muerte, que ninguna persona sin mi licencia saliese de la dicha casa y aposentos; lo cual es tan grande que, aunque fuéramos doblados los españoles, nos pudiéramos aposentar bien a placer en ella. Y esto hice porque los naturales de la dicha ciudad se asegurasen y estuviesen en sus casas, porque me parecía que no veíamos la décima parte de la gente que solía haber en la dicha ciudad, ni tampoco veíamos mujeres ni niños, que era señal de poco sosiego.

Este día que entramos en esta ciudad —que fue víspera de año nuevo—, después de haber entendido en aposentarnos, todavía algo espantados de ver poca gente, y esa que veíamos muy rebozada, teníamos pensamiento que, de temor, dejaban de parecer y andar por su ciudad, y que con esto estábamos algo descuidados. Y, ya que era tarde, ciertos españoles se subieron a algunas azoteas altas, de donde podían sojuzgar toda la ciudad, y vieron cómo todos los naturales de ella la desamparaban, y unos, con sus haciendas, se iban a meter en la laguna con sus canoas —que ellos llaman acales—, y otros se subían a las sierras. Y aunque yo luego mandé proveer en estorbarles la ida, como era ya tarde y sobrevino luego la noche, y ellos se dieron mucha prisa, no aprovechó cosa ninguna; y así, el señor de la dicha ciudad, que yo deseaba —como a la salvación— haberle a las manos, con muchos de los principales de ella, se fueron a la ciudad de Temixtitan, que está de allí por la laguna seis leguas, y llevaron consigo cuanto tenían. Y a esta causa, por hacer a su salvo lo que querían, salieron a mí los mensajeros que arriba dije, para detenerme algo y que no entrase haciendo daño; y por aquella noche nos dejaron, así a nosotros como a su ciudad.

Después de haber estado tres días de esta manera en esta ciudad, sin haber reencuentro alguno con los indios —porque por entonces ni ellos osaban venirnos a acometer, ni nosotros curábamos de salir lejos a buscarlos, porque mi final intención era, siempre que quisiesen venir de paz, recibirlos y, a todos tiempos, requerirles con ella—, viniéronme a hablar el señor de Coatinchan y Cuaxuta, y el de Autengo, que son tres poblaciones bien grandes y están, como he dicho, incorporadas y juntas a esta ciudad; y dijéronme llorando que los perdonase porque se habían ausentado de su tierra, y que en lo demás ellos no habían peleado conmigo —a lo menos por su voluntad—, y que prometían de hacer de ahí en adelante todo lo que en nombre de vuestra majestad les quisiese mandar. Yo les dije por las lenguas que ya ellos habían conocido el buen tratamiento que siempre les hacía, y que en dejar su tierra y lo demás ellos tenían la culpa; y que, pues me prometían ser nuestros amigos, poblasen sus casas y trajesen sus mujeres e hijos, y que como ellos hiciesen las obras, así los trataría. Y así, se volvieron, a nuestro parecer no muy contentos.

Como el señor de México y Temixtitan y todos los otros señores de Culúa —que, cuando este nombre de Culúa se dice, se ha de entender por todas las tierras y provincias de estas partes sujetas a Temixtitan— supieron que aquellos señores de aquellas poblaciones se habían venido a ofrecer por vasallos de vuestra majestad, enviáronles ciertos mensajeros, a los cuales mandaron que les dijesen que lo habían hecho muy mal; y que si de temor era, que bien sabían que ellos eran muchos y tenían tanto poder que a mí y a todos los españoles y a todos los de Tascaltecal nos habían de matar, y muy presto; y que, si por no dejar sus tierras lo habían hecho, que las dejasen y se fuesen a Temixtitan, y allá les darían otras mayores y mejores poblaciones donde viviesen. Estos señores de Coatinchan y Guaxuta tomaron a los mensajeros y atáronlos y trajéronmelos; y luego confesaron que ellos habían venido de parte de los señores de Temixtitan, pero que había sido para decirles que fuesen allá, para, como terceros —pues eran mis amigos—, entender las paces entre ellos y yo. Y los de Guaxuta y Coatinchan dijeron que no era así, y que los de México y Temixtitan no querían sino guerra. Y aunque yo les di crédito —y aquella era la verdad—, porque deseaba atraer a los de la ciudad a nuestra amistad, porque de ella dependía la paz o la guerra de las otras provincias que estaban alzadas, hice desatar aquellos mensajeros y díjeles que no tuviesen temor, porque yo les quería tornar a enviar a Temixtitan; y que les rogaba que dijesen a los señores que yo no quería guerra con ellos —aunque tenía mucha razón—, y que fuésemos amigos, como antes lo habíamos sido; y, por más asegurarlos y traer al servicio de vuestra majestad, les envié a decir que bien sabía que los principales que habían sido en hacerme la guerra pasada eran ya muertos, y que lo pasado fuese pasado, y que no quisiesen dar causa a que destruyese sus tierras y ciudades, porque me pesaba mucho de ellos. Y con esto solté estos mensajeros, y se fueron, prometiendo traerme respuesta. Los señores de Coatinchan y Guaxuta y yo quedamos por esta buena obra más amigos y confederados; y yo, en nombre de vuestra majestad, les perdoné los yerros pasados, y así quedaron contentos.

Después de haber estado en esta ciudad de Tesuico siete u ocho días sin guerra ni reencuentro alguno —fortaleciendo nuestro aposento y dando orden en otras cosas necesarias para nuestra defensa y ofensa de los enemigos—, y viendo que ellos no venían contra mí, salí de la dicha ciudad con doscientos españoles —en los cuales había dieciocho a caballo, treinta ballesteros y diez escopeteros— y con tres o cuatro mil indios nuestros amigos; y fui por la costa de la laguna hasta una ciudad que se dice Iztapalapa, que está por el agua dos leguas de la gran ciudad de Temixtitan y seis de esta de Tesuico. La cual dicha ciudad será de hasta diez mil vecinos, y la mitad de ella —y aun las doce terceras partes— puestas en el agua; y el señor de ella, que era hermano de Mutezuma —a quien los indios, después de su muerte, habían alzado por señor—, había sido el principal que nos había hecho la guerra y echado fuera de la ciudad. Y, así por esto como porque había sabido que estaban de muy mal propósito los de esta ciudad de Iztapalapa, determiné de ir a ellos.

Y COMO FUI sentido de la gente de ella, bien dos leguas antes que llegase, luego parecieron en el campo algunos indios de guerra y otros por la laguna en sus canoas; y así fuimos todas aquellas dos leguas revueltos peleando, así con los de la tierra como con los que salían del agua, hasta que llegamos a la dicha ciudad. Y antes, casi dos tercios de legua, abrían una calzada —como presa— que está entre la laguna dulce y la salada, según que por la figura de la ciudad de Temixtitan que yo envié a vuestra majestad se podrá haber visto. Y, abierta la dicha calzada o presa, comenzó con mucho ímpetu a salir agua de la laguna salada y correr hacia la dulce —aunque están las lagunas desviadas la una de la otra más de media legua—; y no mirando en aquel engaño, con la codicia de la victoria que llevábamos, pasamos muy bien y seguimos nuestro alcance hasta entrar dentro, revueltos con los enemigos, en la dicha ciudad.

Como estaban ya sobre aviso, todas las casas de tierra firme estaban despobladas, y toda la gente y despojo de ella metidos en las casas de la laguna; y allí se recogieron los que iban huyendo y pelearon con nosotros muy reciamente; pero quiso Nuestro Señor dar tanto esfuerzo a los suyos, que les entramos hasta meterlos por el agua —a las veces a los pechos y otras nadando— y les tomamos muchas casas de las que estaban en el agua; y murieron en ellos más de seis mil ánimas, entre hombres, mujeres y niños, porque los indios, nuestros amigos, vista la victoria que Dios nos daba, no entendían en otra cosa sino en matar a diestro y siniestro. Y porque sobrevino la noche, recogí la gente y puse fuego a algunas de aquellas casas; y, estándolas quemando, pareció que Nuestro Señor me inspiró y trajo a memoria la calzada o presa que había visto rota en el camino y representóseme el gran daño que era; y, a más andar, con mi gente junta, me torné a salir de la ciudad, ya noche bien oscura. Cuando llegué a aquella agua —que serían casi las nueve de la noche—, había tanta y corría con tanto ímpetu, que la pasamos a vuela pie, y se ahogaron algunos indios de nuestros amigos, y se perdió todo el despojo que en la ciudad se había tomado; y certifico a vuestra majestad que si aquella noche no pasáramos el agua, o aguardáramos tres horas más, ninguno de nosotros escapara, porque quedáramos cercados de agua, sin tener paso por parte alguna. Y cuando amaneció, vimos cómo el agua de una laguna estaba en el paso de la otra y no corría más, y toda la laguna salada estaba llena de canoas con gente de guerra, creyendo de tomarnos allí. Aquel día me volví a Tesuico, peleando algunos ratos con los que salían de la mar, aunque poco daño les podíamos hacer, porque se acogían luego a las canoas; y, llegando a la ciudad de Tesuico, hallé la gente que había dejado muy segura y sin haber habido reencuentro alguno; y hubieron mucho placer con nuestra venida y victoria. Y otro día que llegamos falleció un español que vino herido, y aun fue el primero que en campo de los indios me han muerto hasta ahora.

Otro día siguiente, vinieron a esta ciudad ciertos mensajeros de la ciudad de Otumba y otras cuatro ciudades que están junto a ella —las cuales están a cuatro y a cinco y a seis leguas de Tesuico—, y dijéronme que me rogaban les perdonase la culpa, si alguna tenían, por la guerra pasada que se me había hecho —porque allí, en Otumba, fue donde se juntó todo el poder de México y Temixtitan cuando salíamos desbaratados de ella, creyendo que nos acabaran—. Bien veían estos de Otumba que no se podían relevar de culpa, aunque se excusaban con decir que habían sido mandados; y, para inclinarme más a benevolencia, dijéronme que los señores de Temixtitan les habían enviado mensajeros a decirles que fuesen de su parcialidad y que no hiciesen ninguna amistad con nosotros; si no, que vendrían sobre ellos y los destruirían. Y que ellos querían ser antes vasallos de vuestra majestad y hacer lo que yo les mandase. Y yo les dije que bien sabían ellos cuán culpantes eran de lo pasado; y que, para que yo les perdonase y creyese lo que me decían, me habían de traer atados primero aquellos mensajeros que decían y a todos los naturales de México y Temixtitan que estuviesen en su tierra; y que, de otra manera, yo no los había de perdonar. Y que se volviesen a sus casas y las poblasen, e hiciesen obras por donde yo conociese que eran buenos vasallos de vuestra majestad. Y, aunque pasamos otras razones, no pudieron sacar de mí otra cosa; y así, se volvieron a su tierra, certificándome que ellos harían siempre lo que yo quisiese; y, de ahí en adelante, siempre han sido y son leales y obedientes al servicio de vuestra majestad.

En la otra relación, muy venturoso y excelentísimo príncipe, dije a vuestra majestad cómo, al tiempo que me desbarataron y echaron de la ciudad de Temixtitan, sacaba conmigo un hijo y dos hijas de Motezuma, y al señor de Tesuico —que se decía Cacamacin— y a dos hermanos suyos, y a otros muchos señores que tenía presos; y cómo a todos los habían muerto los enemigos, aunque eran de su propia nación, y sus señores algunos de ellos, excepto a los dos hermanos del dicho Cacamacin, que por gran ventura se pudieron escapar. Y el uno de estos dos hermanos —que se decía Ipacsuchil y, en otra manera, Cucascacin—, el cual, de antes, yo, en nombre de vuestra majestad y con parecer de Motezuma, había hecho señor de esta ciudad de Tesuico y provincia de Aculuacan, al tiempo que yo llegué a la provincia de Tascaltecal, teniéndolo en son de preso, se soltó y se volvió a la dicha ciudad de Tesuico. Y como ya en ella habían alzado por señor a otro hermano suyo —que se dice Guanacacin, de que arriba se ha hecho mención—, dicen que hizo matar al dicho Cucascacin, su hermano, de esta manera: que, como llegó a la dicha provincia de Tesuico, las guardas lo tomaron, e hiciéronlo saber a Guanacacin, su señor, el cual también lo hizo saber al señor de Temixtitan; el cual, como supo que el dicho Cucascacin era venido, creyó que no se pudiera haber soltado y que debía de ir de nuestra parte para desde allí darnos algún aviso; y luego envió a mandar al dicho Guanacacin que matasen al dicho Cucascacin, su hermano, el cual lo hizo así sin dilatar. El otro —que era hermano menor de ellos— se quedó conmigo; y, como era muchacho, imprimió más en él nuestra conversación y tornóse cristiano, y pusímosle por nombre don Fernando; y al tiempo que yo me partí de la provincia de Tascaltecal para éstas de México y Temixtitan, dejéle allí con ciertos españoles; y de lo que con él después sucedió, adelante haré relación a vuestra majestad.

El día siguiente que vine de Iztapalapa a esta ciudad de Tesuico, acordé de enviar a Gonzalo de Sandoval, alguacil mayor de vuestra majestad, por capitán, con veinte de caballo y doscientos hombres de pie —entre ballesteros, escopeteros y rodeleros—, para dos efectos muy necesarios: el uno, para que echasen fuera de esa provincia a ciertos mensajeros que yo enviaba a la ciudad de Tascaltecal, para saber en qué términos andaban los trece bergantines que allí se hacían, y proveer otras cosas necesarias, así para los de la Villa de la Vera Cruz como para los de mi compañía; y el otro, para asegurar aquella parte, para que pudiesen ir y venir los españoles seguros; porque por entonces ni nosotros podíamos salir de esta provincia de Aculuacan sin pasar por tierra de enemigos, ni los españoles que estaban en la villa y en otras partes podían venir a nosotros sin mucho peligro de los contrarios. Y mandé al dicho alguacil mayor que, después de puestos los mensajeros a salvo, llegase a una provincia que se dice Calco, que confina con esta de Aculuacan, porque tenía certificación de que los naturales de aquella provincia, aunque eran de la liga de los Culúa, se querían dar por vasallos de vuestra majestad, y que no lo osaban hacer a causa de cierta guarnición de gente que los de Culúa tenían puesta cerca de ellos. Y el dicho capitán se partió; y con él iban todos los indios de Tascaltecal que nos habían traído nuestro fardaje, y otros que habían venido a ayudarnos y habían habido algún despojo en la guerra. Y como se adelantaron un poco, el dicho capitán —creyendo que, en venir en la rezaga los españoles, los enemigos no osarían salir a ellos—, como los vieron los contrarios que estaban en los pueblos de la laguna y en la costa de ella, dieron en la rezaga de los de Tascaltecal y quitáronles el despojo, y aun mataron alguno de ellos. Y como el dicho capitán llegó con algunos de caballo y con los peones, dieron muy reciamente en ellos y alancearon y mataron muchos; y los que quedaron, desbaratados, se acogieron a la laguna y a otras poblaciones que están cerca de ella. Y los indios de Tascaltecal se fueron a su tierra con lo que les quedó, y también los mensajeros que yo enviaba; y, puestos todos a salvo, el dicho Gonzalo de Sandoval siguió su camino para la dicha provincia de Calco, que era bien cerca de allí.

Y otro día de mañana juntóse mucha gente de los enemigos para salir a recibirlos; y, puestos los unos y los otros en el campo, los nuestros arremetieron contra los enemigos y desbaratáronles dos escuadrones con los de caballo, en tal manera que, en poco rato, les dejaron el campo y fueron quemando y matando en ellos. Y hecho esto, y desembarazado aquel camino, los de Calco salieron a recibir a los españoles, y los unos y los otros se holgaron mucho. Y los principales dijeron que me querían venir a ver y hablar; y así, se partieron y vinieron a dormir a Tesuico, y, llegados, vinieron ante mí aquellos principales con dos hijos del señor de Calco y diéronnos obra de trescientos pesos de oro en piezas, y dijéronme cómo su padre era fallecido, y que, al tiempo de su muerte, les había dicho que la mayor pena que llevaba era no verme primero que muriese, y que muchos días me había estado esperando; y que les había mandado que, luego como yo a esta provincia viniese, me vinieran a ver y me tuviesen por su padre; y que, como ellos habían sabido de mi venida a aquella ciudad de Tesuico, luego quisieran venir a verme, pero que, por temor de los de Culúa, no habían osado; y que tampoco entonces osaran venir si aquel capitán que yo había enviado no hubiera llegado a su tierra, y que, cuando se hubiesen de volver a ella, les había de dar otros tantos españoles para volverlos a salvo.

Y dijéronme que bien sabía yo que nunca, en guerra ni fuera de ella, habían sido contra mí, y que también sabía cómo, al tiempo que los de Culúa combatían la fortaleza y casa de Temixtitan y los españoles que yo en ella había dejado cuando me fui a ver a Cempoal con Narváez, estaban en su tierra dos españoles en guarda de cierto maíz que yo les había mandado recoger en su tierra, y los habían sacado hasta la provincia de Guaxocingo, porque sabían que los de allí eran nuestros amigos, porque los de Culúa no los matasen, como hacían a todos los que hallaban fuera de la dicha casa de Temixtitan. Y todo esto y otras cosas me dijeron llorando, y yo les agradecí mucho su voluntad y buenas obras, y les prometí que haría siempre todo lo que ellos quisiesen y que serían muy bien tratados; y hasta ahora y siempre nos han mostrado muy buena voluntad, y están muy obedientes a todo lo que de parte de vuestra majestad se les manda.

Estos hijos del señor de Calco y los que vinieron con ellos estuvieron allí un día conmigo, y dijéronme que, porque se querían volver a su tierra, rogaban que les diese gente que los pusiese a salvo; y Gonzalo de Sandoval, con cierta gente de caballo y de pie, se fue con ellos, al cual dije que, después de haberlos puesto en su tierra, se llegase a la provincia de Tascaltecal, y que trajese consigo a ciertos españoles que allí estaban, y aquel don Fernando, hermano de Cacamacin, de que arriba he hecho mención. Y después de cuatro o cinco días, el dicho alguacil mayor volvió con los españoles y trajo al dicho don Fernando conmigo. Y después de pocos días, supe cómo, por ser hermano de los señores de esta ciudad, le pertenecía a él el señorío, aunque había otros hermanos; y así por esto, como porque estaba esta provincia sin señor —a causa de Guanacucin, señor de ella, su hermano, que la había dejado e ídose a la ciudad de Temixtitan—, y así por estas causas, como porque era muy amigo de los cristianos, yo, en nombre de vuestra majestad, hice que lo recibiesen por señor. Y los naturales de esta ciudad, aunque por entonces había pocos en ella, de ahí en adelante le obedecieron, y comenzaron a venirse a la dicha ciudad y provincia de Aculuacan muchos de los que estaban huidos; y obedecían y servían al dicho don Fernando, y, de ahí en adelante, se comenzó a reformar y poblar muy bien la dicha ciudad.

Después, a dos días que esto se hizo, vinieron a mí los dichos señores de Coatinchan y Guaxuta, y dijéronme que supiese de cierto cómo todo el poder de Culúa venía sobre mí y sobre los españoles, y que toda la tierra estaba llena de los enemigos; y que viese si traerían a sus mujeres e hijos donde yo estaba, o si los llevarían a la sierra, porque tenían muy gran temor. Y yo los animé y dije que no tuviesen ningún miedo y que se estuviesen en sus casas y no hiciesen mudanza; y que no holgaba de cosa más que de verme con los de Culúa en el campo; y que estuviesen apercibidos por toda la tierra, y, en viendo o sabiendo que venían los contrarios, me lo hiciesen saber. Y así, se fueron, llevando muy a cargo lo que les había mandado.

Y yo aquella noche apercibí toda la gente y puse muchas velas y escuchas en todas las partes que era necesario; y en toda la noche nunca dormimos ni entendimos sino en esto. Así estuvimos esperando toda esta noche y día siguiente, creyendo lo que nos habían dicho los de Guaxuta y Coatinchan; y otro día supe cómo, por la costa de la laguna, andaban algunos indios de los enemigos haciendo saltos y esperando tomar algunos de los indios de Tascaltecal que iban y venían por cosas para el servicio del real; y supe cómo se habían confederado con dos pueblos sujetos a Tesuico, que estaban allí junto al agua, para desde allí hacer todo el daño que pudiesen. Hacían, para fortalecerse en ellos, albarradas y acequias y otras cosas para su defensa; y, como supe esto, otro día tomé doce de caballo y doscientos peones y dos tiros pequeños de campo, y fui allí adonde andaban los contrarios, que sería legua y media de la ciudad.

Y, EN SALIENDO de ella, topé con ciertos espías de los enemigos y con otros que estaban en salto, y rompimos por ellos, y alcanzamos y matamos algunos, y los que quedaron se echaron al agua; y quemamos parte de aquellos pueblos, y así nos volvimos al aposento con mucho placer y victoria. Y otro día, tres principales de aquellos pueblos vinieron a pedirme perdón por lo pasado, y rogáronme que no los destruyese más, y que ellos me prometían de no recibir más en sus pueblos a ninguno de los de Temixtitan. Y, porque éstas no eran personas de mucho caso y eran vasallos de don Fernando, yo les perdoné en nombre de vuestra majestad. Y luego, otro día, ciertos indios de esta población vinieron a mí medio descalabrados y maltratados, y dijéronme cómo los de México y Temixtitan habían vuelto a su pueblo, y, como en ellos no hallaron el recibimiento que solían, los habían maltratado y llevado presos algunos de ellos; y que, si no se defendieran, los llevaran a todos; que me rogaban que estuviese sobre aviso, por manera que, cuando los de Temixtitan volviesen, yo les pudiese saber a tiempo que les pudiese ir a socorrer. Y así se partieron para su pueblo.

La gente que había dejado en la provincia de Tascaltecal, haciendo los bergantines, tenían nuevas de cómo al puerto de la Villa de la Vera Cruz había llegado una nao en que venían, sin los marineros, treinta o cuarenta españoles, ocho caballos, algunas ballestas y escopetas, y pólvora; y, como no habían sabido cómo nos iba en la guerra ni había seguridad para pasar a nosotros, tenían mucha pena, y estaban allí detenidos algunos españoles que no osaban venir, aunque deseaban traerme tan buena nueva. Y como sintió un criado mío que yo había dejado allí que algunos se querían atrever a venir donde yo estaba, mandó a pregonar, so graves penas, que nadie saliese de allí hasta que yo lo enviase a mandar; y un mozo mío, como vio que, con cosa del mundo, no habría más placer que con saber la venida de la nao y del socorro que traía, aunque la tierra no era segura, de noche salió y vino a Tesuico, de que nos espantamos mucho haber llegado vivos, y tuvimos mucho placer con las nuevas, porque teníamos extrema necesidad de socorro.

Este mismo día, muy católico señor, llegaron allí a Tesuico ciertos hombres de bien, mensajeros de los de Calco, y dijéronme cómo, a causa de haberse venido a ofrecer por vasallos de vuestra majestad, todos los de México y Temixtitan venían sobre ellos para destruirlos y matarlos, y que para ello habían convocado y apercibido a todos los cercanos a su tierra, y me rogaban que los socorriese y ayudase en tan gran necesidad, porque pensaban verse en grandísimo estrecho si así no lo hacía. Y certifico a vuestra majestad que, como en la otra relación escribí, allende de nuestro trabajo y necesidad, la mayor fatiga que tenía era no poder ayudar a los indios, nuestros amigos, que, por ser vasallos de vuestra majestad, eran molestados y trabajados de los de Culúa, aunque en esto, yo y los de mi compañía poníamos toda nuestra posibilidad, porque nos parecía que en ninguna cosa podíamos servir más a vuestra cesárea majestad que en favorecer y ayudar a sus vasallos.

Por la coyuntura en que estos de Chalco me tomaron, no pude hacer con ellos lo que yo deseaba; pero díjeles que, porque yo, a la sazón, quería enviar por los bergantines, y para ello tenían apercibidos a todos los de la provincia de Tascaltecal, de donde se habían de traer en piezas, y tenía necesidad de enviar para ello gente de caballo y de pie, que ya sabían que los naturales de la provincia de Guajocingo y Chururtecal y Guacachula eran vasallos de vuestra majestad y amigos nuestros; que fuesen a ellos y, de mi parte, les rogasen —ya que vivían muy cerca de su tierra—, los viniesen a ayudar y socorrer, y enviasen allí gente de guarnición con que pudiesen estar seguros en tanto que yo los socorría, porque otro remedio, al presente, yo no les podía dar. Y, aunque ellos no quedaron tan satisfechos como si les diera algunos españoles, agradeciéronmelo y rogáronme que, para que fuesen creídos, les diese una carta mía y también para que, con más seguridad, se lo osasen rogar; porque entre estos de Chalco y los de dos provincias de aquellas, como eran de diversas parcialidades, había siempre diferencias. Y estando así dando orden en esto, llegaron acaso ciertos mensajeros de las dichas provincias de Guajocingo y Guacahula y, estando presentes los de Chalco, dijeron cómo los señores de aquellas provincias no habían visto ni sabido de mí después que había partido de la provincia de Tascaltecal. Como quiera que ellos siempre tenían puestas sus velas por las sierras y cerros que confinan con su tierra y sojuzgan las de México y Temixtitan, para que, viendo muchas ahumadas —que son las señales de la guerra—, me viniesen a ayudar y favorecer con sus vasallos y gente; y, porque de poco acá habían visto más ahumadas que nunca, venían a saber cómo estaba y si tenía necesidad, para luego proveer de gente de guerra.

Yo se lo agradecí mucho y les dije que, bendito Nuestro Señor, los españoles y yo estábamos buenos y siempre habíamos tenido victoria contra los enemigos, y que, demás de holgar mucho con su voluntad y presencia, holgaba más por confederarlos y hacer amigos con los de Chalco, que estaban presentes; y que así, les rogaba, pues los unos y los otros eran vasallos de vuestra majestad, que fuesen buenos amigos y se ayudasen y socorriesen contra los de Culúa — que eran malos y perversos—, especialmente ahora, que los de Chalco tenían necesidad de socorro porque los de Culúa querían venir sobre ellos. Y así, quedaron muy amigos y confederados; y, después de haber estado dos días allí conmigo, los unos y los otros se fueron muy alegres y contentos, y se ayudaron y socorrieron los unos a los otros.

Después de tres días, porque ya sabíamos que los trece bergantines estaban acabados de labrar y la gente que los había de traer apercibida, envié a Gonzalo de Sandoval, alguacil mayor, con quince de caballo y doscientos peones para traerlos, al cual mandé que destruyese y asolase un pueblo grande, sujeto a esta ciudad de Tesuico, que linda con los términos de la provincia de Tascaltecal, porque los naturales de él me habían muerto cinco de caballo y cuarenta y cinco peones que venían de la Villa de la Vera Cruz a la ciudad de Temixtitan, cuando yo estaba cercado en ella, no creyendo que tan gran traición se nos había de hacer; y como, al tiempo que esta vez entramos en Tesuico, hallamos en los adoratorios o mezquitas de la ciudad los cueros de los cinco caballos, con sus pies y manos y herraduras cosidos, y tan bien adobados como en todo el mundo lo pudieran hacer, y, en señal de victoria, ellos, y mucha ropa y cosas de los españoles, ofrecido a sus ídolos; y hallamos la sangre de nuestros compañeros y hermanos derramada y sacrificada por todas aquellas torres y mezquitas, fue cosa de tanta lástima que nos renovó todas nuestras tribulaciones pasadas.

Y los traidores de aquel pueblo y de otros a él comarcanos, al tiempo que aquellos cristianos por allí pasaron, hiciéronles buen recibimiento para asegurarlos y hacer en ellos la mayor crueldad que nunca se hizo; porque, bajando por una cuesta y mal paso, todo a pie, trayendo los caballos a diestro, de manera que no se podían aprovechar de ellos, puestos los enemigos en celada, de una parte y de la otra del mal paso, los tomaron en medio; y de ellos mataron y tomaron a vida para traer a Tesuico a sacrificar y sacarles los corazones delante de sus ídolos. Y esto parece que fue así, porque, cuando el dicho alguacil mayor por allí pasó, ciertos españoles que iban con él, en una casa de un pueblo que está entre Tesuico y aquel donde mataron y prendieron los cristianos, hallaron en una pared blanca, escritas con carbón, estas palabras: «Aquí estuvo preso el sin ventura de Juan Yuste», que era un hidalgo de los cinco de caballo; que, sin duda, fue cosa para quebrar el corazón a los que lo vieron. Y, llegado el dicho alguacil mayor a este pueblo, como los naturales de él conocieron su gran yerro y culpa, comenzaron a ponerse en huida; y los de caballo y los peones españoles e indios, nuestros amigos, siguieron el alcance y mataron a muchos, y prendieron y cautivaron muchas mujeres y niños, que se dieron por esclavos; aunque, movido a compasión, no quiso Sandoval matar ni destruir cuanto pudiera, y, aun antes que de allí partiese, hizo recoger la gente que quedaba y que se viniesen a su pueblo; y así, está hoy muy poblado y arrepentido de lo pasado.

El dicho alguacil mayor pasó adelante cinco o seis leguas a una población de Tascaltecal, que es la más junta a los términos de Culúa; y allí halló a los españoles y gente que traían los bergantines. Y otro día que llegó, partieron de allí con la tablazón y ligazón de ellos, la cual traían con mucho concierto más de ocho mil hombres —que era cosa maravillosa de ver—; y así me parece que es de oír, llevar trece fustas dieciocho leguas por tierra. Que certifico a vuestra majestad que, desde la avanguardia a la retaguardia, había bien dos leguas de distancia. Y como comenzaron su camino, llevando en la delantera ocho de caballo y cien españoles, y, en ella y en los lados, por capitanes, de más de diez mil hombres de guerra, a Yustecad y Teutipil —que son dos señores de los principales de Tascaltecal—, y en la rezaga venían otros ciento tantos españoles con otros ocho de caballo, y en ella venía por capitán, con otros diez mil hombres de guerra muy bien aderezados, Chichimecatecle —que es de los principales señores de aquella provincia—, con otros capitanes que traía consigo.

EL CUAL, AL tiempo que partieron de ella, llevaba la delantera con la tablazón, y la rezaga la traían los otros dos capitanes con la ligazón; y, como entraron en tierra de Culúa, los maestros de los bergantines mandaron llevar en la delantera la ligazón de ellos, y que la tablazón se quedase atrás, porque era cosa de más embarazo si algo les acaeciese; lo cual, si fuera, había de ser en la delantera. Y Chichimecatecle, que traía la dicha tablazón, como siempre hasta allí, con la gente de guerra, había traído la delantera, tomólo por afrenta; y fue cosa recia acabar con él que se quedase en la retaguardia, porque él quería llevar el peligro que se pudiese recibir; y, como ya lo concedió, tampoco quería que en la rezaga se quedasen en guarda ningunos españoles, porque es hombre de mucho esfuerzo y quería él ganar aquella honra.

Y llevaban estos capitanes dos mil indios cargados con su vitualla. Y así, con esta orden y concierto fueron su camino, en el cual se detuvieron tres días; y, al cuarto, entraron en esta ciudad con mucho placer y estruendo de atabales, y yo los salí a recibir. Y, como arriba digo, extendíase tanto la gente que, desde que los primeros comenzaron a entrar hasta que los postreros hubieron acabado, se pasaron más de seis horas sin quebrar el hilo de la gente. Y, después de llegados y agradecido a aquellos señores las buenas obras que nos hacían, híceles aposentar y proveer lo mejor que se pudo; y ellos me dijeron que traían deseo de verse con los de Culúa, y que viese lo que mandaba, que ellos y aquella gente venían con deseos y voluntad de vengarse o morir con nosotros. Y yo les di las gracias y les dije que reposasen y que presto les daría las manos llenas.

Después que toda esta gente de guerra de Tascaltecal hubo reposado en Tesuico tres o cuatro días —que, cierto, era, para la manera de acá, muy lucidamente—, hice apercibir veinticinco de caballo, trescientos peones, cincuenta ballesteros y escopeteros, y seis tiros pequeños de campo; y, sin decir a persona alguna dónde íbamos, salí de esta ciudad a las nueve del día. Y conmigo salieron los capitanes ya dichos, con más de treinta mil hombres, por sus escuadrones, muy bien ordenados, según la manera de ellos. Y, a cuatro leguas de esta ciudad, ya que era tarde, encontramos un escuadrón de gente de guerra de los enemigos, y los de caballos rompimos por ellos y los desbaratamos. Y los de Tascaltecal, como son muy ligeros, siguiéronnos y matamos muchos de los contrarios; y aquella noche dormimos en el campo muy sobre aviso. Y otro día de mañana seguimos nuestro camino, y yo no había dicho aún adónde era mi intención de ir, lo cual hacía porque me recelaba de algunos de los de Tesuico que iban con nosotros, que no diesen aviso de lo que yo quería hacer a los de México y Temixtitan, porque aún no tenía ninguna seguridad de ellos.

Y, llegados a una población que se dice Xaltoca, que está asentada en medio de la laguna, y alrededor de ella hallamos muchas y grandes acequias llenas de agua, hacían la dicha población muy fuerte, porque los de caballo no podían entrar en ella; y los contrarios daban muchas gritas, tirándonos muchas varas y flechas. Y los peones, aunque con trabajo, entráronlos dentro y los echaron fuera, y quemaron mucha parte del pueblo. Y aquella noche nos fuimos a dormir a una legua de allí; y, en amaneciendo, tomamos nuestro camino, y en él hallamos los enemigos, y de lejos comenzaron a gritar, como lo suelen hacer en la guerra, que cierto es cosa espantosa oírlos. Nosotros comenzamos a seguirlos; y, siguiéndolos, llegamos a una grande y hermosa ciudad que se dice Goatitan, y la hallamos despoblada; y aquella noche nos aposentamos en ella.

Otro día siguiente pasamos adelante y llegamos a otra ciudad que se dice Tenainca, en la cual no hallamos resistencia alguna, y sin detenernos pasamos a otra que se dice Acapuzalco, que todas están alrededor de la laguna; y tampoco nos detuvimos en ella, porque deseaba mucho llegar a otra ciudad que estaba allí cerca, que se dice Tacuba, que está muy cerca de Temixtitan. Y ya que estábamos junto a ella, hallamos también alrededor muchas acequias de agua y los enemigos muy a punto; y, como los vimos, nosotros y nuestros amigos arremetimos a ellos, y entrámosles en la ciudad; y, matando a algunos, los echamos fuera de ella; y, como ya era tarde, aquella noche no hicimos más que aposentarnos en una casa, que era tan grande que cupimos todos bien a placer en ella; y, en amaneciendo, los indios nuestros amigos comenzaron a saquear y quemar toda la ciudad, salvo el aposento donde estábamos, y pusieron tanta diligencia que aún de él se quemó un cuarto. Y esto se hizo porque, cuando salimos la otra vez desbaratados de Temixtitan, pasando por esta ciudad, los naturales de ella, juntamente con los de Temixtitan, nos hicieron muy cruel guerra y nos mataron muchos españoles.

En seis días que estuvimos en esta ciudad de Tacuba ninguno hubo en que no tuviésemos muchos reencuentros y escaramuzas con los enemigos; y los capitanes de la gente de Tascaltecal y los suyos hacían muchos desafíos con los de Temixtitan, y peleaban los unos con los otros muy hermosamente, y pasaban entre ellos muchas razones, amenazándose los unos con los otros y diciéndose muchas injurias, que sin duda era cosa para ver. En todo este tiempo siempre morían muchos de los enemigos, sin peligrar ninguno de los nuestros; porque muchas veces les entrábamos por las calzadas y puentes de la ciudad, aunque, como tenían tantas defensas, nos resistían fuertemente. Muchas veces fingían que nos daban lugar para que entrásemos dentro, diciéndonos: «Entrad, entrad a holgaros»; y otras veces nos decían: «¿Pensáis que hay ahora otro Moctezuma, para que haga todo lo que vosotros quisierais?».

Y, estando en estas pláticas, yo me llegué una vez cerca de un puente que tenían quitado; y, estando ellos en la otra parte, hice señal a los nuestros que estuviesen quietos, y ellos también, como vieron que yo les quería hablar, hicieron callar a su gente. Díjeles que por qué eran locos y querían ser destruidos, y que si había allí entre ellos algún señor principal de la ciudad, que se llegase allí, porque le quería hablar. Ellos me respondieron que toda aquella multitud de gente de guerra que por allí veía, todos eran señores; por tanto, que dijese lo que quería. Y como yo no respondí cosa alguna, comenzaron a deshonrarme; y no sé quién de los nuestros les dijo que se morían de hambre, y que no les habíamos de dejar salir de allí a buscar de comer. Respondieron que ellos no tenían necesidad, y que, cuando la tuviesen, que de nosotros y de los de Tascaltecal comerían. Uno de ellos tomó unas tortas de pan de maíz y las arrojó hacia nosotros, diciendo: «Tomad y comed, si tenéis hambre, que nosotros ninguna tenemos». Y comenzaron luego a gritar y pelear con nosotros.

Y como mi venida a esta ciudad de Tacuba había sido principalmente para hacer plática con los de Temixtitan y saber qué voluntad tenían, y mi estada allí no aprovechaba ninguna cosa, a cabo de los seis días acordé volverme a Tesuico para dar prisa en ligar y acabar los bergantines, para, por la tierra y por el agua, ponerles cerco. El día que partimos vinimos a dormir a la ciudad de Goatitan, de que arriba se ha hecho mención, y los enemigos no hacían sino seguirnos; y los de caballo, de cuando en cuando, revolvíamos sobre ellos, y así nos quedaban algunos entre las manos. Otro día comenzamos a caminar, y como los contrarios veían que nos veníamos, creían que por temor lo hacíamos, y juntóse gran número de ellos y comenzaron a seguirnos. Y, como yo vi esto, mandé a la gente de pie que se fuese adelante y que no se detuviesen; y que, en la rezaga de ellos, fuesen cinco de caballo; yo me quedé con veinte, y mandé a seis de caballo que se pusiesen en una cierta parte en celada, y otros seis en otra, y otros cinco en otra; y yo con otros tres en otra; y que, como los enemigos pasasen, pensando que todos íbamos juntos adelante, al oír mi apellido del señor Santiago, saliesen y les diesen por las espaldas. Y, cuando fue tiempo, salimos y comenzamos a alancear en ellos, y duró el alcance cerca de dos leguas, todas llanas como la palma, que fue muy hermosa cosa; y así murieron muchos de ellos a nuestras manos y a las de los indios nuestros amigos, y se quedaron, y nunca más nos siguieron. Nosotros no volvimos hasta alcanzar a la gente. Aquella noche dormimos en una gentil población que se dice

Aculman, que está dos leguas de la ciudad de Tesuico, adonde otro día nos partimos, y a mediodía entramos en ella, y fuimos muy bien recibidos del alguacil mayor que yo había dejado por capitán y de toda la gente; holgaron mucho con nuestra venida, porque desde el día que de allí habíamos partido nunca habían sabido de nosotros ni de lo que nos había sucedido, y estaban con muy grandísimo deseo de saberlo. Otro día que hubimos llegado, los señores y capitanes de la gente de Tascaltecal me pidieron licencia y se partieron para su tierra muy contentos y con algún despojo de los enemigos.

Dos días después de entrados en esta ciudad de Tesuico llegaron a mí ciertos indios mensajeros de los señores de Calco y dijéronme cómo les habían mandado que me hiciesen saber de su parte que los de México y Temixtitan iban sobre ellos a destruirlos, y que me rogaban les enviase socorro, como otras veces me lo habían pedido. Yo proveí luego de enviar con Gonzalo de Sandoval veinte de caballo y trescientos peones, al cual encargué mucho que se diese prisa y que, llegado, diese todo el favor y ayuda que fuese posible a aquellos vasallos de vuestra majestad y nuestros amigos. Llegado a Calco halló mucha gente junta, así de aquella provincia como de las de Guajocingo y Guacachula, que estaban esperando; y, dando orden en lo que se había de hacer, partieron y tomaron su camino para una población que se dice Guastepeque, donde estaba la gente de Culúa en guarnición y de donde hacían daño a los de Calco.

En un pueblo que estaba en el camino salió mucha gente de los contrarios; y, como nuestros amigos eran muchos y tenían en ventaja a los españoles y a los de caballo, todos juntos rompieron con ellos y desampararon el campo; matando en ellos, siguieron a los enemigos, y en aquel pueblo que está antes de Guastepeque reposaron aquella noche; y otro día se partieron. Ya que llegaban junto a la dicha población de Guastepeque, los de Culúa comenzaron a pelear con los españoles, pero en poco rato los desbarataron y, matando en ellos, los echaron fuera del pueblo; y los de caballo se apearon para dar de comer a sus caballos y aposentarse. Estando así descuidados, llegaron los enemigos hasta la plaza del aposento, apellidando y gritando muy fieramente, echando muchas piedras, varas y flechas; y los españoles dieron alarma; y ellos y nuestros amigos, dándose mucha prisa, salieron a ellos y los echaron fuera otra vez, y siguieron el alcance más de una legua y mataron muchos de los contrarios, y volvieron aquella noche bien cansados a Guastepeque, donde estuvieron reposando dos días.

En este tiempo el alguacil mayor supo cómo en un pueblo más adelante, que se dice Acapichtla, había mucha gente de guerra de los enemigos, y determinó ir allá a ver si se darían de paz y a requerirles con ella. Este pueblo era muy fuerte y puesto en una altura, en la cual no podían ser ofendidos por los de caballo; y, como llegaron los españoles, los del pueblo, sin esperar cosa alguna, comenzaron a pelear con ellos y desde lo alto echar muchas piedras. Aunque iba mucha gente de nuestros amigos con el dicho alguacil mayor, viendo la fortaleza de la villa no osaban acometer ni llegar a los contrarios. Como esto vio el dicho alguacil mayor y los españoles, determinaron morir o subirles por fuerza a lo alto del pueblo; y, con el apellido de señor Santiago, comenzaron a subir. Plugo a Nuestro Señor darles tanto esfuerzo que, aunque era mucha la ofensa y resistencia que se les hacía, les entraron, aunque hubo muchos heridos. Los indios nuestros amigos los siguieron, y, al verse vencidos los enemigos, fue tanta la matanza de ellos a manos de los nuestros y de los despeñados de lo alto, que todos los que allí se hallaron afirman que un río pequeño que cercaba casi aquel pueblo, por más de una hora, fue teñido en sangre; y les estorbó de beber por entonces, porque, como hacía mucho calor, tenían necesidad de ello. Dando conclusión a esto, dejando al fin estas dos poblaciones en paz, aunque bien castigadas por haberla al principio negado, el dicho alguacil mayor se volvió con toda la gente a Tesuico; y, crea vuestra católica majestad, que ésta fue una bien señalada victoria, donde los españoles mostraron singularmente su esfuerzo.

Como los de México y Temixtitan supieron que los españoles y los de Calco habían hecho tanto daño en su gente, acordaron enviar sobre ellos ciertos capitanes con mucha gente; y, como los de Calco tuvieron aviso de esto, enviaron a rogarme a mucha prisa que les enviase socorro. Yo torné luego a despachar al dicho alguacil mayor con cierta gente de pie y de caballo; pero cuando llegó ya los de Culúa y los de Calco se habían visto en el campo y habían peleado muy reciamente; plugo a Dios que los de Calco fueron vencedores y mataron muchos de los contrarios, y prendieron bien cuarenta personas de ellos, entre los cuales había un capitán de los de México y otros dos principales; los cuales todos entregaron los de Calco al dicho alguacil mayor para que me los trajese. Él me envió algunos de ellos y dejó consigo otros, porque, por seguridad de los de Calco, estuvo con toda la gente en un pueblo suyo que es frontera de los de México. Después que le pareció que no había necesidad de su estada, se volvió a Tesuico y trajo consigo a los otros prisioneros que le habían quedado. En medio tiempo tuvimos otros muchos arrebatos y reencuentros con los naturales de Culúa; y, por evitar prolijidad, dejo de especificar.

Como ya el camino para la Villa de la Vera Cruz desde esta ciudad de Tesuico estaba seguro y podían ir y venir por él, los de la villa tenían cada día nuevas de nosotros y nosotros de ellos, lo cual antes cesaba. Con un mensajero me enviaron ciertas ballestas, escopetas y pólvora, con que tuvimos grandísimo placer; y a los dos días me enviaron otro mensajero, con el cual me hicieron saber que al puerto habían llegado tres navíos y que traían mucha gente y caballos, y que luego los despacharían para acá; y, según la necesidad que teníamos, milagrosamente nos envió Dios este socorro.

Yo buscaba siempre, muy poderoso Señor, todas las maneras y formas que podía para atraer a nuestra amistad a estos de Temixtitan: lo uno, porque no diesen causa a que fuesen destruidos; lo otro, por descansar de los trabajos de todas las guerras pasadas; y, principalmente, porque de ello sabía que redundaba en servicio de vuestra majestad. Dondequiera que podía haber alguno de la ciudad, se lo tornaba a enviar, para amonestarlos y requerirles que se diesen de paz. El miércoles santo, que fue 27 de marzo del año 521, hice traer ante mí a aquellos principales de Temixtitan que los de Calco habían prendido, y díjeles si querían algunos de ellos ir a la ciudad y hablar de mi parte a los señores de ella y rogarles que no curasen de tener más guerra conmigo, y que se diesen por vasallos de vuestra majestad, como antes lo habían hecho; porque yo no los quería destruir, sino ser su amigo. Y aunque se les hizo de mal, porque tenían temor que, yéndoles con aquel mensaje, los matarían, dos de aquellos prisioneros se determinaron ir y pidieron una carta; y aunque ellos no habían de entender lo que en ella iba, sabían que entre nosotros se acostumbraba y que llevándola ellos los de la ciudad les darían crédito. Con las lenguas yo les di a entender lo que en la carta decía, que era lo que yo a ellos les había dicho. Así se partieron, y yo mandé a cinco de caballo que saliesen con ellos hasta ponerlos a salvo.

El sábado santo los de Calco y otros sus aliados y amigos me enviaron a decir que los de México venían sobre ellos, y me mostraron en un paño blando grande la figura de todos los pueblos que contra ellos venían y los caminos que traían, y me rogaban que, en todo caso, les enviase socorro. Yo les dije que de ahí a cuatro o cinco días se lo enviaría, y que si entre tanto se veían en necesidad me lo hiciesen saber y que yo los socorrería. Al tercer día de Pascua de Resurrección volviéronme a decir que me rogaban que brevemente fuese el socorro, porque a más andar se acercaban los enemigos. Yo les dije que quería irles a socorrer y mandé a pregonar que para el viernes siguiente estuviesen apercibidos veinticinco de caballo y trescientos hombres de pie.

El jueves anterior vinieron a Tesuico ciertos mensajeros de las provincias de Tazapan, Mascalcingo y Nauta y de otras ciudades que están en su comarca, y dijéronme que venían a darse por vasallos de vuestra majestad y a ser nuestros amigos, porque nunca habían matado ningún español ni se habían alzado contra el servicio de vuestra majestad; y trajeron cierta ropa de algodón. Yo se lo agradecí y les prometí que si eran buenos se les haría buen tratamiento, y así se volvieron contentos.

El viernes siguiente, que fue 5 de abril del dicho año 521, salí de esta ciudad de Tesuico con los treinta de caballo y los trescientos peones que estaban apercibidos, y dejé en ella otros veinte de caballo y otros trescientos peones, y por capitán a Gonzalo de Sandoval, alguacil mayor. Salieron conmigo más de veinte mil hombres de los de Tesuico, y en nuestra ordenanza fuimos a dormir a una población de Calco que se dice Talmanalco, donde fuimos bien recibidos y aposentados; allí, porque está una buena fuerza, después que los de Calco fueron nuestros amigos, siempre tenían gente de guarnición, pues es frontera de los de Culúa. Otro día llegamos a Calco a las nueve del día, y nos detuvimos más de hablar a los señores de allí y decirles mi intención, que era dar una vuelta en torno de las lagunas; porque creía que, acabada esta jornada, que importaba mucho, hallaría hechos los trece bergantines y aparejados para echarlos al agua. Hube hablado a los de Calco y partimos a vísperas; llegamos a una población suya, donde se juntaron con nosotros más de cuarenta mil hombres de guerra, nuestros amigos, y aquella noche dormimos allí. Porque los naturales de la dicha población me dijeron que los de Culúa me estaban esperando en el campo, mandé que al cuarto del alba toda la gente estuviese en pie y apercibida. Otro día, en oyendo misa, comenzamos a caminar, y yo tomé la delantera con veinte de caballo, y en la rezaga quedaron diez; pasamos por entre unas sierras muy ásperas.

A las dos después del mediodía llegamos a un peñol muy alto y agro, y encima de él había mucha gente de mujeres y niños y las laderas llenas de gente de guerra; comenzaron luego a dar muy grandes alaridos, haciendo muchas ahumadas y tirándonos con hondas y sin ellas muchas piedras, flechas y varas, de manera que, al llegarnos cerca, recibíamos mucho daño. Aunque habíamos visto que en el campo no nos habían osado esperar, me parecía, aunque era otro nuestro camino, que era poca cosa pasar adelante sin hacerles algún mal sabor; y porque no creyesen nuestros amigos que por cobardía lo dejábamos de hacer, comencé a dar una vista en torno al peñol, que había casi una legua, y ciertamente era tan fuerte que parecía locura querer ponernos a ganárselo; y aunque les pudiera poner cerco y hacerles darse por pura necesidad, yo no me podía detener.

Estando en esta confusión, determiné subir el risco en tres partes que yo había visto, y mandé a Cristóbal Corral, alférez de sesenta hombres de pie que yo traía siempre en mi compañía, que con su bandera acometiera y subiese por la parte más áspera, y que ciertos escopeteros y ballesteros le siguiesen. Juan Rodríguez de Villafuerte y Francisco Verdugo, capitanes, con su gente y con otros escopeteros y ballesteros, subiesen por otra parte. A Pedro Dircio y Andrés de Monjaraz, capitanes, acometiesen por la otra parte con algunos ballesteros y escopeteros; y que, al oír una escopeta, todos determinasen subir y hacer la victoria o morir.

Luego, en soltando la escopeta, comenzaron a subir y ganaron a los contrarios dos vueltas del peñol, que no pudieron subir más, porque con pies y manos no se podían tener, por la incomparable aspereza y agrura de aquel cerro. Echaban tantas piedras de lo alto y rodando que los pedazos que se quebraban hacían infinito daño; fue tan recia la ofensa de los enemigos que nos mataron dos españoles e hirieron más de veinte; en fin, en ninguna manera pudieron pasar de allí. Yo, viendo que era imposible hacer más de lo hecho y que se juntaban muchos de los contrarios en socorro de los del peñol —pues todo el campo estaba lleno de ellos—, mandé a los capitanes que se volviesen. Bajados los de caballo, arremetimos a los que estaban en lo llano y los echamos de todo el campo, alanceando y matando en ellos, durando el alcance más de hora y media. Como era mucha la gente, los de caballo se derramaron a una parte y a otra; después de recogidos, algunos me informaron que habían visto, obra de una legua de allí, otro peñol con mucha gente, pero que no era tan fuerte; y que por lo llano, cerca de él, había mucha población, y que no faltarían dos cosas que en este otro nos habían faltado: una, agua, que no la había acá; otra, que por no ser tan fuerte el cerro, no habría tanta resistencia y se podría, sin tanto peligro, tomar la gente. Con harta tristeza de no haber alcanzado victoria, partimos de allí y fuimos aquella noche a dormir cerca del otro peñol, donde pasamos gran trabajo y necesidad, porque tampoco hallamos agua, ni en todo aquel día la habíamos bebido nosotros ni los caballos; así, nos estuvimos aquella noche oyendo a los enemigos hacer mucho estruendo de atabales, bocinas y gritas.

Y, en siendo de día claro, ciertos capitanes y yo comenzamos a mirar el risco, el cual nos parecía casi tan fuerte como el otro, pero tenía dos padrastros más altos que no él, y no tan agros de subir, y en éstos estaba mucha gente de guerra para defenderlos. Y aquellos capitanes y yo, y otros hidalgos que allí estaban, tomamos nuestras rodelas y fuimos a pie hacia allí, no para más de ver la fuerza del peñol y por dónde se podría combatir; y la gente, como nos vio ir, aunque no les habíamos dicho cosa alguna, nos siguió. Y, como llegamos al pie del peñol, los que estaban en los padrastros de él creyeron que yo quería acometer por el medio, y desampararónlos por socorrer a los suyos. Y, como yo vi el desconcierto que habían hecho, y que, tomados aquellos dos padrastros, se les podía hacer mucho daño, sin hacer mucho bullicio mandé a un capitán que de presto subiese con su gente y tomase él un padrastro de aquellos más agro, que habían desamparado, y así fue hecho. Y yo, con la otra gente, comencé a subir el cerro arriba, allí donde estaba la mayor fuerza de la gente, y plugo a Dios que les gané una vuelta de él, y pusímonos en una altura que casi igualaba con lo alto de donde ellos peleaban, lo cual parecía que era cosa imposible poderles ganar, a lo menos sin infinito peligro. Y ya un capitán había puesto su bandera en lo más alto del cerro, y desde allí comenzó a soltar escopetas y ballestas en los enemigos. Y, como vieron el daño que recibían y, considerando el porvenir, hicieron señal de que se querían dar, y pusieron las armas en el suelo. Y como mi motivo sea siempre dar a entender a esta gente que no les queremos hacer mal ni daño por más culpados que sean, especialmente queriendo ellos ser vasallos de vuestra majestad —y es gente de tanta capacidad que todo lo entienden y conocen muy bien—, mandé que no se les hiciese más daño, y, llegados a hablarme, los recibí bien. Y, como vieron cuán bien con ellos se había hecho, hiciéronlo saber a los del otro peñol, los cuales, aunque habían quedado con victoria, determinaron de darse por vasallos de vuestra majestad y viniéronme a pedir perdón por lo pasado.

En esta población de cabe[7] el peñol estuve dos días, y de allí partí, y a las diez del día llegamos a Guastepeque, de que arriba he hecho mención, y en la casa de una huerta del señor de allí nos aposentamos todos, la cual huerta es la mayor y más hermosa y fresca que nunca se vio, porque tiene dos leguas de circuito, y por medio de ella va una muy gentil ribera de agua; y, de trecho a trecho, cantidad de dos tiros de ballesta, hay aposentamientos y jardines muy frescos, e infinitos árboles de diversas frutas, y muchas hierbas y flores olorosas, que cierto es cosa de admiración ver la gentileza y grandeza de toda esta huerta. Y aquel día reposamos en ella, donde los naturales nos hicieron el placer y servicio que pudieron. Y otro día partimos, y a las ocho horas del día llegamos a una buena población que se dice Yautepeque, en la cual estaban esperándonos mucha gente de guerra de los enemigos. Y, como llegamos, pareció que quisieron hacernos alguna señal de paz, o por el temor que tuvieron o por engañarnos; pero luego, en continente, sin más acuerdo, comenzaron a huir, desamparando su pueblo, y yo no curé de detenerme en él, y con los treinta de caballo dimos tras ellos bien dos leguas, hasta encerrarlos en otro pueblo que se dice Gilutepeque, donde alanceamos y matamos

---

[7] En el español del siglo XVI, "de cabe" o "a cabe" significaba "junto a", "al pie de" o "cerca de".

muchos. Y en este pueblo hallamos la gente muy descuidada, porque llegamos primero que sus espías, y murieron algunos, y tomáronse muchas mujeres y muchachos, y todos los demás huyeron. Yo estuve dos días en este pueblo, creyendo que el señor de él se viniera a dar por vasallo de vuestra majestad, y como nunca vino, cuando partí hice poner fuego al pueblo; y, antes que de él saliese, vinieron ciertas personas del pueblo antes dicho, que se dice Yautepeque, y rogáronme que lo perdonase, y que ellos se querían dar por vasallos de vuestra majestad. Yo los recibí de buena voluntad, porque en ellos se había hecho ya buen castigo.

Aquel día que partí, a las nueve del día llegué a vista de un pueblo muy fuerte que se llama Coadnabaced, y dentro de él había mucha gente de guerra; y era tan fuerte el pueblo y cercado de tantos cerros y barrancas —que algunas había de diez estados de hondura—, que no podía entrar ninguna gente de caballo salvo por dos partes, y éstas entonces no las sabíamos; y aun para entrar por aquéllas habíamos de rodear más de legua y media. También se podía entrar por puentes de madera, pero teníanlos alzados; y estaban tan fuertes y tan a su salvo, que, aunque fuéramos diez veces más, no nos tuvieran en nada. Y, llegándonos hacia ellos, tirándonos muchas varas, flechas y piedras, y estando así muy revueltos con nosotros, un indio de Tascaltecal pasó de tal manera que no le vieron, por un paso muy peligroso. Y, como los enemigos le vieron así de súbito, creyeron que los españoles les entraban por ahí; y así, ciegos y espantados, comenzaron a ponerse en huida, el indio tras ellos; y tres o cuatro mancebos míos y otros dos de una capitanía, como vieron pasar al indio, siguiéronle y pasaron de la otra parte.

Y YO, CON los de caballo, comencé a guiar hacia la sierra para buscar la entrada al pueblo, y los indios nuestros enemigos no hacían sino tirarnos varas y flechas, porque entre ellos y nosotros no había más de una barranca, como cava. Y, como estaban embebecidos en pelear con nosotros y éstos no habían visto los cinco españoles, llegan de improviso por las espaldas y comienzan a darles de cuchilladas; y, como los tomaron de tan sobresalto y sin pensamiento de que por las espaldas se les podía hacer alguna ofensa —porque ellos no sabían que los suyos habían desamparado el paso por donde los españoles y el indio habían pasado—, estaban espantados y no osaban pelear, y los españoles mataban en ellos; y, desde que cayeron en la burla, comenzaron a huir. Y ya nuestra gente de pie estaba dentro del pueblo y le comenzaban a quemar, y los enemigos todos a desampararle; y así, huyendo, se acogieron a la sierra, aunque murieron muchos de ellos, y los de caballo siguieron y mataron muchos. Y, después que hallamos por dónde entrar al pueblo —que sería mediodía—, aposentámonos en las casas de una huerta, porque lo hallamos ya casi todo quemado. Y, ya bien tarde, el señor y algunos otros principales, viendo que en cosa tan fuerte como su pueblo no se habían podido defender y temiendo que allá en la sierra los habíamos de ir a matar, acordaron de venirse a ofrecer por vasallos de vuestra majestad; y yo los recibí por tales, y prometiéronme de ahí en adelante ser siempre nuestros amigos. Estos indios y los otros que venían a darse por vasallos de vuestra majestad, después de haberles quemado y destruido sus casas y haciendas, nos dijeron que la causa por que venían tarde a nuestra amistad era porque pensaban que satisfacían sus culpas en consentir primero hacerles daño, creyendo que, hecho, teníamos después tanto enojo de ellos.

Aquella noche dormimos en aquel pueblo, y por la mañana seguimos nuestro camino por una tierra de pinales, despoblada y sin ninguna agua; la cual, y un puerto, pasamos con grandísimo trabajo y sin beber; tanto, que muchos de los indios que iban con nosotros perecieron de sed. Y, a siete leguas de aquel pueblo, en unas estancias, paramos aquella noche. Y, en amaneciendo, tomamos nuestro camino y llegamos a la vista de una gentil ciudad que se dice Suchimilco, que está edificada en la laguna dulce; y, como los naturales de ella estaban avisados de nuestra venida, tenían hechas muchas albarradas y acequias y alzados los puentes de todas las entradas de la ciudad —la cual está de Temixtitan a tres o cuatro leguas—, y estaba dentro mucha y muy lucida gente, y muy determinados de defenderse o morir. Llegados, y recogida toda la gente y puesta en mucha orden y concierto, yo me apeé de mi caballo y seguí con ciertos peones hacia una albarrada que tenían hecha, y detrás estaba infinita gente de guerra; y, como comenzamos a combatir la albarrada y los ballesteros y escopeteros les hacían daño, desampararónla, y los españoles se echaron al agua y pasaron adelante por donde hallaron tierra firme.

Y, en media hora que peleamos con ellos, les ganamos la principal parte de la ciudad, y, retraídos los contrarios por las calles del agua y en sus canoas, pelearon hasta la noche. Y unos movían paces, y otros, por eso, no dejaban de pelear; y moviéronlas tantas veces sin ponerlo por obra, que caímos en la cuenta de que lo hacían para dos efectos: el uno, para alzar sus haciendas en tanto que nos detenían con la paz; y el otro, por dilatar tiempo en tanto que les venía socorro de México y Temixtitan.

Este día nos mataron dos españoles porque se desmandaron los otros a robar, y viéronse con tanta necesidad, que nunca pudieron ser socorridos. Y, en la tarde, pensaron los enemigos que nos podrían atajar de manera que no pudiésemos salir de su ciudad con las vidas; y, junta mucha copia de ellos, determinaron de aguardarnos por la parte que nosotros habíamos entrado. Y, como los vimos tan súbito, espantámonos de ver su ardid y presteza; y seis de caballo y yo, que estábamos más a punto que los otros, arremetimos en medio de ellos. Y ellos, de temor de los caballos, pusiéronse en huida; y así salimos de la ciudad tras ellos, matando muchos, aunque nos vimos en harto aprieto, porque, como eran tan valientes hombres, muchos de ellos osaban esperar a los de caballo con sus espadas y rodelas. Y, como andábamos revueltos con ellos y había mucha prisa, el caballo en que yo iba se dejó caer de cansado; y, como algunos de los contrarios me vieron a pie, revolvieron sobre mí, y yo con la lanza comencé a defenderme de ellos; y un indio de los de Tascaltecal, como me vio en necesidad, llegóse a ayudarme, y él y un mozo mío que luego llegó levantaron el caballo.

Ya en esto llegaron los españoles, y los enemigos desampararon todo el campo; y yo, con los otros de caballo que entonces habían llegado, como estábamos muy cansados, nos volvimos a la ciudad. Aunque ya era casi noche y razón de reposar, mandé que todos los puentes alzados por donde iba el agua se cegasen con piedra y adobes que había allí, porque los de caballo pudiesen entrar y salir sin estorbo ninguno en la ciudad; y yo no partí de allí hasta que todos aquellos pasos malos quedaron muy bien aderezados, y, con mucho aviso y recaudo de velas, pasamos aquella noche.

Otro día, como todos los naturales de la provincia de México y Temixtitan sabían ya que estábamos en Suchimilco, acordaron de venir con gran poder, por el agua y por la tierra, a cercarnos, porque creían que no podíamos ya escapar de sus manos. Y yo me subí a una torre de sus ídolos para ver cómo venía la gente y por dónde nos podían acometer, para proveer en ello lo que nos conviniese. Y, ya que en todo había dado orden, llega por el agua una muy grande flota de canoas, que creo que pasaban de dos mil, y en ellas venían más de doce mil hombres de guerra; y por la tierra llegaba tanta multitud de gente, que todos los campos cubrían. Y los capitanes de ellos, que venían delante, traían sus espadas de las nuestras en las manos, y apellidando sus provincias decían: «México, México; Temixtitan, Temixtitan»; y decíanos muchas injurias, y nos amenazaban que nos habían de matar con aquellas espadas que nos habían tomado la otra vez en la ciudad de Temixtitan. Y, como ya había proveído dónde había de acudir cada capitán, y porque hacia la tierra firme había mucha copia de enemigos, salí a ellos con veinte de caballo y con quinientos indios de Tascaltecal; y repartímonos en tres partes, y mandéles que, desde que hubiesen rompido, se recogiesen al pie de un cerro que estaba media legua de allí, porque también había allí mucha gente de los enemigos. Y, como nos dividimos, cada escuadrón siguió a los enemigos por su cabo; y, después de desbaratados y alanceados y muertos muchos, recogímonos al pie del cerro, y yo mandé a ciertos peones criados míos, que me habían servido y eran bien sueltos, que por lo más agro del cerro trabajasen de subirlo, y que yo, con los de caballo, rodearía por detrás —que era más llano—, y los tomaríamos en medio.

Y así fue, que como los enemigos vieron que los españoles subían por el cerro, volvieron las espaldas, creyendo que iban a su salvo, y topan con nosotros —que seríamos quince de caballo— y comenzamos a dar en ellos, y los de Tascaltecal así mismo. Por manera que en poco espacio murieron más de quinientos de los enemigos, y todos los otros se salvaron y huyéronse a las sierras. Y los otros seis de caballo acertaron a ir por un camino muy ancho y llano, alanceando en los enemigos, y a media legua de Suchimilco dan sobre un escuadrón de gente muy lucida, que venía en su socorro, y desbaratáronlos y alancearon algunos. Y, ya que nos hubimos juntado todos los de caballo —que serían las diez del día—, volvimos a Suchimilco; y, a la entrada, hallé muchos españoles que deseaban mucho nuestra venida y saber lo que nos había sucedido, y contáronme cómo se habían visto en mucho aprieto, y habían trabajado todo lo posible por echar fuera a los enemigos, de los cuales había muerto mucha cantidad. Y diéronme dos espadas de las nuestras, que les habían tomado, y dijéronme cómo los ballesteros no tenían saetas ni almacén alguno. Y, estando en esto, antes que nos apeásemos, asomó por una calzada muy ancha un gran escuadrón de los enemigos con muy grandes alaridos; y de presto arremetimos a ellos, y, como de la una parte y de la otra de la calzada era todo agua, lanzáronse en ella, y así los desbaratamos. Y, recogida la gente, volvimos a la ciudad bien cansados, y mandéla quemar entera, excepto aquella donde estábamos aposentados. Y así estuvimos en esta ciudad tres días, que en ninguno de ellos dejamos de pelear; y, al cabo, dejándola toda quemada y adolada, partimos. Y cierto era mucho para ver, porque tenía muchas casas y torres de sus ídolos de cal y canto; y, por no alargarme, dejo de particularizar otras cosas bien notables de esta ciudad.

El día que partí, me salí fuera a una plaza que está en la tierra firme junto a esta ciudad, que es donde los naturales hacen sus mercados, y estaba dando orden cómo diez de caballo fuesen en la delantera y otros diez en medio de la gente de pie, y yo con otros diez en la rezaga. Y los de Suchimilco, como vieron que nos comenzábamos a ir, creyendo que de temor suyo era, llegan por nuestras espaldas con mucha grita, y los diez de caballo y yo volvimos a ellos, y seguímoslos hasta meterlos en el agua, en tal manera que no curaron más de nosotros; y así, nos volvimos nuestro camino. Y a las diez del día llegamos a la ciudad de Cuyoacán, que está de Suchimilco dos leguas, y de las ciudades de Temixtitan y Culuacán, Uchilubuzco e Ixtapalapa, y Cuitaguaca y Mizqueque —que todas están en el agua—, la más lejos de éstas está a una legua y media; y hallárnosla despoblada, y aposentámonos en la casa del señor, y aquí estuvimos el día que llegamos y otro. Y porque, en siendo acabados los bergantines, había de poner cerco a Temixtitan, quise primero ver la disposición de esta ciudad y las entradas y salidas, y por dónde los españoles podían ofender o ser ofendidos.

Y otro día que llegué, tomé cinco de caballo y doscientos peones, y me fui hasta la laguna —que estaba muy cerca— por una calzada que entra a la ciudad de Temixtitan, y vimos tan gran número de canoas por el agua, y en ellas gente de guerra, que era infinito. Y llegamos a una albarrada que tenían hecha en la calzada, y los peones comenzáronla a combatir; y, aunque fue muy recia y hubo mucha resistencia, e hirieron a diez españoles, al fin se la ganaron y mataron muchos de los enemigos, aunque los ballesteros y escopeteros quedaron sin pólvora y sin saetas. Desde allí vimos cómo iba la calzada derecha por el agua hasta dar a Temixtitan, bien legua y media, y ella, y la otra que va a dar a Iztapalapa, llenas de gente sin cuento; y, como yo hube considerado bien lo que convenía verse —porque aquí, en esta ciudad, había de estar una guarnición de gente de pie y de caballo—, hice recoger los nuestros; y así nos volvimos, quemando las casas y torres de sus ídolos. Y otro día nos partimos de esta ciudad a la de Tacuba, que está a dos leguas, y llegamos a las nueve del día, alanceando por unas partes y por otras, porque los enemigos salían de la laguna por dar en los indios que nos traían el fardaje, y hallábanse burlados; y así, nos dejaron ir en paz. Y porque, como he dicho, mi intención principal había sido procurar de dar vuelta a todas las lagunas, por calar y saber mejor la tierra, y también por socorrer aquellos nuestros amigos, no curé de pararme en Tacuba.

Y, COMO LOS DE Temixtitan —que está allí muy cerca, que casi se extiende la ciudad tanto que llega cerca de la tierra firme de Tacuba—como vieron que pasábamos adelante, cobraron mucho esfuerzo y, con gran denuedo, acometieron a dar en medio de nuestro fardaje; y, como los de caballo veníamos bien repartidos y todo por allí era llano, aprovechábamos bien de los contrarios, sin recibir los nuestros ningún peligro. Y como corríamos a unas partes y a otras, y como unos mancebos criados míos me seguían algunas veces, aquella vez dos de ellos no lo hicieron, y halláronse en parte donde los enemigos los llevaron, donde creemos que les darían muy cruel muerte, como acostumbraban; de que sabe Dios el sentimiento que hube, así por ser cristianos, como porque eran valientes hombres y le habían servido muy bien en esta guerra a vuestra majestad.

Y, salidos de esta ciudad, comenzamos a seguir nuestro camino por entre otras poblaciones cerca de allí, y alcanzamos a la gente, y allí supe entonces cómo los indios habían llevado aquellos mancebos;

y, por vengar su muerte, y porque los enemigos nos seguían con el mayor orgullo del mundo, yo, con veinte de caballo, me puse detrás de unas casas en celada; y, como los indios veían a los otros diez con toda la gente y fardaje ir adelante, no hacían sino seguirlos por un camino adelante —que era muy ancho y muy llano—, no temiéndose cosa alguna. Y, como vimos pasar ya algunos, yo apellidé en nombre del apóstol Santiago, y dimos en ellos muy reciamente. Y, antes que se nos metiesen en las acequias que había, habíamos matado a más de cien principales muy lúcidos, y no curaron más de seguirnos. Este día fuimos a dormir dos leguas adelante de Coatinchan, bien cansados y mojados, porque había llovido mucho aquella tarde, y hallárnosla despoblada. Y otro día llegamos a las doce del día a una ciudad que se dice Aculman, que es del señorío de la ciudad de Tesuico, donde fuimos aquella noche a dormir; y fuimos los españoles bien recibidos, y se holgaron con nuestra venida como de la salvación, porque después que me había partido de allí, no habían sabido nada de mí hasta aquel día que llegamos, y habían tenido muchos arrebatos en la ciudad. Los naturales de ella les decían cada día que los de México y Temixtitan habían de venir sobre ellos en tanto que yo por allí andaba, y así se concluyó, con la ayuda de Dios, esta jornada, y fue muy gran cosa, y en que vuestra majestad recibió mucho servicio, de muchas causas que adelante se dirán.

Al tiempo que yo, muy poderoso e invictísimo Señor, estaba en la ciudad de Temixtitan —luego a la primera vez que a ella vine—, proveí, como en la otra relación hice saber a vuestra majestad, que en dos o tres provincias aparejadas para ello se hiciesen para vuestra majestad ciertas casas de granjerías, en que hubiesen labranzas y otras cosas, conforme a la calidad de aquellas provincias. Y a una de ellas, que se dice Chinanta, envié para ello dos españoles; y esta provincia no está sujeta a los naturales de Culúa, y en las otras que lo eran, al tiempo que me daban guerra en la ciudad de Temixtitan, mataron a los que estaban en aquellas granjerías y tomaron lo que en ellas había, que era cosa muy gruesa, según la manera de la tierra. Y de estos españoles que estaban en Chinanta se pasó casi un año que no supe de ellos, porque como todas aquellas provincias estaban rebeladas, ni ellos podían saber de nosotros, ni nosotros de ellos. Y estos naturales de la provincia de Chinanta, como eran vasallos de vuestra majestad y enemigos de los de Culúa, dijeron a aquellos cristianos que de ninguna manera saliesen de su tierra, porque nos habían dado los de Culúa mucha guerra, y creían que pocos o ningunos de nosotros estábamos vivos. Y así, se estuvieron estos dos españoles en aquella tierra, y al uno de ellos, que era mancebo y hombre para guerra, hiciéronle su capitán; y en este tiempo salía con ellos a dar guerra a sus enemigos, y las más de las veces él y los de Chinanta eran vencedores. Y, como después plugo a Dios que nosotros nos volvimos a rehacer y tener algunas victorias contra los enemigos que nos habían desbaratado y echado de Temixtitan, estos de Chinanta dijeron a aquellos cristianos que en la provincia de Tepeaca había españoles, y que si querían saber la verdad, que ellos querían aventurar dos indios, aunque habían de pasar por mucha tierra de sus enemigos; pero que andarían de noche y fuera del camino hasta llegar a Tepeaca. Y con aquellos dos indios, el uno de aquellos españoles —que era el más hombre de bien— escribió una carta, cuyo tenor es el siguiente:

«Nobles señores: dos o tres cartas he escrito a vuestras mercedes, y no sé si han aportado allá o no; y, pues de aquéllas no he tenido respuesta, también pongo en duda tenerla de ésta. Hágoos, señores, saber cómo todos los naturales de esta tierra de Culúa andan levantados y de guerra, y muchas veces nos han acometido; pero siempre, loores a Nuestro Señor, hemos sido vencedores. Y con los de Tuxtepeque y su parcialidad de Culúa cada día tenemos guerra; los que están al servicio de sus altezas y por sus vasallos son siete villas de los Tenez, y yo y Nicolás siempre estamos en Chinanta, que es su cabecera. Mucho quisiera saber dónde está el capitán para poderle escribir y hacer saber las cosas de acá. Y, si por ventura me escribiérais de dónde él está, y me enviáreis veinte o treinta españoles, iría con dos principales de aquí, que tienen deseo de ver y hablar al capitán, y sería bien que viniese, porque, como es tiempo ahora de coger el cacao, estorban los de Culúa con las guerras. Nuestro Señor guarde las nobles personas de vuestras mercedes, como desean. —De Chinantla, a no sé cuántos del mes de abril de 1521. A servicio de vuestras mercedes. Hernando de Barrientos.»

Y como los dos indios llegaron con esta carta a la dicha provincia de Tepeaca, el capitán que yo allí había dejado con ciertos españoles enviómela luego a Tesuico; y, recibida, todos recibimos mucho placer, porque, aunque siempre habíamos confiado en la amistad de los de Chinanta, teníamos pensamiento que, si se confederaban con los de Culúa, habrían muerto aquellos dos españoles. A los cuales yo luego escribí, dándoles cuenta de lo pasado, y que tuviesen esperanza, que, aunque estaban cercados de todas partes por los enemigos, presto, placiendo a Dios, se verían libres y podrían salir y entrar seguros.

Después de haber dado vueltas a las lagunas —en que tomamos muchos avisos para poner cerco a Temixtitan por la tierra y por el agua—, yo estuve en Tesuico, forneciéndome lo mejor que pude de gente y de armas, y dando prisa en que se acabasen los bergantines y una zanja que se hacía para llevarlos por ella hasta la laguna. La cual zanja se comenzó a hacer luego que la ligazón y tablazón de los bergantines se trajeron en una acequia de agua, que iba por cabe los aposentamientos hasta dar en la laguna. Y desde donde los bergantines ligaron y la zanja se comenzó a hacer, hay bien media legua hasta la laguna; y en esta obra anduvieron, cincuenta días, más de ocho mil personas cada día, de los naturales de las provincias de Aculuacan y Tesuico, porque la zanja tenía más de dos estados de hondura y otros tantos de anchura, e iba toda chapada y estacada, por manera que el agua que por ella iba la pusieron en el peso de la laguna, de forma que las fustas se podían llevar sin peligro y sin trabajo hasta el agua; que cierto fue obra grandísima y mucho para ver.

Y, acabados los bergantines y puestos en esta zanja, a 28 de abril del dicho año hice alarde de toda la gente y hallé ochenta y seis de caballo, ciento dieciocho ballesteros y escopeteros, setecientos y tantos peones de espada y rodela, tres tiros gruesos de hierro, quince tiros pequeños de bronce y diez quintales de pólvora. Acabado de hacer el dicho alarde, yo encargué y encomendé mucho a todos los españoles que guardasen y cumpliesen las ordenanzas que yo había hecho para las cosas de la guerra, en todo cuanto les fuese posible, y que se alegrasen y esforzasen mucho, porque veían que Nuestro Señor nos encaminaba para hacer victoria de nuestros enemigos; porque bien sabían que, cuando habíamos entrado en Tesuico, no habíamos traído más de cuarenta de caballo, y que Dios nos había socorrido mejor que lo habíamos pensado, y habían venido navíos con los caballos, gente y armas que habían visto. Y que esto, y principalmente ver que peleábamos en favor y aumento de nuestra fe y por reducir al servicio de vuestra majestad tantas tierras y provincias como se le habían rebelado, les había de poner mucho ánimo y esfuerzo para vencer o morir. Y todos respondieron y mostraron tener para ello muy entera voluntad y deseo; y aquel día del alarde pasamos con mucho placer y deseo de vernos ya sobre el cerco y dar conclusión a esta guerra, de que dependía toda la paz o desasosiego de estas partes.

Otro día siguiente, envié mensajeros a las provincias de Tascaltecal, Guajocingo y Chururtecal a hacerles saber cómo los bergantines estaban acabados, y que yo y toda la gente estábamos apercibidos y de camino para ir a cercar la gran ciudad de Temixtitan; por tanto, que les rogaba, pues que ya por mí estaban avisados y tenían su gente apercibida, que con toda la más, y bien armada que pudiesen, se partiesen y viniesen a Tesuico, donde yo los esperaría diez días; y que en ninguna manera se excediesen de esto, porque sería un gran desvío para lo que estaba concertado. Y, como llegaron los mensajeros y los naturales de aquellas provincias estaban apercibidos y con mucho deseo de verse con los de Culúa, Guajocingo y Chururtecal se vinieron a Calco —porque yo se lo había así mandado, porque por allí había de entrar a poner el cerco—. Y los capitanes de Tascaltecal, con toda su gente, bien lucida y muy armada, llegaron a Tesuico cinco o seis días antes de Pascua de Espíritu Santo —que fue el tiempo que yo les asigné—; y, como aquel día supe que venían cerca, salilos a recibir con mucho placer; y ellos venían tan alegres y bien ordenados que no podía ser mejor. Y, según la cuenta que los capitanes nos dieron, pasaban de cincuenta mil hombres de guerra, los cuales fueron por nosotros muy bien recibidos y aposentados.

EL SEGUNDO DÍA de Pascua mandé salir a toda la gente de pie y de caballo a la plaza de esta ciudad de Tesuico, para ordenarla y dar a los capitanes la que habían de llevar para tres guarniciones de gente que se habían de poner en tres ciudades que están en torno a Temixtitan. Y de una guarnición hice capitán a Pedro de Alvarado, y le di treinta de caballo, dieciocho ballesteros y escopeteros, y ciento cincuenta peones de espada y rodela, más veinticinco mil hombres de guerra de los de Tascaltecal; y éstos habían de asentar su real en la ciudad de Tacuba.

De la otra guarnición hice capitán a Cristóbal de Olid, al cual di treinta y tres de caballo, dieciocho ballesteros y escopeteros, ciento sesenta peones de espada y rodela, y más de veinte mil hombres de guerra de nuestros amigos; y éstos habían de asentar su real en la ciudad de Cuyoacán.

De la tercera guarnición hice capitán a Gonzalo de Sandoval, alguacil mayor, y díle veinticuatro de caballo, cuatro escopeteros y trece ballesteros, y ciento cincuenta peones de espada y rodela, cincuenta de ellos mancebos escogidos que yo traía en mi compañía, y toda la gente de Guajocingo, Chururtecal y Calco —que había más de treinta mil hombres—; y éstos habían de ir por la ciudad de Iztapalapa a destruirla, y pasar adelante por una calzada de la laguna, en favor y espaldas de los bergantines, y juntarse con la guarnición de Cuyoacán, para que, después que yo entrase con los bergantines por la laguna, el dicho alguacil mayor asentase su real donde le pareciese que convenía.

Para los trece bergantines con que yo había de entrar por la laguna, dejé trescientos hombres, todos los más gente de mar y bien diestra, de manera que en cada bergantín iban veinticinco españoles, y cada fusta llevaba su capitán y veedor, y seis ballesteros y escopeteros.

Dada la orden susodicha, los dos capitanes que habían de estar con la gente en las ciudades de Tacuba y Cuyoacán, después de haber recibido las instrucciones de lo que habían de hacer, partieron de Tesuico a diez días del mes de mayo, y fueron a dormir a dos leguas y media de allí, a una población buena que se dice Aculman. Y aquel día supe cómo entre los capitanes había habido cierta diferencia sobre el aposentamiento, y proveí luego —esta noche— para remediarlo y poner paz; y yo envié una persona para ello, que los reprehendió y apaciguó. Y, otro día de mañana, partieron de allí, y fueron a dormir a otra población que se dice Gilotepeque, la cual hallaron despoblada, porque era ya tierra de los enemigos. Y, otro día siguiente, siguieron su camino en su ordenanza, y fueron a dormir a una ciudad que se dice Guatitlan —de que antes de esto he hecho relación a vuestra majestad—, la cual asimismo hallaron despoblada; y aquel día pasaron por otras dos ciudades y poblaciones que tampoco hallaron gente en ellas. A hora de vísperas entraron en Tacuba, que también estaba despoblada, y aposentáronse en las casas del señor de allí, que son muy hermosas y grandes; y, aunque era ya tarde, los naturales de Tascaltecal dieron una vista por la entrada de dos calzadas de la ciudad Temixtitan, y pelearon dos o tres horas valientemente con los de la ciudad; y, como la noche los despartió, volviéronse sin ningún peligro a Tacuba.

Otro día de mañana, los dos capitanes acordaron, como yo les había mandado, de ir a quitar el agua dulce que por caños entraba a la ciudad de Temixtitan; y uno de ellos, con veinte de caballo y ciertos ballesteros y escopeteros, fue al nacimiento de la fuente, que estaba un cuarto de legua de allí, y cortó y quebró los caños —que eran de madera y de cal y canto—, y peleó reciamente con los de la ciudad, que se lo defendían por la mar y por la tierra; al fin los desbarató, y dio conclusión a lo que iba, que era quitarles el agua dulce que entraba a la ciudad, que fue muy gran ardid.

Este mismo día, los capitanes hicieron aderezar algunos malos pasos, puentes y acequias que estaban por allí alrededor de la laguna, porque los de caballo pudiesen libremente correr por una parte y por otra. Y, hecho esto —en que se tardaría tres o cuatro días—, en los cuales se hubieron muchos reencuentros con los de la ciudad, en que fueron heridos algunos españoles y muertos hartos de los enemigos, les ganaron muchas albarradas y puentes; y hubo hablas y desafíos entre los de la ciudad y los naturales de Tascaltecal, que eran cosas bien notables y para ver. El capitán Cristóbal de Olid, con la gente que había de estar en guarnición en la ciudad de Cuyoacán —que está a dos leguas de Tacuba—, partió, y el capitán Pedro de Alvarado se quedó en guarnición con su gente en Tacuba, donde cada día tenía escaramuzas y peleas con los indios. Y aquel día que Cristóbal de Olid partió para Cuyoacán, él y la gente llegaron a las diez del día y aposentáronse en las casas del señor de allí, y hallaron despoblada la ciudad. Y, otro día de mañana, fueron a dar una vista a la calzada que entra en Temixtitan, con hasta veinte de caballo y algunos ballesteros, y con seis o siete mil indios de Tascaltecal, y hallaron muy apercibidos los contrarios, y rota la calzada y hechas muchas albarradas; y pelearon con ellos, y los ballesteros hirieron y mataron algunos; y esto continuó seis o siete días, que en cada uno de ellos hubo muchos reencuentros y escaramuzas.

Y una noche, a medianoche, llegaron ciertas velas de los de la ciudad a gritar cerca del real, y las velas de los españoles apellidaron al arma; y salió la gente, y no hallaron ninguno de los enemigos, porque desde muy lejos del real habían dado la grita, la cual les había puesto en algún temor. Y como la gente de los nuestros estaba dividida en tantas partes, los de las dos guarniciones deseaban mi llegada con los bergantines como la salvación; y con esta esperanza estuvieron allí pocos días, hasta que yo llegué, como adelante diré. Y en estos seis días, los de un real y del otro se juntaban cada día, y los de caballo corrían la tierra —como estaban cerca los unos de los otros—, y siempre alanceaban muchos de los enemigos, y de la sierra cogían mucho maíz para sus reales, que es el pan y mantenimiento de estas partes, y hace mucha ventaja a los de las islas.

En los capítulos precedentes dije cómo yo me quedaba en Tesuico con trescientos hombres y los trece bergantines, porque, en sabiendo que las guarniciones estaban en los lugares donde habían de asentar sus reales, yo me embarcase y diese una vista a la ciudad e hiciese algún daño en las canoas. Y aunque yo deseaba mucho irme por la tierra, por dar orden en los reales, como los capitanes eran personas de quien se podía muy bien fiar lo que tenían entre manos, y lo de los bergantines importaba mucha importancia, y se requerían gran concierto y cuidado, determiné meterme en ellos, porque la más aventura y riesgo era el que se esperaba por el agua; aunque por las personas principales de mi compañía me fue requerido en forma que me fuese con las guarniciones, porque ellos pensaban que ellas llevaban lo más peligroso. Otro día después de la fiesta de Corpus Christi, viernes, al cuarto del alba hice salir de Tesuico a Gonzalo de Sandoval, alguacil mayor, con su gente, y que se fuese derecho a la ciudad de Iztapalapa, que estaba de allí a seis leguas pequeñas; y poco más de mediodía llegaron a ella y comenzaron a quemarla y a pelear con la gente de ella. Y como vieron el gran poder que el alguacil mayor llevaba —porque iban con él más de treinta y cinco o cuarenta mil hombres, nuestros amigos—, acogiéronse al agua en sus canoas, y el alguacil mayor, con toda la gente que llevaba, se aposentó en aquella ciudad, y estuvo en ella aquel día, esperando lo que yo le había de mandar y me sucedía.

Como hube despachado al alguacil mayor, luego me metí en los bergantines, y nos hicimos a la vela y al remo; y, al tiempo que el alguacil mayor combatía y quemaba la ciudad de Iztapalapa, llegamos a vista de un cerro grande y fuerte que está cerca de la dicha ciudad, y todo en el agua, y estaba muy fuerte, habiendo mucha gente en él, así de los pueblos de alrededor de la laguna como de Temixtitan, porque ya ellos sabían que el primer reencuentro había de ser con los de Iztapalapa, y estaban allí para defensa suya y para ofendernos si pudiesen. Y como vieron llegar la flota, comenzaron a apellidar y hacer grandes ahumadas para que todas las ciudades de las lagunas lo supiesen y estuviesen apercibidas. Y aunque mi motivo era ir a combatir la parte de la ciudad de Iztapalapa que está sobre el agua, revolvimos sobre aquel cerro o peñol, y salté en él con ciento cincuenta hombres, aunque era muy agro y alto; con mucha dificultad comenzamos a subir y, por fuerza, les tomamos las albarradas que en alto tenían hechas para su defensa. Y entrámoslos de tal manera, que ninguno de ellos se escapó, excepto las mujeres y niños; y en este combate me hirieron veinticinco españoles, pero fue muy hermosa victoria.

Como los de Iztapalapa habían hecho ahumadas desde unas torres de ídolos que estaban en un cerro muy alto junto a su ciudad, los de Temixtitan y de las otras ciudades que estaban en el agua conocieron que yo entraba ya por la laguna con los bergantines, y de improviso juntóse tan gran flota de canoas para venirnos a acometer y a tentar qué cosa eran los bergantines, que, a lo que pudimos juzgar, pasaban de quinientas canoas. Y como yo vi que traían su derrota derecha a nosotros, yo y la gente que habíamos saltado en aquel cerro grande nos embarcamos a mucha prisa, y mandé a los capitanes de los bergantines que en ninguna manera se moviesen, para que los de las canoas se determinasen a acometernos y creyesen que nosotros, de temor, no osábamos salir a ellos; y así comenzaron, con mucho ímpetu, a encaminar su flota hacia nosotros. Pero, a obra de dos tiros de ballesta, reparáronse y estuvieron quedos; y como yo deseaba mucho que el primer reencuentro que con ellos tuviésemos fuese de mucha victoria, y se hiciese de manera que ellos cobrasen mucho temor de los bergantines —porque la llave de toda la guerra estaba en ellos, y donde ellos podían recibir más daño, y aun nosotros también, era por el agua—, plugo a Nuestro Señor que, estándonos mirando los unos a los otros, vino un viento de tierra muy favorable para embestir contra ellos; y luego mandé a los capitanes que rompiesen por la flota de las canoas y siguiesen tras ellos hasta encerrarlos en la ciudad de Temixtitan. Y como el viento era muy bueno, quebramos infinitas canoas y matamos y ahogamos muchos de los enemigos, que era la cosa del mundo más para ver. Y en este alcance los seguimos bien tres leguas grandes, hasta encerrarlos en las casas de la ciudad; y así plugo a Nuestro Señor darnos mayor y mejor victoria de la que nosotros habíamos pedido y deseado.

Los de la guarnición de Cuyoacán —que podían mejor que los de la ciudad de Tacuba ver cómo veníamos con los bergantines—, como vieron todas las trece velas por el agua, y que traíamos tan buen tiempo y que desbaratábamos todas las canoas de los enemigos, según después me certificaron, fue la cosa del mundo de que más placer hubieron y que más ellos deseaban; porque, como he dicho, ellos y los de Tacuba tenían muy gran deseo de mi venida, y con mucha razón, porque estaba una guarnición y otra entre tanta multitud de enemigos, que milagrosamente los animaba Nuestro Señor y enflaquecía los ánimos de los enemigos para que no se determinasen a salir a acometerlos a su real; lo cual, si fuera, no pudiera ser menos de recibir los españoles mucho daño, aunque siempre estaban muy apercibidos y determinados de morir o ser vencedores, como aquellos que se hallaban apartados de toda manera de socorro, salvo de aquel que de Dios esperaban.

Así como los de las guarniciones de Cuyoacán nos vieron seguir las canoas, tomaron su camino —y los más, de caballo y de pie que allí estaban— para la ciudad de Temixtitan, y pelearon muy reciamente con los indios que estaban en la calzada, y les ganaron las albarradas que tenían hechas, y les tomaron y pasaron, a pie y a caballo, muchos puentes que tenían quitados; y, con el favor de los bergantines, que iban cerca de la calzada, los indios de Tascaltecal, nuestros amigos, y los españoles seguían a los enemigos; y de ellos mataban, y de ellos se echaron al agua de la otra parte de la calzada, por donde no iban los bergantines. Así fueron, con esta victoria, más de una gran legua por la calzada, hasta llegar donde yo había parado con los bergantines, como abajo haré relación.

Con los bergantines fuimos bien tres leguas dando caza a las canoas; las que se nos escaparon allegáronse entre las casas de la ciudad; y como era ya después de vísperas, mandé recoger los bergantines, y llegamos con ellos a la calzada; y allí determiné de saltar en tierra con treinta hombres por ganarles unas dos torres de sus ídolos, pequeñas, que estaban cercadas con su cerca baja de cal y canto. Y como saltamos, allí pelearon con nosotros muy reciamente, por defendérnoslas; y al fin, con harto peligro y trabajo, se las ganamos. Y luego hice sacar en tierra tres tiros de hierro grueso que yo traía. Y porque lo que restaba de la calzada desde allí a la ciudad —que era media legua— estaba todo lleno de los enemigos, y, de una parte y otra de la calzada —que era agua—, todo lleno de canoas con gente de guerra, hice asestar un tiro de aquellos, y tiró por la calzada adelante e hizo mucho daño en los enemigos; y, por descuido del artillero, en aquel mismo punto que tiró se nos quemó la pólvora que allí teníamos, aunque era poca. Y luego proveí esa noche un bergantín que fuese a Iztapalapa —donde estaba el alguacil mayor, que sería a dos leguas de allí— y trajese toda la pólvora que había. Y aunque al principio mi intención era, luego que entrase con los bergantines, irme a Cuyoacán y dejar proveído cómo anduviesen a mucho recaudo, haciendo todo el mayor daño que pudiesen, como aquel día salté allí en la calzada y les gané aquellas dos torres, determiné asentar allí el real y que los bergantines se estuviesen allí junto a las torres, y que la mitad de la gente de Cuyoacán y otros cincuenta peones de los del alguacil mayor se viniesen allí otro día.

Y, proveído esto, aquella noche estuvimos a mucho recaudo, porque estábamos en gran peligro; y toda la gente de la ciudad acudía allí por la calzada a dar sobre nuestro real, y cierto nos pusieron en gran temor y rebato, en especial porque era de noche, y nunca ellos a tal tiempo suelen acometer, ni se ha visto que de noche hayan peleado, salvo con mucha sobra de victoria. Y como nosotros estábamos muy apercibidos, comenzamos a pelear con ellos; y desde los bergantines —porque cada uno traía un tiro pequeño de campo— comenzaron a soltarlos, y los ballesteros y escopeteros a hacer lo mismo; y de esta manera no osaron llegar más delante, ni llegaron tanto que nos hiciesen ningún daño; y así, nos dejaron lo que quedó de la noche sin acometernos más.

Otro día, en amaneciendo, llegaron al real de la calzada donde yo estaba quince ballesteros y escopeteros, y cincuenta hombres de espada y rodela, y siete u ocho de caballo, de los de la guarnición de Cuyoacán; y ya cuando ellos llegaron, los de la ciudad, en canoas y por la calzada, peleaban con nosotros, y era tanta la multitud que, por el agua y por la tierra, no veíamos sino gente, y daban tantas gritas y alaridos, que parecía que se hundía el mundo. Y nosotros comenzamos a pelear con ellos por la calzada adelante, y les ganamos un puente que tenían quitado y una albarrada que tenían hecha a la entrada; y con los tiros y con los de caballo hicimos tanto daño en ellos, que casi los encerramos hasta las primeras casas de la ciudad. Y porque, de la otra parte de la calzada —como los bergantines no podían pasar— andaban muchas canoas y nos hacían daño con flechas y varas que nos tiraban a la calzada, hice romper un pedazo de ella, junto a nuestro real, e hice pasar de la otra parte cuatro bergantines, los cuales, como pasaron, encerraron todas las canoas entre las casas de la ciudad, en tal manera que no osaban por ninguna vía salir a lo largo. Y, por la otra parte de la calzada, los otros ocho bergantines peleaban con las canoas y las encerraron entre las casas, y entraron por entre ellas; aunque hasta entonces no lo habían podido hacer, porque había muchos bajos y estacas que les estorbaban; y, como hallaron canales por donde entrar seguros, peleaban con los de las canoas, y tomaron algunas de ellas, y quemaron muchas casas del arrabal. Y aquel día todo despendimos en pelear de la manera ya dicha.

Otro día siguiente, el alguacil mayor, con la gente que tenía en Iztapalapa —así españoles como nuestros amigos—, partió para Cuyoacán; y desde allí hasta la tierra firme viene una calzada que dura obra de legua y media. Y como el alguacil mayor comenzó a caminar, a obra de un cuarto de legua llegó a una ciudad pequeña —que también está en el agua, y por muchas partes de ella se puede andar a caballo—, y los naturales de allí comenzaron a pelear con él, y él los desbarató y mató muchos, y les destruyó y quemó la ciudad. Y porque yo había sabido que los indios habían roto mucho de la calzada y la gente no podía pasar bien, enviéle dos bergantines para que los ayudasen a pasar, de los cuales hicieron puente, por donde los peones pasaron. Y después que hubieron pasado, se fueron a aposentar a Cuyoacán; y el alguacil mayor, con diez de caballo, tomó el camino de la calzada donde teníamos nuestro real, y cuando llegó hallónos peleando; y él y los que venían con él se apearon y comenzaron a pelear con los de la calzada, con quien nosotros andábamos revueltos. Y como el dicho alguacil mayor comenzó a pelear, los contrarios le atravesaron un pie con una vara; y aunque a él y a otros algunos nos hirieron aquel día, con los tiros gruesos y con las ballestas y escopetas hicimos mucho daño en ellos; en tal manera que ni los de las canoas ni los de la calzada osaban llegarse tanto a nosotros, y mostraban más temor y menos orgullo que el que solían. Y de esta manera estuvimos seis días, en que cada día teníamos combate con ellos; y los bergantines iban quemando alrededor de la ciudad todas las casas que podían, y descubrieron canal por donde podían entrar alrededor, y por los arrabales de la ciudad, y llegar a lo grueso de ella; que fue cosa muy provechosa, e hizo cesar la venida de las canoas, que ya no osaba asomar ninguna a un cuarto de legua de nuestro real.

Otro día, Pedro de Alvarado —que estaba por capitán de la gente que estaba en guarnición en Tacuba— me hizo saber cómo, por la otra parte de la ciudad, por una calzada que va a unas poblaciones de tierra firme, y por otra pequeña que estaba junto a ella, los de Temixtitan entraban y salían cuando querían; y que creía que, viéndose en aprieto, se habían de salir todos por allí, aunque yo deseaba más su salida que no ellos, porque mucho mejor nos pudiésemos aprovechar de ellos en la tierra firme que no en la fortaleza grande que tenían en el agua. Pero, porque estuviesen del todo cercados y no se pudiesen aprovechar en cosa alguna de la tierra firme, aunque el alguacil mayor estaba herido, le mandé que fuese a asentar su real a un pueblo pequeño a donde iba a salir una de aquellas calzadas; el cual partió con veintitrés de caballo, cien peones y dieciocho ballesteros y escopeteros, y me dejó otros cincuenta peones de los que yo traía en mi compañía, y, en llegando —que fue otro día—, asentó su real donde yo le mandé. Y desde allí adelante la ciudad de Temixtitan quedó cercada por todas las partes que, por calzadas, podían salir a la tierra firme.

Yo tenía, muy poderoso Señor, en el real de la calzada, doscientos peones españoles, en que había veinticinco ballesteros y escopeteros —éstos, sin la gente de los bergantines, que eran más de doscientos cincuenta—. Y como teníamos algo encerrados a los enemigos, y teníamos mucha gente de guerra de nuestros amigos, determiné de entrar por la calzada a la ciudad todo lo más que pudiese, y que los bergantines, al fin, de una parte y de la otra, se estuviesen para hacernos espaldas. Y mandé que algunos de caballo y peones de los que estaban en Cuyoacán se viniesen al real para que entrasen con nosotros, y que diez de caballo se quedasen a la entrada de la calzada, haciendo espaldas a nosotros, y algunos que quedaban en Cuyoacán; porque los naturales de las ciudades de Suchimilco, Culuacán, Iztapalapa, Chilobusco, Mexicalcingo, Cuitaguacad y Mizquique —que están en el agua— estaban rebelados y eran en favor de los de la ciudad, y queriendo éstos tomarnos las espaldas, estábamos seguros con los diez o doce de caballo que yo mandaba andar por la calzada, y otros tantos que siempre estaban en Cuyoacán, y más de diez mil indios amigos nuestros.

ASIMISMO, MANDÉ al alguacil mayor y a Pedro de Alvarado que, por sus estancias, acometiesen aquel día a los de la ciudad, porque yo quería por mi parte ganarles todo lo que más pudiese. Así, salí por la mañana del real, y seguimos a pie por la calzada adelante, y luego hallamos a los enemigos en defensa de una quebradura que tenían hecha en ella, tan ancha como una lanza y otro tanto de hondura; y en ella tenían hecha una albarrada, y peleamos con ellos, y ellos con nosotros, muy valientemente. Y al fin se la ganamos, y seguimos por la calzada adelante hasta llegar a la entrada de la ciudad, donde estaba una torre de sus ídolos, y, al pie de ella, un puente muy grande alzado, y por ella atravesaba una calle de agua muy ancha, con otra muy fuerte albarrada. Y como llegamos, comenzaron a pelear con nosotros.

Pero, como los bergantines estaban de una parte y otra, ganámosla sin peligro —lo cual fuera imposible sin ayuda de ellos—. Y como comenzaron a desamparar la albarrada, los de los bergantines saltaron en tierra, y nosotros pasamos el agua, y también los de Tascaltecal, Guaxocingo, Calco y Texcuco, que eran más de ochenta mil hombres.

Y, entre tanto que cegábamos con piedra y adobes aquel puente, los españoles ganaron otra albarrada que estaba en la calle, que es la principal y más ancha de toda la ciudad; y, como aquella no tenía agua, fue muy fácil de ganar, y siguieron el alcance tras los enemigos por la calle adelante hasta llegar a otro puente que tenían alzado, salvo una viga ancha por donde pasaban. Y, puestos a salvo por ella y por el agua, quitáronla de presto; y, de la otra parte del puente, tenían hecha otra gran albarrada de barro y adobes. Y como llegamos a ella y no pudimos pasar sin echarnos al agua —y esto era muy peligroso— los enemigos peleaban muy valientemente. De una y otra parte de la calle había infinitos de ellos peleando con mucho corazón desde las azoteas; y como se llegaron copia de ballesteros y escopeteros, y tirábamos con dos tiros por la calle adelante, les hacíamos mucho daño. Y como lo conocimos, ciertos españoles se lanzaron al agua y pasaron a la otra parte; y duró en ganarse más de dos horas. Y como los enemigos los vieron pasar, desampararon la albarrada y las azoteas, y pónense en huida por la calle adelante; y así, deshacer la albarrada. Y en tanto, los españoles y los indios, nuestros amigos, siguieron el alcance por la calle adelante bien dos tiros de ballesta, hasta otra puente que está junto a la plaza de los principales aposentamientos de la ciudad; y este puente no le tenían quitado ni tenían hecha albarrada en él, porque ellos no pensaron que aquel día se les ganara ninguna cosa de lo que se les ganó, ni aun nosotros pensamos que fuera la mitad. Y a la entrada de la plaza asestóse un tiro, y con él recibían mucho daño los enemigos —que eran tantos que no cabían en ella—; y los españoles, como vieron que allí no había agua, de donde se suele recibir peligro, determinaron entrarles la plaza.

Como los de la ciudad vieron su determinación puesta en obra, y vieron mucha multitud de nuestros amigos, y aunque ellos, sin nosotros, no tenían ningún temor, vuelven las espaldas, y los españoles y nuestros amigos dan en pos de ellos, hasta encerrarlos en el circuito de sus ídolos, el cual es cercado de cal y canto; y, como en la otra relación se habrá visto, tiene tan gran circuito como una villa de cuatrocientos vecinos. Y éste fue luego desamparado de ellos, y los españoles y nuestros amigos se lo ganaron y estuvieron en él y en las torres un buen rato. Y como los de la ciudad vieron que no había gente de caballo, volvieron sobre los españoles, y por fuerza los echaron de las torres y de todo el patio y circuito, en que se vieron en muy gran aprieto y peligro; y como iban más que retrayéndose, hicieron rostro debajo de los portales del patio. Y como los enemigos los aquejaban tan reciamente, los desampararon y se retrajeron a la plaza, y de allí los echaron por fuerza hasta meterlos por la calle adelante, de tal manera, que el tiro que allí estaba lo desampararon. Los españoles, como no podían sufrir la fuerza de los enemigos, se retrajeron con mucho peligro —el cual, de hecho, recibieron—, sino que plugo a Dios que en aquel punto llegaron tres de caballo, y entraron por la plaza adelante; y como los enemigos lo vieron, creyeron que eran más y comenzaron a huir, y mataron algunos de ellos, y les ganaron el patio y circuito que arriba dije. Y en la torre más principal y alta de él, que tiene ciento y tantas gradas hasta llegar a lo alto, hiciéronse fuertes allí diez o doce indios principales de los de la ciudad; y cuatro o cinco españoles subiéronla por fuerza, y, aunque ellos se defendían bien, se las ganaron y los mataron a todos.

Después vinieron otros cinco o seis de caballo, y ellos y los otros echaron una celada en que mataron más de treinta de los enemigos. Como ya era tarde, yo mandé recoger la gente y que se retrajese; y, al retraer, cargaba tanta multitud de los enemigos, que, si no fuera por los de caballo, fuera imposible no recibir mucho daño los españoles. Pero como todos aquellos malos pasos de la calle y calzada, donde se esperaba el peligro, al tiempo del retraer yo los tenía muy bien adobados y aderezados, y los de caballo podían por ellos muy bien entrar y salir, y como los enemigos venían dando en nuestra retaguardia, los de caballo revolvían sobre ellos, que siempre alanceaban o mataban algunos; y, como la calle era muy larga, hubo lugar de hacerse esto cuatro o cinco veces. Aunque los enemigos veían que recibían daño, venían los perros tan rabiosos, que en ninguna manera los podíamos detener ni que nos dejasen de seguir. Y todo el día se gastara en esto, sino que ya ellos tenían tomadas muchas azoteas que salen a la calle, y los de caballo recibían, a esta causa, mucho peligro. Y así, nos fuimos por la calzada adelante a nuestro real, sin peligrar ningún español, aunque hubo algunos heridos; y dejamos puesto fuego a las más y mejores casas de aquella calle, porque, cuando otra vez entrásemos, desde las azoteas no nos hiciesen daño. Este mismo día, el alguacil mayor y Pedro de Alvarado pelearon, cada uno por su estancia, muy reciamente con los de la ciudad, y al tiempo del combate estaríamos los unos de los otros a legua y media y a una legua, porque se extiende tanto la población de la ciudad, que aún disminuye la distancia que hay; y nuestros amigos que estaban con ellos, que eran infinitos, pelearon muy bien y se retrajeron aquel día sin recibir ningún daño.

En este comedio, don Hernando, señor de la ciudad de Tesuico y provincia de Aculuacan —de que arriba he hecho relación a vuestra majestad—, procuraba atraer a todos los naturales de su ciudad y provincia, y especialmente los principales, a nuestra amistad, porque aún no estaban tan confirmados en ella como después lo estuvieron. Y cada día venían al dicho don Hernando muchos señores y hermanos suyos, con determinación de ser en nuestro favor y pelear con los de México y Temixtitan; y como don Hernando era muchacho, y tenía mucho amor a los españoles y conocía la merced que en nombre de vuestra majestad se le había hecho en darle tan gran señorío —habiendo otros que le precedían en el derecho de él—, trabajaba cuanto le era posible en que todos sus vasallos viniesen a pelear con los de la ciudad, y ponerse en los peligros y trabajos que nosotros; y habló con sus hermanos —que eran seis o siete, todos mancebos bien dispuestos— y díjoles que les rogaba que con toda la gente de su señorío viniesen a ayudarme. Y a uno de ellos, que se llama Istlisuchil —que es de edad de veintitrés o veinticuatro años, muy esforzado, amado y temido de todos—, envióle por capitán, y llegó al real de la calzada con más de treinta mil hombres de guerra, muy bien aderezados a su manera; y a los otros dos reales irían otros veinte mil. Y yo los recibí alegremente, agradeciéndoles su voluntad y obra.

Bien podrá vuestra cesárea majestad considerar si era buen socorro y amistad la de don Hernando, y lo que sentirían los de Temixtitan en ver venir contra ellos a los que ellos tenían por vasallos y por amigos, y por parientes y hermanos, y aun padres e hijos.

De ahí a dos días el combate de esta ciudad se dio, como arriba he dicho; y venida ya esta gente en nuestro socorro, los naturales de la ciudad de Suchimilco —que está en el agua— y ciertos pueblos de Utumíes —que es gente serrana y de más copia que los de Suchimilco, y eran esclavos del señor de Temixtitan—, se vinieron a ofrecer y dar por vasallos de vuestra majestad, rogándome que les perdonase la tardanza. Yo los recibí muy bien y holgué mucho de su venida, porque si algún daño podrían recibir los de Cuyoacán era de aquellos.

Como por el real de la calzada donde yo estaba habíamos quemado, con los bergantines, muchas casas de los arrabales de la ciudad, y no osaban asomar canoa alguna por todo aquello, parecióme que para nuestra seguridad bastaba tener en torno de nuestro real siete bergantines; y por esto acordé de enviar al real del alguacil mayor y al de Pedro de Alvarado tres bergantines a cada uno; y encomendé mucho a los capitanes de ellos que, porque por la parte de aquellos dos reales los de la ciudad se aprovechaban mucho de la tierra en sus canoas y metían agua y frutas y maíz y otras vituallas, corriesen de noche y de día los unos y los otros de un real al otro; y que, además de esto, aprovecharían mucho para hacer espaldas a la gente de los reales todas las veces que quisiesen entrar a combatir la ciudad.

Y así, se fueron estos seis bergantines a los otros dos reales, que fue cosa necesaria y provechosa, porque cada día y cada noche hacían con ellos saltos maravillosos y tomaban muchas canoas y gente de los enemigos.

Proveído esto, y venida en nuestro socorro y de paz la gente que arriba he hecho mención, habléles a todos y díjeles cómo yo determinaba entrar a combatir la ciudad al cabo de dos días; por tanto, que todos viniesen para entonces muy a punto de guerra, y que en aquello conocería si eran nuestros amigos; y ellos prometieron cumplirlo así.

Y otro día hice aderezar y apercibir la gente, y escribí a los reales y bergantines lo que tenía acordado y lo que habían de hacer.

Otro día por la mañana, después de haber oído misa, e informados los capitanes de lo que habían de hacer, yo salí de nuestro real con quince o veinte de caballo y trescientos españoles, y con todos nuestros amigos —que era infinita gente—; y, yendo por la calzada adelante, a tres tiros de ballesta del real estaban ya los enemigos esperándonos, con muchos alaridos. Y como en los tres días antes no se les había dado combate, habían deshecho cuanto habíamos cegado del agua, y teníanlo mucho más fuerte y peligroso de ganar que antes; y los bergantines llegaron por una parte y otra de la calzada; y, como con ellos no se podía llegar muy bien cerca de los enemigos, con los tiros y escopetas y ballestas hacíanles mucho daño. Y, conociéndolo, saltan en tierra y ganan la albarrada y puente, y comenzamos a pasar de la otra parte y a dar en pos de los enemigos; los cuales luego se fortalecían en los otros puentes y albarradas que tenían hechas, las cuales —aunque con más trabajo y peligro que la otra vez— les ganamos, y los echamos de toda la calle y de la plaza de los aposentamientos grandes de la ciudad. De allí mandé que no pasasen los españoles, porque yo, con la gente de nuestros amigos, andaba cegando con piedra y adobes todo el agua, que era tanto de hacer que, aunque para ello ayudaban más de diez mil indios, cuando se acabó de aderezar era ya hora de vísperas; y en todo este tiempo siempre los españoles y nuestros amigos andaban peleando y escaramuzando con los de la ciudad, y echándoles celadas, en que murieron muchos de ellos. Y yo, con los de caballo, anduve un rato por la ciudad, y alanceábamos, por las calles donde no había agua, los que alcanzábamos, de manera que los teníamos retraídos y no osaban llegar a lo firme.

Viendo que estos de la ciudad estaban rebeldes y mostraban tanta determinación de morir o defenderse, colegí de ello dos cosas: una, que habíamos de haber poca o ninguna riqueza que nos habían tomado; y otra, que daban ocasión y nos forzaban a que totalmente los destruyésemos. Y de esta postrera tenía más sentimiento y me pesaba en el alma, y pensaba qué forma tenía para atemorizarlos de manera que viniesen en conocimiento de su yerro y del daño que podían recibir de nosotros; y no hacía sino quemarles y derrocarles las torres de sus ídolos y sus casas. Y porque lo sintiesen más, este día hice poner fuego a estas casas grandes de la plaza, donde la otra vez que nos echaron de la ciudad los españoles y yo estábamos aposentados, que eran tan grandes que un príncipe, con más de seiscientas personas de su casa y servicio, se podría aposentar en ellas; y otras que estaban junto a ellas, que aunque algo menores eran mucho más frescas y gentiles, y tenía en ellas Mutezuma todos los linajes de aves que en estas partes había. Y aunque a mí me pesó mucho aquello, porque a ellos les pesaba mucho más, determiné quemarlas; de lo que los enemigos mostraron harto pesar, y también los otros sus aliados de las ciudades de la laguna; porque éstos ni otros nunca pensaron que nuestra fuerza bastara a entrarles tanto en la ciudad, y esto les puso harto desmayo.

Puesto fuego a estas casas, porque ya era tarde, recogí la gente para volvernos a nuestro real; y como los de la ciudad veían que nos retraíamos, cargaban infinitos de ellos y venían con mucho ímpetu dándonos en la retaguardia. Y como toda la calle estaba buena para correr, los de caballo volvíamos sobre ellos y alanceábamos, de cada vuelta, muchos de ellos; y por eso no dejaban de venirnos dando grita a las espaldas. Este día sintieron y mostraron mucho desmayo, especialmente viendo entrar por su ciudad —quemándola y destruyéndola y peleando con ellos— los de Tesuico, Calco y Suchimilco, y los otumíes, y nombrándose cada uno de dónde era; y por otra parte, los de Tascaltecal, que ellos y los otros les mostraban los de su ciudad hechos pedazos, diciéndoles que los habían de cenar aquella noche y almorzar otro día, como de hecho lo hacían. Así nos vinimos a nuestro real a descansar, porque aquel día habíamos trabajado mucho; y los siete bergantines que yo tenía entraron aquel día por las calles del agua de la ciudad y quemaron mucha parte de ella. Los capitanes de los otros reales y los seis bergantines pelearon muy bien aquel día; y de lo que les acaeció me pudiera muy bien alargar, y por evitar prolijidad lo dejo, más de que con victoria se retrajeron a sus reales sin recibir peligro ninguno.

Otro día siguiente, luego por la mañana, después de haber oído misa, torné a la ciudad por la misma orden, con toda la gente, porque los contrarios no tuviesen lugar de descegar los puentes y hacer las albarradas; y, por bien que madrugamos, de las tres partes y calles de agua que atraviesan la calle que va del real hasta las casas grandes de la plaza, las dos de ellas estaban como los días antes, que fueron muy recias de ganar; y tanto, que duró el combate desde las ocho hasta la una después del mediodía, en que se gastaron casi todas las saetas, almacén y pelotas que los ballesteros y escopeteros llevaban. Y crea vuestra majestad que era sin comparación el peligro en que nos veíamos todas las veces que les ganábamos estos puentes, porque, para ganarlos, era forzado echarse a nado los españoles y pasar a la otra parte; y esto no podían ni osaban hacer muchos, porque a cuchilladas y a botes de lanza resistían los enemigos que no saliesen de la otra parte. Pero como ya por los lados no tenían azoteas de donde nos hiciesen daño, y de esta otra parte los asaeteábamos —porque estábamos los unos de los otros a un tiro de herradura—, y los españoles tomaban de cada día mucho más ánimo y determinaban de pasar, y también porque veían que mi determinación era aquélla, y que, cayendo o levantando, no se había de hacer otra cosa.

Parecerá a vuestra majestad que, pues tanto peligro recibíamos en el ganar estos puentes y albarradas, éramos negligentes —ya que las ganábamos— en no sostenerlos, por no tornar cada día de nuevo a vernos en tanto peligro y trabajo, que sin duda era grande. Y cierto, así parecerá a los ausentes; pero sabrá vuestra majestad que en ninguna manera se podía hacer, porque, para ponerse así en efecto, se requerían dos cosas: o que el real pasáramos allí, a la plaza y circuito de las torres de los ídolos, o que gente guardara los puentes por las noches; y de lo uno y de lo otro se recibiera gran peligro, y no había posibilidad para ello. Porque, teniendo el real en la ciudad, cada noche y cada hora —como ellos eran muchos y nosotros pocos— nos dieran mil rebatos y pelearan con nosotros, y fuera el trabajo incomportable, pudiendo darnos por muchas partes. Pues guardar las puentes gente de noche: quedaban los españoles tan cansados de pelear el día, que no se podía sufrir poner gente en guarda de ellos; y a esta causa nos era forzado ganarlas de nuevo cada día que entrábamos en la ciudad. Aquel día, como se tardó mucho en ganar aquellos puentes y en tornarlos a cegar, no hubo lugar de hacer más, salvo que por otra calle principal que va a dar a la ciudad de Tacuba se ganaron otros dos puentes y se cegaron, y se quemaron muchas y buenas casas de aquella calle; y con esto se llegó la tarde y hora de retraernos, donde recibíamos siempre poco menos peligro que en el ganar de los puentes.

Porque, en viéndonos retraer, era tan cierto cobrar los de la ciudad tanto esfuerzo, que no parecía sino que habían habido toda la victoria del mundo y que nosotros íbamos huyendo; y para este retraer era necesario estar las puentes bien cegadas, y lo cegado igual al suelo de las calles, de manera que los de caballo pudiesen libremente correr a una parte y a otra. Y así, en el retraer, como ellos venían tan golosos tras nosotros, algunas veces fingíamos ir huyendo, y revolvíamos los de caballo sobre ellos, y siempre tomábamos doce o trece de aquellos más esforzados; y con esto, y con algunas celadas que siempre les echábamos, continuo llevaban lo peor; y, cierto, verlo era cosa de admiración. Porque, por más notorio que les era el mal y daño que al retraer de nosotros recibían, no dejaban de seguirnos hasta vernos fuera de la ciudad.

Y con esto nos volvimos a nuestro real; y los capitanes de los otros reales me hicieron saber cómo aquel día les había sucedido muy bien, y habían matado mucha gente por el mar y por la tierra. Y el capitán Pedro de Alvarado, que estaba en Tacuba, me escribió que había ganado dos o tres puentes; porque, como era en la calzada que sale del mercado de Temixtitan a Tacuba, y los tres bergantines que yo le había dado podían llegar por una de las partes a zabordar en la misma calzada, no había tenido tanto peligro como los días pasados; y por aquella parte de Pedro de Alvarado había más puentes y más quebrados en la calzada, aunque había menos azoteas que por las otras partes.

En todo este tiempo, los naturales de Iztapalapa, Oichilobuzco, Mexicacingo, Culuacán, Mizquique y Cuitaguaca —que, como he hecho relación, están en la laguna dulce— nunca habían querido venir de paz, ni tampoco en todo este tiempo habíamos recibido ningún daño de ellos; y como los de Calco eran muy leales vasallos de vuestra majestad y veían que nosotros teníamos bien que hacer con los de la gran ciudad, juntáronse con otras poblaciones que están alrededor de las lagunas, y hacían todo el daño que podían a aquellos del agua. Y ellos, viendo cómo cada día habíamos victoria contra los de Temixtitan, y por el daño que recibían y podían recibir de nuestros amigos, acordaron venir; y llegaron a nuestro real, y rogáronme que les perdonase lo pasado, y que mandase a los de Calco y a sus vecinos que no les hiciesen más daño. Y yo les dije que me placía, y que no tenía enojo de ellos, salvo de los de la ciudad; y que, para que creyesen que su amistad era verdadera, les rogaba que —porque mi determinación era de no levantar el real hasta tomar, por paz o por guerra, a los de la ciudad, y ellos tenían muchas canoas para ayudarme— hiciesen apercibir todas las que pudiesen, con toda la más gente de guerra que en sus poblaciones había, para que por el agua viniesen en nuestra ayuda de ahí en adelante. Y también les rogaba que —porque los españoles tenían pocas y ruines chozas, y era tiempo de muchas aguas— hiciesen en el real todas las más casas que pudiesen, y que trajesen canoas para traer adobes y madera de las casas de la ciudad que estaban más cercanas al real. Y ellos dijeron que las canoas y gente de guerra estaban apercibidas para cada día; y en el hacer de las casas sirvieron tan bien, que de una parte y de la otra, de las dos partes de la calzada donde yo estaba aposentado, hicieron tantas, que desde la primera casa hasta la postrera habría más de tres o cuatro tiros de ballesta. Y vea vuestra majestad qué tan ancha puede ser la calzada que va por lo más hondo de la laguna, que de una parte y de la otra iban estas casas, y quedaba en medio hecha calle, que muy a placer, a pie y a caballo, íbamos y veníamos por ella; y había a la continua en el real, con españoles e indios que le servían, más de dos mil personas, porque toda la otra gente de guerra, nuestros amigos, se aposentaban en Cuyoacán —que está a legua y media del real—; y también estos de estas poblaciones nos proveían de algunos mantenimientos, de que teníamos harta necesidad, especialmente de pescado y de cerezas, que hay tantas, que pueden bastecer, en cinco o seis meses que duran, a doblada gente de la que en esta tierra hay.

Como dos o tres días arreo habíamos entrado por la parte de nuestro real en la ciudad, sin otros tres o cuatro que habíamos entrado, y siempre teníamos victoria contra los enemigos, y con los tiros, ballestas y escopetas matábamos infinitos, pensábamos que de cada hora se movieran a acometernos con la paz, la cual deseábamos como a la salvación. Y ninguna cosa nos aprovechaba para atraerlos a este propósito; y por ponerlos en más necesidad, y ver si los podía constreñir de venir a la paz, propuse de entrar cada día en la ciudad y combatirles con la gente que llevaba por tres o cuatro partes, e hice venir toda la gente de aquellas ciudades del agua en sus canoas; y aquel día, por la mañana, había en nuestro real más de cien mil hombres, nuestros amigos.

Mandé que los cuatro bergantines, con la mitad de las canoas, que serían hasta mil quinientas, fuesen por una parte; y que los tres, con otras tantas, fuesen por otra y corriesen toda la más de la ciudad en torno, y quemasen e hiciesen todo el más daño que pudiesen. Yo entré por la calle principal adelante, y hallárnosla toda desembarazada hasta las casas grandes de la plaza, que ninguna de las puentes estaba abierta, y pasé adelante a la calle que va a salir a Tacuba, en que había otros seis o siete puentes.

De allí proveí que un capitán entrase por otra calle con sesenta o setenta hombres, y seis de caballo fuesen a las espaldas para asegurarlos; y con ellos iban más de diez o doce mil indios, nuestros amigos. Mandé a otro capitán que por otra calle hiciese lo mismo; y yo, con la gente que me quedaba, seguí por la calle de Tacuba adelante, y ganamos tres puentes, los cuales se cegaron, y dejamos para otro día los otros, porque era tarde y se pudiesen mejor ganar. Yo deseaba mucho que toda aquella calle se ganase, porque la gente del real de Pedro de Alvarado se comunicase con la nuestra y pasasen de un real a otro, y los bergantines hiciesen lo mismo. Y este día fue de mucha victoria, así por el agua como por la tierra, y húbose algún despojo de los de la ciudad. En los reales del alguacil mayor y Pedro de Alvarado se hubo también mucha victoria.

Otro día siguiente volví a entrar en la ciudad por la orden que el día pasado, y diónos Dios tanta victoria que por las partes donde yo entraba con la gente no parecía que había ninguna resistencia; y los enemigos se retraían tan reciamente, que parecía que les teníamos ganadas las tres cuartas partes de la ciudad, y también por el real de Pedro de Alvarado les daban mucha prisa. Y sin duda, el día pasado y este, yo tenía por cierto que vinieran de paz, de la cual yo siempre, con victoria y sin ella, hacía todas las muestras que podía. Y nunca por eso en ellos hallábamos alguna señal de paz; y aquel día nos volvimos al real con mucho placer, aunque no nos dejaba de pesar en el alma por ver tan determinados de morir a los de la ciudad.

En estos días pasados, Pedro de Alvarado había ganado muchas puentes, y por sustentarlas y guardarlas ponía velas de pie y de caballo de noche en ellas, y la otra gente se iba al real, que estaba tres cuartos de legua de allí. Y porque este trabajo era insoportable, acordó de pasar el real al cabo de la calzada que va a dar al mercado de Temixtitán, que es una plaza harto mayor que la de Salamanca, y toda cercada de portales a la redonda. Y para llegar a ella no le faltaba de ganar sino otras dos o tres puentes, que eran muy anchas y peligrosas de ganar; y así estuvo algunos días que siempre peleaba y había victoria.

Y aquel día que digo en el capítulo anterior a éste, como veía que los enemigos mostraban flaqueza y que por donde yo estaba les daba muy continuos y recios combates, cebóse tanto en el sabor de la victoria y de las muchas puentes y albarradas que les había ganado, que determinó pasarlas y ganar una puente en que había más de sesenta pasos deshechos de la calzada, todo de agua, de hondura de estado y medio y dos. Y como acometieron aquel mismo día, y los bergantines ayudaron mucho, pasaron el agua y ganaron la puente, y siguen tras los enemigos, que iban puestos en huida.

Pedro de Alvarado daba mucha prisa en que se cegase aquel paso, porque pasasen los de caballo, y también porque cada día, por escrito y por palabra, yo le amonestaba que no ganasen un palmo de tierra sin que quedase muy seguro para entrar y salir los de caballo, porque éstos hacían la guerra. Y como los de la ciudad vieron que no había más de cuarenta o cincuenta españoles de la otra parte, y algunos amigos nuestros, y que los de caballo no podían pasar, revuelven sobre ellos tan de súbito, que los hicieron volver las espaldas y echar al agua; y tomaron vivos tres o cuatro españoles, que luego fueron sacrificados, y mataron algunos amigos nuestros.

Al fin, Pedro de Alvarado se retrajo a su real; y como aquel día yo llegué al nuestro y supe lo que había acaecido, fue la cosa del mundo que más me pesó, porque era ocasión de dar esfuerzo a los enemigos y creer que en ninguna manera les osaríamos entrar. La causa por que Pedro de Alvarado quiso tomar aquel mal paso fue, como digo, ver que había ganado mucha parte de la fuerza de los indios, y que ellos mostraban alguna flaqueza; y principalmente porque la gente de su real le importunaba que ganasen el mercado, porque ganado, era casi toda la ciudad tomada, y toda su fuerza y esperanza de los indios estaban allí. Y como los del dicho real de Alvarado veían que yo continuaba mucho los combates de la ciudad, creían que yo había de ganar primero que ellos el dicho mercado; y como estaban más cerca de él que nosotros, tenían por caso de honra no ganarle primero.

Y por esto el dicho Pedro de Alvarado era muy importunado, y lo mismo me acaecía a mí en nuestro real, porque todos los españoles me ahincaban muy recio que por una de tres calles que iban a dar al dicho mercado entrásemos, porque no teníamos resistencia, y ganado aquel, teníamos menos trabajo. Yo disimulaba por todas las vías que podía por no hacerlo, aunque les encubría la causa; y esto era por los inconvenientes y peligros que se me representaban, porque para entrar en el mercado había infinitas azoteas, puentes y calzadas rotas, y en tal manera, que en cada casa por donde habíamos de ir estaba hecho como isla en medio del agua.

Como aquella tarde que llegué al real supe del desbarato de Pedro de Alvarado, otro día de mañana acordé de ir a su real para reprenderle lo pasado y para ver lo que habían ganado, y en qué parte había pasado el real, y para avisarle de lo que fuese necesario para su seguridad y ofensa de los enemigos. Y como yo llegué a su real, sin duda me espanté de lo mucho que estaba metido en la ciudad y de los malos pasos y puentes que les había ganado; y, visto, no le reputé tanta culpa como antes parecía tener. Y platicado acerca de lo que había de hacer, me volví a nuestro real aquel día.

Pasado esto, yo hice algunas entradas en la ciudad por las partes que solía, y combatían los bergantines y canoas por dos partes, y yo por la ciudad por otras cuatro, y siempre habíamos victoria, y se mataba mucha gente de los contrarios, porque cada día venía gente sin número en nuestro favor. Y yo dilataba de meterme más adentro de la ciudad: lo uno, por ver si revocarían el propósito y dureza que los contrarios tenían; y lo otro, porque nuestra entrada no podía ser sin mucho peligro, porque ellos estaban muy juntos y fuertes y muy determinados a morir.

Y como los españoles veían tanta dilación en esto, y que había más de veinte días que nunca dejaban de pelear, importunábanme en gran manera, como arriba he dicho, de que entrásemos y tomásemos el mercado; porque, ganado, a los enemigos les quedaba poco lugar por donde defenderse, y que si no se quisiesen dar, de hambre y sed se morirían, porque no tenían qué beber sino agua salada de la laguna. Y como yo me excusaba, el tesorero de Vuestra Majestad me dijo que todo el real afirmaba aquello y que lo debía de hacer. A él y a otras personas de bien que allí estaban les respondí que su propósito y deseo era muy bueno, y yo lo deseaba más que nadie, pero que lo dejaba de hacer por lo que con importunación me hacía decir: que aunque él y otras personas lo hiciesen como buenos, como en aquellos días se ofrecía mucho peligro, habría otros que no lo hiciesen. Y al fin, tanto me forzaron, que yo concedí que se haría en este caso lo que yo pudiese, concertándose primero con la gente de los otros reales.

Otro día me junté con algunas personas principales de nuestro real, y acordamos de hacer saber al alguacil mayor y a Pedro de Alvarado cómo al día siguiente habíamos de entrar en la ciudad y trabajar de llegar al mercado; y escribíles lo que ellos habían de hacer por la otra parte de Tacuba. Y además de escribírselo, para que mejor fuesen informados, envíeles dos criados míos para que les avisasen de todo el negocio. Y la orden que habían de tener era que el alguacil mayor se viniese con diez de caballo, cien peones y quince ballesteros y escopeteros al real de Pedro de Alvarado; y que en el suyo quedasen otros diez de caballo, y que dejase concertado con ellos que otro día, que había de ser el combate, se pusiesen en celada tras unas casas, y que hiciesen alzar todo su fardaje, como que levantaban el real, porque la ciudad saliese tras ellos y la celada les diese en las espaldas. Y que el dicho alguacil mayor, con los tres bergantines que tenían y con los otros tres de Pedro de Alvarado, ganasen aquel paso malo donde desbarataron a Pedro de Alvarado, y diesen mucha prisa en cegarlo, y que pasasen adelante, y que en ninguna manera se alejasen ni ganasen un paso sin dejarlo primero ciego y aderezado. Y que, si pudiesen sin mucho riesgo y peligro ganar hasta el mercado, que lo trabajasen mucho, porque yo había de hacer lo mismo; que mirasen que, aunque esto les enviaba a decir, no era para obligarlos a ganar un paso solo de que les pudiese venir algún desbarato o desmán; y esto les avisaba porque conocía de sus personas que habían de poner el rostro donde yo les dijese, aunque supieran perder las vidas.

Despachados aquellos dos criados míos con estos recados, fueron al real y hallaron en él a los dichos alguacil mayor y a Pedro de Alvarado, a los cuales significaron todo el caso según que acá en nuestro real lo teníamos concertado. Y porque ellos habían de combatir por una sola parte y yo por muchas, envíeles a decir que me enviasen setenta u ochenta hombres de a pie para que otro día entrasen conmigo, los cuales, con aquellos dos criados míos, vinieron aquella noche a dormir a nuestro real, como yo les había enviado a mandar.

Dada la orden ya dicha, otro día, después de haber oído misa, salieron de nuestro real los siete bergantines con más de tres mil canoas de nuestros amigos, y yo con veinticinco de caballo y con la gente que tenía y los setenta hombres del real de Tacuba, seguimos nuestro camino y entramos en la ciudad. A la cual llegados, yo repartí la gente de esta manera: había tres calles, desde lo que teníamos ganado, que iban a dar al mercado, al cual los indios llaman Tianguizco, y a todo aquel sitio donde está llámanle Tlaltelulco. Y la una de estas tres calles era la principal, que iba a dicho mercado, y por ella dije al tesorero y contador de Vuestra Majestad que entrasen con setenta hombres y con más de quince o veinte mil amigos nuestros, y que en la retaguardia llevasen siete u ocho de caballo; y como fuesen ganando las puentes y albarradas, las fuesen cegando. Llevaban una docena de hombres con sus azadones, y más nuestros amigos, que eran los que hacían al caso para el cegado de las puentes.

LAS OTRAS DOS calles van desde la calle de Tacuba a dar al mercado, y son más angostas y de más calzadas y puentes y calles de agua. Y por la más ancha de ellas mandé a dos capitanes que entrasen con ochenta hombres y más de diez mil indios, nuestros amigos, y al principio de aquella calle de Tacuba dejé dos tiros gruesos con ocho de caballo en guarda de ellos.

Y yo, con otros ocho de caballo y con obra de cien peones, en que había más de veinticinco ballesteros y escopeteros, y con infinito número de nuestros amigos, seguí mi camino para entrar por la otra calle angosta todo lo más que pudiese. Y a la boca de ella hice detener a los de caballo, y mandéles que en ninguna manera pasasen de allí ni viniesen tras de mí si no se lo enviase a mandar primero. Y yo me apeé, y llegamos a una albarrada que tenían del cabo de una puente, y con un tiro pequeño de campo, y con los ballesteros y escopeteros se la ganamos, y pasamos adelante por una calzada que tenían rota por dos o tres partes. Y además de estos tres combates que dábamos a los de la ciudad, era tanta la gente de nuestros amigos que por las azoteas y por otras partes les entraban, que no parecía que había cosa que nos pudiese ofender. Y como les ganamos aquellas dos puentes y albarradas y la calzada, los españoles y nuestros amigos siguieron por la calle adelante, sin ampárárseles cosa alguna; y yo me quedé con obra de veinte españoles en una isleta que allí se hacía, porque veía que ciertos amigos nuestros andaban revueltos con los enemigos, y algunas veces los retraían hasta echarlos al agua, y con nuestro favor revolvían sobre ellos.

Y, además de esto, guardábamos que por ciertas traviesas de calles los de la ciudad no saliesen a tomar las espaldas a los españoles que habían seguido la calle adelante, los cuales, a esta sazón, me enviaron a decir que no estaban muy lejos de la plaza del mercado y que, en todo caso, querían pasar delante, porque ya oían el combate que el alguacil mayor y Pedro de Alvarado daban por su estancia. Yo les envié a decir que en ninguna manera diesen paso adelante sin que primero las puentes quedasen muy bien cegadas, de manera que, si tuviesen necesidad de retraerse, el agua no les hiciese estorbo ni embarazo alguno, pues sabían que en todo aquello estaba el peligro. Y ellos me tornaron a decir que todo lo que habían ganado estaba bien reparado; que fuese allí y lo vería si era así.

Y yo, con recelo de que no se desmandasen y dejasen ruin recaudo en el cegado de las puentes, fui allá y hallé que habían pasado una quebrada de la calle, que era de diez o doce pasos de ancho, y el agua que por ella pasaba era de hondura de más de dos estados; y, al tiempo que la pasaron, habían echado en ella madera y cañas de carrizo, y, como pasaban poco a poco y con tiento, no se había hundido la madera y cañas; y ellos, con el placer de la victoria, iban tan embebidos que pensaban que quedaba muy fijo. Y al punto que yo llegué a aquella puente de agua cuitada, vi que los españoles y muchos de nuestros amigos venían puestos en muy gran huida, y los enemigos, como perros, dando en ellos. Y como yo vi tan gran desmán, comencé a dar voces: «¡Tener, tener!», y, ya que yo estaba junto al agua, halléla toda llena de españoles e indios, de manera que no parecía que en ella hubiesen echado una paja; y los enemigos cargaron tanto, que, matando en los españoles, se echaban al agua tras ellos; y ya por la calle del agua venían canoas de los enemigos y tomaban vivos a los españoles.

Y como el negocio fue tan de súbito y vi que mataban la gente, determiné quedarme allí y morir peleando; y en lo que más aprovechábamos, y los otros que allí estaban conmigo, era en dar las manos a algunos tristes españoles que se ahogaban para que saliesen afuera. Y unos salían heridos, otros medio ahogados y otros sin armas, y enviábalos que se fuesen adelante. Y ya en esto cargaba tanta gente de los enemigos, que a mí y a otros doce o quince que conmigo estaban nos tenían por todas partes cercados. Y como yo estaba muy metido en socorrer a los que se ahogaban, no miraba ni me acordaba del daño que podía recibir; y ya me venían a asir ciertos indios de los enemigos, y me llevaran si no fuera por un capitán de cincuenta hombres, que yo traía siempre conmigo, y por un mancebo de su compañía, el cual, después de Dios, me dio la vida, y, por dármela como valiente hombre, perdió allí la suya.

En este comedio, los españoles que salían desbaratados íbanse por aquella calzada adelante; y, como era pequeña y angosta e igual al agua (que los perros habían hecho así de industria) e iban por ella también desbaratados muchos de nuestros amigos, iba el camino tan embarazado y tardaban tanto en andar, que los enemigos tenían lugar de llegar por el agua de una parte y de otra, y tomar y matar cuantos querían. Y aquel capitán que estaba conmigo, el que se dice Antonio de Quiñones, díjome: «Vamos de aquí y salvemos vuestra persona, pues sabéis que sin ella ninguno de nosotros puede escapar». Y ya no podía acabar conmigo que me fuese de allí. Y, como esto vio, asióme de los brazos para que diésemos la vuelta; y, aunque yo holgara más con la muerte que con la vida, por importunación de aquel capitán y de otros compañeros que allí estaban, nos comenzamos a retraer, peleando con nuestras espadas y rodelas con los enemigos, que venían hiriendo en nosotros.

Y en esto llega un criado mío a caballo e hizo algún poquito de lugar, pero luego, desde una azotea baja, le dieron una lanzada por la garganta, que le hicieron dar la vuelta. Y, estando en este tan gran conflicto, esperando que la gente pasase por aquella calzadilla a ponerse a salvo, y nosotros deteniendo a los enemigos, llegó un mozo mío con un caballo para que cabalgase, porque era tanto el lodo que había en la calzadilla de los que entraban y salían por el agua, que no había persona que se pudiese tener, mayormente con los empellones que los unos a los otros se daban para salvarse. Y yo cabalgué, pero no para pelear, porque allí era imposible poderlo hacer a caballo; porque, si pudiera ser, antes de la calzadilla, en una isleta, se habían hallado los ocho de caballo que yo había dejado, y no habían podido hacer menos de volverse por ella; y aun la vuelta era tan peligrosa, que dos yeguas en que iban dos criados míos cayeron de aquella calzadilla en el agua; a una la mataron los indios y a la otra la salvaron unos peones. Y otro mancebo criado mío, que se decía Cristóbal de

Guzmán, cabalgó en un caballo que en la isleta le dieron para llevármelo y que me pudiese salvar, y a él y al caballo, antes que a mí llegasen, mataron los enemigos; la muerte del cual puso a todo el real en tanta tristeza, que hasta hoy está reciente el dolor de los que lo conocían.

Y ya, con todos nuestros trabajos, plugo a Dios que los que quedamos salimos a la calle de Tacuba, que era muy ancha, y, recogida la gente, yo, con nueve de caballo, me quedé en la retaguardia; y los enemigos venían con tanta victoria y orgullo, que no parecía sino que a ninguno habían de dejar con vida. Y, retrayéndome lo mejor que pude, envié a decir al tesorero y al contador que se retrajesen a la plaza con mucho concierto; lo mismo envié a decir a los otros dos capitanes que habían entrado por la calle que iba al mercado; y los unos y los otros habían peleado valientemente y ganado muchas albarradas y puentes, que habían muy bien cegado, lo cual fue a causa de no recibir daño al retraer. Y, antes que el tesorero y contador se retrajesen, ya los de la ciudad, por encima de una albarrada donde peleaban, les habían echado dos o tres cabezas de cristianos, aunque no supieron por entonces si eran de los del real de Pedro de Alvarado o del nuestro.

Y, recogidos todos a la plaza, cargaba por todas partes tanta gente de los enemigos sobre nosotros, que teníamos bien qué hacer para desviarlos, y por lugares y partes donde, antes de este desbarato, no osaron esperar a tres de caballo y a diez peones. E incontinente, en una torre alta de sus ídolos que estaba allí junto a la plaza, pusieron muchos perfumes y sahumerios de unas gomas que hay en esta tierra, que parece mucho a ánime, lo cual ellos ofrecen a sus ídolos en señal de victoria; y, aunque quisiéramos mucho estorbárselo, no se pudo hacer, porque ya la gente, a más andar, se iban hacia el real. En este desbarato mataron los contrarios treinta y cinco o cuarenta españoles, y más de mil indios amigos nuestros, e hirieron más de veinte cristianos, y yo salí herido en una pierna; perdiérase el tiro pequeño de campo que habíamos llevado, y muchas ballestas, escopetas y armas.

Los de la ciudad, luego que hubieron la victoria, por hacer desmayar al alguacil mayor y a Pedro de Alvarado, todos los españoles vivos y muertos que tomaron los llevaron a Tlatelulco, que es el mercado, y, en unas torres altas que allí estaban, desnudos los sacrificaron y abrieron por los pechos, sacándoles los corazones para ofrecérselos a sus ídolos; lo cual los españoles del real de Pedro de Alvarado pudieron ver bien desde donde peleaban, y en los cuerpos desnudos y blancos que vieron sacrificar conocieron que eran cristianos. Y, aunque por ello hubieron gran tristeza y desmayo, se retrajeron a su real, habiendo peleado aquel día muy bien, y ganado casi hasta el dicho mercado, el cual aquel día se acabara de ganar si Dios, por nuestros pecados, no permitiera tan gran desmán.

Nosotros fuimos a nuestro real con gran tristeza, algo más temprano que los otros días nos solíamos retraer, y también porque nos decían que los bergantines eran perdidos, porque los de la ciudad, con las canoas, nos tomaban las espaldas; aunque plugo a Dios que no fue así, puesto que los bergantines y las canoas de nuestros amigos se vieron en harto estrecho, y tanto, que un bergantín se erró de perder, e hirieron al capitán y maestre de él, y el capitán murió a los ocho días. Aquel día y la noche siguiente, los de la ciudad hacían muchos regocijos de bocinas y atabales, que parecía que se hundía el mundo, y abrieron todas las calles y puentes del agua, como antes las tenían, y llegaron a poner sus fuegos y velas de noche a dos tiros de ballesta de nuestro real; y, como todos salimos tan desbaratados, y heridos y sin armas, había necesidad de descansar y rehacernos.

En este comedio, los de la ciudad tuvieron lugar de enviar sus mensajeros a muchas provincias a ellos sujetas a decir cómo habían habido muchas victorias y muerto muchos cristianos, y que muy presto nos acabarían; que en ninguna manera tratasen paz con nosotros. Y la creencia que llevaban eran las dos cabezas de caballos que mataron y otras algunas de los cristianos, las cuales anduvieron mostrando por donde a ellos les parecía que convenía, lo que fue mucha ocasión de poner en más contumacia a los rebelados que de antes. Mas, con todo, porque los de la ciudad no tomasen más orgullo ni sintiesen nuestra flaqueza, cada día algunos españoles de pie y de caballo, con muchos de nuestros amigos, iban a pelear a la ciudad, aunque nunca podían ganar más de algunas puentes de la primera calle antes de llegar a la plaza.

Donde, a dos días del desbarato, que ya se sabía por toda la comarca, los naturales de una población que se dice Cuarnaguacar, que eran sujetos a la ciudad y se habían dado por nuestros amigos, vinieron al real y dijéronme cómo los de la población de Malinalco, que eran sus vecinos, les hacían mucho daño y les destruían su tierra, y que ahora se juntaban con los de la provincia de Cuico, que es grande, y querían venir sobre ellos a matarlos porque se habían dado por vasallos de Vuestra Majestad y nuestros amigos, y que decían que, después de ellos destruidos, habían de venir sobre nosotros. Y, aunque lo pasado era de tan poco tiempo acaecido y teníamos necesidad antes de ser socorridos que de dar socorro, porque ellos me lo pedían con mucha instancia, determiné de dárselo; y, aunque tuve mucha contradicción y decían que me destruía en sacar gente del real, despaché con aquellos que pedían socorro ochenta peones y diez de caballo, con Andrés de Tapia, capitán, al cual encomendé mucho que hiciese lo que más conviniese al servicio de Vuestra Majestad y nuestra seguridad, pues veía la necesidad en que estábamos, y que en ir y volver no estuviese más de diez días. Y él se partió; y, llegado a una población pequeña que está entre Malinalco y Coadnoacad, halló a los enemigos, que le estaban esperando, y él, con la gente de Coadnoacad con la que llevaba, comenzó su batalla en el campo, y pelearon tan bien los nuestros que desbarataron los enemigos, y en el alcance los siguieron hasta meterlos en Malinalco, que está asentado en un cerro muy alto y donde los de caballo no podían subir; y, viendo esto, destruyeron lo que estaba en el llano y volviéronse a nuestro real con esta victoria dentro de los diez días. En lo alto de esta población de Malinalco hay muchas fuentes de muy buena agua, y es muy fresca cosa.

En tanto que este capitán fue y vino a este socorro, algunos españoles de pie y de caballo, como he dicho, con nuestros amigos entraban a pelear en la ciudad hasta cerca de las casas grandes que están en la plaza, y de allí no podían pasar, porque los de la ciudad tenían abierta la calle del agua que está a la boca de la plaza, y estaba muy honda y ancha, y de la otra parte tenían una muy grande y fuerte albarrada; y allí peleaban los unos con los otros hasta que la noche los despartió.

Un señor de la provincia de Tascaltecal, que se dice Chichimecatecle (de que atrás he hecho relación), que trajo la tablazón que se hizo en aquella provincia para los bergantines, desde el principio de la guerra residía con toda su gente en el real de Pedro de Alvarado; y, como veía que por el desbarato pasado los españoles no peleaban como solían, determinó, sin ellos, de entrar en él con su gente a combatir los de la ciudad, dejando cuatrocientos flecheros de los suyos a una puente quitada de agua, bien peligrosa, que ganó a los de la ciudad, lo cual nunca acaecía sin ayuda nuestra. Pasó adelante con los suyos y, con mucha grita, apellidando y nombrando a su provincia y señor, pelearon aquel día muy reciamente, y hubo de una parte y otra muchos heridos y muertos; y los de la ciudad bien tenían creído que los tenían asidos, porque, como es gente que al retraer, aunque sea sin victoria, sigue con mucha determinación, pensaron que al pasar del agua, donde suele ser cierto el peligro, se habían de vengar muy bien de ellos. Y para este efecto y socorro, Chichimecatecle había dejado junto al paso del agua los cuatrocientos flecheros; y, como ya se venían retrayendo, los de la ciudad cargaron sobre ellos muy de golpe, y los de Tascaltecal echáronse al agua, y con el favor de los flecheros pasaron, y los enemigos, con la resistencia que en ellos hallaron, se quedaron, y aun bien espantados de la osadía que había tenido Chichimecatecle.

De ahí a dos días que los españoles vinieron de hacer guerra a los de Malinalco, según que Vuestra Majestad habrá visto en los capítulos anteriores a éste, llegaron a nuestro real diez indios de los otomíes (que eran esclavos de los de la ciudad), y, como he dicho, habiéndose dado por vasallos de Vuestra Majestad, cada día venían en nuestra ayuda a pelear. Y dijéronme cómo los señores de la provincia de Matalcingo, que son sus vecinos, les hacían guerra y les destruían su tierra, y les habían quemado un pueblo y llevado alguna gente, y que venían destruyendo cuanto podían y con intención de venir a nuestros reales y dar sobre nosotros, porque los de la ciudad saliesen y nos acabasen. Y a lo más de esto dimos crédito, porque, de pocos días a aquella parte, cada vez que entrábamos a pelear nos amenazaban con los de esta provincia de Matalcingo, de la cual, aunque no teníamos mucha noticia, bien sabíamos que era grande y que estaba a veintidós leguas de nuestros reales. Y en la queja que estos otomíes nos daban de aquellos sus vecinos, daban a entender que les diésemos socorro; y, aunque lo pedían en muy recio tiempo, confiando en la ayuda de Dios, y por quebrar algo las alas de los de la ciudad (que cada día nos amenazaban con éstos y mostraban tener esperanza de ser de ellos socorridos, y este socorro de ninguna parte les podía venir si de éstos no), determiné de enviar allá a Gonzalo de Sandoval, alguacil mayor, con dieciocho de caballo y cien peones, en que había sólo un ballestero, el cual partió con ellos y con otra gente de los otomíes, nuestros amigos.

Dios sabe el peligro en que todos iban, y aun en el que nosotros quedábamos; pero, como nos convenía mostrar más esfuerzo y ánimo que nunca, y morir peleando, disimulábamos nuestra flaqueza así con los amigos como con los enemigos. Mas muchas y muchas veces decían los españoles que pluguiese a Dios que, con las vidas, los dejasen y se viesen vencedores contra los de la ciudad, aunque en ella ni en toda la tierra no hubiesen otro interés ni provecho; por donde se conocerá la aventura y necesidad extrema en que teníamos nuestras personas y vidas.

EL ALGUACIL MAYOR fue aquel día a dormir a un pueblo de los otomíes que está frontero de Matalcingo, y, otro día, muy de mañana, partió y fue a unas estancias de los dichos otomíes, las cuales halló sin gente y mucha parte de ellas quemadas; y, llegando a lo más llano, junto a una ribera, halló mucha gente de guerra de los enemigos, que habían acabado de quemar otro pueblo. Y, como le vieron, comenzaron a dar la vuelta, y por el camino que llevaban en pos de ellos hallaban muchas cargas de maíz y de niños asados que traían para su provisión, las cuales habían dejado, como habían sentido ir los españoles. Y, pasado un río que allí estaba, más adelante en lo llano los enemigos comenzaron a reparar; y el alguacil mayor, con los de caballo, rompió con ellos y desbaratólos; y, puestos en huida, tiraron su camino derecho a su pueblo de Matalcingo, que estaba a cerca de tres leguas de allí; y en todas duró el alcance de los de caballo hasta encerrarlos en el pueblo. Y allí esperaron a los españoles y a nuestros amigos, los cuales venían matando en los que los de caballo atajaban y dejaban atrás; y en este alcance murieron más de dos mil de los enemigos.

Llegados los de pie donde estaban los de caballo y nuestros amigos —que pasaban de sesenta mil hombres—, comenzaron a huir hacia el pueblo, adonde los enemigos hicieron rostro en tanto que las mujeres y los niños y sus haciendas se ponían a salvo en una fuerza que estaba en un cerro muy alto que allí junto estaba. Mas, como dieron de golpe en ellos, hiciéronlos también retraer a la fuerza que tenían en aquella altura, que era muy agra y fuerte, y quemaron y robaron el pueblo en muy breve espacio. Y, como era tarde, el alguacil mayor no quiso combatir la fuerza, y también porque estaban muy cansados, porque todo aquel día habían peleado. Los enemigos, toda la más de la noche, despendieron en dar alaridos y hacer mucho estruendo de atabales y bocinas.

Otro día de mañana, el alguacil mayor, con toda la gente, comenzó a guiar para subirles a los enemigos aquella fuerza, aunque con temor de verse en trabajo en la resistencia; y, llegados, no vieron gente ninguna de los contrarios. Y ciertos indios amigos nuestros descendían de lo alto y dijeron que no había nadie, y que al cuarto del alba se habían ido con los enemigos. Y, estando así, vieron por todos aquellos llanos de la redonda mucha gente, y eran otomíes; y los de caballo, creyendo que eran enemigos, corrieron hacia ellos y alancearon tres o cuatro; y, como la lengua de los otomíes es diferente de esta otra de Culúa, no los entendían, más de cómo echaban las armas y se venían para los españoles; y todavía alancearon a tres o cuatro, pero ellos bien entendieron que había sido por no conocerlos.

Y, como los enemigos no esperaron, los españoles acordaron de volverse por otro pueblo suyo que también estaba de guerra; pero, como vieron venir tanto poder sobre ellos, saliéronle de paz. Y el alguacil mayor habló con el señor de aquel pueblo y díjole que ya sabía que yo recibía con muy buena voluntad a todos los que se venían a ofrecer por vasallos de Vuestra Majestad, aunque fuesen muy culpados; que les rogaba que fuese a hablar con aquellos de Matalcingo para que se viniesen a mí, y profirióse de hacerlo así y de traer de paz a los de Malinalco. Y así, se volvió el alguacil mayor con esta victoria a su real.

Aquel día, algunos españoles estaban peleando en la ciudad, y los ciudadanos habían enviado a decir que fuese allá nuestra lengua, porque querían hablar sobre la paz; la cual, según pareció, ellos no querían sino con condición que nos fuésemos de toda la tierra. Lo cual hicieron a fin de que los dejásemos algunos días descansar y fornecerse de lo que habían menester, aunque nunca de ellos alcanzamos dejar de tener voluntad de pelear siempre con nosotros. Estando así platicando con la lengua —muy cerca los nuestros de los enemigos, que no había sino una puente quitada en medio—, un viejo de ellos, allí a vista de todos, sacó de su mochila, muy despacio, ciertas cosas que comió, por darnos a entender que no tenían necesidad; porque nosotros les decíamos que allí se habían de morir de hambre. Y nuestros amigos decían a los españoles que aquellas paces eran falsas, que peleasen con ellos; y aquel día no se peleó más porque los principales dijeron a la lengua que me hablase.

Desde a cuatro días de que el alguacil mayor viniese de la provincia de Matalcingo, los señores de ella y de Malinalco y de la provincia de Cuiscon —que es grande y mucha cosa, y estaban también rebelados— vinieron a nuestro real, y pidieron perdón de lo pasado, y ofreciéronse de servir muy bien; y así lo hicieron y han hecho hasta ahora.

En tanto que el alguacil mayor fue a Matalcingo, los de la ciudad acordaron de salir de noche y dar en el real de Alvarado, y al cuarto del alba dan el golpe. Y, como las velas de caballo y de pie lo sintieron, apellidaron de llamar alarma, y las que allí estaban arremetieron a ellos; y, como los enemigos sintieron los de caballo, echáronse al agua, y en tanto llegan los nuestros, y pelearon más de tres horas con ellos. Y nosotros oímos en nuestro real un tiro de campo que tiraba; y, como teníamos recelo no los desbaratasen, yo mandé armar la gente para entrar en la ciudad, para que aflojasen en el combate de Alvarado; y, como los indios hallaron tan recios a los españoles, acordaron de volverse a su ciudad, y nosotros aquel día fuimos a pelear a la ciudad.

En esta sazón, ya los que habíamos salido heridos del desbarato estábamos buenos; y a la Villa Rica había aportado un navío de Juan Ponce de León, que habían desbaratado en la tierra o isla Florida, y los de la villa enviáronme cierta pólvora y ballestas, de que teníamos muy extrema necesidad. Y ya, gracias a Dios, por aquí a la redonda no teníamos tierra que no fuese en nuestro favor. Y yo, viendo cómo estos de la ciudad estaban tan rebeldes y con la mayor muestra y determinación de morir que nunca generación tuvo, no sabía qué remedio tener con ellos para quitarnos a nosotros de tantos peligros y trabajos, y a ellos y a su ciudad no acabarlos de destruir, porque era la más hermosa cosa del mundo; y no nos aprovechaba decirles que no habíamos de levantar los reales, ni los bergantines habían de cesar de darles guerra por el agua, ni que habíamos destruido a los de Matalcingo y Malinalco, y que no tenían en toda la tierra quien los pudiese socorrer, ni tenían de dónde haber maíz, ni carne, ni frutas, ni agua, ni otra cosa de mantenimiento. Y cuanto más de estas cosas les decíamos, menos muestra veíamos en ellos de flaqueza; mas, antes, en el pelear y en todos sus ardides los hallábamos con más ánimos que nunca.

Y yo, viendo que el negocio pasaba de esta manera, y que había ya más de cuarenta y cinco días que estábamos en el cerco, acordé de tomar un medio para nuestra seguridad y para poder estrechar más a los enemigos; y fue que, como fuésemos ganando por las calles de la ciudad, fuesen derrocando todas las casas de ellas, de un cabo y del otro, de manera que no fuésemos un raso adelante sin dejarlo todo asolado, y lo que era agua, hacerlo tierra firme, aunque hubiese toda la dilación que se pudiese seguir. Para esto yo llamé a todos los señores y principales, nuestros amigos, y díjeles lo que tenía acordado; por tanto, que hiciesen venir mucha gente de sus labradores; trajesen sus cosas, que son unos palos que se aprovechan tanto como los cavadores en España de azada. Y ellos me respondieron que así lo harían de muy buena voluntad, y holgaron mucho con esto, porque les pareció que era manera para que la ciudad se asolase, lo cual todos ellos deseaban más que cosa del mundo.

Entre tanto que esto se concertaba, pasáronse tres o cuatro días. Los de la ciudad bien pensaron que ordenábamos algunos ardides contra ellos, y ellos también, según después pareció, ordenaban lo que podían para su defensa, según que también lo barruntábamos. Y, concertado con nuestros amigos que, por la tierra y por la mar, los habíamos de ir a combatir, otro día de mañana, después de haber oído misa, tomamos el camino para la ciudad; y, en llegando al paso del agua y albarrada que estaba cabe las casas grandes de la plaza, queriéndola combatir, los de la ciudad dijeron que estuviésemos quedos, que querían paz. Y yo mandé a la gente que no pelease, y díjeles que viniese allí el señor de la ciudad a hablarme, y se daría orden en la paz; y, con decirme que ya le habían ido a llamar, me detuvieron más de una hora; porque, en la verdad, ellos no tenían gana de la paz, y así lo mostraron, porque luego, en estando nosotros quedos, nos comenzaron a tirar flechas, varas y piedras. Y, como yo vi esto, comenzamos a combatir la albarrada y la ganamos.

Y, entrando en la plaza, hallárnosla toda sembrada de piedras grandes para que los caballos no pudiesen correr por ella, porque, por lo firme, éstos son los que les hacen la guerra; y hallamos una calle cerrada con piedra seca y otra también llena de piedras, para que los caballos no pudiesen correr por ellas. Y, desde este día en adelante, cegamos de tal manera aquella calle del agua que salía de la plaza, que nunca después los indios la abrieron; y, de allí en adelante, comenzamos a asolar poco a poco las casas y cerrar y cegar muy bien lo que teníamos ganado del agua. Y, como aquel día llevábamos más de ciento cincuenta mil hombres de guerra, hízose mucha cosa; y así nos volvimos aquel día al real, y los bergantines y canoas de nuestros amigos hicieron mucho daño en la ciudad, y volviéronse a reposar.

OTRO DÍA SIGUIENTE, por la misma orden, entramos en la ciudad; y, llegados a aquel circuito y patio grande donde están las torres de los indios, yo mandé a los capitanes que, con su gente, no hiciesen sino cegar las calles de agua y allanar los pasos malos que teníamos ganados; y que nuestros amigos, de ellos, quemasen y allanasen las casas, y otros fuesen a pelear por las partes que solíamos; y que los de caballo guardasen a todos las espaldas. Y yo me subí en una torre más alta de aquéllas, porque los indios me conocían y sabían que les pesaba mucho de verme subido en la torre; y, de allí, animaba a nuestros amigos y hacíales correr cuando era necesario. Porque, como peleaban a la continua, a veces los contrarios se retraían y a veces los nuestros, los cuales luego eran socorridos con tres o cuatro de caballo, que les ponían infinito ánimo para revolver sobre los enemigos; y, de esta manera y por este orden, entramos en la ciudad cinco o seis días arreo. Y, siempre, al retraer, echábamos a nuestros amigos delante y hacíamos que algunos de los españoles se metiesen en celada en unas casas; los de caballo quedábamos detrás y hacíamos que nos retraíamos de golpe por sacarlos de la plaza. Con esto y con las celadas de los peones, cada tarde alanceábamos algunos.

Y un día de estos había en la plaza siete u ocho de caballo, y estuvimos esperando que los enemigos saliesen; como vieron que no salían, hicieron que se volvían, y los enemigos, con recelo de que a la vuelta no los alanceasen, como solían, estaban puestos por unas paredes y azoteas, y había infinito número de ellos. Y, como los de caballo revolvían tras ellos —que eran ocho o nueve—, y ellos les tenían tomado de lo alto una boca de la calle, no pudieron seguir tras los enemigos que iban por ella, y hubiéronse de retraer. Y los enemigos, con favor de cómo los habían hecho retraer, venían muy encarnizados; y ellos estaban tan sobreaviso, que se acogían donde no recibían daño; y los de caballo lo recibían de los que estaban puestos por las paredes, y hubiéronse de retraer, e hirieron dos caballos. Lo cual me dio ocasión para ordenarles una buena celada, como adelante haré relación a Vuestra Majestad. Y aquel día, en la tarde, nos volvimos a nuestro real, con dejar bien seguro y llano todo lo ganado, y a los de la ciudad muy ufanos, porque creían que, de temor, nos retraíamos. Aquella tarde hice un mensajero al alguacil mayor, para que, antes del día, viniese aquí a nuestro real con quince de caballo de los suyos y de los de Pedro de Alvarado.

Otro día, por la mañana, llegó al real el alguacil mayor con los quince de caballo, y yo tenía de los de Cuyoacán allí otros veinticinco, que eran cuarenta; y a diez de ellos mandé que luego, por la mañana, saliesen con toda la otra gente, y que ellos y los bergantines fuesen, por la orden pasada, a combatir, y a derrocar y ganar todo lo que pudiesen. Porque yo, cuando fuese tiempo de retraerse, sería allá con los otros treinta a caballo; y que, pues sabía que teníamos mucha parte de la ciudad allanada, que cuanto pudiesen siguiesen de tropel a los enemigos hasta encerrarlos en sus fuerzas y calles de agua, y que allí se detuviesen con ellos hasta que fuese hora de retraer; y yo y los otros treinta de caballo, sin ser vistos, pudiésemos meternos en una celada en unas casas grandes que estaban cerca de las otras grandes de la plaza. Y los españoles lo hicieron como yo les avisé.

Y, una hora después del mediodía, tomé el camino para la ciudad con los treinta de caballo; y, allegados, dejélos metidos en aquellas casas, y yo me fui y me subí en la torre alta, como solía. Y, estando allí, unos españoles abrieron una sepultura y hallaron en ella, en cosas de oro, más de mil quinientos castellanos; y, venida ya la hora de retraer, mandéles que con mucho concierto se comenzasen a retraer, y que los de caballo, desde que estuviesen retraídos en la plaza, hiciesen que acometían y que no osaban llegar. Y esto se hiciese cuando viesen mucha copia de gente alrededor de la plaza y en ella; y los de la celada estaban ya deseando que se llegase la hora, porque tenían deseo de hacerlo bien y estaban ya cansados de esperar. Y yo metíme con ellos, y ya se venían retrayendo por la plaza los españoles de pie y de caballo, y los indios, nuestros amigos —que habían entendido ya lo de la celada—. Y los enemigos venían con tantos alaridos, que parecía que conseguían toda la victoria del mundo; y los nueve de caballo hicieron que arremetían tras ellos por la plaza adelante, y retraíanse de golpe. Y, como hubieron hecho esto dos veces, los enemigos traían tanto furor, que a las ancas de los caballos les venían dando, hasta meterlos por la boca de la calle donde estábamos en la celada.

Y, como vimos a los españoles pasar delante de nosotros, y oímos soltar un tiro de escopeta —que teníamos por señal—, conocimos que era tiempo de salir; y, con el apellido del Señor Santiago, damos de súbito sobre ellos, y vamos por la plaza adelante, alanceando y derrocando y atajando muchos, que por nuestros amigos que nos seguían eran tomados; de manera que, de esta celada, se mataron más de quinientos, todos los más principales, esforzados y valientes hombres. Aquella noche tuvieron bien que cenar nuestros amigos, porque todos los que se mataron, tomaron y llevaron hechos pozas para comer. Fue tanto el espanto y admiración que tomaron en verse tan de súbito así desbaratados, que ni hablaron ni gritaron en toda esa tarde, ni osaron asomar en calle ni en azotea donde no estuviesen muy a salvo y seguros. Y, ya que era casi de noche, que nos retraíamos, parece que los de la ciudad mandaron a ciertos esclavos suyos que mirasen si nos retraíamos o qué hacíamos; y, como se asomaron por una calle, arremetieron diez o doce de caballo, y siguiéronlos de manera que ninguno se les escapó.

Cobraron de esta nuestra victoria los enemigos tanto temor, que nunca más, en todo el tiempo de la guerra, osaron entrar en la plaza ninguna vez que nos retraíamos, aunque sólo uno de caballo viniese; y nunca osaron salir a indio ni a peón de los nuestros, creyendo que de entre los pies se les había de levantar otra celada. Y esta de este día, y victoria que Dios Nuestro Señor nos dio, fue bien principal causa para que la ciudad más presto se ganase, porque los naturales de ella recibieron mucho desmayo y nuestros amigos doblado ánimo. Y así, nos fuimos a nuestro real con intención de dar mucha prisa en hacer la guerra y no dejar de entrar ningún día hasta acabarla.

Y aquel día ningún peligro hubo en los de nuestro real, excepto que, al tiempo que salimos de la celada, se encontraron uno de caballo, y cayó uno de una yegua, y ella fuese derecha a los enemigos, los cuales la flecharon; y, bien herida, como vio la mala obra que recibía, volvió hacia nosotros y aquella noche se murió. Y, aunque pesó mucho —porque los caballos y yeguas nos daban la vida—, no fue tanto el pesar como si muriera en poder de los enemigos, como pensamos que de hecho pasara; porque, si así fuera, ellos hubieran más placer que no pesar por los que les matamos. Los bergantines y las canoas de nuestros amigos hicieron gran estrago en la ciudad aquel día, sin recibir peligro alguno.

Como ya conocimos que los indios de la ciudad estaban muy amedrentados, supimos de unos dos de ellos de poca manera que, de noche, se habían hurtado de la ciudad y se habían venido a nuestro real; que se morían de hambre, que salían de noche a pescar por entre las casas de la ciudad, y andaban por la parte que de ella les teníamos ganada, buscando leña, hierbas y raíces para comer. Y porque ya teníamos muchas calles de agua cegadas y aderezados muchos malos pasos, acordé de entrar al cuarto del alba y hacer todo el daño que pudiésemos. Y los bergantines salieron antes del día, y yo, con doce o quince de caballo y ciertos peones y amigos, entramos de golpe; y primero pusimos ciertas espías, las cuales, siendo de día y estando nosotros en celada, nos hicieron señal de que saliésemos, y dimos sobre infinita gente. Pero, como eran de aquellos más miserables y que salían a buscar de comer, la mayoría venían desarmados y eran mujeres y muchachos; e hicimos tanto daño en ellos por todo lo que se podía andar de la ciudad, que presos y muertos pasaron de más de ochocientas personas. Los bergantines tomaron también mucha gente y canoas que andaban pescando, e hicieron en ellas mucho estrago. Y, como los capitanes y principales de la ciudad nos vieron andar por ella a hora no acostumbrada, quedaron tan espantados como de la celada pasada, y ninguno osó salir a pescar con nosotros; y así nos volvimos a nuestro real con harta presa y manjar para nuestros amigos.

Otro día de mañana tornamos a entrar en la ciudad, y como ya nuestros amigos veían la buena orden que llevábamos para la destrucción de ella, era tanta la multitud que cada día venían, que no tenía cuento. Y aquel día acabamos de ganar toda la calle de Tacuba y de adobar los malos pasos de ella, en tal manera que los del real de Pedro de Alvarado se podían comunicar con nosotros por la ciudad; y por la calle principal que iba al mercado se ganaron otros dos puentes y se cegó muy bien el agua, y quemamos las casas del señor de la ciudad, que era mancebo de edad de dieciocho años, que se decía Guatimucín, segundo señor después de la muerte de Mutezuma. En estas casas tenían los indios mucha fortaleza, porque eran muy grandes y fuertes y cercadas de agua. También se ganaron otros dos puentes de otras calles que van cerca de esta del mercado, y se cegaron muchos pasos; de manera que, de cuatro partes de la ciudad, las tres estaban ya por nosotros, y los indios no hacían sino retraerse hacia la más fuerte, que era a las casas que estaban más metidas en el agua.

Otro día siguiente, que fue día del apóstol Santiago, entramos en la ciudad por la orden de antes y seguimos por la calle grande que iba a dar al mercado; y ganámosles una calle muy ancha de agua en que ellos pensaban que tenían mucha seguridad; y aunque se tardó gran rato y fue peligrosa de ganar, y en todo ese día no se pudo —por ser muy ancha— acabar de cegar, de manera que los de caballo pudiesen pasar de la otra parte. Y como estábamos todos a pie y los indios veían que los de caballo no habían pasado, vinieron de refresco sobre nosotros muchos de ellos muy lucidos; y, como les hicimos rostro y teníamos muchos ballesteros, dieron la vuelta a sus albarradas y fuerzas que tenían, aunque fueron hartos asaetados. Además, todos los españoles de pie llevaban sus picas, las cuales yo había mandado hacer después que me desbarataron; fue cosa muy provechosa. Aquel día, por los lados de una parte y de la otra de aquella calle principal, no se entendió sino en quemar y allanar casas: era lástima de ver, pero como no nos convenía hacer otra cosa, éramos forzados a seguir aquella orden. Los de la ciudad, como veían tanto estrago, por esforzarse decían a nuestros amigos que no hiciesen sino quemar y destruir, que ellos se las harían tornar a hacer de nuevo, porque si ellos eran vencedores ya sabían que habría de ser así; y si no, que las harían para nosotros. De esto postrero, plugo a Dios que salieron verdaderos, aunque ellos son los que las tornan a hacer.

Otro día, luego de mañana, entramos en la ciudad por el orden acostumbrado; y, llegado a la calle de agua que habíamos cegado el día antes, la hallamos de la manera que la habíamos dejado; y pasamos adelante dos tiros de ballesta y ganamos dos acequias grandes de agua que tenían rotas en lo sano de la misma calle, y llegamos a una torre pequeña de sus ídolos; en ella hallamos ciertas cabezas de los cristianos que nos habían matado, cosa que nos puso harta lástima. Desde aquella torre iba la calle derecha que es la misma adonde estábamos a dar a la calzada del real de Sandoval; a la mano izquierda iba otra calle a dar al mercado, en la cual ya no había agua alguna, excepto una que nos defendían; y aquel día no pasamos de allí, pero peleamos mucho con los indios. Y como Dios Nuestro Señor cada día nos daba victoria, ellos siempre llevaban lo peor, y aquel día, ya que era tarde, nos volvimos al real.

Otro día siguiente, estando aderezando para tornar a entrar en la ciudad, a las nueve del día vimos desde nuestro real salir humo de dos torres muy altas que están en el Tlatelulco o mercado de la ciudad, que no podíamos pensar qué fuese; y como parecía que era más que de sahumerios, que acostumbraban los indios a hacer a sus ídolos, barruntamos que la gente de Pedro de Alvarado había llegado allí; y aunque así era la verdad, no lo podíamos creer. Ciertamente, aquel día Pedro de Alvarado y su gente lo hicieron valientemente, porque había muchos puentes y albarradas por ganar, y siempre acudían a defenderlas la mayor parte de la ciudad. Pero, como él vio que por nuestra instancia íbamos estrechando a los enemigos, trabajó todo lo posible por entrar al mercado, porque allí tenían toda su fuerza; mas no pudo más que llegar a vista de él y ganar aquellas torres y otras muchas que están junto al mismo mercado, que es tanto casi como el circuito de las muchas torres de la ciudad. Los de caballo se vieron en harto trabajo y les fue forzado retraerse, y al retraer les hirieron tres caballos; así se volvieron Pedro de Alvarado y su gente a su real, y nosotros no quisimos ganar aquel día un puente y calle de agua que quedaba apenas para llegar al mercado, salvo allanar y cegar todos los malos pasos; y al retraernos apretaron reciamente, aunque fue a su costa.

Otro día entramos luego por la mañana en la ciudad, y como no había por ganar hasta llegar al mercado sino una traviesa de agua con su albarrada —que estaba junto a la torrecilla que he dicho—, comenzamos a combatirla. Un alférez y otros dos o tres españoles se echaron al agua; y los de la ciudad desampararon luego el paso, y comenzóse a cegar y aderezar para que pudiésemos pasar con los caballos. Y, estando aderezando, llegó Pedro de Alvarado por la misma calle con cuatro de caballo; fue sin comparación el placer que hubo la gente de su real y del nuestro, porque era camino para dar muy breve conclusión a la guerra. Pedro de Alvarado dejaba recaudo de gente en las espaldas y lados, así para conservar lo ganado como para su defensa; y, luego que se aderezó el paso, yo con algunos de caballo me fui a ver el mercado y mandé a la gente de nuestro real que no pasasen adelante de aquel paso. Después de pasearnos un rato por la plaza, mirando los portales de ella, que por las azoteas estaban llenos de enemigos, y como la plaza era muy grande y veían por ella andar los de caballo, no osaban llegar, yo subí a aquella torre grande que está junto al mercado; en ella y en otras hallamos ofrecidas ante sus ídolos las cabezas de los cristianos que nos habían matado, y de los indios de Tascaltecal, nuestros amigos, entre quienes siempre ha habido muy antigua y cruel enemistad.

Yo miré desde aquella torre lo que teníamos ganado de la ciudad, que sin duda en ocho partes teníamos ganadas las siete; y viendo que tanto número de gente de los enemigos no era posible sufrirse en tanta angostura, mayormente que aquellas casas que les quedaban eran pequeñas y puestas cada una sobre sí en el agua; y sobre todo la grandísima hambre que entre ellos había, y que por las calles hallábamos roídas las raíces y cortezas de los árboles, acordé dejarlos de combatir por algún día y moverles algún partido por donde no pereciese tanta multitud de gente. Ciertamente me ponía en mucha lástima y dolor el daño que en ellos se hacía, y continuamente les hacía acometer con la paz; ellos replicaban que en ninguna manera se habían de dar, y que uno solo que quedase había de morir peleando, y que de todo lo que tenían no habíamos de haber ninguna cosa, y que lo habían de quemar y echar al agua, donde nunca apareciese. Yo, por no dar mal por mal, disimulaba en no darles combate.

Como teníamos muy poca pólvora, habíamos puesto en plática hacía más de quince días de hacer un trabuco; y aunque no había maestros que supiesen hacerle, unos carpinteros se profirieron de hacer un pequeño. Aunque tuve pensamiento que no habíamos de salir con esta obra, consentí que lo siguiesen; y en aquellos días que teníamos tan arrinconados los indios, acabóse de hacer, y se llevó a la plaza del mercado para asentarlo en uno como teatro que está en medio de ella, hecho de cal y canto, cuadrado, de altura de dos estados y medio, y de esquina a esquina habrá treinta pasos —el cual tenían ellos para cuando hacían algunas fiestas y juegos, que los representadores se ponían allí para que toda la gente del mercado y los que estaban debajo y encima de los portales pudiesen ver lo que se hacía—. Traído allí, tardaron en asentarlo tres o cuatro días; y los indios nuestros amigos amenazaban con él a los de la ciudad, diciéndoles que con aquel ingenio los habíamos de matar a todos. Y aunque otro fruto no hiciera —que no hizo—, el temor que con él se ponía era aprovechoso, por lo cual pensábamos que los enemigos se darían. Mas ni los carpinteros salieron con su intención, ni los de la ciudad, aunque tenían temor, movieron ningún partido para darse; y la falta y defecto del trabuco disimulámosla con que, movidos de compasión, no los queríamos acabar de matar.

OTRO DÍA, DESPUÉS de asentado el trabuco, volvimos a la ciudad, y como ya había tres o cuatro días que no les combatíamos, hallamos las calles por donde íbamos llenas de mujeres y niños y otra gente miserable que se morían de hambre; salían traspasados y flacos, lo cual era la mayor lástima del mundo de verlos. Yo mandé a nuestros amigos que no les hiciesen daño alguno; pero de la gente de guerra no salía ninguno a donde pudiera recibir daño, aunque los veíamos estar encima de las azoteas cubiertos con las mantas que usan y sin armas. Hice este día que se les requiriese con la paz, y sus respuestas eran disimulaciones; y como lo más del día nos tenían en esto, envié a decir que los quería combatir, que hiciesen retraer toda su gente; si no, daría licencia que nuestros amigos los matasen. Ellos dijeron que querían paz, y yo les repliqué que no veía allí al señor con quien se había de tratar; que venido, para lo cual le daría todo el seguro que quisiese, hablaríamos en la paz. Y como vimos que era burla y que todos estaban apercibidos para pelear con nosotros —después de habérsela amonestado muchas veces—, por más estrecharlos y poner en más extrema necesidad mandé a Pedro de Alvarado que con toda su gente entrase por la parte de un gran barrio que los enemigos tenían, en que habría más de mil casas; y yo, por la otra parte, entré a pie con la gente de nuestro real, porque a caballo no nos podíamos aprovechar por allí. Fue tan recio el combate nuestro y de nuestros enemigos, que les ganamos todo aquel barrio; y fue tan grande la mortandad hecha en nuestros enemigos, que muertos y presos pasaron de doce mil ánimas, con los cuales usaban de tanta crueldad nuestros amigos que por ninguna vía a ninguno daban la vida, aunque más reprendidos y castigados de nosotros eran.

Otro día siguiente tornamos a la ciudad y mandé que no peleasen ni hiciesen mal a los enemigos; y como ellos veían tanta multitud de gente sobre ellos y conocían que venían a matarlos sus vasallos y los que ellos solían mandar, y veían su extrema necesidad y cómo no tenían dónde estar sino sobre los cuerpos muertos de los suyos, con deseo de verse fuera de tanta desventura decían que por qué no los acabábamos ya de matar; y a mucha prisa dijeron que me llamasen, que querían hablar. Como todos los españoles deseaban que esta guerra concluyese, y tenían lástima de tanto mal como se hacía, holgaron mucho pensando que los indios querían paz; y con mucho placer vinieron a llamarme e importunaron para que me llegase a una albarrada donde estaban ciertos principales, porque querían hablar conmigo. Aunque yo sabía que había de aprovechar poco mi ida, determiné ir, porque bien sabía que el no darse estaba solamente en el señor y otros tres o cuatro principales de la ciudad, pues la otra gente, muertos o vivos, deseaban ya verse fuera de allí. Llegado a la albarrada, dijéronme que, pues ellos me tenían por hijo del sol —y el sol, en tanta brevedad como era en un día y una noche, daba vuelta a todo el mundo—, por qué yo así brevemente no los acababa de matar y los quitaba de penar tanto; que ya ellos tenían deseos de morir e irse al cielo para su Ochilobus que los estaba allá esperando para descansar; y este ídolo es el que en más veneración tienen. Yo les respondí muchas cosas para atraerlos a que se diesen, y ninguna cosa aprovechaba, aunque en nosotros veían más muestras y señales de paz que jamás a ningunos vencidos se mostraron, siendo nosotros, con la ayuda de Nuestro Señor, los vencedores.

Puestos los enemigos en el último extremo, como de lo dicho se puede colegir, para quitarlos de su mal propósito —como era la determinación que tenían de morir—, hablé con una persona bien principal entre ellos, que teníamos preso, al cual dos o tres días antes había prendido un tío de don Fernando, señor de Tesuico, peleando en la ciudad; y, aunque estaba muy herido, le dije si quería volver a la ciudad, y él me respondió que sí. Y, como otro día entramos en ella, envíele con ciertos españoles, los cuales lo entregaron a los de la ciudad; y a este principal yo le había hablado largamente para que hablase con el señor y con otros principales sobre la paz, y él me prometió hacer sobre ello todo lo que pudiese. Los de la ciudad lo recibieron con mucho acatamiento, como a persona principal; y, como lo llevaron delante de Guatimucín, su señor, y él le comenzó a hablar sobre la paz, dicen que luego le mandó matar y sacrificar; y la respuesta que estábamos esperando nos la dieron con venir con grandísimos alaridos, diciendo que no querían sino morir, y comienzan a tirarnos varas, flechas y piedras, y a pelear reciamente con nosotros; y tanto, que nos mataron un caballo con un sable que uno traía hecho de una espada de las nuestras. Al fin les costó caro, porque murieron muchos de ellos, y así nos volvimos a nuestros reales aquel día.

Otro día tornamos a entrar en la ciudad, y ya estaban los enemigos tales, que de noche osaban quedar en ella de nuestros amigos infinitos de ellos. Y, llegados a vista de los enemigos, no quisimos pelear con ellos, sino anduvimos aseando por su ciudad, porque teníamos pensamiento que cada hora y cada rato se habían de salir a nosotros. Y, por inclinarlos a ello, yo me llegué cabalgando cabe una albarrada suya que tenían bien fuerte, y llamé a ciertos principales que estaban detrás, a los cuales yo conocía, y díjeles que, pues se veían tan perdidos y conocían que, si yo quisiese, en una hora no quedaría ninguno de ellos, por qué no venía a hablar Guatimucín, su señor; que yo le prometía no hacerle ningún mal, y queriendo él y ellos venir de paz, serían de mí muy bien recibidos y tratados. Y pasé con ellos otras razones, con que los provoqué a muchas lágrimas; y, llorando, me respondieron que bien conocían su yerro y perdición, y que ellos querían ir a hablar a su señor y me volverían presto con la respuesta, y que no me fuese de allí. Ellos se fueron y volvieron después de un rato, y dijéronme que, porque ya era tarde, su señor no había venido, pero que otro día, a mediodía, vendría en todo caso a hablar en la plaza del mercado; y así nos fuimos a nuestro real. Y yo mandé para otro día que tuviesen aderezado allí, en aquel cuadrado alto que está en medio de la plaza para el señor y principales de la ciudad, un estrado como ellos lo acostumbraban, y que también les tuviesen aderezado de comer; y así se puso por obra.

Otro día de mañana fuimos a la ciudad, y yo avisé a la gente que estuviese apercibida, porque, si los de la ciudad acometiesen alguna traición, no nos tomasen descuidados. Y a Pedro de Alvarado, que estaba allí, le avisé de lo mismo. Y, como llegamos al mercado, yo envié a decir y hacer saber a Guatimucín que lo estaba esperando, el cual, según pareció, acordó no venir y envióme cinco de aquellos señores principales de la ciudad, cuyos nombres, porque no hacen al caso, no digo aquí. Los cuales, llegados, dijeron que su señor me enviaba a rogar con ellos que le perdonase porque no venía; que tenía mucho miedo de aparecer ante mí, y también estaba malo, y que ellos estaban allí: que viese lo que mandaba, que ellos lo harían. Y, aunque el señor no vino, holgamos mucho de que aquellos principales viniesen, porque parecía que era camino de dar presto conclusión a todo el negocio. Yo los recibí con semblante alegre, y mandéles dar luego de comer y beber, en lo cual mostraron bien el deseo y necesidad que de ello tenían. Y, después de haber comido, díjeles que hablasen a su señor y que no tuviese temor ninguno; que le prometía que, aunque ante mí viniese, no le sería hecho enojo alguno ni sería detenido, porque sin su presencia en ninguna cosa se podía dar buen asiento ni concierto. Y mandéles dar algunas cosas de refresco que le llevasen para comer, y prometiéronme de hacer en el caso todo lo que pudiesen; y así se fueron. Y a las dos horas volvieron, y trajéronme unas mantas de algodón buenas, de las que ellos usan, y dijéronme que en ninguna manera Guatimucín, su señor, vendría ni quería venir, y que era excusado hablar en ello. Y yo les torné a repetir que no sabía la causa por la que él se recelaba venir ante mí, pues veía que a ellos —que yo sabía habían sido los causadores principales de la guerra y que la habían sustentado— les hacía buen tratamiento, que los dejaba ir y venir seguramente sin recibir enojo alguno; y les rogaba que le tornasen a hablar y mirasen mucho en esto de su venida, pues a él le convenía y yo lo hacía por su provecho. Ellos respondieron que así lo harían y que otro día volverían con la respuesta; y así se fueron ellos, y también nosotros a nuestros reales.

Otro día, bien de mañana, aquellos principales vinieron a nuestro real y dijéronme que me fuese a la plaza del mercado de la ciudad, porque su señor me quería ir a hablar allí. Y yo, creyendo que fuera así, cabalgué y tomamos nuestro camino, y estúvele esperando donde quedaba concertado más de tres o cuatro horas, y nunca quiso venir ni aparecer ante mí. Y, como yo vi la burla, y que era ya tarde, que ni los otros mensajeros ni el señor venían, envié a llamar a los indios nuestros amigos que habían quedado a la entrada de la ciudad, casi a una legua de donde estábamos, a los cuales yo había mandado que no pasasen de allí, porque los de la ciudad me habían pedido que, para hablar en las paces, no estuviese ninguno de ellos dentro; y ellos no se tardaron, ni tampoco los del real de Pedro de Alvarado. Y como llegaron, comenzamos a combatir unas albarradas y calles de agua que tenían —que ya no les quedaba mayor fuerza—, y les entramos, así nosotros como nuestros amigos, todo lo que quisimos.

Y al tiempo que yo salí del real, había proveído que Gonzalo de Sandoval entrase con los bergantines por la otra parte de las casas en que los indios estaban fuertes, de manera que los tuviésemos cercados, y que no los combatiese hasta que viese que nosotros combatíamos. De manera que, por estar así cercados y apretados, no tenían paso por donde andar sino por encima de los muertos y por las azoteas que les quedaban; y, a esta causa, ni tenían ni hallaban flechas, ni varas, ni piedras con que ofendernos. Y andaban con nosotros nuestros amigos a espada y rodela, y era tanta la mortandad que en ella se hizo por la mar y por la tierra, que aquel día se mataron y prendieron más de cuarenta mil ánimas; y era tanta la grita y lloro de los niños y mujeres, que no había persona a quien no quebrantase el corazón. Y ya nosotros teníamos más que hacer en estorbar a nuestros amigos que no matasen ni hiciesen tanta crueldad, que no en pelear con los indios; crueldad que nunca en generación tan recia se vio, ni tan fuera de toda orden de naturaleza, como en los naturales de estas partes. Nuestros amigos hubieron este día muy gran despojo, el cual en ninguna manera les podíamos resistir, porque nosotros éramos obra de novecientos españoles y ellos más de ciento cincuenta mil hombres; y ningún recaudo ni diligencia bastaba para estorbarles que no robasen, aunque de nuestra parte se hacía todo lo posible. Y una de las cosas por las que los días antes yo rehusaba no venir en tanta rotura con los de la ciudad era porque, tomándola por fuerza, habían de echar lo que tuviesen en el agua; y ya que no lo hiciesen, nuestros amigos habrían de robar todo lo más que hallasen, y por esta causa temía que se habría para vuestra majestad poca parte de la mucha riqueza que en esta ciudad había, según la que yo antes para vuestra alteza tenía. Y, porque ya era tarde, y no podíamos sufrir el mal olor de los muertos que había de muchos días por aquellas calles —que era la cosa del mundo más pestilencial—, nos fuimos a nuestros reales.

Y aquella tarde dejé concertado que para otro día siguiente, que habíamos de volver a entrar, se aparejasen tres tiros gruesos que teníamos para llevarlos a la ciudad, porque yo temía que, como estaban los enemigos tan juntos y no tenían por dónde rodearse, queriéndolos entrar por la fuerza, sin pelear, podrían entre sí ahogar a los españoles, y quería desde acá hacerles con los tiros algún daño, por si salieran de allí para nosotros. Y al alguacil mayor mandé que asimismo, para otro día, estuviese apercibido para entrar con los bergantines por un lago grande de agua que se hacía entre unas casas, donde estaban todas las canoas de la ciudad recogidas; y ya tenían tan pocas casas donde poder estar, que el señor de la ciudad andaba metido en una canoa con ciertos principales, que no sabían qué hacer de sí. Y de esta manera quedó concertado que habíamos de entrar otro día por la mañana.

Siendo ya de día, hice apercibir toda la gente y llevar los tiros gruesos; y el día antes había yo mandado a Pedro de Alvarado que me esperase en la plaza del mercado y no diese combate hasta que yo llegase. Y, estando ya todos juntos y los bergantines apercibidos todos por detrás de las casas del agua donde estaban los enemigos, mandé que, en oyendo soltar una escopeta, entrasen por una poca parte que estaba por ganar y echasen a los enemigos al agua hacia donde los bergantines habían de estar a punto; y aviséles mucho que mirasen por Guatimucín y trabajasen de tomarle con vida, porque en aquel punto cesaría la guerra. Y yo me subí encima de una azotea, y, antes del combate, hablé con algunos de aquellos principales de la ciudad que conocía, y les dije qué era la causa por la que su señor no quería venir; que, pues se veían en tanto extremo, no diesen causa a que todos pereciesen, y que lo llamasen y no tuviesen ningún temor. Y dos de aquellos principales pareció que lo iban a llamar. Y, al poco, volvió con ellos uno de los más principales de todos aquellos, que se llamaba Ciguacoacín; era el capitán y gobernador de todos ellos, y por su consejo se seguían todas las cosas de la guerra. Yo le mostré buena voluntad para que se asegurase y no tuviese temor; y, al fin, me dijo que en ninguna manera el señor vendría ante mí, y antes quería por allá morir, y que a él pesaba mucho de esto; que hiciese yo lo que quisiese. Y, como vi en esto su determinación, yo le dije que se volviese a los suyos y que él y ellos se aparejasen, porque los quería combatir y acabar de matar; y así se fue.

Y como en estos conciertos se pasaron más de cinco horas, y los de la ciudad estaban todos encima de los muertos —otros en el agua, otros andaban nadando y otros ahogándose en aquel lago donde estaban las canoas, que era grande—, era tanta la pena que tenían, que no bastaba juicio a pensar cómo lo podían sufrir; y no hacían sino salirse infinito número de hombres, mujeres y niños hacia nosotros. Y, por darse prisa al salir, unos a otros se echaban al agua, y se ahogaban entre aquella multitud de muertos; que, según pareció, del agua salada que bebían y del hambre y mal olor, había dado tanta mortandad en ellos, que murieron más de cincuenta mil ánimas. Los cuerpos de los cuales, para que nosotros no alcanzásemos su necesidad, ni los echaban al agua —porque los bergantines no topasen con ellos—, ni los echaban fuera de su conversación —porque nosotros por la ciudad no volviésemos—; y así, por aquellas calles en que estaban hallábamos los montones de muertos, que no había persona que en otra cosa pudiese poner los pies. Y como la gente de la ciudad se salía a nosotros, yo había proveído que por todas las calles estuviesen españoles para estorbar que nuestros amigos no matasen a aquellos tristes que salían —que eran sin cuento—. Y también dije a todos los capitanes de nuestros amigos que en ninguna manera consintiesen matar a los que salían; y no se pudo tanto estorbar, como eran tantos, que aquel día no mataron y sacrificaron menos de quince mil ánimas.

Y, en esto, todavía los principales y gente de guerra de la ciudad se estaban arrinconados, y en algunas azoteas, casas y en el agua, donde ni les aprovechaba la disimulación ni otra cosa, porque no viésemos su perdición y su flaqueza muy a la clara. Viendo que se venía la tarde y que no se querían dar, hice asentar los dos tiros gruesos hacia ellos, para ver si se darían; porque más daño recibieran en dar licencia a nuestros amigos que les entrasen que no de los tiros, los cuales hicieron algún daño. Y, como tampoco esto aprovechaba, mandé soltar la escopeta; y, en soltándola, luego fue tomado aquel rincón que tenían, y echados al agua los que en él estaban; otros que quedaban, sin pelear, se rindieron.

Y LOS BERGANTINES entraron de golpe por aquel lago y rompieron por medio de la flota de canoas; y la gente de guerra que en ellas estaba ya no osaba pelear. Y plugo a Dios que un capitán de un bergantín, que se dice Garci Holguín, llegó en pos de una canoa en la cual le pareció que iba gente de manera; y, como llevaba dos o tres ballesteros en la proa del bergantín e iban encarando en los de la canoa, hiciéronle señal de que estaba allí el señor, que no tirasen. Saltaron de presto y prendiéronle a él, a aquel Guatimucín y a aquel señor de Tacuba, y a otros principales que con él estaban; y, luego, el dicho capitán Garci Holguín me trajo allí, a la azotea donde estaba —que era junto al lago—, al señor de la ciudad y a los otros principales presos. El cual, como le hice sentar, no mostrándole rigurosidad ninguna, llegóse a mí y díjome en su lengua que ya él había hecho todo lo que de su parte era obligado para defenderse a sí y a los suyos hasta venir a aquel estado; que ahora hiciese de él lo que yo quisiese. Y puso la mano en un puñal que yo tenía, diciéndome que le diese de puñaladas y le matase. Y yo le animé y le dije que no tuviese temor alguno; y así, preso este señor, luego en este punto cesó la guerra, a la cual plugo a Dios Nuestro Señor dar conclusión en martes, día de San Hipólito, que fue 13 de agosto de 1521.

De manera que, desde el día que se puso cerco a la ciudad —que fue a 30 de mayo del dicho año—, hasta que se ganó, pasaron setenta y cinco días, en los cuales vuestra majestad verá los trabajos, peligros y desventuras que estos sus vasallos padecieron, en los cuales mostraron tanto sus personas, que las obras dan buen testimonio de ello.

Y en todos aquellos setenta y cinco días del cerco, ninguno se pasó que no se tuviese combate con los de la ciudad, poco o mucho. Aquel día de la prisión de Guatimucín y toma de la ciudad, después de haber recogido el despojo que se pudo haber, nos fuimos al real, dando gracias a Nuestro Señor por tan señalada merced y tan deseada victoria como nos había dado.

Allí, en el real, estuve tres o cuatro días dando orden en muchas cosas que convenían, y, después, nos vinimos a la ciudad de Cuyoacán, donde hasta ahora he estado entendiendo en el buen orden, gobernación y pacificación de estas partes.

Recogido el oro y otras cosas, con parecer de los oficiales de vuestra majestad se hizo fundición de ello, y montó lo que se fundió más de ciento treinta mil castellanos, de que se dio el quinto al tesoro de vuestra majestad, sin el quinto de otros derechos que a vuestra majestad pertenecieron de esclavos y otras cosas, según más largo se verá por la relación de todo lo que a vuestra majestad perteneció, que irá firmado de nuestros nombres. Y el oro que restó se repartió en mí y en los españoles según la manera, servicio y calidad de cada uno; además del dicho oro se hubieron ciertas piezas y joyas de oro, y de las mejores de ellas se dio el quinto al dicho tesorero de vuestra majestad.

Entre el despojo que se hubo en la dicha ciudad, hubimos muchas rodelas de oro, penachos y plumas, y cosas tan maravillosas que por escrito no se pueden significar ni se pueden comprender si no son vistas; y por ser tales, parecióme que no se debían quintar ni dividir, sino que de todas ellas se hiciese servicio a vuestra majestad, para lo cual yo hice juntar a todos los españoles y les rogué que tuviesen por bien que aquellas cosas se enviasen a vuestra majestad, y que de la parte que a ellos venía y a mí, sirviésemos a vuestra majestad; y ellos holgaron de hacerlo de muy buena voluntad, y con tal ellos y yo enviamos el dicho servicio a vuestra majestad con los procuradores que los consejos de esta Nueva España envían.

Como la ciudad de Temixtitan era tan principal y nombrada por todas estas partes, pareció que vino a noticia de un señor de una muy gran provincia que está a setenta leguas de Temixtitan, que se dice Mechuacán, cómo la habíamos destruido y asolado; y considerando la grandeza y fortaleza de la dicha ciudad, al señor de aquella provincia le pareció que, pues que aquella no se nos había defendido, que no habría cosa que se nos amparase, y por temor o por lo que a él le plugo, envióme ciertos mensajeros, y de su parte me dijeron por los intérpretes de su lengua que su señor había sabido que nosotros éramos vasallos de un gran señor, y que, si yo tuviese por bien, él y los suyos lo querían ser también y tener mucha amistad con nosotros. Y yo le respondí que era verdad que todos éramos vasallos de aquel gran señor, que era vuestra majestad, y que a todos los que no lo quisiesen ser les habíamos de hacer guerra, y que su señor y ellos lo habían hecho muy bien. Y como yo de poco acá tenía alguna noticia del mar del Sur, me informé también de ellos si por su tierra podía ir allá; y ellos me respondieron que sí, y les rogué que, para que pudiese informar a vuestra majestad de la dicha mar y de su provincia, llevasen consigo dos españoles que les daría; y ellos dijeron que les placía de muy buena voluntad, pero que para pasar al mar había de ser por tierra de un gran señor con quien ellos tenían guerra, y que por esta causa no podían por ahora llegar a la mar. Estos mensajeros de Mechuacán estuvieron aquí conmigo tres o cuatro días, y delante de ellos hice escaramuzar los de caballo, para que allá lo contasen, y habiéndoles dado ciertas joyas, a ellos y a los dos españoles despaché para la dicha provincia de Mechuacán.

Como en el capítulo antes de éste he dicho, yo tenía, muy poderoso señor, alguna noticia, hacía poco, de la otra mar del Sur, y sabía que por dos o tres partes estaba a doce, trece y catorce jornadas de aquí; y estaba muy ufano, porque me parecía que en descubrirlo se hacía a vuestra majestad muy grande y señalado servicio, especialmente que todos los que tienen alguna ciencia y experiencia en la navegación de las Indias han tenido por muy cierto que descubriendo por estas partes el mar del Sur se habían de hallar muchas islas ricas de oro, perlas, piedras preciosas y especiería, y se habían de descubrir y hallar otros muchos secretos y cosas admirables; y esto han afirmado y afirman también personas de letras y experimentadas en la ciencia de la cosmografía. Y con tal deseo y con que de mí pudiese vuestra majestad recibir en esto muy singular y memorable servicio, despaché cuatro españoles, los dos por ciertas provincias y los otros dos por otras; e informados de las vías que habían de llevar y dádoles personas de nuestros amigos que los guiasen y fuesen con ellos, partieron. Y yo les mandé que no parasen hasta llegar a la mar, y que en descubriéndola tomasen la posesión real y corporalmente en nombre de vuestra majestad, y los unos anduvieron cerca de ciento treinta leguas por muchas y buenas provincias sin recibir ningún estorbo, y llegaron a la mar y tomaron posesión, y en señal pusieron cruces en la costa de ella. Y después de ciertos días se volvieron con la relación del dicho descubrimiento, y me informaron muy particularmente de todo, y me trajeron algunas personas de los naturales de la dicha mar; también me trajeron muy buena muestra de oro de minas que hallaron en algunas de aquellas provincias por donde pasaron, la cual con otras muestras de oro ahora envío a vuestra majestad.

Los otros dos españoles se detuvieron algo más, porque anduvieron cerca de ciento cincuenta leguas por otra parte hasta llegar a la dicha mar, donde asimismo tomaron la dicha posesión, y me trajeron larga relación de la costa, y se vinieron con ellos algunos de los naturales de ella. Y a ellos y a los otros los recibí graciosamente, y con haberles informado del gran poder de vuestra majestad y dado algunas cosas se volvieron muy contentos a sus tierras.

En la otra relación, muy católico señor, hice saber a vuestra majestad cómo, al tiempo que los indios me desbarataron y echaron la primera vez fuera de la ciudad de Temixtitan, se habían rebelado entre el servicio de vuestra majestad todas las provincias sujetas a la ciudad y nos habían hecho la guerra; y por esta relación podrá vuestra majestad mandar ver cómo hemos reducido a su real servicio todas las demás tierras y provincias que estaban rebeladas; y porque ciertas provincias que están de la costa de la Mar del Norte a diez, quince y treinta leguas, desde que la dicha ciudad de Temixtitan se había alzado, estaban rebeladas, y los naturales de ellas habían muerto a traición y sobre seguro más de cien españoles, y yo, hasta haber dado conclusión en esta guerra de la ciudad, no había tenido posibilidad para enviar sobre ellos; acabados de despachar aquellos españoles que vinieron a descubrir la mar del Sur, determiné de enviar a Gonzalo de Sandoval, alguacil mayor, con treinta y cinco de caballo y doscientos españoles y gente de nuestros amigos, y con algunos principales y naturales de Temixtitan, a aquellas provincias que se dicen Tatactetelco, Tustepeque, Guatuxco y Aulicaba, y dándole instrucción de la orden que había de tener en esta jornada, se comenzó a aderezar para hacerla.

En esta sazón, el teniente que yo había dejado en la villa de Segura de la Frontera, que está en la provincia de Tepeaca, vino a esta ciudad de Cuyoacán, e hízome saber cómo los naturales de aquella provincia y de otras a ella comarcanas, vasallos de vuestra majestad, recibían daño de los naturales de una provincia que se dice Guaxacaque, que les hacían guerra porque eran nuestros amigos; y que, además de ser necesario poner remedio a esto, era muy bien asegurar aquella provincia de Guaxacaque, porque estaba en camino de la mar del Sur, y en pacificándose sería cosa muy provechosa, así para lo dicho como para otros efectos de que adelante haré relación a vuestra majestad; y el dicho teniente me dijo que estaba muy particularmente informado de aquella provincia, y que con poca gente la podría sojuzgar, porque estando yo en el real sobre Temixtitan él había ido a ella porque los de Tepeaca le ahincaban que fuese a hacer la guerra a los naturales de ella, pero como no había llevado más de veinte o treinta españoles, le habían hecho volver, aunque no tan presto como él quisiera. Y yo, vista su relación, le di doce de caballo y ochenta españoles, y el dicho alguacil mayor y teniente partieron con su gente de esta ciudad de Cuyoacán a 30 de octubre de año 521.

Y llegados a la provincia de Tepeaca, hicieron allí sus alardes, y cada uno partió a su conquista; y el alguacil mayor, después de veinticinco días, me escribió cómo habían llegado a la provincia de Guatuxco, y que, aunque llevaban harto recelo, que se había de ver en aprieto con los enemigos porque era gente muy diestra en la guerra y tenía muchas fuerzas en su tierra, que había placido a Nuestro Señor que habían salido de paz, y que, aunque no había llegado a las otras provincias, tenía por muy cierto que todos los naturales de ella se le vendrían a dar por vasallos de vuestra majestad; y después de quince días tuve cartas suyas, por las cuales me hizo saber cómo había pasado más adelante y que toda aquella tierra estaba ya de paz y que le parecía que para tenerla segura era bien poblar en lo más a propósito de ella, como mucho antes lo habíamos puesto en plática, y que viese lo que cerca de ello debía hacer. Yo le escribí agradeciéndole mucho lo que había trabajado en aquella su jornada en servicio de vuestra majestad, y le hice saber que me parecía muy bien lo que decía acerca del poblar; y envíéle a decir que hiciese una villa de españoles en la provincia de Tuxtepeque, y que le pusiese de nombre Medellín, y envíéle su nombramiento de alcaldes y regidores y otros oficiales; a los cuales todos encargué mirasen todo lo que conviniese al servicio de vuestra majestad y al buen trato de los naturales.

El teniente de la villa de Segura de la Frontera se partió con su gente a la provincia de Guaxaca, con mucha gente de guerra de aquella comarca, nuestros amigos; y aunque los naturales de la dicha provincia se pusieron en resistirle y peleó dos o tres veces con ellos muy reciamente, al fin se dieron de paz, sin recibir ningún daño; y de todo me escribió particularmente, y me informó cómo la tierra era muy buena y rica de minas, y me envió una muy singular muestra de oro; de ellas, que también envío a vuestra majestad, y él se quedó en la dicha provincia para hacer de allí lo que le enviase a mandar.

Habiendo dado orden en el despacho de estas dos conquistas, sabiendo el buen suceso de ellas, viendo cómo yo tenía ya pobladas tres villas de españoles y que conmigo estaban copla de ellos en esta ciudad de Cuyoacán, habiendo platicado en qué parte haríamos otra población alrededor de las lagunas, porque de ésta había más necesidad para la seguridad y sosiego de todas estas partes; y asimismo viendo que la ciudad de Temixtitan, que era cosa tan nombrada y de que tanto caso y memoria siempre se ha hecho, parecíónos que en ella era bien poblar, porque estaba toda destruida; y yo repartí los solares a los que se asentaron por vecinos, e hizo se nombramiento de alcaldes y regidores en nombre de vuestra majestad, según en sus reinos se acostumbra; y entre tanto que las casas se hacen, acordamos de estar y residir en esta ciudad de Cuyoacán, donde al presente estamos. De cuatro o cinco meses acá, que la dicha ciudad de Temixtitan se va reparando, está muy hermosa, y crea vuestra majestad que cada día se irá ennobleciendo en tal manera, que, como antes fue principal y señora de todas estas provincias, lo será también de aquí en adelante, y se hace y hará de tal manera que los españoles estén muy fuertes, seguros y muy señores de los naturales, de manera que de ellos en ninguna forma puedan ser ofendidos.

En este comedio, el señor de la provincia de Tecoantepeque, que está junto a la mar del Sur, y por donde la descubrieron los dos españoles, me envió ciertos principales y con ellos se envió a ofrecer por vasallo de vuestra majestad, y me envió un presente de ciertas joyas y piezas de oro y plumajes, lo cual todo se entregó al tesorero de vuestra majestad, y yo les agradecí a aquellos mensajeros lo que de parte de su señor me dijeron, y les di ciertas cosas que le llevasen, y se volvieron muy alegres.

Asimismo vinieron a esta sazón los dos españoles que habían ido a la provincia de Mechuacán, por donde los mensajeros que el señor de allí me había enviado me habían dicho que también por aquella parte se podía ir a la mar del Sur, salvo que había de ser por tierra de un señor que era su enemigo; y con los dos españoles vino un hermano del señor de Mechuacán, y con él otros principales y servidores que pasaban de mil personas, a los cuales yo recibí mostrándoles mucho amor, y de parte del señor de la dicha provincia, que se dice Calcucín, me dieron para vuestra majestad un presente de rodelas de plata, que pesaron tantos marcos, y otras muchas cosas, que se entregaron al tesorero de vuestra majestad; y para que viesen nuestra manera y lo contasen allá a su señor, hice salir a todos los de caballo a una plaza, y delante de ellos corrieron y escaramuzaron; y la gente de pie salió en ordenanza y los escopeteros soltaron las escopetas, y con la artillería hice tirar a una torre y quedaron todos muy espantados de ver lo que en ella se hizo y de ver correr los caballos; e híceles llevar a ver la destrucción de la ciudad de Temixtitan, que de verla, y de ver su fuerza y fortaleza, por estar en el agua, quedaron mucho más espantados. Y al cabo de cuatro o cinco días, dándoles muchas cosas para su señor de las que ellos tienen en estima, y para ellos, se partieron muy alegres y contentos.

Antes de ahora he hecho relación a vuestra majestad del río de Pánuco, que está en la costa abajo de la villa de la Vera Cruz, a cincuenta o sesenta leguas, al cual los navíos de Francisco de Garay habían ido dos o tres veces, y aún recibido harto daño de los naturales del dicho río, por la poca manera que se habían dado los capitanes que allí había enviado en la contratación que habían querido tener con los indios. Y después yo, viendo que en toda la costa de la mar del Norte hay falta de puertos, y ninguno hay tal como aquel del río, y también porque aquellos naturales de él habían venido antes a mí a ofrecerse por vasallos de vuestra majestad, y ahora han hecho y hacen guerra a los vasallos de vuestra majestad, nuestros amigos, tenía acordado de enviar allá un capitán con cierta gente y pacificar toda aquella provincia. Y si fuese tierra tal para poblar, hacer allí en el río una villa, porque todo lo de aquella comarca se aseguraría; y aunque éramos pocos y derramados en tres o cuatro partes, y tenían por esta causa alguna contradicción para no sacar más gente de aquí; empero, así por socorrer a nuestros amigos, como porque después que me había ganado la ciudad de Temixtitan habían venido navíos y habían traído alguna gente y caballos, hice aderezar veinticinco de caballo y ciento cincuenta peones, y un capitán con ellos, para que fuesen al dicho río.

Y estando despachando a este capitán, me escribieron de la Villa de la Vera Cruz cómo allí, a su puerto, había llegado un navío, y que en él venía Cristóbal de Tapia, veedor de las fundiciones de la isla Española; del cual, otro día siguiente, recibí una carta por la cual me hacía saber que su venida a esta tierra era para tener la gobernación de ella por mandado de vuestra majestad, y que de ello traía sus provisiones reales, de las cuales en ninguna parte quería hacer presentación hasta que nos viésemos; lo cual quisiera que fuera luego, pero que, como traía las bestias fatigadas de la mar, no se había metido en camino; y que me rogaba que diésemos orden cómo nos viésemos, o él viniendo acá, o yo yendo allá, a la costa de la mar.

Y como recibí su carta, luego respondí a ella diciéndole que holgaba mucho con su venida, y que no pudiera venir persona, proveída por mandado de vuestra majestad a tener la gobernación de estas partes, de quien más contentamiento tuviera; así por el conocimiento que entre nosotros había, como por la crianza y vecindad que en la isla Española habíamos tenido. Y porque la pacificación de estas partes no estaba aún tan soldada como convenía, y de cualquier novedad se daría ocasión de alterar a los naturales; y como el padre fray Pedro Melgarejo de Urrea, comisario de la Cruzada, se había hallado en todos nuestros trabajos y sabía muy bien en qué estado estaban las cosas de acá, y de su venida vuestra majestad había sido muy servido y nosotros aprovechados de su doctrina y consejos, yo le rogué con mucha instancia que tomase trabajo de verse con el dicho Tapia y viese las provisiones de vuestra majestad; y pues él, mejor que nadie, sabía lo que convenía a su real servicio y al bien de estas partes, que diese orden con el dicho Tapia en lo que más conviniese, pues tenía concepto de mí que no excedería un punto de ello. Lo cual yo le rogué en presencia del tesorero de vuestra majestad, y él asimismo se lo encargó mucho.

Y él se partió para la Villa de la Vera Cruz, donde el dicho Tapia estaba; y para que en la villa o por donde viniese el dicho veedor se le hiciese todo buen servicio y acogimiento, despaché al dicho padre y a dos o tres personas de bien de los de mi compañía. Y como aquellas personas partieron, yo quedé esperando su respuesta, y en tanto aderezaba mi partida, dando orden en algunas cosas que convenían al servicio de vuestra majestad y a la pacificación y sosiego de estas partes.

Después de diez o doce días, la justicia y regimiento de la Villa de la Vera Cruz me escribieron cómo el dicho Tapia había hecho presentación de las provisiones que traía de vuestra majestad y de sus gobernadores en su real nombre, y que las habían obedecido con toda la reverencia que se requería; y que, en cuanto al cumplimiento, habían respondido que, porque los más del regimiento estaban acá conmigo —que se habían hallado en el cerco de la ciudad—, ellos se lo harían saber, y todos harían y cumplirían lo que fuese más servicio de vuestra majestad y bien de la tierra; y que de esta respuesta el dicho Tapia había recibido algún desabrimiento, y aun había tentado algunas cosas escandalosas. Y, como quiera que a mí me pesaba de ello, les respondí que les rogaba y encargaba mucho que, mirando principalmente el servicio de vuestra majestad, trabajasen de contentar al dicho Tapia y no dar ninguna ocasión a que hubiese bullicio; y que yo estaba de camino para verme con él y cumplir lo que vuestra majestad mandaba y más su servicio fuese.

Y estando ya de camino —e impedida la ida del capitán y gente que enviaba al río de Pánuco, porque convenía que, yo salido de aquí, quedase muy buen recaudo—, los procuradores de los concejos de esta Nueva España me requirieron, con muchas protestaciones, que no saliese de aquí, porque, como toda esta provincia de México y

Temixtitan hacía poco que se había pacificado, con mi ausencia se alborotaría, de que podía seguir mucho deservicio a vuestra majestad y desasosiego en la tierra; y en el dicho requerimiento otras muchas causas y razones por donde no convenía que yo saliese de esta ciudad al presente. Y dijéronme que ellos, con poder de los concejos, irían a la Villa de la Vera Cruz, donde el dicho Tapia estaba, y verían las provisiones de vuestra majestad y harían todo lo que fuese su real servicio. Y, porque nos pareció ser así necesario y los dichos procuradores partían, escribí con ellos al dicho Tapia, haciéndole saber lo que pasaba, y que yo enviaba mi poder a Gonzalo de Sandoval, alguacil mayor, y a Diego de Soto y a Diego de Valdenebro, que estaban allá en la Villa de la Vera Cruz, para que, en mi nombre, juntamente con el cabildo de ella y con los procuradores de los otros cabildos, viesen e hiciesen lo que fuese servicio de vuestra majestad y bien de la tierra, porque eran y son personas que así lo habían de cumplir.

ALLEGADOS DONDE el dicho Tapia estaba —que venía ya de camino—, y el padre fray Pedro se venía con él, requiriéronle que se volviese; y todos juntos se volvieron a la ciudad de Cempoal. Y allí el dicho Cristóbal de Tapia presentó las provisiones que a vuestra majestad debe; y, en cuanto al cumplimiento de ellas, dijeron que suplicaban para ante vuestra majestad, porque así convenía a su real servicio por las causas y razones de la misma suplicación que hicieron —según más largamente pasó—, y los procuradores que van de esta Nueva España lo llevan signado de escribano público. Y, después de haber pasado otros autos y requerimientos entre el dicho veedor y procuradores, se embarcó en un navío suyo —porque así le fue requerido—, porque, de su estada y haber publicado que él venía por gobernador y capitán de estas partes, se alborotaban. Y tenían éstos de México-Temixtitan ordenado con los naturales de estas partes alzarse y hacer una gran traición, que, a salir con ella, hubiera sido peor que la pasada. Y fue que ciertos indios de aquí de México concertaron con algunos de los naturales de aquellas provincias que el alguacil mayor había ido a pacificar que viniesen a mí a mucha prisa, y me dijeron cómo por la costa andaban veinte navíos con mucha gente, y que no salían a tierra; y que, porque no debía ser buena gente, si yo quería ir allá y ver lo que era, que ellos se aderezarían e irían de guerra conmigo a ayudarme. Y, para que los creyese, trajéronme la figura de los navíos en un papel.

Y como secretamente me hicieron saber esto, luego conocí su intención y que era maldad y rodeo para verme fuera de esta provincia, porque, como algunos de los principales de ella habían sabido que los días antes yo estaba de partida y vieron que me estaba quedo, habían buscado esta otra manera. Y yo disimulé con ellos, y después prendí algunos que lo habían ordenado. De manera que la venida del dicho Tapia, y no tener experiencia de la tierra y gente de ella, causó harto bullicio; y su estada hiciera mucho daño si Dios no lo hubiera remediado. Más servicio hubiera hecho a vuestra majestad, estando en la isla Española, dejar su venida y consultarla primero a vuestra majestad, y hacerle saber el estado en que estaban las cosas de estas partes, pues lo había sabido de los navíos que yo había enviado a la dicha isla por socorro y sabía claramente haberse remediado el escándalo que se esperaba haber con la venida de la armada de Pánfilo de Narváez —aquel que principalmente, por los gobernadores y Consejo real de vuestra majestad, había sido proveído—; mayormente que, por el almirante, jueces y oficiales de vuestra majestad que residen en la dicha isla Española, el dicho Tapia había sido requerido muchas veces que no curase de venir a estas partes sin que primero vuestra majestad fuese informada de todo lo que en ellas ha sucedido; y para ello le sobreseyeron su venida so ciertas penas; el cual, con formas que con ellos tuvo, mirando más su particular interés que a lo que al servicio de vuestra majestad convenía, trabajó que se le alzase el sobreseimiento de su venida. He hecho relación de todo ello a vuestra majestad porque, cuando el dicho Tapia partió, los procuradores y yo no la hicimos, porque él no fuera buen portador de nuestras cartas; y también para que vuestra majestad vea y crea que, en no recibir al dicho Tapia, vuestra majestad fue muy servido, según que más largamente se probará cada y cuando fuese necesario.

En un capítulo antes de éste he hecho saber a vuestra majestad cómo el capitán que había enviado a conquistar la provincia de Guaxaca la tenía pacífica y estaba esperando allí para ver lo que le mandaba; y, porque de su persona había necesidad y era alcalde y teniente en la villa de Segura de la Frontera, le escribí que los ochenta hombres y diez de caballo que tenía los diese a Pedro de Alvarado, al cual enviaba a conquistar la provincia de Tatutepeque, que está cuarenta leguas adelante de la de Guaxaca, junto a la mar del Sur, y hacían mucho daño y guerra a los que se habían dado por vasallos de vuestra majestad y a los de la provincia de Tecoatepeque, porque nos habían dejado por su tierra entrar a descubrir la mar del Sur. Y el dicho Pedro de Alvarado partió de esta ciudad el último de enero de este presente año, y con la gente que de aquí llevó y con la que recibió en la provincia de Guaxaca juntó cuarenta de caballo y doscientos peones, en que había cuarenta ballesteros y escopeteros, y dos tiros pequeños de campo.

Después de veinte días recibí cartas del dicho Pedro de Alvarado cómo estaba de camino para la dicha provincia de Tatutepeque, y que me hacía saber que había tomado ciertas espías naturales de ella; y, habiéndose informado de ellas, le habían dicho que el señor de Tatutepeque, con su gente, le estaba esperando en el campo, y que él iba con propósito de hacer en aquel camino toda su posibilidad por pacificar aquella provincia; y porque, para ello, además de los españoles, llevaba mucha y buena gente de guerra.

Y estando con mucho deseo esperando la sucesión de este negocio, a 4 de marzo de este mismo año recibí cartas del dicho Pedro de Alvarado, en las que me hizo saber cómo él había entrado en la provincia y que tres o cuatro poblaciones de ella se habían puesto en resistirle, pero que no habían perseverado en ello; y que habían entrado en la población y ciudad de Tatutepeque, y habían sido recibidos, a lo que habían mostrado; y que el señor le había dicho que se aposentase allí, en unas casas grandes suyas que tenían la cobertura de paja; y que, porque estaban en lugar no provechoso para los de caballo, no habían querido, sino bajarse a otra parte de la ciudad que era más llano; y que también lo había hecho porque luego entonces había sabido que le ordenaban matar a él y a todos, de esta manera: que, cuando todos los españoles estuviesen aposentados en las casas —que eran muy grandes—, a medianoche les pusiesen fuego y los quemasen a todos. Y, como Dios le había descubierto este negocio, había disimulado y llevado consigo a lo bajo al señor de la provincia y a un hijo suyo, y que los habían detenido y tenía en su poder como presos, y le habían dado veinticinco mil castellanos; y que creía que, según los vasallos de aquel señor le decían, tenía mucho tesoro; y que toda la provincia estaba tan pacífica que no podía ser más, y que tenía sus mercados y contratación como antes; y que la tierra era muy rica de oro de minas, y que en su presencia le habían sacado una muestra, la cual me envió; y que tres días antes había estado en la mar y tomado posesión de ella por vuestra majestad, y que en su presencia habían sacado una muestra de perlas que también me envió; las cuales, con la muestra del oro de minas, envío a vuestra majestad.

Como Dios Nuestro Señor encaminaba bien esta negociación, e iba cumpliendo el deseo que yo tengo de servir a vuestra majestad en esto de la mar del Sur, por ser cosa de tanta importancia, he proveído con mucha diligencia que, en una de las partes por donde yo he descubierto la mar, se hagan dos carabelas medianas y dos bergantines: las carabelas para descubrir y los bergantines para seguir la costa. Y para ello he enviado a una persona de recaudo bien cuarenta españoles, en que van maestros y carpinteros de ribera, aserradores, herreros y hombres de la mar; y he proveído a la villa por clavazón, velas y otros aparejos necesarios para los dichos navíos, y se dará toda la prisa que sea posible para acabarlos y echarlos al agua; lo cual hecho, crea vuestra majestad que será la mayor cosa, y en que más servicio redundará a vuestra majestad, después que las Indias se han descubierto.

Estando en la ciudad de Tesuico, antes que de allí saliese a poner cerco a la de Temixtitan, aderezándonos y forneciéndonos de lo necesario para el dicho cerco, bien descuidado de lo que por ciertas personas se ordenaba, vino a mí una de aquellas que era en el concierto y hízome saber cómo ciertos amigos de Diego Velázquez que estaban en mi compañía me tenían ordenada traición para matarme; y que entre ellos habían y tenían elegido capitán y alcalde mayor, alguacil y otros oficiales; y que en todo caso lo remediase, pues veía que, además del escándalo que se seguiría por lo de mi persona, estaba claro que ningún español escaparía, viéndonos revueltos a los unos y a los otros; y que, para esto, no solamente hallaríamos enemigos apercibidos, pero aun los que teníamos por amigos trabajarían de acabarnos a todos. Y como yo vi que se me había revelado tan gran traición, di gracias a Nuestro Señor, porque en aquello consistía el remedio.

Y luego hice prender a uno, que era el principal agresor, el cual espontáneamente confesó que él había ordenado y concertado con muchas personas —que en su confesión declaró— de prenderme o matarme y tomar la gobernación de la tierra por Diego Velázquez; y que era verdad que tenía ordenado de hacer capitán y alcalde mayor, y que él había de ser el alguacil mayor y me había de prender o matar; y que en esto estaban muchas personas, que él tenía puestas en una copia, la cual se halló en su posada —aunque hecha pedazos—, con algunas de las personas con quien declaró él haber platicado lo susodicho; y que no solamente esto se había ordenado allí en Tesuico, sino que también lo había comunicado y puesto en plática estando en la guerra de la provincia de Tepeaca. Vista la confesión de este —el cual se decía Antonio de Villafaña y era natural de Zamora—, y como se certificó en ella, un alcalde y yo lo condenamos a muerte, la cual se ejecutó en su persona. Y, caso que en este delito hallamos otros muy culpados, disimulé con ellos, haciéndoles obras de amigos, porque, por ser el caso mío —aunque más propiamente se puede decir de vuestra majestad—, no he querido proceder contra ellos rigurosamente; la cual disimulación no ha hecho mucho provecho, porque después acá algunos de esta parcialidad de Diego Velázquez han buscado contra mí muchas asechanzas y, de secreto, hecho muchos bullicios y escándalos, en que me ha convenido tener más aviso de guardarme de ellos que de nuestros enemigos. Pero Dios Nuestro Señor lo ha siempre guiado de tal manera, que, sin hacer en aquellos castigo, ha habido y hay toda pacificación y tranquilidad; y, si de aquí en adelante sintiese otra cosa, se ha de castigar conforme a justicia.

Después que se tomó la ciudad de Temixtitan, estando en esta de Cuyoacán, falleció don Fernando, señor de Tesuico, lo que a todos nos pesó, porque era muy buen vasallo de vuestra majestad y muy amigo de los cristianos; y, con parecer de los señores y principales de aquella ciudad y su provincia, en nombre de vuestra majestad, se dio el señorío a otro hermano suyo menor, el cual se bautizó y se le puso de nombre don Carlos; y, según de él hasta ahora se conoce, lleva las pisadas de su hermano y plácele mucho nuestro hábito y conversación.

En la otra relación hice saber a vuestra majestad cómo, cerca de las provincias de Tascaltecal y Guajocingo, había una sierra redonda y muy alta de la cual salía casi a la continua mucho humo, que iba como una saeta derecho hacia arriba. Y porque los indios nos daban a entender que era cosa muy mala y que morían los que allí subían, yo hice a ciertos españoles que subiesen y viesen de la manera que la sierra estaba arriba. Y a la sazón que subieron, salió aquel humo con tanto ruido, que ni pudieron ni osaron llegar a la boca; y, después acá, yo hice ir allá a otros españoles, y subieron dos veces hasta llegar a la boca de la sierra donde sale aquel humo, y había de una y otra parte de la boca dos tiros de ballesta, porque hay en torno casi tres cuartos de legua, y tiene tan gran hondura, que no pudieron ver el cabo; y allí alrededor hallaron algún azufre de lo que el humo expele. Y, estando una vez allá, oyeron el ruido grande que traía el humo, y ellos diéronse prisa a bajarse; pero, antes que llegasen al medio de la sierra, ya venían rodando infinitas piedras, de que se vieron en harto peligro; y los indios nos tuvieron a muy gran cosa osar ir adonde fueron los españoles.

POR UNA CARTA mía hice saber a vuestra majestad cómo los naturales de estas partes eran de mucha más capacidad que no los de las otras islas, que nos parecían de tanto entendimiento y razón cuanto a uno medianamente basta para ser capaz; y que, por esta causa, me parecía cosa grave, por entonces, compelerlos a que sirviesen a los españoles de la manera que los de las otras islas; y que, también, cesando esto, los conquistadores y pobladores de estas partes no se podían sustentar. Y que, para no constreñir por entonces a los indios, y que los españoles se remediasen, me parecía que vuestra majestad debía mandar que, de las rentas que acá pertenecen a vuestra majestad, fuesen socorridos para su gasto y sustentación; y que sobre ello vuestra majestad mandase proveer lo que fuese más servido, según que de todo más largamente hice a vuestra majestad relación.

Y después acá, vistos los muchos y continuos gastos de vuestra majestad, y que antes debíamos por todas vías acrecentar sus rentas que dar causa a gastarlas; y visto también el mucho tiempo que hemos andado en las guerras y las necesidades y deudas en que, a causa de ellas, todos estábamos puestos; y la dilación que había en lo que, en este caso, vuestra majestad podía mandar; y, sobre todo, la mucha importunación de los oficiales de vuestra majestad y de todos los españoles, y que de ninguna manera me podía excusar, me fue casi forzado depositar los señores y naturales de estas partes a los españoles, considerando en ello las personas y los servicios que en estas partes a vuestra majestad han hecho, para que, en tanto que otra cosa mande proveer o confirmar esto, los dichos señores y naturales sirvan, den a cada español a quien estuvieren depositados lo que hubieren menester para su sustentación. Y esta forma fue con parecer de personas que tenían y tienen mucha inteligencia y experiencia de la tierra; y no se pudo ni puede tener otra cosa que sea mejor, que convenga más, así para la sustentación de los españoles como para la conservación y buen tratamiento de los indios, según que de todo harán más larga relación a vuestra majestad los procuradores que ahora van de esta Nueva España. Para las haciendas y granjerías de vuestra majestad se señalaron las provincias y ciudades mejores y más convenientes. Suplico a vuestra majestad lo mande proveer y responder lo que más fuere servido.

Muy católico Señor: Dios Nuestro Señor la vida y muy real persona y muy poderoso estado conserve y aumente, con acrecentamiento de muy mayores reinos y señoríos, como su real corazón desea. — De la ciudad de Cuyoacán, de esta Nueva España del mar Océano, a 15 días de mayo de 1522. — Potentísimo Señor. — De vuestra cesárea majestad, muy humilde siervo y vasallo, que los muy reales pies y manos de vuestra majestad besa. — Hernando Cortés.

Potentísimo Señor: A vuestra cesárea majestad hace relación Fernando Cortés, su capitán y justicia mayor en esta Nueva España del mar Océano, según aquí vuestra majestad podrá mandar ver; y porque los oficiales de vuestra católica majestad somos obligados a darle cuenta del suceso y estado de las cosas de estas partes, y en esta escritura va muy particularmente declarado —y aquello es la verdad y lo que nosotros podríamos escribir—, no hay necesidad de alargarnos más, sino remitirnos a la relación del dicho capitán.

Invictísimo y muy católico Señor: Dios Nuestro Señor la vida y muy real persona y potentísimo estado de vuestra majestad conserve y aumente, con acrecentamiento de muchos más reinos y señoríos, como su real corazón desea. — De la ciudad de Cuyoacán, a 15 de mayo de 1522. — Potentísimo Señor. — De vuestra cesárea majestad, muy humildes siervos y vasallos, que los muy reales pies y manos de vuestra majestad besan. Julián Alderete. — Alonso de Grado. — Bernardino Vázquez de Tapia.

CUARTA CARTA DE RELACIÓN (15 DE OCTUBRE DE 1524): TRAICIONES Y LA EXPEDICIÓN FALLIDA EN HONDURAS

Escrita desde Honduras, esta extensa carta narra las dificultades políticas y personales de Cortés tras la conquista. Relata las traiciones, motines y expediciones fallidas en las Hibueras (Honduras), la pérdida de varios navíos y hombres, y los desórdenes en México durante su ausencia. Defiende su actuación ante las acusaciones de abuso de poder, insiste en su lealtad al monarca y suplica ser juzgado con justicia, exponiendo su deseo de servir directamente en la corte real.

De Hernán Cosrtés al Emperador Carlos V. Tenuxtitlan.

Muy alto, muy poderoso y excelentísimo príncipe; muy católico, invictísimo emperador, rey y señor:

En la relación que envié a vuestra majestad con Juan de Ribera, de las cosas que en estas partes me habían sucedido después de la segunda que de ellas a vuestra alteza envié, dije cómo, por apaciguar y reducir al real servicio de vuestra majestad las provincias de Guatusco, Tustcpcquc y Guaxaca y las otras a ellas comarcanas que son en la mar del Norte —que desde el alzamiento de esta ciudad estaban rebeladas—, había enviado al alguacil mayor con cierta gente, y lo que en su camino les había pasado, y cómo le había mandado que poblase en las dichas provincias y que pusiese nombre al pueblo la villa de Medellín. Resta que vuestra alteza sepa cómo se pobló la dicha villa y se apaciguó toda aquella tierra y provincias.

Luego, como todo aquello se pacificó, le envié más gente, y le mandé que fuese la costa arriba hasta la provincia de Guazacualco, que está de adonde se pobló esta dicha villa cincuenta leguas, y de esta ciudad ciento y veinte; porque, cuando yo en esta ciudad estaba, como siempre trabajé de saber todos los más secretos de estas partes que me fue posible, para hacer de ellos entera relación a vuestra majestad, había enviado a Diego de Ordaz, que en esta corte de vuestra majestad reside; y los señores y naturales de la dicha provincia le habían recibido de muy buena voluntad y se habían ofrecido por vasallos y súbditos de vuestra alteza, y tenía noticia de cómo en un muy grande río que la dicha provincia pasa y sale a la mar había muy buen puerto para navíos, porque el dicho Ordaz y los que con él fueron lo habían rondado, y la tierra era muy aparejada para poblar en ella; y, por la falta que en esta costa hay de puertos, deseaba hallar alguno que fuese bueno y poblar en él.

Y mandé al dicho alguacil mayor que, antes que entrase en la provincia, desde la raya de ella enviase ciertos mensajeros —que yo le di—, naturales de esta ciudad, a les hacer saber cómo iba por mi mandado, y que supiesen de ellos si tenían aquella voluntad al servicio de vuestra majestad y a nuestra amistad que antes habían mostrado y ofrecido; y que les hiciese saber cómo, por las guerras que yo había tenido con el señor de esta ciudad y sus tierras, no los había enviado a visitar tanto tiempo había; pero que yo siempre los había tenido por mis amigos y vasallos de vuestra alteza, y como tales creyesen hallarían en mí buena voluntad para cualquier cosa que les cumpliese; y que, para favorecerlos y ayudarlos en cualquiera necesidad que tuviesen, enviaba allí aquella gente para que poblasen aquella provincia. El dicho alguacil mayor y gente fueron, y se hizo lo que yo le mandé, y no hallaron en ellos la voluntad que antes habían publicado; antes, la gente puesta a punto de guerra para no les consentir entrar en su tierra. Y él tuvo tan buena orden, que, con saltear una noche un pueblo —donde prendió una señora a quien todos en aquellas partes obedecían—, se apaciguó, porque ella envió a llamar a todos los señores y les mandó que obedeciesen todo lo que se les quisiese mandar en nombre de vuestra majestad, porque ella así lo había de hacer. Así llegaron hasta el dicho río, y, a cuatro leguas de la boca de él, que sale a la mar —porque más cerca no se halló asiento—, se pobló y fundó una villa, a la cual se puso nombre el Espíritu Santo; y allí residió el dicho alguacil mayor algunos días, hasta que se apaciguaron y trajeron al servicio de vuestra católica majestad otras muchas provincias comarcanas, que fueron las de Tabasco —que es en el río de la Victoria o de Grijalva, que dicen— y la de Chimaclán y Quechula y Quizaltepeque, y otras que, por ser pequeñas, no expreso; y los naturales de ellas se depositaron y encomendaron a los vecinos de la dicha villa, y los han servido y sirven hasta ahora, aunque algunas de ellas —digo la de Chimaclán, Tabasco y Quizaltepeque— se tornaron a rebelar. Y habrá un mes que yo envié un capitán y gente de esta ciudad a las reducir al servicio de vuestra majestad y castigar su rebelión, y hasta ahora no he sabido nuevas de él; creo, queriendo Nuestro Señor, que harán mucho, porque llevaron buen aderezo de artillería y munición, y ballesteros, y gente de caballo.

También, muy católico Señor, en la relación que el dicho Juan de Ribera llevó, hice saber a vuestra cesárea y católica majestad cómo una gran provincia que se dice Mechiacán —que el señor de ella se llama Casulci— se había ofrecido, por sus mensajeros, el dicho señor y sus naturales de ella, por súbditos y vasallos de vuestra cesárea majestad, y que había traído cierto presente, el cual envié con los procuradores que de esta Nueva España fueron a vuestra alteza. Y porque la provincia y señorío de aquel señor Casulci, según tuve relación de ciertos españoles que yo allá envié, era grande y se habían visto muestras de haber en ella muchas riquezas, y por ser tan cercana a esta gran ciudad, después que me rehíce de alguna más gente y caballos, envié un capitán con setenta de caballo y doscientos peones, bien aderezados de sus armas y artillería, para que viesen toda la dicha provincia y secretos de ella; y, si tal fuese, que poblasen en la ciudad principal, Huicicila. Idos, fueron bien recibidos del señor y naturales de la dicha provincia y aposentados en la dicha ciudad, y, demás de proveerlos de lo que tenían necesidad para su mantenimiento, les dieron hasta tres mil marcos de plata envuelta en cobre —que sería media plata—, y hasta cinco mil pesos de oro, asimismo envuelto con plata, que no se le ha dado ley, y ropa de algodón y otras cosillas de las que ellos tienen; lo cual, sacado el quinto de vuestra majestad, se repartió por los españoles que a ella fueron. Y como a ellos no les satisficiese mucho la tierra para poblar, mostraron para ello mala voluntad y aun movieron algunas cosillas, por donde algunos fueron castigados; y por esto los mandé volver a los que volverse quisieron, y a los demás mandé que fuesen con un capitán a la mar del Sur, adonde yo tenía y tengo poblada una villa que se dice Zacatula —que hay desde la dicha ciudad de Huicicila cien leguas—, y allí tengo en astillero cuatro navíos para descubrir por la mar del Sur todo lo que a mí fuere posible y Dios Nuestro Señor fuere servido. Yendo este dicho capitán y gente a la dicha ciudad de Zacatula, tuvieron noticia de una provincia que se dice Colimán, que está apartada del camino que habían de llevar —sobre la mano derecha, que es al poniente— cincuenta leguas; y, con la gente que llevaba y con mucha de los amigos de aquella provincia de Mechuacán, fue allá sin mi licencia, y entró algunas jornadas, donde hubo con los naturales algunos reencuentros; y, aunque eran cuarenta de caballo y más de cien peones, ballesteros y rodeleros, los desbarataron y echaron fuera de la tierra, y les mataron tres españoles y mucha gente de los amigos; y se fueron a la dicha ciudad de Zacatula; y, sabido por mí, mandé traer preso al capitán y le castigué su inobediencia.

Porque en la relación que a vuestra cesárea majestad hice de cómo había enviado a Pedro de Alvarado a la provincia de Tututepeque —que es en la mar del Sur— no hubo más que decir de cómo había llegado a ella y tenía presos al señor y a un hijo suyo, y de cierto oro que le presentaron, y de ciertas muestras de oro de minas y perlas que asimismo hubo —porque hasta aquel tiempo no había más que escribir—, sabrá vuestra excelsitud que, en respuesta de estas nuevas que me envió, le mandé que luego en aquella provincia buscase un sitio conveniente y poblase en él; y mandé también que los vecinos de la villa de Segura de la Frontera se pasasen a aquel pueblo, porque ya del que estaba hecho allí no había necesidad, por ser tan cerca de aquí; y así se hizo, y se llamó el pueblo Segura de la Frontera, como el que antes estaba hecho; y los naturales de aquella provincia, y de la de Guaxaca, y Coaclán, y Coasclahuaca, y Tachquiaco, y otras allí comarcas, se repartieron en los vecinos de aquella villa y los servían y aprovechaban con toda voluntad; y quedó en ella por justicia y capitán, en mi lugar, el dicho Pedro de Alvarado.

Y acaeció que, estando yo conquistando la provincia de Pánuco —como adelante a vuestra majestad diré—, los alcaldes y regidores de aquella villa le rogaron al dicho Pedro de Alvarado que él los remitiese con su poder a negociar conmigo ciertas cosas que ellos le encomendaron, lo cual él aceptó; y, venidos, los dichos alcaldes y regidores hicieron cierta liga y monipodio, convocando la comunidad, e hicieron alcaldes; y, contra la voluntad de otro que allí el dicho Pedro de Alvarado había dejado por capitán, despoblaron la dicha villa y se vinieron a la provincia de Guaxaca, que fue causa de mucho desasosiego y alboroto en aquellas partes.

Y como el que allí quedó por capitán me lo hizo saber, envié a Diego de Ocampo, alcalde mayor, para que hubiese la información de lo que pasaba y castigase los culpados. Sabido por ello, se ausentaron y anduvieron ausentes algunos días, hasta que yo los prendí; por manera que el dicho alcalde mayor no pudo haber más de al uno de los rebeldes, el cual sentenció a muerte natural, y apeló para ante mí; y, después que yo prendí a los otros, los mandé entregar al dicho alcalde mayor, el cual asimismo procedió contra ellos y los sentenció como al otro, y apelaron también. Ya los pleitos están conclusos para sentenciarlos en segunda instancia ante mí, y los he visto. Pienso —aunque fue tan grave su yerro—, habiendo respeto al mucho tiempo que ha que están presos, conmutarles la pena de la muerte, a que fueron sentenciados, en muerte civil, que es desterrarlos de estas partes y mandarles que no entren en ellas sin licencia de vuestra majestad, so pena que incurran en la de la primera sentencia.

EN ESTE MEDIO tiempo murió el señor de la dicha provincia de Tututepeque, y ella y las otras comarcanas se rebelaron; y envié al dicho Pedro de Alvarado con gente y con un hijo del dicho señor, que yo tenía en mi poder; y, aunque hubieron algunos reencuentros y mataron algunos españoles, las tornó a rendir al servicio de vuestra majestad, y están ahora pacíficas y sirven a los españoles en que están depositadas, muy pacíficas y seguramente; aunque no se tornó a poblar la villa por falta de gente y porque al presente no hay de ello necesidad, porque domados de manera que hasta esta ciudad vienen a lo que les mandan.

Luego, como se recobró esta ciudad de Temixtitan y lo a ella sujeto, fueron reducidas a la imperial corona de vuestra cesárea majestad dos provincias que están a cuarenta leguas de ella al norte, que confinan con la provincia de Pánuco, que se llaman Tututepeque y Mezclitán, de tierra asaz fuerte, bien usitada en el ejercicio de las armas por los contrarios que de todas partes tienen. Viendo lo que con esta gente se había hecho, y como a vuestra alteza ninguna cosa le estorbaba, me enviaron por sus súbditos y vasallos; y yo los recibí en el real nombre de vuestra majestad, y por tales quedaron y estuvieron siempre, hasta después de la venida de Cristóbal de Tapia, que, con los bullicios y desasosiegos que en estas otras gentes causó, ellos no solo dejaron de prestar la obediencia que antes habían ofrecido, mas aun hicieron muchos daños en los comarcanos a su tierra, que eran vasallos de vuestra católica majestad, quemando muchos pueblos y matando mucha gente. Y aunque en aquella coyuntura yo no tenía mucha sobra de gente, por la tener en tantas partes dividida, viendo que dejar de proveer en esto era gran daño, temiendo que aquellas gentes que confinaban con aquellas provincias no se juntasen con aquellos por temor al daño que recibían —y aun porque yo no estaba satisfecho de su voluntad—, envié un capitán con treinta de caballo y cien peones, ballesteros y escopeteros y rodeleros, y con mucha gente de los amigos, los cuales fueron y hubieron con ellos ciertos reencuentros, en que les mataron alguna gente de nuestros amigos y dos españoles. Plugo a Nuestro Señor que ellos, de su voluntad, volvieron de paz y me trajeron los señores, a los cuales yo perdoné, por haberse ellos venido sin haberlos prendido.

Después, estando yo en la provincia de Pánuco, los naturales de estas partes echaron fama que yo me iba a Castilla, lo que causó harto alboroto; y una de estas dos provincias, que se dice Tututepeque, se tornó a rebelar, y bajó de su tierra el señor con mucha gente, y quemó más de veinte pueblos de los de nuestros amigos, y mató y prendió mucha gente de ellos. Y por esto, viniéndome yo de camino de aquella provincia de Pánuco, los torné a conquistar. Y, aunque a la entrada mataron alguna gente de nuestros amigos que quedaba rezagada, y por las sierras reventaron diez o doce caballos por la aspereza de ellas, se conquistó toda la provincia y fue preso el señor y un hermano suyo muchacho, y otro capitán general suyo, que tenía la una frontera de la tierra; y el cual dicho señor y su capitán fueron luego ahorcados, y todos los que se prendieron en la guerra hechos esclavos, que serán hasta doscientas personas, los cuales se herraron y vendieron en almonedas; y, pagado el quinto que de ello perteneció a vuestra majestad, lo demás se repartió entre los que se hallaron en la guerra, aunque no hubo para pagar el tercio de los caballos que murieron, porque, por ser la tierra pobre, no se hubo otro despojo. La demás gente que en la dicha provincia quedó, vino de paz, y lo está, y por señor de ella aquel muchacho hermano del señor que murió; aunque al presente no sirve ni aprovecha de nada, por ser, como es, la tierra pobre —como dije—, más de tener seguridad de ella que no nos alborote a los que sirven; y aun, para más seguridad, he puesto en ella algunos naturales de los de esta tierra.

A esa sazón, invictísimo César, llegó al puerto y villa del Espíritu Santo —de que ya en los capítulos antes de éste he hecho mención— un bergantinejo harto pequeño, que venía de Cuba, y en él un Juan Bono de Quejo, que, con la armada que Pánfilo de Narváez trajo, había venido a esta tierra por maestre de un navío de los que en la dicha armada vinieron; y, según pareció por despachos que traía, venía por mandado de don Juan de Fonseca, obispo de Burgos, creyendo que Cristóbal de Tapia —que él había rodeado que viniese por gobernador a esta tierra— estaba en ella; y para que, si en su recibimiento hubiese contradicción —como él temía, por la notoria razón que a temerlo le incitaba—, le enviaba por la isla de Cuba para que lo comunicase con Diego Velázquez, como lo hizo, y él le dio el bergantín en que pasase. Traía el dicho Juan Bono hasta cien cartas de un mismo tenor, firmadas del dicho obispo, y aun creo que en blanco, para que diese a las personas que acá estaban que al dicho Juan Bono le pareciese, diciéndoles que servirían mucho a vuestra cesárea majestad en que el dicho Tapia fuese recibido, y que por ello les prometía muy crecidas mercedes; y que supiesen que en mi compañía estaban contra la voluntad de vuestra excelencia, y otras muchas cosas harto incitadoras a bullicio y desasosiego. Y a mí me escribió otra carta diciéndome lo mismo, y que, si yo obedeciese al dicho Tapia, él haría con vuestra alteza que me hiciese señaladas mercedes; donde no, que tuviese por cierto que me había de ser mortal enemigo.

Y la venida de este Juan Bono, y las cartas que trajo, pusieron tanta alteración en la gente de mi compañía, que certifico a vuestra majestad que si yo no los asegurara, diciendo la causa por qué el obispo aquello les escribía, y que no temiesen sus amenazas, y que el mayor servicio que vuestra católica majestad recibiría —y por donde más mercedes les mandaría hacer— era por no consentir que el obispo ni cosa suya se entrometiese en estas partes, porque era con intención de esconder la verdad de ellas a vuestra alteza y pedir mercedes en ellas sin que vuestra majestad supiese lo que daba, que hubiera harto que hacer en los apaciguar; en especial que fui informado —aunque lo disimulé por el tiempo— que algunos habían puesto en plática que, pues en pago de sus servicios se les ponían temores, que era bien, pues había comunidad en Castilla, que la hiciesen acá, hasta que vuestra majestad fuese informado de la verdad, pues el obispo tenía tanta mano en esta negociación, que hacía que sus relaciones no viniesen a noticia de vuestra alteza, y que tenía los oficios de la Casa de la Contratación de Sevilla de su mano, y que allí eran maltratados sus mensajeros y tomadas sus relaciones y cartas y sus dineros, y se les defendía que no les viniese socorro de gente, ni armas, ni bastimentos.

Pero, con hacerles yo saber lo que arriba digo, y que vuestra majestad de ninguna cosa era sabedor, y que tuviesen por cierto que, sabido por vuestra alteza, serían gratificados sus servicios y hechas por ellos aquellas mercedes que los buenos y leales vasallos que a su rey y señor sirven, como ellos han servido, merecen, se aseguraron; y, con la merced que vuestra excelsitud tuvo por bien de mandarme hacer con sus reales provisiones, han estado y están tan contentos, y sirven con tanta voluntad, cual el fruto de sus servicios da testimonio. Y por ellos merecen que vuestra alteza les mande hacer mercedes, pues tan bien lo han servido y sirven, y tienen voluntad de servir; y yo, por mi parte, muy humildemente a vuestra majestad lo suplico, porque no en menos merced yo recibiré la que a cualquiera de ellos mandare hacer que si a mí se hiciese, pues yo sin ellos no podría haber servido a vuestra alteza como lo he hecho. En especial suplico a vuestra alteza, muy humildemente, les mande escribir, teniéndoles en servicio los trabajos que en su servicio han puesto y ofreciéndoles por ello mercedes; porque, demás de pagar deuda que en esto vuestra majestad debe, es animarlos para que de aquí adelante, con muy mejor voluntad, lo hagan.

Por una cédula que vuestra cesárea majestad, a pedimento de Juan de Ribera, mandó proveer en lo que tocaba al adelantado Francisco de Garay, parece que vuestra alteza fue informado cómo yo estaba para ir o enviar al río de Pánuco a santificarlo, a causa que en aquel río se decía haber buen puerto y porque en él habían muerto muchos españoles, así de los de un capitán que a él envió el dicho Francisco de Garay, como de otra nao que después, con mal tiempo, dio en aquella costa, que no dejaron alguno vivo. Porque algunos de los naturales de aquellas partes habían venido a mí a disculparse de aquellas muertes, diciéndome que ellos lo habían hecho porque supieron que no eran de mi compañía y porque habían sido ellos maltratados; y que si yo quisiese allí enviar gente de mi compañía, que ellos los tendrían en mucho y los servirían en todo lo que ellos pudiesen, y que me agradecerían mucho que los enviase, porque temían que aquella gente con quien ellos habían peleado volvería sobre ellos a vengarse; como porque tenían ciertos comarcanos sus enemigos, de quien recibían daño, y que con los españoles que yo les diese se favorecerían.

Y porque cuando éstos vinieron yo tenía falta de gente, no pude cumplir lo que me pedían; pero les prometí que lo haría lo más brevemente que yo pudiese, y con esto se fueron contentos, quedando ofrecidos por vasallos de vuestra majestad diez o doce pueblos de los más comarcanos a la raya de los súbditos a esta ciudad. Y desde a pocos días tornaron a venir, ahincándome mucho que, pues que yo enviaba españoles a poblar a muchas partes, que enviase a poblar allí con ellos, porque recibían mucho daño de aquellos sus contrarios y de los del mismo río que están a la costa de la mar; que, aunque eran todos unos, por haberse venido a mí les hacían mal tratamiento. Y por cumplir con éstos y por poblar aquella tierra, y también porque ya tenía alguna más gente, señalé un capitán con ciertos compañeros para que fuesen al dicho río; y, estando para partir, supe, de un navío que vino de la isla de Cuba, cómo el almirante don Diego Colón y los adelantados Diego Velázquez y Francisco de Garay quedaban juntos en la isla y muy confederados para entrar por allí como mis enemigos y hacerme todo el daño que pudiesen. Y porque su mala voluntad no hubiese efecto, y por excusar que con su venida no se ofreciese semejante alboroto y desconcierto como el que se ofreció con la venida de Narváez, me determiné, dejando en esta ciudad el mejor recaudo que yo pude, de ir yo por mi persona, porque si allí ellos o algunos de ellos viniesen, se encontrasen conmigo antes que con otro, porque podría yo mejor excusar el daño. Y así me partí con ciento veinte de caballo, y con trescientos peones y alguna artillería, y hasta cuarenta mil hombres de guerra de los naturales de esta ciudad y sus comarcas; y, llegado a la raya de su tierra, bien veinticinco leguas antes de llegar al puerto, en una gran población que se dice Aintuscotaclán, me salieron al camino mucha gente de guerra, y peleamos con ellos; y, así por tener yo tanta gente de los amigos como ellos venían, como por ser el lugar llano y aparejado para los caballos, no duró mucho la batalla. Aunque me hirieron algunos caballos y españoles, y murieron algunos de nuestros amigos, fue suya la peor parte, porque fueron muertos muchos de ellos y desbaratados.

Allí, en aquel pueblo, me estuve dos o tres días, así por curar los heridos como porque vinieron allí a mí los que acá se me habían venido a ofrecer por vasallos de vuestra alteza. Y desde allí me siguieron hasta llegar al puerto, y desde allí adelante sirviendo en todo lo que podían. Yo fui por mis jornadas hasta llegar al puerto, y en ninguna parte tuve reencuentros con ellos; antes, los del camino por donde yo iba, salieron a pedir perdón de su yerro y a ofrecerse al real servicio de vuestra alteza. Llegado al dicho puerto y río, me aposenté en un pueblo —cinco leguas de la mar— que se dice Chita, que estaba despoblado y quemado, porque allí fue donde desbarataron al capitán y gente de Francisco de Garay. Y desde allí envié mensajeros de la otra parte del río y por aquellas lagunas —que todas están pobladas de grandes pueblos de gente—, a decirles que no temiesen que por lo pasado yo les haría ningún daño; que bien sabía que por el mal tratamiento que habían recibido de aquella gente se habían alzado contra ellos y que no tenían culpa. Y nunca quisieron venir; antes, maltrataron los mensajeros y aun mataron algunos de ellos; y porque de la otra parte del río estaba el agua dulce de donde nos bastecíamos, poníanse allí y salteaban a los que iban por ella.

Estuve así más de quince días, creyendo podría atraerlos por bien, que, viendo que los que venido habían eran bien tratados, ellos asimismo lo harían; mas tenían tanta confianza en la fortaleza de aquellas lagunas donde estaban, que nunca quisieron. Viendo que por bien ninguna cosa me aprovechaba, comencé a buscar remedio; y, con unas canoas que al principio allí habíamos habido, se tomaron más, y con ellas, una noche, comencé a pasar ciertos caballos de la otra parte del río y gente, y cuando amaneció ya había copia de gente y caballos de la otra parte sin ser sentidos; y yo pasé, dejando en mi real buen recaudo. Y como nos sintieron de la otra parte, vino mucha copia de gente y dieron tan reciamente sobre nosotros, que, después que yo estoy en estas partes, no he visto acometer en el campo tan denodadamente como aquéllos nos acometieron; y matáronnos dos caballos e hirieron más de otros diez caballos tan malamente, que no pudieron ir. En aquella jornada, y con ayuda de Nuestro Señor, ellos fueron desbaratados, y se siguió el alcance cerca de una legua, donde murieron muchos de ellos; y con hasta treinta de caballo que me quedaron, y con cien peones, seguí todavía mi camino, y aquel día dormí en un pueblo —tres leguas del real— que hallé despoblado, y en las mezquitas de este pueblo se hallaron muchas cosas de los españoles que mataron, de los de Francisco de Garay.

Otro día comencé a caminar por la costa de una laguna adelante, por buscar paso para pasar a la otra parte de ella, porque parecía gente y pueblos; y anduve todo el día sin hallar cabo ni por dónde pasar; y, ya que era hora de vísperas, vimos a vista un pueblo muy hermoso, y tomamos el camino para allá —que todavía era por la costa de aquella laguna—; y, llegados cerca, era ya tarde y no parecía en él gente, y, para más asegurar, mandé diez de caballo que entrasen en el pueblo por el camino derecho, y yo con otros diez tomé la falda de él hacia la laguna, porque los otros diez traían la retaguardia y no eran llegados. Y, entrando por el pueblo, pareció mucha cantidad de gente que estaban escondidos en celada dentro de las casas para tomarnos descuidados; y pelearon tan reciamente, que nos mataron un caballo e hirieron casi todos los otros y muchos de los españoles, y tuvieron tanto tesón en pelear —y duró gran rato—, y fueron rotos tres o cuatro veces, y tantas se tornaban a rehacer; y, hechos una muela, hincaban las rodillas en el suelo y, sin hablar ni dar grita —como lo suelen hacer los otros—, nos esperaban; y ninguna vez entrábamos por ellos que no empleasen muchas flechas, y tantas, que si no fuéramos bien armados se aprovecharan harto de nosotros, y aun creo no escapara ninguno. Y quiso Nuestro Señor que, a un río que pasaba junto y entraba en aquella laguna que yo había seguido todo el día, algunos de los que más cercanos estaban a él se comenzaron a echar al agua, y, tras aquéllos, comenzaron a huir los otros al mismo río; y así se desbarataron, aunque no huyeron más de hasta pasar el río; y ellos de la una parte y nosotros de la otra nos estuvimos hasta que cerró la noche, porque, por ser muy hondo el río, no podíamos pasar a ellos; y aun también no nos pesó cuando ellos le pasaron. Y así, nos volvimos al pueblo —que estaría un tiro de honda del río—, y allí, con la mejor guarda que pudimos, estuvimos aquella noche; y comimos el caballo que nos mataron, porque no había otro bastimento.

Otro día siguiente salimos por un camino —porque ya no parecía gente de la del día pasado—, y por él fuimos a dar en tres o cuatro pueblos, donde no se halló gente ninguna, ni otra cosa, si no eran algunas bodegas del vino que ellos hacen, donde hallamos asaz tinajas de ello. Aquel día pasamos sin topar gente ninguna, y dormimos en el campo, porque hallamos unos maizales donde la gente y los caballos tuvieron algún refresco; y de esta manera anduve dos o tres días sin hallar gente ninguna, aunque pasamos muchos pueblos; y porque la necesidad del bastimento nos aquejaba —que en todo este tiempo, entre todos, no hubo cincuenta libras de pan—, nos volvimos al real, y hallé la gente que en él había dejado muy buena y sin haber habido reencuentro ninguno. Y luego, porque me pareció que toda la gente quedaba de aquella parte de aquella laguna que yo no había podido pasar, hice una noche echar gente y caballos con las canoas de aquella parte; y que fuese gente de ballesteros y escopeteros por la laguna arriba, y la otra gente por la tierra. Y de esta manera dieron sobre un gran pueblo, donde, como los tomaron descuidados, mataron mucha gente; y, de aquel salto, cobraron tanto temor —de ver que, estando cercados de agua, los habían salteado sin sentirlo—, que luego comenzaron a venir de paz, y en casi veinte días vino toda la tierra de paz y se ofrecieron por vasallos de vuestra majestad.

YA QUE LA TIERRA estaba pacífica, envié por todas las partes de ella personas que la visitasen y me trajesen relación de los pueblos y gente; y, traída, busqué el mejor asiento que por allí me pareció, y fundé en él una villa, a que puse nombre Santisteban del Puerto; y a los que allí quisieron quedar por vecinos les deposité, en nombre de vuestra majestad, aquellos pueblos, con que se sostuviesen; y, hechos alcaldes y regidores, y dejando allí un mi lugarteniente de capitán, quedaron en la dicha villa, de los míos, vecinos treinta de caballo y cien peones. Y les dejé un barco y un chinchorro —que me habían traído de la Villa de la Vera Cruz— para bastimento; y asimismo me envió, de la dicha villa, un criado mío que allí estaba, un navío cargado de bastimentos de carne, pan, vino, aceite, vinagre y otras cosas, el cual se perdió con todo, y aun dejó en una isleta en la mar —que está cinco leguas de la tierra— tres hombres, por los cuales yo envié después en un barco, y los hallaron vivos, y manteníanse de muchos lobos marinos que hay en la isleta y de una fruta que decían era como higos. Certifico a vuestra majestad que esta ida me costó a mí solo más de treinta mil pesos de oro —como podrá vuestra majestad mandar ver, si fuere servido, por las cuentas de ello—, y a los que conmigo fueron, otros tantos de costas de caballos, bastimentos, armas y herraje, porque a la sazón lo pesaban a oro o dos veces a plata; mas por verse vuestra majestad servido en aquel camino tanto, todos lo tuvimos por bien, aunque más gasto se nos ofreciera, porque, además de quedar aquellos indios debajo del imperial yugo de vuestra majestad, hizo mucho fruto vuestra ida; porque luego aportó allí un navío con mucha gente y bastimentos, y dieron allí en tierra —que no pudieron hacer otra cosa—, y si la tierra no estuviera en paz, no escapara ninguno, como los del otro que antes habían muerto; y hallamos las caras propias de los españoles desolladas en sus oratorios —digo, los cueros de ellas—, curados en tal manera que muchos de ellos se conocieron. Aun, cuando el adelantado Francisco de Garay llegó a la dicha tierra —como adelante a vuestra cesárea majestad haré relación—, no quedara con él ni ninguno de los que con él venían a vida, porque, con mal tiempo, fueron a dar treinta leguas abajo del dicho río de Pánuco y perdieron algunos navíos, y salieron todos a tierra muy destrozados; si la gente no hallaran en paz, que los trajeron a cuestas y los sirvieron hasta ponerlos en el pueblo de los españoles, sin otra guerra se murieran todos. Así que no fue poco bien estar aquella tierra de paz.

En los capítulos antes de éste, excelentísimo príncipe, dije cómo, viniendo de camino, después de haber pacificado la provincia de Pánuco, se conquistó la provincia de Tututepeque, que estaba rebelada, y todo lo que en ella se hizo; porque tenía nueva que una provincia que está cerca de la mar del Sur —que se llama Impilcingo—, que es de la cualidad de esta de Tututepeque en fortaleza de sierras y aspereza de la sierra, y de gente no menos belicosa, los naturales de ella hacían mucho daño en los vasallos de vuestra cesárea majestad que confinan con su tierra; y de ellos se me habían venido a quejar y pedir socorro. Aunque la gente que conmigo venía no estaba muy descansada —porque hay de una mar a otra doscientas leguas por aquel camino—, junté luego veinticinco de caballo y setenta u ochenta peones, y con un capitán los mandé ir a la dicha provincia; y en la instrucción que llevaba le mandé que trabajase de atraerlos al real servicio de vuestra alteza por bien, y, si no quisiesen, les hiciese la guerra. El cual fue y hubo con ellos ciertos reencuentros y, por ser la tierra tan áspera, no pudo dejarla del todo conquistada; y porque yo le mandé, en la dicha su instrucción, que, hecho aquello, se fuese a la ciudad de Zacatula y, con la gente que llevaba, y con la que más de allí pudiese sacar, fuese a la provincia de Colimán, donde en los capítulos pasados dije que habían desbaratado aquel capitán y gente que iba de la provincia de Mechuacán para la dicha ciudad, y que trabajase de atraerlos por bien, y si no, les conquistase.

Él se fue, y de la gente que llevaba y de la que allá tomó, juntó cincuenta de caballo y ciento cincuenta peones; y se fue a la dicha provincia, que está de la ciudad de Zacatula —costa del mar del Sur, abajo— sesenta leguas; y por el camino pacificó algunos pueblos que no estaban pacíficos. Y llegó a la dicha provincia, y en la parte que al otro capitán habían desbaratado halló mucha gente de guerra que le estaba esperando, creyendo haberse con él como con el otro; y así rompieron los unos y los otros, y plugo a Nuestro Señor que la victoria fue por los nuestros, sin morir ninguno de ellos, aunque a muchos, y a los caballos, hirieron; y los enemigos pagaron bien el daño que habían hecho. Y fue tan bueno este castigo, que, sin más guerra, se dio luego toda la tierra de paz; y no solamente esta provincia, mas aun otras muchas cercanas a ella vinieron a ofrecerse por vasallos de vuestra cesárea majestad, que fueron Alimón, Colimonte y Ceguatán. Y de allí me escribió todo lo que le había sucedido; y le envié a mandar que buscase un asiento que fuese bueno y en él se fundase una villa, y que le pusiese nombre Colimán, como la dicha provincia; y le envié nombramiento de alcaldes y regidores para ella.

Y le mandé que hiciese la visitación de los pueblos y gentes de aquellas provincias, y me la trajese con toda la más relación y secretos de la tierra que pudiese saber; el cual vino y la trajo, y cierta muestra de perlas que halló. Y yo repartí, en nombre de vuestra majestad, a los pueblos de aquellas provincias a los vecinos que allá quedaron —que fueron veinticinco de caballo y ciento veinte peones—. Y entre la relación que de aquellas provincias hizo, trajo nueva de un muy buen puerto que en aquella costa se había hallado —de que holgué mucho, porque hay pocos—; y asimismo me trajo relación de los señores de la provincia de Ciguatán, que se afirman mucho haber una isla toda poblada de mujeres, sin varón alguno; y que en ciertos tiempos van de la tierra firme hombres, con los cuales han acceso, y las que quedan preñadas, si paren mujeres, las guardan; y si hombres, los echan de su compañía; y que esta isla está diez jornadas de esta provincia, y que muchos de ellos han ido allá y la han visto. Dícenme asimismo que es muy rica de perlas y oro; yo trabajaré, en teniendo aparejo, de saber la verdad y hacer de ello larga relación a vuestra majestad.

Viniendo de la provincia de Pánuco, en una ciudad que se dice Tuzapan, llegaron dos hombres españoles que yo había enviado con algunas personas de los naturales de la ciudad de Temixtitan y con otros de la provincia de Soconusco —que es en la mar del Sur, la costa arriba, hacia donde Pedrarias Dávila, gobernador de vuestra alteza—, doscientas leguas de esta gran ciudad de Temixtitan, a unas ciudades de que muchos días había que yo tengo noticia, que se llaman Uclaclán y Guatemala, y están de esta provincia de Soconusco otras sesenta leguas; con los cuales dichos españoles vinieron hasta cien personas de los naturales de aquellas ciudades, por mandado de los señores de ellas, ofreciéndose por vasallos y súbditos de vuestra cesárea majestad. Y yo los recibí en su real nombre, y les certifiqué que, queriendo ellos y haciendo lo que allí ofrecían, serían de mí, y de los de mi compañía, en el real nombre de vuestra alteza, muy bien tratados y favorecidos; y les di, así a ellos como para que llevasen a sus señores, algunas cosas de las que yo tenía y ellos en algo estiman; y torné a enviar con ellos otros dos españoles, para que los proveyesen de las cosas necesarias por los caminos.

Después acá he sido informado, de ciertos españoles que yo tengo en la provincia de Soconusco, cómo aquestas ciudades, con sus provincias, y otra que se dice de Chiapa —que está cerca de ellas—, no tienen aquella voluntad que primero mostraron y ofrecieron; antes dicen que hacen daño en aquellos pueblos de Soconusco, porque son nuestros amigos. Y por otra parte me escriben los cristianos, que envían allí siempre mensajeros y que se disculpan que ellos no lo hacen, sino otros. Y para saber la verdad de esto yo tenía a Pedro de Alvarado despachado con ochenta y tantos de caballo y doscientos peones, en que iban muchos ballesteros y escopeteros, y cuatro tiros de artillería, con mucha munición y pólvora. Y asimismo tenía hecha cierta armada de navíos, de que enviaba por capitán a un Cristóbal de Olid —que pasó en mi compañía—, para enviarlo por la costa del Norte a poblar la punta o cabo de Hibueras, que está sesenta leguas de la bahía de la Ascensión —que es a barlovento de lo que llaman Yucatán—, la costa arriba de la tierra firme hacia el Darién; así porque tengo mucha información de que aquella tierra es muy rica, como porque hay opinión de muchos pilotos que por aquella bahía sale estrecho a la otra mar, que es la cosa que yo en este mundo más deseo topar, por el gran servicio que se me representa que de ello vuestra cesárea majestad recibiría.

Y, estando estos dos capitanes a punto con todo lo necesario al camino, de cada uno vino un mensajero de Santisteban del Puerto —que yo poblé en el río de Pánuco— por el cual los alcaldes de ella me hacían saber cómo el adelantado Francisco de Garay había llegado al dicho río con ciento veinte de caballo y cuatrocientos peones y mucha artillería; que se intitulaba gobernador de aquella tierra, y que así se lo hacía decir a los naturales de aquella tierra con una lengua que consigo traía, y que les decía que los vengaría de los daños que en la guerra pasada de mí habían recibido, y que fuesen con él para echar de allí a aquellos españoles que yo allí tenía y a los que más yo enviase, y que los ayudaría a ello, y otras muchas cosas de escándalo; y que los naturales estaban algo alborotados. Y, para más certificarme a mí de la sospecha que yo tenía de la confederación suya con el almirante y con Diego Velázquez, desde a pocos días llegó al dicho río una carabela de la isla de Cuba, y en ella venían ciertos amigos y criados de Diego Velázquez y un criado del obispo de Burgos, que dizque venía proveído de factor de Yucatán; y toda la más compañía eran criados y parientes de Diego Velázquez y criados del almirante. Sabida por mí esta nueva, aunque estaba manco de un brazo de una caída de un caballo, y en la cama, me determiné de ir allá a verme con él, para excusar aquel alboroto; y luego envié delante al dicho Pedro de Alvarado con toda la gente que tenía hecha para su camino, y yo había de partir dende a dos días. Y ya que mi cama y todo era ido camino, y estaba diez leguas de esta ciudad, donde yo había de ir otro día a dormir, llegó un mensajero de la Villa de la Vera Cruz casi a medianoche, y me trajo cartas de un navío que era llegado de España, y con ellas una cédula firmada del real nombre de vuestra majestad; y por ella mandaba al dicho adelantado Francisco de Garay que no se entrometiese en el dicho río ni en ninguna cosa que yo tuviese poblado, porque vuestra majestad era servido que yo lo tuviese en su real nombre; por lo cual cien mil veces los reales pies de vuestra cesárea majestad beso.

Con la venida de esta cédula cesó mi camino —que no fue poco provechoso a mi salud—, porque había sesenta días que no dormía y estaba con mucho trabajo, y a partirme a aquella sazón no había de mi vida mucha seguridad; mas posponíalo todo y tenía por mejor morir en esta jornada que, por guardar mi vida, ser causa de muchos escándalos y alborotos y otras muertes, que estaban muy notorias. Despaché luego a Diego de Ocampo, alcalde mayor, con la dicha cédula, para que siguiese a Pedro de Alvarado; y yo le di una carta para él, mandándole que en ninguna manera se acercase adonde la gente del adelantado estaba, porque no se revolviese; y mandé al dicho alcalde mayor que notificase aquella cédula al adelantado y que luego me respondiese lo que decía. El cual partió a la más prisa que pudo y llegó a la provincia de los Guatescas, adonde había estado Pedro de Alvarado, el cual se había ya entrado en la provincia adentro. Como supo que iba el alcalde mayor y yo me quedaba, le hizo saber luego cómo el dicho Pedro de Alvarado había sabido que un capitán de Francisco de Garay, que se llama Gonzalo Dovalle, andaba con veintidós de caballo haciendo daño por algunos pueblos de aquella provincia y alterando la gente de ella; y que había sido avisado el dicho Pedro de Alvarado cómo el dicho capitán Gonzalo Dovalle tenía puestas ciertas atalayas en el camino por donde él había de pasar. De lo cual se alteró el dicho Alvarado, creyendo que le quería ofender el dicho Gonzalo Dovalle; y por esto llevó concertada toda su gente hasta que llegó a un pueblo que se dice el de las Lajas, adonde halló al dicho Gonzalo Dovalle con su gente. Y allí, llegado, procuró de hablar con el dicho capitán Gonzalo Dovalle, y le dijo lo que había sabido y le habían dicho que andaba haciendo, y que se maravillaba de él, porque la intención del gobernador y sus capitanes no era ni había sido de ofenderlos ni hacer daño alguno; antes había mandado que los favoreciesen y proveyesen de todo lo que tuviesen necesidad. Y que, pues aquello así pasaba, para que ellos estuviesen seguros y no hubiese escándalo ni daño entre la gente de una parte ni otra, le pedía por merced no tuviese a mal que las armas y caballos de aquella gente que consigo traía estuviesen depositadas hasta tanto que se diese asiento en aquellas cosas. Y el dicho Gonzalo Dovalle se disculpaba, diciendo que no pasaba así como le habían informado, pero que él tenía por bien de hacer lo que le rogaba; y así estuvieron juntos los unos y los otros, comiendo y holgando, los dichos capitanes y toda la más gente, sin que entre ellos hubiese enojo ni cuestión ninguna.

Luego que esto supo el alcalde mayor, proveyó, con un secretario mío que consigo llevaba —que se llama Francisco de Orduña—, que fuese donde estaban los capitanes Pedro de Alvarado y Gonzalo Dovalle, y llevó mandamiento para que se alzase el dicho depósito y les volviese sus armas y caballos a cada uno, y los hiciese saber que la intención mía era de favorecerlos y ayudar en todo lo que tuviesen necesidad, no desconcertándose ellos en escandalizarnos la tierra; y envió asimismo otro mandamiento al dicho Alvarado para que los favoreciese y no se entrometiese en tocar en cosa alguna de ellos y en enojarlos; el cual lo cumplió así.

En este mismo tiempo, muy poderoso Señor, acaeció que, estando las naos del dicho adelantado dentro de la mar a boca del río Pánuco, como en ofensa de todos los vecinos de la villa de Santisteban —que yo allí había fundado—, puede haber tres leguas río arriba donde suelen surgir todos los navíos que al dicho puerto arriban; a cuya causa Pedro de Vallejo, teniente mío en la dicha villa, por asegurarla del peligro que esperaba con la alteración de los dichos navíos, hizo ciertos requerimientos a los capitanes y maestres de ellos para que subiesen al puerto y surgiesen en él de paz, sin que la tierra recibiese ningún agravio ni alteración; requiriéndoles asimismo que, si algunas provisiones tenían de vuestra majestad para poblar o entrar en dicha tierra, o en cualesquiera manera que fuese, las mostrasen, con protestación que, mostradas, se cumplirían en todo, según que por las dichas provisiones vuestra majestad lo enviase a mandar. Al cual requerimiento los capitanes y maestres respondieron en cierta forma, en que en efecto concluían que no querían hacer cosa alguna de lo por el teniente mandado y requerido; a cuya causa el teniente dio otro segundo mandamiento, dirigido a los dichos capitanes y maestres, con cierta pena, para que todavía se hiciese lo mandado y requerido por el primer requerimiento; al cual mandamiento tornaron a responder lo que respondido tenían. Y fue así que, viendo los maestres y capitanes cómo de su estada con los navíos en la boca del río —por espacio de dos meses y más tiempo— resultaba escándalo, así entre los españoles que allí residían como entre los naturales de aquella provincia, un Castromocho, maestre de uno de los dichos navíos, y Martín de San Juan, guipuzcoano, maestre asimismo de otro navío, secretamente enviaron al dicho teniente sus mensajeros, haciéndole saber que ellos querían paz y estar obedientes a los mandamientos de la justicia; que le requerían que fuese el dicho teniente a los dichos dos navíos y que le recibirían y cumplirían todo lo que les mandase, añadiendo que tenían forma para que los otros navíos que restaban asimismo se le entregasen de paz y cumpliesen sus mandamientos.

A CUYA CAUSA el teniente se determinó de ir, con sólo cinco hombres, a los dichos navíos; y, llegado a ellos, fue recibido por los dichos maestres; y de allí envió al capitán Juan de Grijalva —que era general de aquella armada, y estaba y residía en la nao capitana a la sazón— para que él cumpliese en todo los requerimientos y mandamientos pasados del dicho teniente, que le había antes mandado notificar; y el dicho capitán no solamente no quiso obedecer, pero mandó a las naos que estaban presentes se juntasen con la suya en que estaba; y todas juntas —excepto las dos de que arriba se hace mención—, así juntas al contorno de su nao capitana, mandó a los capitanes de ellas tirasen con la artillería que tenían a los dos navíos hasta echarlos a fondo. Y, siendo este mandamiento público y tal que todos lo oyeron, el dicho teniente, en su defensa, mandó aprestar la artillería de los dos navíos que le habían obedecido. En este tiempo, las naos que estaban alrededor de la capitana, y maestres y capitanes de ellas, no quisieron obedecer a lo mandado por el dicho Juan de Grijalva; y, entre tanto, el dicho capitán Grijalva envió un escribano, que se llama Vicente López, para que hablase al dicho teniente; y, habiendo explicado su mensaje, el teniente le respondió justificando esta dicha causa y que su venida era allí solamente por bien de paz y por evitar escándalos y otros bullicios que se seguían de estar los dichos navíos fuera del dicho puerto, adonde acostumbraban a surgir; y como corsarios que estaban en lugar sospechoso para hacer algún salto en tierra de su majestad —que sonaba muy mal—, con otras razones que acudían a este propósito. Las cuales obraron tanto, que el dicho Vicente López, escribano, se volvió con la respuesta al capitán Grijalva y le informó de todo lo que había oído al teniente, atrayendo al dicho capitán para que le obedeciese, pues estaba claro que el dicho teniente era justicia en aquella provincia por vuestra majestad, y el dicho capitán Grijalva sabía que hasta entonces, por parte del adelantado Francisco de Garay ni por la suya, se habían presentado provisiones reales algunas a que el dicho teniente, con los otros vecinos de la villa de Santisteban, hubiesen de obedecer; y que era cosa muy fea estar de la manera que estaban con los navíos, como corsarios, en tierra de vuestra majestad cesárea. Así, movido por estas razones, el capitán Grijalva, con los maestres y capitanes de los otros navíos, obedecieron al teniente y se subieron el río arriba, donde suelen surgir los otros navíos; y así, llegados al puerto, por la desobediencia que el dicho Juan de Grijalva había mostrado a los mandamientos del dicho teniente, le mandó prender. Y, sabida esta prisión por mi alcalde mayor, luego otro día dio su mandamiento para que el dicho Juan de Grijalva fuese suelto y favorecido con todos los demás que venían en los dichos navíos, sin que tocase en cosa alguna de ellos; y así se hizo y se cumplió.

Asimismo escribió el dicho alcalde mayor a Francisco de Garay —que estaba en otro puerto, diez o doce leguas de allí—, haciéndole saber cómo yo no podía ir a verme con él, y que le enviaba a él con poder mío para que entre ellos se diese asiento en lo que se había de hacer, y en ver las provisiones de la una parte y de la otra, y dar conclusión en lo que más servicio fuese de vuestra majestad. Y, después que el dicho Francisco de Garay vio la carta del dicho alcalde mayor, se vino adonde el alcalde mayor estaba, adonde fue muy bien recibido y provisto él y toda su gente de lo necesario; y así, juntos entre ambos, después de haber platicado y vistas las provisiones, se acordó —después de haber visto la cédula de que vuestra majestad me había hecho merced—, el dicho adelantado, después de ser requerido con ella por el alcalde mayor, la obedeció y dijo que estaba presto de cumplirla. Y, en cumplimiento de ella, que se quería recoger a sus navíos con su gente para ir a poblar a otra tierra fuera de la contenida en la cédula de vuestra majestad; y que, pues mi voluntad era favorecerle, que le rogaba al dicho alcalde mayor que le hiciese recoger toda su gente, porque muchos de los que consigo traía se le habían ausentado; y le hiciese proveer de bastimentos —de que tenía necesidad— para los dichos navíos y gente. Y luego el dicho alcalde mayor lo proveyó todo como él lo pidió; y se pregonó luego en el dicho puerto —adonde estaba la más gente de la una parte y de la otra— que todas las personas que habían venido en el armada del adelantado Francisco de Garay lo siguiesen y se juntasen con él, so pena que el que así no lo hiciese, si fuese hombre de caballo, que perdiese las armas y caballo y su persona se le entregase al dicho adelantado presa; y al peón se le diesen cien azotes y asimismo se lo entregasen.

Asimismo pidió el dicho adelantado al dicho alcalde mayor que, porque algunos de los suyos habían vendido armas y caballos en el puerto de Santisteban, y en el puerto donde estaban, y en otras partes de aquella comarca, que se los hiciese volver, porque sin las dichas armas y caballos no se podría servir de su gente. Y el alcalde mayor proveyó de saber por todas las partes donde estuviesen caballos o armas de la dicha gente, y a todos los hizo tomar las armas y caballos que habían comprado y volverlas todas al dicho adelantado.

Asimismo hizo poner el dicho alcalde mayor alguaciles por los caminos, y prender todos cuantos se iban huyendo, y se los entregó presos; y le entregaron muchos que así tomaron. Asimismo envió al alguacil mayor a la villa de Santisteban —que es el puerto— y a un secretario mío con el dicho alguacil mayor, para que en la dicha villa y puerto hiciesen las mismas diligencias y diesen los mismos pregones, y recogiesen la gente que se le ausentaba y se le entregase; y recogiese todo el bastimento que pudiesen y proveyesen las naos del dicho adelantado; y dio mandamiento para que también tomasen las armas y caballos que hubiesen vendido y se las diesen al dicho adelantado. Todo lo cual se hizo con mucha diligencia; y el dicho adelantado partió al puerto para irse a embarcar, y el alcalde mayor se quedó con su gente para no poner más en necesidad el puerto en que estaba, y porque mejor se pudiesen proveer; y estuvo allí seis o siete días para saber cómo se cumplía todo lo que yo había mandado y lo que él había provisto. Y porque había falta de bastimentos, el dicho alcalde mayor escribió al adelantado si mandaba alguna cosa, porque él se volvía a la ciudad de México donde yo resido; y el adelantado le hizo luego mensajero, con el cual le hacía saber cómo él no hallaba aparejo para irse, por no haber hallado sus navíos perdidos; que se le habían perdido seis navíos y los que quedaron no estaban para navegar en ellos. Y que él quedaba haciendo una información para que a mí me constase lo susodicho, cómo él no tenía aparejo para poder salir de la tierra; y que asimismo me hacía saber que su gente se ponía con él en debate y pleitos, diciendo que no eran obligados a seguirle, y que habían apelado de los mandamientos que el alcalde mayor había dado, diciendo que no eran obligados a cumplirlos por dieciséis o diecisiete causas que asignaban. Una de ellas era que se habían muerto ciertas personas de hambre de las que en su compañía venían, con otras no muy honestas que se enderezaban a su persona. Y asimismo le hizo saber que no bastaban todas las diligencias que se hacían para detenerle la gente: que anochecían y no amanecían, porque los que un día le entregaban presos, otro día se iban, en poniéndolos en su libertad; y que le aconteció desde la noche a la mañana faltarle doscientos hombres. Que, por tanto, le rogaba muy afectuosamente no se partiesen hasta que él llegase, porque él quería venir a verse conmigo a esta ciudad; porque, si allí lo dejaban, pensaría de ahogarse de enojo.

Y el alcalde mayor, vista su carta, acordó de aguardarlo; y vino dende a dos días que le escribió. Y de allí despacharon mensajero para mí, por el cual el alcalde mayor me hacía saber cómo el adelantado veníase a ver conmigo a esta ciudad; y porque ellos se venían poco a poco hasta un pueblo que se llama Cicoaque —que es la raya de estas provincias—, allí aguardaría mi respuesta. Y el dicho adelantado me escribió, dándome relación del mal aparejo que de navíos tenía y de la mala voluntad que su gente le había mostrado; y que, porque creía que yo tenía aparejo para poderle remediar —así proveyéndole de la gente que yo tenía como de lo demás que él hubiese menester—, y que, porque conocía que por mano de otro no podía ser remediado ni ayudado, así, había acordado de venirse a ver conmigo; y que me ofrecía a su hijo mayor, con todo lo que él tenía y esperaba dejarle, para dármele por yerno y que se casase con una hija mía pequeña. Y en este medio tiempo, constándole al dicho alcalde mayor, al tiempo que se partían para venirse a esta ciudad, que habían venido en aquella armada de Francisco de Garay algunas personas muy sospechosas, amigos y criados de Diego Velázquez, que se habían mostrado muy contrarios a mis cosas, y viendo que no quedaban bien en la dicha provincia y que de su conversación se esperaban algunos bullicios y desasosiegos en la tierra, conforme a cierta provisión real que vuestra majestad me mandó enviar para que las tales personas escandalosas salgan de la tierra, los mandó salir de ella: que fueron Gonzalo de Figueroa, Alonso de Mendoza, Antonio de la Cerda, Juan de Ávila, Lorenzo de Ulloa, Taborda, Juan de Grijalva, Juan de Medina y otros.

Y esto hecho, se vinieron hasta el dicho pueblo de Cicoaque, donde les tomó mi respuesta que hacía yo a las cartas que me habían enviado; por lo cual les hacía saber holgaba mucho de la venida del dicho adelantado, y que, llegando a esta ciudad, se entendería con mucha voluntad en todo lo que me había escrito, y en cómo, conforme a su deseo, él fuese muy bien despachado. Y proveí, asimismo, para que su persona fuese muy bien provista por el camino, mandando a los señores de los pueblos le diesen muy cumplidamente todo lo necesario. Y, llegado el dicho adelantado a esta ciudad, yo le recibí con toda la voluntad y buenas obras que se requerían y que yo pude hacerle —como lo haría con hermano verdadero—; porque, de verdad, me pesó mucho de la pérdida de sus navíos y desvío de su gente, y le ofrecí mi voluntad, como en la verdad yo la tuve, de hacer por él todo lo que a mí posible fuese.

Y como el dicho adelantado tuviese mucho deseo de que hubiese efecto lo que me había escrito cerca de los dichos casamientos, tomó con mucha instancia a importunarme a que lo concluyésemos; y yo, por hacerle placer, acordé de hacer en todo lo que me rogaba, y el dicho adelantado tanto deseaba. Sobre lo cual se hicieron, de consentimiento de ambas partes, con mucha certidumbre y juramentos, ciertos capítulos que concluían el dicho casamiento y lo que ambas partes, para hacerse, se había de cumplir; con tanto, que ante todas cosas, después que vuestra majestad fuese certificado de lo capitulado, de todo ello fuese muy servido. De manera que, de más de nuestra amistad antigua, quedamos, con lo contratado y capitulado entre nosotros —juntamente con el deudo que habíamos tomado con los dichos nuestros hijos—, tan conformes y de una voluntad y querer, que no se entendía entre nosotros en más de lo que a cada uno estaba bien en el despacho, principalmente del dicho adelantado.

En lo pasado, muy poderoso Señor, hice relación a vuestra católica majestad de lo mucho que mi alcalde mayor trabajó para que la gente del dicho adelantado, que andaba derramada por la tierra, se juntase con el dicho adelantado, y las diligencias que para esto intervinieron (las cuales, aunque fueron muchas, no bastaron para poder quitar el descontento que toda la gente traía con el dicho adelantado Francisco de Garay); antes, creyendo que habían de ser compelidos a que todavía habían de ir con él conforme a lo mandado y pregonado, se metieron la tierra adentro por lugares y partes diversas, de tres en tres, de seis en seis, y en esta manera escondidos, sin que pudiesen ser habidos ni poderse recoger. Fue causa principal que los indios naturales de aquella provincia se alterasen, así por ver a los españoles todos derramados por muchas partes, como por los muchos desórdenes que ellos cometían entre los naturales, tomándoles las mujeres y la comida por la fuerza, con otros desasosiegos y bullicios; lo cual dio causa a que toda la tierra se levantase, creyendo que entre los dichos españoles —según que el dicho adelantado había publicado— había división en diversos señores, según arriba se hizo relación a vuestra majestad, y de lo que el dicho adelantado publicó al tiempo que en la tierra a los indios de ella, con lengua que pudieron entender bien. Y fue así: que tuvieron tal astucia los dichos indios —siendo primeramente informados de dónde y cómo y en qué partes estaban los dichos españoles—, que de día y de noche dieron en ellos por todos los pueblos en que estaban derramados; y, a esta causa, como los hallaron desapercibidos y desarmados por los dichos pueblos, mataron mucho número de ellos. Y creció tanto su osadía, que llegaron a la dicha villa de Santisteban del Puerto, que tenía poblado en nombre de vuestra majestad, donde dieron tan recio combate, que pusieron a los vecinos de ella en grande necesidad —que pensaron ser perdidos—; y se perdieran si no fuera porque se hallaron apercibidos y juntos, donde pudieron hacerse fuertes y resistir a sus contrarios, hasta en tanto que salieron al campo muchas veces con ellos y los desbarataron.

Estando así las cosas en este estado, tuve nueva de lo sucedido; y fue por un mensajero, hombre de pie, que escapó huyendo de los dichos desbaratos. Y me dijo cómo toda la provincia de Pánuco y naturales de ella se habían rebelado y habían muerto mucha gente de los españoles que en ella habían quedado de la compañía del dicho adelantado, con algunos otros vecinos de la dicha villa que yo allí, en nombre de vuestra majestad, fundé; y creí que, según el grande desbarato había habido, ninguno de los dichos castellanos era vivo. De lo cual Dios Nuestro Señor sabe lo que yo sentí, y en ver que ninguna novedad semejante se ofrece en estas partes que no cueste mucho y las traiga a punto de perderse. Y el dicho adelantado sintió tanto esta nueva —así por parecerle que había sido causa de ello, como porque tenía en la dicha provincia un hijo suyo, con todo lo que había traído—, que del grande pesar que hubo adoleció, y de esta enfermedad falleció de esta presente vida en espacio y término de tres días.

Y para que más en particular vuestra excelsitud se informe de lo que sucedió después de sabida esta primera nueva, fue que, después que aquel español trajo la nueva del alzamiento de aquella gente de Pánuco —porque no daba otra razón sino que, en un pueblo que se dice Tacetuco, viniendo él y otros tres de caballo y un peón, les habían salido al camino los naturales de él y habían peleado con ellos, y muerto los dos de caballo y el peón y el caballo al otro, y que ellos se habían escapado huyendo porque vino la noche—, y que habían visto un aposento del dicho pueblo, donde los había de esperar el teniente con quince de caballo y cuarenta peones, quemando el dicho aposento, y que creían, por las muestras que allí habían visto, que los habían matado a todos.

Esperé seis o siete días, por ver si viniera otra nueva; y, en este tiempo, llegó otro mensajero del dicho teniente —que quedaba en un pueblo que se dice Teneztequipa, que es de los sujetos a esta ciudad y parte términos con aquella provincia— y, por su carta, me hacía saber cómo, estando en aquel pueblo de Tacetuco con quince de caballo y cuarenta peones, esperando más gente que se había de juntar con él, porque iba de la otra parte del río a apaciguar ciertos pueblos que aún no estaban pacíficos, una noche, al cuarto del alba, los habían cercado el aposento mucha copia de gente, y puéstoles fuego a él; y, por presto que cabalgaron, como estaban descuidados por tener la gente tan segura como hasta allí había estado, les habían dado tanta prisa que los habían matado a todos, salvo a él y a otros dos de caballo, que huyendo se escaparon —aunque a él le habían matado su caballo, y otro le sacó a las ancas—. Y que se habían escapado porque, dos leguas de allí, hallaron un alcalde de la dicha villa con cierta gente, el cual los amparó, aunque no se detuvieron mucho: que ellos y él salieron huyendo de la provincia. Y que, de la gente que en la villa había quedado, ni de la otra del adelantado Francisco de Garay —que estaba en ciertas partes repartida—, no tenían nueva ni sabían de ellos; y que creían que no había ninguno vivo.

PORQUE, COMO a vuestra majestad tengo dicho, después que el dicho adelantado allí había venido con aquella gente y había hablado a los naturales de aquella provincia, diciéndoles que yo no había de tener que hacer con ellos —porque él era gobernador y a quien habían de obedecer—, y que, juntándose ellos con él, echarían a todos aquellos españoles que yo tenía en aquel pueblo y a los que más yo enviase, se habían alborotado, y nunca más quisieron servir bien a ningún español; antes habían muerto algunos que topaban solos por los caminos. Y que creía que todos se habían concertado para hacer lo que hicieron; y, como habían dado en él y en la gente que con él estaba, así creía que habían dado en la gente que estaba en el pueblo y en todos los demás que estaban derramados por los pueblos; porque estaban muy sin sospecha de tal alzamiento, viendo cuán sin ningún resabio hasta allí los habían servido.

Habiéndome certificado más, por esta nueva, de la rebelión de los naturales de aquella provincia, y sabiendo las muertes de aquellos españoles, a la mayor prisa que yo pude despaché luego cincuenta de caballo, cien peones —ballesteros, escopeteros— y cuatro tiros de artillería, con mucha pólvora y munición, con un capitán español y otros dos de los naturales de esta ciudad, con cada quince mil hombres de ellos. Al cual dicho capitán mandé que, con la más prisa que pudiese, llegase a la dicha provincia y trabajase de entrar por ella sin detenerse en ninguna parte —no siendo muy forzosa necesidad— hasta llegar a la villa de Santisteban del Puerto, a saber nuevas de los vecinos y gentes que en ella habían quedado; porque podría ser que estuviesen cercados en alguna parte, y darles ya socorro. Y así fue: el dicho capitán se dio toda la más prisa que pudo y entró por la dicha provincia; y en dos partes pelearon con él, y, dándole Dios Nuestro Señor la victoria, siguió todavía su camino hasta llegar a la dicha villa, adonde halló veintidós de caballo y cien peones, que allí los habían tenido cercados y los habían combatido seis o siete veces, y con ciertos tiros de artillería que allí tenían se habían defendido —aunque no bastaba su poder para más defenderse de allí, y aun no con poco trabajo—; y si el capitán que yo envié se tardara tres días, no quedara ninguno de ellos, porque ya se morían todos de hambre. Y habían enviado un bergantín de los navíos que el adelantado allí trajo a la Villa de la Vera Cruz, para por allí hacerme saber la nueva —porque por otra parte no podían—, y para traer bastimento en él; como después se lo llevaron, aunque ya habían sido socorridos de la gente que yo envié.

Y allí supieron cómo la gente que el adelantado Francisco de Garay había dejado en un pueblo que se dice Tamiquil —que serían hasta cien españoles de pie y de caballo— los habían matado a todos, sin escapar más de un indio de la isla de Jamaica, que escapó huyendo por los montes. Del cual se informaron cómo los tornaron de noche; y se halló por copia que de la gente del adelantado eran muertos doscientos diez hombres, y de los vecinos que yo había dejado en aquella villa, cuarenta y tres, que andaban por sus pueblos que tenían encomendados. Y aun se cree que fueron más de los de la gente del adelantado, porque no se acuerdan de todos.

Con la gente que el capitán llevó, y con la que el teniente y el alcalde tenían, y con la que se halló en la villa, llegaron ochenta de caballo, y repartiéronse en tres partes; y dieron la guerra por ellas, en aquella provincia, en tal manera que señores y personas principales se prendieron hasta cuatrocientos —sin otra gente baja—, a los cuales todos —digo, a los principales— quemaron por justicia, habiendo confesado ser ellos los movedores de toda aquella guerra y cada uno de ellos haber dado en muerte o haber matado los españoles. Y, hecho esto, soltaron de los otros que tenían presos y, con ellos, recogieron toda la gente en los pueblos; y el capitán, en nombre de vuestra majestad, proveyó de nuevos señores en los dichos pueblos a aquellas personas que les pertenecía por sucesión, según ellos suelen heredar. A esta sazón tuve cartas del dicho capitán y de otras personas que con él estaban, cómo ya —loado Nuestro Señor— estaba toda la provincia muy pacífica y segura, y los naturales sirven muy bien; y creo que será paz para todo el año la rencilla pasada.

Crea vuestra cesárea majestad que son estas gentes tan bulliciosas, que cualquier novedad o aparejo que vean de bullicio los mueve; porque ellos así lo tenían por costumbre: de rebelarse y alzarse contra sus señores; y ninguna vez verán para esto aparejo que no lo hagan.

En los capítulos pasados, muy católico Señor, dije cómo, al tiempo que supe la nueva de la venida del adelantado Francisco de Garay a aquel río de Pánuco, tenía a punto cierta armada de navíos y de gente para enviar al cabo o punta de Hibueras, y las causas que para ello me movían. Por la venida del dicho adelantado cesó, creyendo que se quisiera poner en a posesionarse, por su autoridad, en la tierra; y, para resistírselo si lo hiciera, hubo necesidad de toda la gente. Y, después de haber dado fin en las cosas del dicho adelantado —aunque se me siguió asaz costa de sueldos de marineros y bastimentos de los navíos y gente que había de ir en ellos—, pareciéndome que de ello vuestra majestad era muy servido, seguí todavía mi propósito comenzado, y compré más navíos de los que antes tenía, que fueron por todos cinco navíos gruesos y un bergantín; e hice cuatrocientos hombres, y bastecidos de artillería, munición y armas, y de otros bastimentos y vituallas. Y, demás de lo que aquí se les proveyó, envié, con dos criados míos, ocho mil pesos de oro a la isla de Cuba, para que comprasen caballos y bastimentos —así para llevar en este primero viaje como para que estuviesen a punto para, en volviendo los navíos, cargarlos—, porque, por necesidad de cosa alguna, no dejasen de hacer aquello para que yo los enviaba; y también para que, al principio, por falta de bastimentos, no fatigasen los naturales de la tierra, y que antes les diesen ellos de lo que llevasen que tomarles de lo suyo.

Con este concierto se partieron del puerto de San Juan de Chalchiqueca, a once días del mes de enero de 1524 años; y han de ir a La Habana —que es la punta de la isla de Cuba—, adonde se han de bastecer de lo que les faltare, especialmente los caballos, y recoger allí los navíos; y de allí, con la bendición de Dios, seguir su camino para la dicha tierra. Y, en llegando, en el primero puerto de ella, y sacados caballos, bastimentos y todo lo demás que en los navíos llevaban, fuera de ellos y en el mejor asiento que al presente pareciere, fortalecerse con su artillería —que llevaban mucha y buena— y fundar su pueblo. Y luego, los tres de los navíos mayores que llevan, despacharlos para la isla de Cuba, al puerto de la villa de la Trinidad —porque está en mejor paraje y derrota—; porque allí ha de quedar el uno de aquellos criados míos para tenerles aparejada la carga de las cosas que fuesen menester y el capitán enviase a pedir. Los otros navíos más pequeños y el bergantín, con el piloto mayor y un primo mío —que se dice Diego de Hurtado—, por capitán de ellos, vayan a correr toda la costa de la bahía de la Ascensión, en demanda de aquel estrecho que se cree que en ella hay, y que estén allá hasta que ninguna cosa dejen por ver; y, visto, se vuelvan donde el dicho capitán Cristóbal de Olid estuviere, y de allí, con el uno de los navíos, me hagan relación de lo que hallaren y lo que el dicho Cristóbal de Olid hubiese sabido de la tierra y en ella le hubiese sucedido, para que yo pueda enviar de ello larga cuenta y relación a vuestra católica majestad.

También dije cómo tenía cierta gente para enviar con Pedro de Alvarado a aquellas ciudades de Uclaclán y Guatemala —de que en los capítulos pasados he hecho mención— y a otras provincias de que tengo noticia, que están adelante de ellas; y cómo también había cesado por la venida del dicho adelantado Francisco de Garay. Y porque ya yo tenía mucha costa hecha —así de caballos, armas y artillería y munición, como de dineros de socorro que se había dado a la gente—, y porque de ello tengo creído que Dios Nuestro Señor y vuestra sacra majestad han de ser muy servidos, y porque por aquella parte, según tengo noticia, pienso descubrir muchas, muy ricas y extrañas tierras y de muchas y muy diferentes gentes, torné todavía a insistir en mi primero propósito. Y, demás de lo que al dicho camino estaba provisto, le torné a rehacer al dicho Pedro de Alvarado, y le despaché de esta ciudad a seis días del mes de diciembre de 1523 años; y llevó ciento veinte de caballo —en que, con las dobladuras que lleva, lleva ciento sesenta caballos— y trescientos peones, en que son los ciento treinta ballesteros y escopeteros. Lleva cuatro tiros de artillería con mucha pólvora y munición, y lleva algunas personas principales —así de los naturales de esta ciudad como de otras ciudades de esta comarca— y, con ellos, alguna gente, aunque no mucha por ser el camino tan largo.

He tenido nuevas de ellos, cómo habían llegado a doce días del mes de enero, a la provincia de Teguantepeque, y que iban muy buenos. Plega a Nuestro Señor guiarlos a los unos y a los otros como Él se sirva, porque bien creo que, yendo enderezadas a su servicio y en el real nombre de vuestra cesárea majestad, no puede carecer de buen y próspero suceso.

También le encomendé al dicho Pedro de Alvarado que tuviese siempre especial cuidado de hacerme larga y particular relación de las cosas que por allá le aviniesen, para que yo la envíe a vuestra alteza.

Y tengo por muy cierto, según las nuevas figuras de aquella tierra que yo tengo, que se han de juntar el dicho Pedro de Alvarado y Cristóbal de Olid, si estrecho no los parte.

Muchos caminos de éstos se hubieran hecho en esta tierra y muchos secretos de ella tuviera yo sabidos, si los estorbos de las armadas que han venido no los hubieran impedido. Y certifico a vuestra sacra majestad que ha recibido harto deservicio en ello, así en no tener descubiertas muchas tierras como en haberse dejado de adquirir para su real cámara mucha suma de oro y perlas. Pero de aquí adelante, si otros más no vienen, yo trabajaré de restaurar lo que se ha perdido; porque, por trabajo de mi persona, ni por dejar de gastar mi hacienda no quedará. Certifico a vuestra cesárea y sacra majestad que, de más de haber gastado todo cuanto he tomado del oro que tengo de las rentas de vuestra majestad, para gastos —como parecerá por ellos al tiempo que vuestra majestad fuere servido de mandar tomar la cuenta—, sesenta y tantos mil pesos de oro, sin más de otros doce mil que yo he tomado prestados de algunas personas para gastos de mi casa.

De las provincias comarcanas a la villa del Espíritu Santo y de las que servían a los vecinos de ella, dije en los capítulos pasados que algunas de ellas se habían rebelado y aun muerto ciertos españoles; y así, para reducir éstas al real servicio de vuestra majestad, como para traer a él otras sus vecinas —porque la gente que en la villa está no bastaba para sostener lo ganado y conquistar éstas—, envié un capitán con treinta de caballo y cien peones, algunos de ellos ballesteros y escopeteros, y dos tiros de artillería, con recado de munición y pólvora. Los cuales partieron a 8 de diciembre de 1523 años.

Hasta ahora no he sabido nueva de ellos; pienso harán mucho fruto y que de este camino Dios Nuestro Señor y vuestra majestad serán muy servidos y se descubrirán hartos secretos, porque es un pedazo de tierra que queda entre la conquista de Pedro de Alvarado y Cristóbal de Olid; lo que hasta ahora estaba pacífico hacia la mar del Norte. Y conquistado esto y pacífico —que es muy poco—, tiene vuestra sacra majestad por la parte del Norte más de cuatrocientas leguas de tierra pacífica y sujeta a su real servicio sin haber cosa en medio, y por la mar del Sur más de quinientas leguas, y todo, de la una mar a la otra, que sirve sin ninguna contradicción.

Excepto dos provincias que están entre la provincia de Teguantepeque y la de Chinanta y Guaxaca y la de Guazacualco, en medio de todas cuatro, que se llaman los de la una "los zapotecas" y de la otra "los mixes". Las cuales, por ser tan ásperas que aun a pie no se pueden andar, puesto que he enviado dos veces gente a conquistarlas y no lo han podido hacer —porque tienen muy recias fuerzas, áspera tierra y buenas armas, que pelean con lanzas de a veinticinco y treinta palmos, muy gruesas y bien hechas, y las puntas de ellas son de pedernal—, con esto se han defendido y muerto algunos de los españoles que allá han ido.

HAN HECHO Y hacen mucho daño a los vecinos que son vasallos de vuestra majestad, salteándolos de noche y quemándoles los pueblos y matando muchos de ellos, tanto que han hecho que muchos de los pueblos cercanos a ellos se han alzado y confederado con ellos.

Y porque no llegue a más, aunque ahora no tenía sobra de gente por haber salido a tantas partes, junté ciento cincuenta hombres de pie —porque de caballo no pueden aprovechar—, todos los más ballesteros y escopeteros, y cuatro tiros de artillería con la munición necesaria, los ballesteros y escopeteros provistos con mucho almacén. Y con ellos, por capitán, Rodrigo Rangel, alcalde de esta ciudad, que ahora ha un año había ido otra vez con gente sobre ellos, y por ser en tiempo de muchas aguas no pudo hacer cosa ninguna y se volvió, con haber estado allá dos meses.

El cual dicho capitán y gente se partieron de esta ciudad a 5 de febrero de este año presente. Creo, siendo Dios servido, que por llevar buen aderezo y por ir en buen tiempo, y porque lleva mucha gente de guerra diestra de los naturales de esta ciudad y sus comarcas, que darán fin a aquella demanda; de que no poco servicio redundará a la imperial corona de vuestra alteza, porque no sólo ellos no sirven, mas aun hacen mucho daño a los que tienen buena voluntad. Y la tierra es muy rica de minas de oro; estando éstos pacíficos, dicen aquellos vecinos que lo irán a sacar allá.

Y éstos, por haber sido tan rebeldes, habiendo sido tantas veces requeridos y una vez ofreciéndose por vasallos de vuestra alteza, y haber matado españoles y hecho tantos daños, pronunciélos por esclavos y mandé que los que a vida se pudiesen tomar los herrasen con el hierro de vuestra alteza, y sacada la parte que a vuestra majestad pertenece, se repartiesen por aquellos que los fueron a conquistar.

Bien puede, muy excelentísimo Señor, tener vuestra real excelencia por muy cierto, que la menor de estas entradas que se van a hacer me cuesta de mi casa más de cinco mil pesos de oro, y que las dos de Pedro de Alvarado y Cristóbal de Olid me cuestan más de cincuenta en dineros, sin otros gastos de mis haciendas que no se cuentan ni asientan por memoria. Pero como sea todo para el servicio de vuestra cesárea majestad, si mi persona juntamente con ello se gastase, lo tendría por mayor merced; y ninguna vez se ofrecerá en que, en tal caso, yo la pueda poner que no la ponga.

Así, por la relación pasada como por ésta, he hecho a vuestra alteza mención de cuatro navíos que tengo comenzados a hacer en la mar del Sur, y porque, por haber mucho tiempo que se comenzaron, le parecerá a vuestra real alteza que yo he tenido algún descuido en no haberse acabado hasta ahora, doy a vuestra sacra majestad cuenta de la causa.

Y es que, como la mar del Sur —a lo menos aquella parte donde aquellos navíos hago— está de los puertos de la mar del Norte, donde todas las cosas que a esta Nueva España vienen se descargan, doscientas leguas y aun más, y en parte de muy fragosos puertos de sierras y en otros muy grandes y caudalosos ríos, y como todas las cosas que para los dichos navíos son necesarias se hayan de llevar de allí, por no haber de otra parte donde se provean, se ha llevado y se lleva con mucha dificultad.

Y aun sobrevino para esto, que, ya que yo tenía en una casa en el puerto donde los dichos navíos se hacen todo el aderezo que para ellos era menester —de velas, cables, jarcia, clavazón, áncoras, pez, sebo, estopa, betún, aceite y otras cosas—, una noche se puso fuego y se quemó todo, sin aprovecharse más de las áncoras, que no pudieron quemarse.

Ahora de nuevo lo he tornado a proveer, porque habrá cuatro meses que me llegó una nao de Castilla, en que me trajeron todas las cosas necesarias para los dichos navíos; porque, temiendo yo lo que me vino, lo tenía provisto y enviado a pedir. Y certifico a vuestra cesárea majestad que me cuestan hoy los navíos, sin haberlos echado al agua, más de ocho mil pesos de oro, sin otras cosas extraordinarias.

Pero ya, loado Nuestro Señor, están en tal estado, que para la Pascua del Espíritu Santo primera o para el día de San Juan de junio podrán navegar si betún no me falta; porque, como se quemó lo que tenía, no he tenido de dónde proveerme. Mas yo espero que para este tiempo me lo traerán de esos reinos, porque yo tengo provisto para que me envíen.

Tengo en tanto estos navíos, que no lo podría significar; porque tengo por muy cierto que con ellos, siendo Dios Nuestro Señor servido, tengo de ser causa que vuestra cesárea majestad sea en estas partes señor de más reinos y señoríos que los que hasta hoy en nuestra nación se tiene noticia. A Él plega encaminarlo como Él se sirva y vuestra cesárea majestad consiga tanto bien, pues creo que, con hacer yo esto, no le quedará a vuestra excelsitud más que hacer para ser monarca del mundo.

Después que Dios Nuestro Señor fue servido que esta gran ciudad de Temixtitan se ganase, me pareció por el presente no ser bien residir en ella, por muchos inconvenientes que había, y me pasé con toda la gente a un pueblo que se dice Cuyoacán, que está en la costa de esta laguna, de que ya tengo hecha mención. Porque, como siempre deseé que esta ciudad se reedificase, por la grandeza y maravilloso asiento de ella, trabajé de recoger todos los naturales, que por muchas artes estaban ausentados desde la guerra; y aunque siempre he tenido y tengo al señor de ella preso, hice a un capitán general que en la guerra tenía y yo conocía del tiempo de Mutezuma, que tomase cargo de tornarla a poblar; y para que más autoridad su persona tuviese, le torné a dar el mismo cargo que en tiempo del señor tenía, que es Ciguacoatl, que quiere tanto decir como lugarteniente del señor. A otras personas principales, que yo también asimismo de antes conocía, les encargué otros cargos de gobernación de esta ciudad, que entre ellos se solían hacer; y a este Ciguacoatl y a los demás les di señorío de tierras y gente en que se mantuviesen, aunque no tanto como ellos tenían ni que pudiesen ofender con ellos en algún tiempo. Y he trabajado siempre de honrarlos y favorecerlos, y ellos lo han trabajado y hecho también, de manera que hay hoy en la ciudad poblados hasta treinta mil vecinos y se tiene en ella la orden que solía en sus mercados y contrataciones.

Y les he dado libertades y exenciones, de suerte que de cada día se puebla en mucha cantidad, porque vienen muy a su placer; que los oficiales de artes mecánicas, que hay muchos, viven por sus jornales entre los españoles, así como carpinteros, albañiles, canteros, plateros y otros oficios; y los mercaderes tienen muy seguramente sus mercaderías y las venden; y las otras gentes viven de ellos de pescadores, que es gran trato en esta ciudad, y otros de agricultura, porque hay ya muchos de ellos que tienen sus huertas y siembran en ellas toda la hortaliza de España de que acá se ha podido haber simiente. Y certifico a vuestra cesárea majestad que, si plantas y semillas de las de España tuviesen y vuestra alteza fuese servido de mandarnos proveer de ellas, como en la otra relación lo envié a suplicar, según los naturales de estas partes son amigos de cultivar las tierras y de traer arboledas, en poco espacio de tiempo hubiese acá mucha abundancia, de que no poco servicio pienso yo que redundaría a la imperial corona de vuestra alteza; porque sería causa de perpetuarse estas partes y de tener en ellas vuestra sacra majestad más rentas y mayor señorío que en lo que ahora, en el nombre de Dios Nuestro Señor, vuestra alteza posee. Para esto puede vuestra alteza ser cierto que en mí no habrá falta y que lo trabajaré por mi parte cuanto las fuerzas y poder me bastaren.

Puse luego por obra, como esta ciudad se ganó, de hacer en ella una fuerza en el agua, a una parte de esta ciudad, en que pudiese tener los bergantines seguros y, desde ella, ofender a toda la ciudad si en algo se pudiese, y estuviese en mi mano la salida y entrada cada vez que yo quisiese; e hízose. Está hecha tal, que aunque yo he visto algunas casas de atarazanas y fuerzas, no la he visto que la iguale; y muchos que han visto otras más afirman lo que yo. Y la manera que tiene esta casa es que, a la parte de la laguna, tiene dos torres muy fuertes con sus troneras en las partes necesarias; y la una de estas torres sale fuera del lienzo hacia la una parte, con troneras que barren todo el lienzo, y la otra a la otra parte de la misma manera. Y desde estas dos torres va un cuerpo de casa de tres naves donde están los bergantines, y tienen la puerta para salir y entrar entre estas dos torres hacia el agua; y todo este cuerpo tiene asimismo sus troneras. Y al cabo de este dicho cuerpo, hacia la ciudad, está otra muy gran torre y de muchos aposentos bajos y altos, con sus defensas y ofensas para la ciudad. Y porque la enviaré figurada a vuestra sacra majestad, como mejor se entienda, no diré más particularidades de ella, sino que es tal, que con tenerla es en nuestra mano la paz y la guerra cuando la quisiéremos, teniendo en ella los navíos y artillería que ahora hay.

Hecha esta casa, porque me pareció que ya tenía seguridad para cumplir lo que deseaba —que era poblar dentro de esta ciudad—, me pasé a ella con toda la gente de mi compañía y se repartieron los solares por los vecinos; y a cada uno de los que fueron conquistadores, en nombre de vuestra real alteza, yo di un solar por lo que en ella había trabajado, demás del que se les ha de dar como a vecinos, que han de servir, según orden de estas partes. Y se han dado tanta prisa en hacer las casas de los vecinos, que hay mucha cantidad de ellas hechas y otras que llevan ya buenos principios; y porque hay mucho aparejo de piedra, cal, madera y mucho ladrillo, que los naturales labran, hacen todos tan buenas y grandes casas, que puede creer vuestra sacra majestad que, de hoy en cinco años, será la más noble y populosa ciudad que haya en lo poblado del mundo y de mejores edificios.

Es la población donde los españoles poblamos, distinta de la de los naturales, porque nos parte un brazo de agua; aunque en todas las calles que por ella atraviesan hay puentes de madera por donde se contrata de la una parte a la otra. Hay dos grandes mercados de los naturales de la tierra: el uno en la parte que ellos habitan y el otro entre los españoles. En éstos hay todas las cosas de bastimentos que en la tierra se pueden hallar, porque de toda ella lo vienen a vender; y en esto no hay falta de lo que antes solía en el tiempo de su prosperidad. Verdad es que joyas de oro ni plata, ni plumajes ni cosa rica, no hay nada como solía; aunque algunas piececillas de oro y plata salen, pero no como antes.

Por las diferencias que Diego Velázquez ha querido tener conmigo y por la mala voluntad que, a su causa y por su intercesión, don Juan de Fonseca, obispo de Burgos, me ha tenido, y por él y por su mandado los oficiales de la Casa de la Contratación de la ciudad de Sevilla, en especial Juan López de Recalde, contador de ella, de quien todo en el tiempo del obispo solía pender, no he sido provisto de artillería ni armas como tenía necesidad, aunque yo muchas veces he enviado dineros para ello. Y porque no hay cosa que más los ingenios de los hombres avive que la necesidad, y como yo ésta tuviese tan extrema y sin esperanza de remedio, pues aquéllos no daban lugar que vuestra sacra majestad la supiese, trabajé de buscar orden para que por ella no se perdiese lo que con tanto trabajo y peligro se había ganado, y de donde tanto deservicio a Dios Nuestro Señor y a vuestra cesárea majestad pudiera venir, y peligro a todos los que acá estábamos.

Y por algunas provincias de las de estas partes me di mucha prisa a buscar cobre, y di para ello mucho rescate, para que más aína se hallase; y como me trajeron cantidad, puse por obra —con un maestro que por dicha aquí se halló— de hacer alguna artillería, e hice dos tiros de medias culebrinas, y salieron tan buenas que de su medida no pueden ser mejores. Y porque, aunque tenía cobre, faltaba estaño —porque no se pueden hacer sin ello— y para aquellos tiros los había habido con mucha dificultad y me habían costado mucho, de algunos que tenían platos y otras vasijas de ello, y aun caro ni barato no lo hallaba, comencé a inquirir por todas partes si en alguna lo había. Y quiso Nuestro Señor —que tiene cuidado, y siempre lo ha tenido, de proveer en la mayor prisa— que topé entre los naturales de una provincia que se dice Tachco ciertas piezezuelas de ello, a manera de moneda muy delgada; y procediendo de mi pesquisa, hallé que en la dicha provincia, y aun en otras, se trataba por moneda; y, llegándolo más al cabo, supe que se sacaba en la misma provincia de Tachco, que está veintiséis leguas de esta ciudad. Y luego supe las minas y envié herramientas y españoles, y trajéronme muestras de ello; y de allí adelante di orden cómo sacasen todo lo que fue menester y se sacará lo que más hubiere necesidad, aunque con harto trabajo. Y aun, andando en busca de estos metales, se topó vena de hierro en mucha cantidad, según me informaron los que dicen que lo conocen.

Topado este estaño, he hecho y hago cada día algunas piezas; y las que hasta ahora están hechas son cinco piezas: las dos medias culebrinas y las dos poco menos en medidas, y un cañón serpentino; y dos sacres que yo traje cuando vine a estas partes, y otra media culebrina que compré de los bienes del adelantado Juan Ponce de León. De los navíos que han venido, tendré por todas —de metal, piezas chicas y grandes, de falconete arriba— treinta y cinco piezas; y de hierro, entre lombardas y pasavolantes, versos y otras maneras de tiros de hierro colado, hasta setenta piezas. Así que ya, loado Nuestro Señor, nos podemos defender.

Y para la munición no menos proveyó Dios: hallamos tanto salitre y tan bueno, que podríamos proveer para otras necesidades, teniendo aparejo de calderas en que cocerlo; aunque se gasta acá harto en las muchas entradas que se hacen. Y para el azufre, ya a vuestra majestad he hecho mención de una sierra que está en esta provincia, que sale mucho humo, y de allí —entrando un español setenta u ochenta brazas, atado a la boca abajo— se ha sacado, con que hasta ahora nos habemos sostenido. Ya de aquí adelante no habrá necesidad de ponernos en este trabajo, porque es peligroso; y yo escribo siempre que nos provean de España, y vuestra majestad ha sido servido de que no haya ya obispo que nos lo impida.

Después de haber dejado asentada la villa de Santisteban, que en el río de Pánuco se pobló; y haber dado fin en la conquista de la provincia de Tututepeque; y de haber despachado al capitán que fue a los Impilcingos y a Colimán —que de todo, en un capítulo de los pasados, hice mención—, antes de venir a esta ciudad fui a la Villa de la Vera Cruz y a la de Medellín para visitarlas y proveer algunas cosas. Hallé que, a causa de no haber población de españoles más cerca del puerto de San Juan de Chalchiquecan que la Villa de la Vera

Cruz, iban los navíos a descargar en ella y, por no ser aquel puerto tan seguro como conviene —según los nortes en aquella costa reinan—, se perdían muchos. Y fui al dicho puerto de San Juan a buscar cerca algún asiento para poblar. Aunque al tiempo que yo allí salté se buscó con harta diligencia, por ser todo sierra de arena, que se muda cada rato, no se halló; y de esta vez estuve allí algunos días buscándolo, y quiso Nuestro Señor que, dos leguas del dicho puerto, se halló muy buen asiento con todas las cualidades que para asentar pueblo se requieren: porque tiene mucha leña, agua y pastos, salvo que madera ni piedra ni cosa para edificar no la hay sino muy lejos. Y se halló un estero junto al dicho asiento, por el cual yo hice salir con una canoa, para ver si salía a la mar o por él podrían entrar barcas hasta el pueblo; y se halló que iba a dar a un río que sale a la mar, y en la boca del río se halló una braza de agua y más; por manera que, limpiándose aquel estero —que está ocupado de mucha madera de árboles—, podrán subir las barcas hasta descargar dentro en las casas del pueblo.

Y viendo este aparejo de asiento y la necesidad que había de remedio para los navíos, hice que la villa de Medellín, que estaba veinte leguas la tierra adentro, en la provincia de Tatactetelco, se pasase allí. Y así se ha hecho: que se han pasado ya casi todos los vecinos y tienen hechas sus casas, y se da orden cómo se limpie aquel estero y se haga en aquella villa una Casa de Contratación; porque, aunque los navíos se tarden en descargar —pues han de subir dos leguas con las barcas aquel estero arriba—, estarán seguros de perderse. Y tengo por cierto que aquel pueblo ha de ser, después de esta ciudad, el mejor que hubiese en esta Nueva España; porque después acá han descargado en él algunos navíos y suben las barcas con las mercaderías hasta las casas del dicho pueblo, y aun asimismo bergantines; y en esto yo trabajaré de tenerlo tan a punto que muy sin trabajo descarguen. Y los navíos desde aquí adelante estarán seguros, porque el puerto es muy bueno. Y asimismo se da mucha prisa en hacer los caminos que de aquella villa vienen a esta ciudad, y con esto habrá mejor despacho en las mercaderías que hasta aquí, porque es mejor camino y se ataja una jornada.

En los capítulos pasados he dicho, muy poderoso Señor, a vuestra excelencia las partes adonde he enviado gente, así por la mar como por la tierra, de que creo —guiándolo Nuestro Señor— vuestra majestad ha de ser muy servida. Y como tengo continuo cuidado y siempre me ocupo en pensar todas las maneras que se puedan tener para poner en ejecución y efectuar el deseo que yo al real servicio de vuestra majestad tengo, viendo que otra cosa no me quedaba para esto sino saber el secreto de la costa que está por descubrir entre el río Pánuco y la Florida —que es lo que descubrió el adelantado Juan Ponce de León—, y de allí la costa de la dicha Florida, por la parte del Norte, hasta llegar a los Bacallaos; porque se tiene cierto que en aquella costa hay estrecho que pasa a la mar del Sur, y se hallase, según cierta figura que yo tengo del paraje adonde está aquel archipiélago que descubrió Magallanes por mandado de vuestra alteza, parece que saldría muy cerca de allí. Y siendo Dios Nuestro Señor servido que por allí se topase el dicho estrecho, sería la navegación desde la Especiería para esos reinos de vuestra majestad muy buena y muy breve, y tanto, que sería las dos tercias partes menos que por donde ahora se navega; y sin ningún riesgo ni peligro de los navíos que fuesen y viniesen, porque irían siempre y vendrían por reinos y señoríos de vuestra majestad, que, cada vez que alguna necesidad tuviesen, se podrían reparar, sin ningún peligro, en cualquiera parte que quisiesen tomar puerto, como en tierra de vuestra alteza.

Y POR REPRESENTÁRSEME el gran servicio que de aquí a vuestra majestad resulta, aunque yo estoy harto gastado y empeñado por lo mucho que debo y he gastado en todas las otras armadas que he hecho —así por la tierra como por la mar— y en sostener los pertrechos y artillería que tengo en esta ciudad y envío a todas partes, y otros muchos gastos y costas que de cada día se me ofrecen —porque todo se ha hecho y hace a mi costa, y todas las cosas de que nos hemos de proveer son tan caras y de tan excesivos precios, que, aunque la tierra es rica, no basta el interés que yo de ella puedo haber a las grandes costas y expensas que tengo—; pero, con todo, habiendo respeto a lo que en este capítulo digo y posponiendo toda la necesidad que se me pueda ofrecer —aunque certifico a vuestra majestad que para ello tomo los dineros prestados—, he determinado de enviar tres carabelas y dos bergantines en esta demanda, aunque pienso que me costará más de diez mil pesos de oro, y juntar este servicio con los demás que he hecho; porque le tengo por el mayor si, como digo, se halla el estrecho. Y, ya que no se halle, no es posible que no se descubran muy grandes y ricas tierras donde vuestra cesárea majestad mucho se sirva y los reinos y señoríos de su real corona se ensanchen en mucha cantidad. Y síguese de esto más utilidad, ya que el dicho estrecho no se hallase: que tendrá vuestra alteza sabido que no lo hay, y dar se ha orden cómo por otra parte vuestra cesárea majestad se sirva de aquellas tierras de la Especiería y de todas las otras que con ellas confinan. Y ésta yo me ofrezco a vuestra alteza que, siendo servido de mandármela dar, ya que falte el estrecho, la daré con que vuestra majestad mucho se sirva y a menos costa. Plega Nuestro Señor que la armada consiga el fin para que se hace, que es descubrir aquel estrecho, porque sería lo mejor; lo cual tengo muy creído, porque en la real ventura de vuestra majestad ninguna cosa se puede encubrir, y a mí no me faltará diligencia, buen recaudo y voluntad para trabajarlo.

Asimismo pienso enviar los navíos que tengo hechos en la mar del Sur, que —queriendo Nuestro Señor— navegarán en fin del mes de julio de este año de 524, por la misma costa abajo, en demanda del dicho estrecho; porque, si lo hay, no se puede esconder a éstos por la mar del Sur y a los otros por la mar del Norte. Porque éstos del Sur llevarán la costa hasta hallar el dicho estrecho o juntar la tierra con la que descubrió Magallanes, y los otros del Norte, como he dicho, hasta juntarla con los Bacallaos. Así, por una parte y por otra no se deje de saber el secreto. Certifico a vuestra majestad que, según tengo información de tierras a la costa de la mar del Sur arriba, enviando por ella estos navíos yo hubiera muy grandes intereses, y aun vuestra majestad se sirviera; mas como yo sea informado del deseo que vuestra majestad tiene de saber el secreto de este estrecho y el gran servicio que en descubrirle su real corona recibiría, dejo atrás todos los otros provechos e intereses que por acá me estaban muy notorios, por seguir este otro camino. Nuestro Señor lo guíe como sea más servido y vuestra majestad cumpla su deseo, y yo asimismo cumpla mi deseo de servir.

Los oficiales que vuestra majestad mandó venir para entender en sus reales rentas y hacienda son llegados y han comenzado a tomar las cuentas a los que antes tenían este cargo, que yo, en nombre de vuestra alteza, para ello había señalado; y porque los dichos oficiales harán relación a vuestra majestad del recaudo que en todo hasta aquí ha habido, no me detendré en dar de ello particular cuenta a vuestra majestad, más de remitirme a la que ellos enviarán; que creo será tal, que por ella vuestra alteza conozca la solicitud y vigilancia que yo siempre he tenido. Y que, aunque la ocupación de las guerras, pacificación de esta tierra, haya sido tanta cuanta el suceso manifiesta, no por eso me he olvidado de tener especial cuidado de guardar y allegar todo lo que ha sido posible de lo que a vuestra majestad ha pertenecido y yo he podido aplicar.

Y porque por la carta-cuenta que los dichos oficiales a vuestra cesárea majestad envían parece, y verá vuestra alteza, que yo he gastado de sus reales rentas en las cosas que, para la pacificación de estas partes y ensanchamiento de los señoríos que en ellas vuestra cesárea majestad tiene, sesenta y dos mil y tantos pesos de oro, es bien que vuestra alteza sepa que no se pudo hacer otra cosa. Porque cuando yo comencé a gastar de ello fue después de no haberme a mí quedado qué gastar y aun de estar empeñado en más de treinta mil pesos de oro, que tomé prestados de algunas personas; y como no se pudiese hacer otra cosa, ni en el real servicio de vuestra alteza se pudiese cumplir lo necesario y mi deseo, fue forzado gastarlo. Y no creo que ha sido tan poco el fruto que de ello redunda y redundará, que no sea más de mil por ciento de ganancia.

Y porque los oficiales de vuestra majestad, puesto que les consta que, de haberlo yo gastado, ha sido muy servido, no lo reciben en cuenta, porque dicen que para ello no traen comisión ni poder, suplico a vuestra majestad mande que, pareciendo ello haber sido bien gastado, se me reciba y se me paguen otros cincuenta y tantos mil pesos de oro que yo he gastado de mi hacienda y que he tomado prestado de mis amigos. Porque, si esto no se me pagase, yo no podría cumplir con los que me lo han prestado y quedaría en mucha necesidad. Y no tengo yo pensamiento que vuestra católica majestad lo permita, sino que antes —demás de pagárseme— me ha de mandar hacer muchas y grandes mercedes; porque, demás de ser vuestra alteza tan católico y cristianísimo príncipe, mis servicios por su parte no lo desmerecen, y el fruto que han hecho da de ello testimonio.

De los dichos oficiales y de otras personas que en su compaña vinieron, y por algunas cartas que de esos reinos me han escrito, he sabido que las cosas que yo a vuestra cesárea majestad envié con Antonio de Quiñones y Alonso de Ávila —que fueron por procuradores de esta Nueva España— no llegaron ante su real presencia, porque fueron tomados de los franceses, a causa del mal recaudo que los de la Casa de la Contratación de Sevilla enviaron para que los acompañase desde la isla de los Azores. Y aunque, por ser todas las cosas que iban tan ricas y extrañas, deseaba yo mucho que vuestra majestad las viera —porque, demás del servicio que con ellas vuestra alteza recibía, mis servicios fueran más manifiestos—, me ha pesado mucho; mas también he holgado que las llevasen, porque a vuestra majestad harán poca falta, y yo trabajaré de enviar otras muy más ricas y extrañas, según tengo nuevas de algunas provincias que ahora he enviado a conquistar, y de otras que enviaré muy presto, teniendo gente para ello.

Y los franceses y los otros príncipes a quien aquellas cosas fueren notorias conocerán por ellas la razón que tienen de sujetarse a la imperial corona de vuestra cesárea majestad; pues, demás de los muchos y grandes reinos y señoríos que en esas partes vuestra alteza tiene, de éstas tan diversas y apartadas, yo —el mejor de sus vasallos— tantos y tales servicios le puedo hacer.

Y para principio de mi ofrecimiento, envío ahora con Diego de Soto, criado mío, ciertas cosillas que entonces quedaron por desecho y por no dignas de acompañar a las otras, y algunas que después acá yo he hecho, que, aunque —como digo— quedaron por desechadas, tienen algún parecer. Con ellas envío asimismo una culebrina de plata, que entró en la fundición de ella veinticuatro quintales y dos arrobas, aunque creo entró en la fundición algo de oro, porque se hizo dos veces; y aunque me fue asaz costosa, porque, demás de lo que me costó el metal —que fueron veinticuatro mil quinientos pesos de oro, a razón de a cinco pesos de oro el marco—, con las otras cosas de fundidores y grabadores y de llevarlos hasta el puerto, me costó más de otros tres mil pesos de oro; pero, por ser una cosa tan rica y tan de ver y digna de ir ante tan alto y excelentísimo Príncipe, me puse a trabajarlo y gastarlo. Suplico a vuestra cesárea majestad reciba mi pequeño servicio, teniéndole en tanto cuanto la grandeza de mi voluntad para hacerle mayor, si pudiera merecer; porque, aunque estaba adeudado —como a vuestra alteza arriba digo—, me quise adeudar en más, deseando que vuestra majestad conozca el deseo que de servir tengo, porque he sido tan mal dichoso, que hasta ahora he tenido tantas contradicciones ante vuestra alteza, que no han dado lugar a que este mi deseo se manifestase.

Asimismo envío a vuestra sacra majestad sesenta mil pesos de oro de lo que ha pertenecido a sus reales rentas, como vuestra alteza verá por la cuenta que de ello los oficiales y yo enviamos; y hemos tenido atrevimiento a enviar tanta suma junta, así por la necesidad que acá se nos representa que vuestra majestad debe tener con las guerras y otras cosas, como porque vuestra majestad no tenga en mucho la pérdida de lo pasado. Y después de esto se enviará cada vez que yo pudiere; y crea vuestra sacra majestad que, según las cosas van enhiladas y por estas partes se ensanchan los reinos y señoríos de vuestra alteza, tendrá en ellas más seguras rentas y sin costa que en ninguno de todos sus reinos y señoríos, si no se nos ofrecen algunos embarazos de los que hasta ahora aquí se nos han ofrecido. Digo esto porque habrá dos días que Gonzalo de Salazar, factor de vuestra alteza, llegó al puerto de San Juan de esta Nueva España, del cual he sabido que en la isla de Cuba, por donde pasó, le dijeron que Diego Velázquez, teniente de almirante de ella, había tenido formas con el capitán Cristóbal de Olid —que yo envié a poblar las Hibueras en nombre de vuestra majestad— y que se habían concertado que se alzaría con la tierra por el dicho Diego Velázquez; aunque, por ser el caso tan feo y tan en deservicio de vuestra majestad, yo no lo puedo creer; aunque, por otra parte, lo creo, conociendo las mañas que el dicho Diego Velázquez siempre ha querido tener para dañarme y estorbar que no sirva. Porque, cuando otra cosa no puede hacer, trabaja que no pase gente en estas partes; y como manda aquella isla, prende a los que van de acá por allí pasan y les hace muchas opresiones, y tómales mucho de lo que llevan, y después hace probanzas con ellos porque los dé libres; y por verse libres de él, hacen y dicen todo lo que quiere. Yo me informaré de la verdad, y, si hallo ser así, pienso enviar por el dicho Diego Velázquez y prenderle y, preso, enviarle a vuestra majestad; porque, cortando la raíz de todos males —que es este hombre—, todas las otras ramas se secarán, y yo podré más libremente efectuar mis servicios comenzados y los que pienso comenzar.

Todas las veces que a vuestra sacra majestad he escrito, he dicho a vuestra alteza el aparejo que hay en algunos de los naturales de estas partes para convertirse a nuestra santa fe católica y ser cristianos; y he enviado a suplicar a vuestra cesárea majestad, para ello, mandase proveer de personas religiosas de buena vida y ejemplo. Y porque hasta ahora han venido muy pocos o casi ningunos, y es cierto que harían grandísimo fruto, lo torno a traer a la memoria a vuestra alteza y le suplico lo mande proveer con toda brevedad; porque de ello Dios Nuestro Señor será muy servido y se cumplirá el deseo que vuestra alteza en este caso, como católico, tiene.

Y porque con los dichos procuradores Antonio de Quiñones y Alonso Dávila, los concejos de las villas de esta Nueva España y yo enviamos a suplicar a vuestra majestad mandase proveer de obispos u otros prelados para la administración de los oficios y culto divino, y entonces, pareciéndonos que así convenía; ahora, mirándolo bien, hame parecido que vuestra sacra majestad los debe mandar proveer de otra manera, para que los naturales de estas partes más aína se conviertan y puedan ser instruidos en las cosas de nuestra santa fe católica. La manera que a mí, en este caso, me parece que se debe tener es que vuestra sacra majestad mande que vengan a estas partes muchas personas religiosas —como ya he dicho— y muy celosas de este fin de la conversión de estas gentes; y que éstos se hagan casas y monasterios por las provincias que acá nos pareciere que convienen, y que a éstas se les dé de los diezmos para hacer sus casas y sostener sus vidas; y lo demás que restare de ellos sea para las iglesias y ornamentos de los pueblos donde estuvieren los españoles, y para clérigos que las sirvan. Y que estos diezmos los cobren los oficiales de vuestra majestad y tengan cuenta y razón de ellos, y provean de ellos a los dichos monasterios e iglesias, que bastará para todo y aun sobra harto, de que vuestra majestad se puede servir. Y que vuestra alteza suplique a Su Santidad conceda a vuestra majestad los diezmos de estas partes para este efecto, haciéndole entender el servicio que a Dios Nuestro Señor se hace en que esta gente se convierta y que esto no se podría hacer sino por esta vía.

Porque, habiendo obispos y otros prelados, no dejarían de seguir la costumbre que, por nuestros pecados, hoy tienen en disponer de los bienes de la Iglesia, que es gastarlos en pompas y en otros vicios, en dejar mayorazgos a sus hijos o parientes; y aun sería otro mayor mal que, como los naturales de estas partes tenían en sus tiempos personas religiosas que entendían en sus ritos y ceremonias, y éstos eran tan recogidos, así en honestidad como en castidad, que si alguna cosa fuera de esto a alguno se le sentía, era punido con pena de muerte; y si ahora viesen las cosas de la Iglesia y servicio de Dios en poder de canónigos u otras dignidades, y supiesen que aquéllos eran ministros de Dios y los viesen usar de los vicios y profanidades que ahora en nuestros tiempos en esos reinos usan, sería menospreciar nuestra fe y tenerla por cosa de burla; y sería tan gran daño, que no creo aprovecharía ninguna otra predicación que se les hiciese.

Y pues que tanto en esto va, y la principal intención de vuestra majestad es y debe ser que estas gentes se conviertan, y los que acá en su real nombre residimos la debemos seguir, y como cristianos tener de ellos especial cuidado, he querido en esto avisar a vuestra cesárea majestad y decir en ello mi parecer; el cual suplico a vuestra alteza reciba como de persona súbdita y vasallo suyo, que así como con las fuerzas corporales trabajo y trabajaré que los reinos y señoríos de vuestra majestad por estas partes se ensanchen, y su real fama y gran poder entre estas gentes se publique, así deseo y trabajaré con el ánima para que vuestra alteza en ellas mande sembrar nuestra santa fe; porque por ello merezco la bienaventuranza de la vida perpetua. Y porque para hacer órdenes y bendecir iglesias, ornamentos, óleo, crisma y otras cosas, no habiendo obispos, sería dificultoso ir a buscar el remedio de ellas a otras partes, asimismo vuestra majestad debe suplicar a Su Santidad que conceda su poder y sean sus subdelegados en estas partes las dos personas principales de religiosos que a estas partes vinieren: uno de la Orden de San Francisco y otro de la Orden de Santo Domingo; los cuales tengan los más largos poderes que vuestra majestad pudiere; porque, por ser estas tierras tan apartadas de la Iglesia romana, y los cristianos que en ellas residimos y residieren tan lejos de los remedios de nuestras conciencias, y como humanos, tan sujetos a pecado, hay necesidad que en esto Su Santidad con nosotros se extienda en dar a estas personas muy largos poderes;

y los tales poderes sucedan en las personas que siempre residan en estas partes, que sea en el general que fuere en estas tierras o en el provincial de cada una de estas órdenes.

Los diezmos de estas partes se han arrendado de algunas villas, y de las otras andan en pregón, y arréndanse desde el año de 23 a esta parte; porque de los demás no me pareció que se debía hacer, porque ellos en sí fueron pocos, y porque en aquel tiempo los que algunas crianzas tenían, como eran en tiempo de guerras, gastaban más en sostenerlo que el provecho que de ello habían. Si otra cosa vuestra majestad enviare a mandar, hácese ha lo que más fuere su servicio.

Los diezmos de esta ciudad del dicho año de 23 y de este de 24 se remataron en cinco mil quinientos cincuenta pesos de oro; y los de las villas de Medellín y la Vera Cruz andan en precio de mil pesos de oro: por los dichos años no están rematados, creo subirán más. Los de las otras villas no he sabido si están puestos en precio, porque, como están lejos, no he habido respuesta. De estos dineros se gastarán para hacer las iglesias y pagar los curas y sacristanes, y ornamentos y otros gastos que fueren menester para las dichas iglesias; y de todo tendrá cuenta el contador y tesorero de vuestra majestad, porque todo se entregará al dicho tesorero, y lo que se gastare será por libramiento del contador y mío.

ASIMISMO, MUY católico Señor, he sido informado, de los navíos que ahora han venido de las islas, que los jueces y oficiales de vuestra majestad que en la isla Española residen han provisto y mandado a pregonar en la dicha isla y en todas las otras, que no saquen yeguas ni otras cosas que pueden multiplicar para esta Nueva España, so pena de muerte. Y lo han hecho a fin de que siempre tengamos necesidad de comprarles sus ganados y bestias, y ellos nos lo vendan por excesivos precios. Y no lo debieran hacer así, por estar notorio el mucho deservicio que a vuestra majestad se hace en excusar que esta tierra se pueble y se pacifique; pues saben cuánta necesidad hay en esto que ellos defienden, para sostener lo ganado y ganar lo que más hay; como por las buenas obras y mucho noble cimiento que aquellas islas de esta Nueva España han recibido, y porque en la verdad ellos allá tienen poca necesidad de lo que defienden. Suplico a vuestra majestad lo mande proveer, enviando a aquellas islas su provisión real para que todas las personas que lo quisieren sacar lo puedan hacer sin pena alguna; y a ellos, que no lo defiendan; porque, demás de no hacerles a ellos falta, vuestra majestad sería de ello muy deservido, porque no podríamos acá hacer nada en conquistar cosa de nuevo, ni aun sostener lo conquistado.

Y yo me hubiera pagado bien de esto, de manera que ellos holgaran de reponer sus mandamientos y pregones; porque, con dar yo otro para que ninguna cosa que de aquellas islas se trajese se descargase en esta tierra, si no fuesen las que ellos defienden, ellos holgarían de dejar traer lo uno, porque se les recibiese lo otro, pues no tienen otro remedio para tener algo sino la contratación de esta tierra. Que, antes que la tuviesen, no había entre todos los vecinos de las islas mil pesos de oro, y ahora tienen más que en algún tiempo tuvieron. Mas, por no dar lugar a que los que han querido mal decir puedan extender sus lenguas, lo he disimulado, hasta manifestarlo a vuestra majestad, para que vuestra alteza lo mande proveer como convenga a su real servicio.

También he hecho saber a vuestra cesárea majestad la necesidad que hay de que a esta tierra se traigan plantas de todas suertes, por el aparejo que en esta tierra hay de todo género de agricultura; y porque hasta ahora ninguna cosa se ha provisto, torno a suplicar a vuestra majestad —porque de ello será muy servido— mande enviar su provisión a la Casa de la Contratación de Sevilla para que cada navío traiga cierta cantidad de plantas y que no pueda salir sin ellas; porque será mucha causa para la población y perpetuación de ella.

Como a mí me convenga buscar toda la buena orden que sea posible para que estas tierras se pueblen, y los españoles pobladores y los naturales de ellas se conserven y perpetúen, y nuestra santa fe en todo se arraigue —pues vuestra majestad me hizo merced de darme cuidado y Dios Nuestro Señor fue servido de hacerme medio por donde viniese en su conocimiento y debajo del imperial yugo de vuestra alteza—, hice ciertas ordenanzas y las mandé pregonar; y, porque de ellas envío copia a vuestra majestad, no tendré que decir sino que, a todo lo que acá yo he podido sentir, es cosa muy conveniente que las dichas ordenanzas se cumplan.

De algunas de ellas los españoles que en estas partes residen no están muy satisfechos, en especial de aquellas que los obligan a arraigarse en la tierra; porque todos, o los más, tienen pensamientos de haberse con estas tierras como se han habido con las islas que antes se poblaron: que es esquilmarlas y destruirlas y después dejarlas. Y porque me parece que sería muy gran culpa —a los que de lo pasado tenemos experiencia— no remediar lo presente y por venir, proveyendo en aquellas cosas por donde nos es notorio haberse perdido las dichas islas; mayormente siendo esta tierra, como ya muchas veces a vuestra majestad he escrito, de tanta grandeza y nobleza, y donde tanto Dios Nuestro Señor puede ser servido y las reales rentas de vuestra majestad acrecentadas; suplico a vuestra majestad las mande mirar, y de aquello que más vuestra alteza fuere servido me envíe a mandar la orden que debo tener, así en el cumplimiento de estas dichas ordenanzas como en las que más vuestra majestad fuere servido que se guarden y cumplan. Y siempre tendré cuidado de añadir lo que más me pareciere que conviene; porque, como, por la grandeza y diversidad de las tierras que cada día se descubren, y por muchos secretos que cada día de lo descubierto conocemos, hay necesidad que a nuevos acontecimientos haya nuevos pareceres y consejos; y si en algunos de los que he dicho, o de aquí adelante dijere a vuestra majestad, le pareciere que contradigo algunos de los pasados, crea vuestra excelencia que nuevo caso me hace dar nuevo parecer.

Invictísimo César, Dios Nuestro Señor la imperial persona de vuestra majestad guarde, y con acrecentamiento de muy mayores reinos y señoríos, por muy largos tiempos en su santo servicio prospere y conserve, con todo lo demás que por vuestra alteza se desea. De la gran ciudad de Temixtitan de esta Nueva España, 15 días del mes de octubre de 1524 años. De vuestra sacra majestad muy humilde siervo y vasallo, que los reales pies y manos de vuestra majestad besa. —Hernando Cortés.

QUINTA CARTA DE RELACIÓN (3 DE SEPTIEMBRE DE 1526 AÑOS): INFORME DEL VIAJE DEL CONQUISTADOR EN HONDURAS

(Última carta conocida, escrita desde la Ciudad de México, en la que Cortés intenta rehabilitar su imagen y rendir cuentas de su gobierno tras su regreso de Honduras. Informa sobre la llegada de nuevos funcionarios, el juicio de residencia que se le impone, y las epidemias que azotan a los españoles. Defiende sus servicios, rechaza las acusaciones de enriquecimiento personal y propone nuevos planes de exploración hacia el Mar del Sur y la Especiería. Con tono más personal y político, busca reconquistar el favor imperial y obtener mercedes por sus méritos).

Sacra, católica, cesárea majestad: En 23 días del mes de octubre del año pasado de 1525 despaché un navío para la isla Española desde la villa de Trujillo, del puerto y cabo de Honduras; y con un criado mío que en él envié, que había de pasar en esos reinos, escribí a vuestra majestad algunas cosas de las que en aquel que llaman golfo de Hibueras habían pasado, así entre los capitanes que yo envié y el capitán Gil González, como después que yo vine. Y porque al tiempo que despaché el dicho navío y mensajero no pude dar a vuestra majestad cuenta de mi camino y cosas que en él me acaecieron después que partí de esta gran ciudad de Tenuxtitan, hasta topar con las gentes de aquellas partes —y son cosas que es bien que vuestra alteza las sepa, al menos por no perder yo el estilo que tengo, que es no dejar cosa que a vuestra majestad no manifieste—, las relataré en suma lo mejor que yo pudiere; porque decirlas como pasaron ni yo las sabría significar, ni por lo que yo dijese allá se podrían comprender; pero diré las cosas notables y más principales que en el dicho camino me acaecieron, aunque hartas quedarán por accesorias, que cada una de ellas podría ser materia de larga escritura.

Dada orden para en lo de Cristóbal de Olid —como escribí a vuestra majestad—, porque me pareció que ya había mucho tiempo que mi persona estaba ociosa y no hacía cosa nuevamente de que vuestra majestad se sirviese, a causa de la lesión de mi brazo, aunque no más libre de ella, me pareció que debía de entender en algo. Y salí de esta gran ciudad de Tenuxtitan a 12 días del mes de octubre del año 1524, con alguna gente de caballo y de pie, que no fueron más de los de mi casa y algunos deudos y amigos míos; y con ellos Gonzalo de Salazar y Peralmíndez Chirinos, factor y veedor de vuestra majestad. Llevé asimismo conmigo todas las personas principales de los naturales de la tierra; y dejé cargo de la justicia y gobernación al tesorero y contador de vuestra alteza y al licenciado Alonso de Zuazo; y dejé en esta ciudad todo recaudo de artillería y munición, y gente que era necesaria, y las atarazanas asimismo bastecidas de artillería, y los bergantines en ellas muy a punto, un alcaide y toda buena manera para la defensa de esta ciudad, y aun para ofender a quien quisiesen.

Con este propósito y determinación salí de esta ciudad de Tenuxtitan; y, llegado a la villa del Espíritu Santo, que es en la provincia de Cozacoalco, ciento y diez leguas de esta ciudad, en tanto que yo daba orden en las cosas de aquella villa, envié a las provincias de Tabasco y Xicalango a hacer saber a los señores de ellas mi ida a aquellas partes, mandándoles que viniesen a hablarme o enviasen personas a quien yo dijese lo que habían de hacer, que a ellos se lo supiesen bien decir. Y así lo hicieron: que los mensajeros que yo envié fueron de ellos bien recibidos, y con ellos me enviaron siete u ocho personas honradas, con el crédito que ellos tienen por costumbre de enviar; y, hablando con éstos en muchas cosas de que yo quería informarme de la tierra, me dijeron que en la costa de la mar, de la otra parte de la tierra que llaman Yucatán, hacia la bahía que llaman de la Asunción, estaban ciertos españoles, y que les hacían mucho daño; porque, demás de quemarles muchos pueblos y matarles alguna gente —por donde muchos se habían despoblado y huido la gente de ellos a los montes—, recibían otro mayor daño los mercaderes y tratantes; porque, a su causa, se había perdido toda la contratación de aquella costa —que era mucha—. Y, como testigos de vista, me dieron razón de casi todos los pueblos de la costa hasta llegar donde está Pedrarias Dávila, gobernador de vuestra majestad.

Y me hicieron una figura en un paño de toda ella, por la cual me pareció que yo podía andar mucha parte de ella, en especial hasta allí donde me señalaron que estaban los españoles; y, por hallar tan buena nueva del camino para seguir mi propósito y para atraer los naturales de la tierra al conocimiento de nuestra fe y servicio de vuestra majestad —que, forzado, en tan largo camino había de pasar muchas y diversas provincias, y de gente de muchas maneras—; y por saber si aquellos españoles eran de algunos de los capitanes que yo había enviado —Diego o Cristóbal de Olid, o Pedro de Alvarado, o Francisco de las Casas—, para dar orden en lo que debiesen hacer, me pareció que convenía al servicio de vuestra majestad que yo llegase allá; y aun porque, forzado, se habían de ver y descubrir muchas tierras y provincias no sabidas, y se podrían apaciguar muchas de ellas, como después se hizo. Y, concebido en mi pecho el fruto que de mi ida se seguiría, pospuestos todos trabajos, peligros y costas que se me ofrecieron y representaron —y los que más se me podían ofrecer—, me determiné de seguir aquel camino, como antes que saliese de esta ciudad lo tenía determinado.

Antes que llegase a la dicha villa del Espíritu Santo, en dos o tres partes del camino había recibido cartas de la gran ciudad de Tenuxtitan, así de los que yo dejé mis lugartenientes como de otras personas; y también las recibieron los oficiales de vuestra majestad que en mi compañía estaban, en que me hacían saber cómo entre el tesorero y contador no había aquella conformidad que era necesaria para lo que tocaba a sus oficios y al cargo que yo —en nombre de vuestra majestad— les dejé; y había sobre ello proveído lo que me parecía que convenía, que era escribirles muy recias represiones de su yerro, y aun apercibí que, si no se conformaban y tenían de allí adelante otra manera que hasta entonces, que lo proveería como no les pluguiese, y aun que haría de ello relación a vuestra majestad.

Y, estando en esta villa del Espíritu Santo, con la determinación ya dicha, me llegaron otras cartas de ellos y de otras personas, en que me hacían saber cómo sus pasiones todavía duraban, y aun crecían; y que en cierta consulta habían puesto mano a las espadas el uno contra el otro; en que fue tan grande el escándalo y alboroto de esto, que no solo causó entre los españoles —que se armaron de la una parte y de la otra—, mas aun los naturales de la ciudad habían estado para tomar armas, diciendo que aquel alboroto era para ir contra ellos. Y, viendo que ya mis reprehensiones y amenazas no bastaban —porque, por no dejar yo mi camino, no podía ir en persona a lo remediar—, parecióme que era buen remedio enviar al factor y veedor, que estaban conmigo, con igual poder que el que ellos tenían, para que supiesen quién era el culpado y lo apaciguasen. Y aun les di otro poder secreto para que —si no bastase con ellos buena razón— les suspendiesen el cargo que yo les había dejado de la gobernación y lo tomasen ellos en sí, juntamente con el licenciado Alonso de Zuazo, y que castigasen a los culpados. Y, con haber proveído esto, se partieron el dicho factor y veedor; y tuve por cierto que su ida haría mucho fruto y sería total remedio para apaciguar aquellas pasiones; y, con este crédito, ya fui harto descansado.

Partido este despacho para esta ciudad de Tenuxtitan, hice alarde de la gente que me quedaba para seguir mi camino, y hallé noventa y tres de caballo —que entre todos había ciento y cincuenta caballos— y treinta y tantos peones. Tomé un carabelón que a la sazón estaba surto en el puerto de la dicha villa, que me habían enviado desde la villa de Medellín con bastimentos, y torné a meter en él los que había traído, y unos cuatro tiros de artillería que yo traía, y escopetas y otra munición; y mandéle que se fuese al río de Tabasco y que allí esperase lo que yo le enviase a mandar. Y escribí a la villa de Medellín, a un criado mío que en ella reside, que luego me enviase otros dos carabelones que allí estaban y una barca grande, y los cargase de bastimentos; y escribí a Rodrigo de Paz, a quien yo dejé mi casa y hacienda en esta ciudad, que luego trabajase de enviar cinco o seis mil pesos de oro para comprar aquellos bastimentos que me habían de enviar; y aun escribí al tesorero rogándole que él me los prestase, porque yo no había dejado dineros. Y así se hizo, que luego vinieron los carabelones cargados, como yo lo mandé, hasta el dicho río de Tabasco; aunque me aprovecharon poco, porque mi camino fue metido la tierra adentro, y para llegar a la mar por los bastimentos y cosas que traía era muy dificultoso, porque había en medio muy grandes ciénagas.

Proveído esto que por la mar había de llevar, yo comencé mi camino por la costa de ella hasta una provincia que se dice Cupilcón, que está de aquella villa del Espíritu Santo hasta treinta y cinco leguas; y, hasta llegar a esta provincia, demás de muchas ciénagas y ríos pequeños —que en todos hubo puentes—, se pasaron tres muy grandes: que fue el uno en un pueblo que se dice Tumalán, que está nueve leguas de la villa del Espíritu Santo; y el otro es Agualulco, que está otras nueve adelante; y éstos se pasaron en canoas, y los caballos a nado, llevándolos del diestro en las canoas. Y el postrero, por ser muy ancho —que no bastaban fuerzas de los caballos para los pasar a nado—, hubo necesidad de buscar remedio: media legua arriba de la mar se hizo un puente de madera por donde pasaron los caballos y gente, que tenía novecientos y treinta y cuatro pasos. Fue una cosa bien maravillosa de ver.

Esta provincia de Cupilcón es abundosa de esta fruta que llaman cacao y de otros mantenimientos de la tierra, y mucha pesquería. Hay en ella diez o doce pueblos buenos —digo, cabeceras— sin las aldeas; es tierra muy baja y de muchas ciénagas, tanto que en tiempo de invierno no se puede andar ni se sirven sino en canoas. Y con pasarla yo en tiempo de seca, desde la entrada hasta la salida de ella —que puede haber veinte leguas— se hicieron más de cincuenta puentes, que, sin se hacer, fuera imposible pasar la gente; que estaba algo pacífica, aunque temerosa por la poca conversación que habían tenido con españoles. Quedaron con mi venida más seguros y sirvieron de buena voluntad, así a mí y a los que conmigo iban como a los españoles a quien quedaron depositados.

De esta provincia de Cupilcón, según la figura que los de Tabasco y Xacalango me dieron, había de ir a otra que se llama Zagoatán; y, como ellos no se sirven sino por agua, no sabían el camino que yo debía de llevar por tierra, aunque me señalaban en el derecho que estaba la dicha provincia. Y así fue forzoso, desde allí, enviar por aquel derecho algunos españoles e indios a descubrir el camino, y, descubierto, abrirle por donde pudiésemos pasar, porque era todo montañas muy cerradas. Y plugo a Nuestro Señor que se halló, aunque trabajoso, porque, demás de las montañas, había muchas ciénagas muy trabajosas, porque en todas o en las más se hicieron puentes. Y habíamos de pasar un muy poderoso río que se llama Guezalapa, que es uno de los brazos que entran en el de Tabasco; y proveí desde allí de enviar dos españoles a los señores de Tabasco y Cunoapá a les rogar que por aquel río arriba me enviasen quince o veinte canoas para que me trajesen bastimentos en los carabelones que allí estaban, y me ayudasen a pasar el río, y después me llevasen los bastimentos hasta la principal población de Zaguatán, que, según pareció, está este dicho río arriba del paso donde yo pasé doce leguas. Y así lo hicieron y cumplieron muy bien, como yo se lo envié a rogar.

YO ME PARTÍ del postrer pueblo de esta provincia de Cupilcón, que se llama Anaxuxuca, después de haberse hallado camino hasta el río de Guezalapa —porque habíamos de pasar—; y dormí aquella noche en unos despoblados entre unas lagunas, y otro día llegué temprano al dicho río y no hallé canoa en que pasar, porque no habían llegado las que yo envié a pedir a los señores de Tabasco. Y los descubridores que delante iban hallé que iban abriendo el camino el río arriba por la otra parte, porque, como estaban informados que el río pasaba por medio de la más principal población de la dicha provincia de Zaguatán, seguían el dicho río arriba por no errar. Uno de ellos se había ido en una canoa por el agua por llegar más aína a la dicha población; el cual llegó y halló toda la gente alborotada, y hablóles con una lengua que llevaba, y asegurólos algo, y tornó a enviar luego la canoa el río abajo con unos indios, con quien me hizo saber lo que había pasado con los naturales de aquel pueblo, y que él venía con ellos abriendo el camino por donde yo había de ir, y que se juntaría con los que de acá le iban abriendo; de que holgué mucho, así por haber apaciguado algo aquella gente como por la certenidad del camino, que la tenía algo por dudosa, o a lo menos por trabajosa. Y con aquella canoa y con balsas que hicieron de madera comencé a pasar el fardaje por aquel río, que es asaz caudaloso. Y, estando así pasando, llegaron los españoles que yo envié a Tabasco con veinte canoas cargadas de los bastimentos que había llevado el carabelón que yo envié desde Coazacoalco, y supe de ellos que los otros dos carabelones y la barca no habían llegado al dicho río, pero que quedaban en Coazacoalco y vendrían muy presto. Venían en las dichas canoas hasta doscientos indios de los naturales de aquella provincia de Tabasco y Cunoapá; y con aquellas canoas pasé el río, no sin haber peligro: más de se ahogar un esclavo negro y perderse dos cargas de herraje, que después nos hizo alguna falta.

Aquella noche dormí de la otra parte del río con toda la gente, y otro día seguí tras los que iban abriendo el camino el río arriba —que no había otra guía sino la ribera de él—, y anduve hasta seis leguas;

y dormí aquella noche en un monte, con mucha agua que llovió. Y, siendo ya noche, llegó el español que había ido al río arriba hasta el pueblo de Zagoatán, con hasta setenta indios de los naturales de él, y me dijo cómo él dejaba abierto el camino por esta parte, y que convenía para tomarle que volviese dos leguas atrás. Así lo hice, aunque mandé que los que iban abriendo por la ribera del río —que estaban ya bien tres leguas adelante de donde yo dormí— siguiesen todavía; y, a legua y media adelante de donde estaba, dieron en las estancias del pueblo; así, que quedaron dos caminos abiertos donde no había ninguno.

Yo seguí por el camino que los naturales habían abierto; y, aunque con trabajo de algunas ciénagas y de mucha agua que llovió aquel día, llegué a la dicha población, a un barrio de ella, que, aunque el menor, era asaz bueno, y habría en él más de doscientas casas. No pudimos pasar a los otros barrios, porque los partían ríos que pasaban entre ellos, que no se podían pasar sino a nado. Estaban todas despobladas; y, en llegando, desaparecieron los indios que habían venido con el español a verme, aunque les había hablado bien y dado algunas cosillas de las que yo tenía. Y, agradeciéndoles el trabajo que habían puesto en abrirme el camino, y dicho a lo que yo venía por aquellas partes —que era, por mandado de vuestra majestad, a hacerles saber que habían de adorar y creer en un solo Dios, criador y hacedor de todas las cosas, y tener en la tierra a vuestra alteza por superior y señor—, y todas las otras cosas que cerca de esto se les debían decir, esperé tres o cuatro días, creyendo que, de miedo, se habían alzado, y que vendrían a hablarme; y nunca pareció nadie. Y, por haber tenido guía de ellos —para dejarlos pacíficos y en el servicio de vuestra majestad, y para informarme de ellos del camino que había de llevar—, porque en toda aquella tierra no se hallaba camino para ninguna parte, ni aun rastro de haber andado por tierra una persona sola, porque todos se sirven por el agua a causa de los grandes ríos y ciénagas que por la tierra hay, envié dos compañías de gente de españoles, y algunos de los naturales de esta ciudad o tierra que yo conmigo llevaba, para que buscasen la gente por la provincia y me trajesen alguna para los efectos que arriba he dicho.

Y con las canoas que habían venido de Tabasco —que subieron el río arriba— y con otras que se hallaron del pueblo, anduvieron muchos de aquellos ríos y esteros —porque por tierra no se podían andar—, y nunca hallaron más de dos indios y ciertas mujeres; de los cuales trabajé de informarme dónde estaba el señor y la gente de aquella tierra, y nunca me dijeron otra cosa sino que por los montes andaban cada uno por sí, y por aquellas ciénagas y ríos. Preguntéles también por el camino para ir a la provincia de Chilapan —que, según la figura que yo traía, había de llevar aquella derrota—, y jamás lo pude saber de ellos, porque decían que ellos no andaban por la tierra, sino por los ríos y esteros en sus canoas; y que por allí ellos sabían el camino y no por otra parte. Y lo que más de ello se pudo alcanzar fue señalarme una sierra —que pareció estar hasta diez leguas de allí— y decirme que allí cerca estaba la principal población de Chilapan, y que pasaba junto con ella un muy grande río, que abajo se juntaba con aquel Zaguatán, y entraban juntos en el de Tabasco; y que el río arriba estaba otro pueblo que se llamaba Ocumba, pero que tampoco sabían camino para allí por tierra.

Estuve en este pueblo veinte días, que en todos ellos no cesé de buscar camino que fuese para alguna parte, y jamás se halló chico ni grande; antes, por cualquier parte que salíamos alrededor del pueblo, había tan grandes y espantosas ciénagas que parecía cosa imposible pasarlas. Y, puestos ya en mucha necesidad por falta de bastimentos, encomendándonos a Nuestro Señor, hicimos una puente en una ciénaga que parecía cosa imposible de pasarla; y otra de trescientos pasos, en que entraron muchas vigas de a treinta y cinco y cuarenta pies, y sobre ellas otras atravesadas; y así pasamos y seguimos en demanda de aquella tierra hacia donde nos decían que estaba el pueblo de Chilapan. Y envié por otra parte una compañía de caballo, con ciertos ballesteros, en demanda del otro pueblo de Ocumba; y éstos toparon aquel día con él, y pasaron a nado y en dos canoas que allí hallaron; y huyóles luego la gente del pueblo, que no pudieron tomar sino dos hombres y ciertas mujeres; y hallaron mucho bastimento, y salieron a mí al camino, y dormí aquella noche en el campo. Y quiso Dios que aquella tierra era algo abierta y enjuta, con hartas menos ciénagas que la pasada; y aquellos indios que se tomaron de aquel pueblo de Ocumba nos guiaron hasta Chilapan, donde llegamos otro día bien tarde, y hallamos todo el pueblo quemado y los naturales de él ausentados.

Es este pueblo de Chilapan de muy gentil asiento y harto grande. Había en él muchas arboledas de las frutas de la tierra y muchas labranzas de maizales, aunque no estaban bien granados; pero todavía fue mucho remedio de nuestra necesidad. En este pueblo estuve dos días proveyéndonos de algún bastimento y haciendo algunas entradas para buscar la gente de él, para la apaciguar, y también para informarme de ella del camino para adelante; y nunca se pudieron hallar más de los dos indios que al principio se tomaron dentro en el dicho pueblo. De éstos me informé del camino que había de llevar hasta Tepetitán —o Tamacastepeque, que se llama por otro nombre—; y así, medio a tiento y sin camino, nos guiaron hasta el dicho pueblo, al cual llegué en dos días. Pasóse en el camino un río muy grande que se llama Chilapan —de donde tomó denominación el pueblo—; pasóse con mucho trabajo, porque era muy ancho y recio y no había aparejo de canoas, y se pasó todo en balsas. Ahogóse en este río otro esclavo, y perdióse mucho fardaje de los españoles.

Después de pasado este río —que se pasó legua y media del dicho pueblo de Chilapan—, hasta llegar al de Tepetitán se pasaron muchas y grandes ciénagas, que, de seis o siete leguas que había de camino hasta él, no hubo una donde no fuesen los caballos hasta encima de las rodillas, y muchas veces hasta las orejas; en especial se pasó una muy mala, donde se hizo una puente, donde estuvo muy cerca de se ahogar dos o tres españoles. Y, con este trabajo, pasados dos días, llegamos al dicho pueblo, el cual asimismo hallamos quemado y despoblado; que fue doblarnos más trabajos. Hallamos en él alguna fruta de la de la tierra y algunos maizales verdes, algo más grandes que en el pueblo de atrás. También se hallaron en alguna de las casas quemadas silos de maíz secos, aunque fue poco; pero fue harto remedio, según traíamos extrema necesidad.

En este pueblo de Tepetitán —que está junto a la falda de una gran cordillera de sierras— estuve seis días, y se hicieron algunas entradas por la tierra, pensando hallar alguna gente para les hablar y dejar seguros en su pueblo, y aun para me informar del camino de adelante; y nunca se pudo tomar sino un hombre y ciertas mujeres. De éstos supe que el señor y naturales de aquel pueblo habían quemado sus casas por inducimiento de los naturales de Zaguatán y se habían ido a los montes. Dijo que no sabía camino para ir a Iztapán —que es otro pueblo, adonde, según mi figura, yo lo había de llevar—, porque no lo había por tierra; pero que, poco más o menos, él seguiría hacia la parte que él sabía que estaba.

Con esta guía despaché hasta treinta de caballo y otros treinta peones, y mandéles que fuesen hasta llegar al dicho pueblo y que luego me escribiesen la relación del camino, porque yo no saldría de aquel pueblo hasta ver sus cartas. Y así fueron; y, pasados dos días sin haber recibido carta suya ni saber de ellos nueva, me fue forzoso partirme —por la necesidad que allí teníamos— y seguir su rastro, sin otro guía; que era asaz notorio camino seguir el rastro que llevaban por las ciénagas, que certifico a vuestra majestad que en lo más alto de los cerros se sumían los caballos hasta las cinchas, sin ir nadie encima, sino llevándolos del diestro. Y de esta manera anduve dos días por el dicho rastro, sin haber nuevas de la gente que había ido delante, y con harta perplejidad de lo que debía hacer; porque volver atrás tenía por imposible, de lo de adelante ninguna certinidad tenía. Quiso Nuestro Señor —que en las mayores necesidades suele socorrer— que, estando aposentados en un campo, con harta tristeza de la gente, pensando allí todos perecer sin remedio, llegaron dos indios de los naturales de esta ciudad con una carta de los españoles que habían ido delante, en que me hacían saber cómo habían llegado al pueblo de Iztapán; y que, cuando a él llegaron, tenían todas las mujeres y haciendas de la otra parte de un gran río que junto con el dicho pueblo pasaba, y en el pueblo estaban muchos hombres, creyendo que no podrían pasar un gran estero que estaba afuera del pueblo. Y que, como vieron que se habían echado a nado con los caballos por el arzón, comenzaron a poner fuego al pueblo, y se habían dado tanta prisa que no les había dado lugar a que del todo lo quemasen; y que toda la gente se había echado al río y pasado en muchas canoas que tenían y a nado, y que con la prisa se habían ahogado muchos de ellos; y que habían tomado siete u ocho personas, entre los cuales había una que parecía principal, y que los tenían hasta que llegase.

Fue tanta la alegría que toda la gente tuvo con esta carta, que no lo sabría decir a vuestra majestad; porque, como arriba he dicho, estaban todos casi desesperados de remedio. Y otro día por la mañana seguí mi camino por el rastro y, guiándome los indios que habían traído la carta, llegué ya tarde al pueblo, donde hallé toda la gente que había ido delante muy alegre, porque habían hallado muchos maizales, aunque no muy grandes, y yucas y ají, que es un mantenimiento con que los naturales de las islas se mantienen, asaz bueno. Llegado, hice traer ante mí aquellas personas naturales del pueblo que allí se habían tomado; preguntéles con la lengua cuál era la causa por que así todos quemaban sus propias casas y pueblos y se iban y ausentaban de ellos, pues yo no les hacía mal ni daño alguno; antes, a los que me esperaban les daba de lo que yo tenía. Respondiéronme que el señor de Zaguatán había venido allí en una canoa y les había hecho quemar su pueblo y desampararle. Yo hice traer ante aquel principal todos los indios e indias que se habían tomado en Zaguatán y en Chilapan y en Tepetitán, y les dije que, porque viesen cómo aquel malo les había mentido, se informasen de aquellos si yo les había hecho algún daño o mal, y si en mi compañía habían sido bien tratados; los cuales se informaron y lloraban, diciendo habían sido engañados y mostrando pesarles de lo hecho. Y para más les asegurar, les di licencia a todos aquellos indios e indias que traía de aquellos pueblos atrás que se fuesen a sus casas, y les di algunas cosillas y sendas cartas, las cuales les mandé que tuviesen en sus pueblos y las mostrasen a los españoles que por allí pasasen, porque con ellas estarían seguros; y les dije que dijesen a sus señores el yerro que habían hecho en quemar sus pueblos y casas y ausentarse, y que allí adelante no lo hiciesen así, antes estuviesen seguros en ellas, porque no les era hecho mal ni daño. Y con esto, viéndolo estos otros de Iztapán, se fueron muy seguros y contentos, que fue harta parte de asegurar estos otros.

Después de haber hecho esto hablé a aquel que parecía más principal, y le dije que ya veía que no hacía yo mal a nadie y mi ida por aquellas partes no era a los enojar, antes a les hacer saber muchas cosas que les convenían a ellos, así para la seguridad de sus personas y haciendas como para la salvación de sus ánimos. Por tanto, que le rogaba mucho que él enviara dos o tres de aquellos que allí estaban con él, y que yo le daría otros tantos de los naturales de Tenochtitlan, para que fuesen a llamar al señor y le dijesen que ningún miedo hubiese y que tuviese por cierto que en su venida ganaría mucho. El cual me dijo que le placía de buena voluntad; y luego los despaché, y fueron con ellos algunos indios de México. Y otro día por la mañana vinieron los mensajeros, y con ellos el señor del pueblo, con hasta cuarenta hombres, y me dijo que él se había ausentado y mandado quemar su pueblo porque el señor de Zaguatán le había dicho que lo quemase y no me esperase, porque los mataría a todos; y que él había sabido de aquellos suyos que le habían ido a llamar que había sido engañado y que no le habían dicho la verdad, y que le pesaba de lo hecho y me rogaba le perdonase; y que de allí adelante él haría lo que yo le dijese, y rogóme que ciertas mujeres que le habían tomado los españoles al tiempo que allí habían venido se las hiciese volver; y luego se recogieron hasta veinte que había, y se las di, de que quedó muy contento.

Y ofrecióse que un español halló un indio de los que traía en su compañía, natural de estas partes de México, comiendo un pedazo de carne de un indio que mataron en aquel pueblo cuando entraron en él, y vínomelo a decir; y en presencia de aquel señor le hice quemar, dándole a entender al dicho señor la causa de aquella justicia: que era porque había muerto aquel indio y comido de él, lo cual era defendido por vuestra majestad y por mí, en su real nombre, les había sido requerido y mandado que no lo hiciesen. Y que así, por le haber muerto y comido de él, le mandaba quemar, porque yo no quería que matasen a nadie; antes iba, por mandado de vuestra majestad, a ampararlos y defenderlos, así sus personas como sus haciendas. Y hacerles saber cómo habían de tener y adorar un solo Dios, que está en los cielos, criador y hacedor de todas las cosas, por quien todas las criaturas viven y se gobiernan; y dejar todos sus ídolos y ritos que hasta allí habían tenido, porque eran mentiras y engaños que el diablo, enemigo de la naturaleza humana, les hacía para los engañar y llevarlos a condenación perpetua, donde tengan muy grandes y espantosos tormentos; y por los apartar del conocimiento de Dios, porque no se salvasen y fuesen a gozar de la gloria y bienaventuranza que Dios prometió y tiene aparejada a los que en él creyeren, la cual el diablo perdió por su malicia y maldad. Y que asimismo les venía a hacer saber cómo en la tierra está vuestra majestad, a quien el universo, por providencia divina, obedece y sirve; y que ellos asimismo se habían de someter y estar debajo de su imperial yugo y hacer lo que, en su real nombre, los que acá por ministros de vuestra majestad estamos les mandásemos; y, haciéndolo así, ellos serían muy bien tratados y mantenidos en justicia, y amparadas sus personas y haciendas; y no lo haciendo así, se procedería contra ellos y serían castigados conforme a justicia. Y cerca de esto le dije muchas cosas, de que a vuestra majestad no hago mención por ser prolijas y largas. Y a todo mostró mucho contentamiento, y proveyó luego de enviar algunos de los que con él trajo para que trajesen bastimentos, y así se hizo.

YO LE DI ALGUNAS cosillas de las de nuestra España, que tuvo en mucho, y estuvo en mi compañía muy contento todo el tiempo que allí estuve; y mandó abrir el camino hasta otro pueblo, que está cinco leguas de éste, río arriba, que se llama Tatahuitalpan; y, porque en el camino había un río hondo, hizo hacer en él una muy buena puente, por donde pasamos, y adobar otras ciénagas harto malas. Y me dio tres canoas, en que envié tres españoles río abajo al río de Tabasco —porque éste es el principal río que en él entra—, donde los carabelones habían de esperar la instrucción de lo que habían de hacer; y con estos españoles envié a mandar que siguiesen toda la costa hasta doblar la punta que llaman de Yucatán y que llegasen hasta la bahía de la Asunción, porque allí me hallarían, o les enviaría a mandar lo que habían de hacer. Y mandé a los españoles que fueron en las canoas que, con ellas y con las que más pudiesen haber en Tabasco y Xicalango, me llevasen los más bastimentos que pudiesen por un gran estero arriba; y pasé a la provincia de Acalán, que está de este pueblo de Iztapán cuarenta leguas, y que allí los esperaría.

Partidos estos españoles y hecho el camino, rogué al señor de Iztapán que me diese otras tres o cuatro canoas para que fuese río arriba con media docena de españoles y una persona principal de las suyas y con alguna gente, para que fuesen adelante apaciguando los pueblos, porque no se ausentasen ni los quemasen; el cual lo hizo con muestras de buena voluntad, e hicieron asaz fruto, porque apaciguaron cuatro o cinco pueblos río arriba, según adelante haré de ellos a vuestra majestad relación.

Este pueblo de Iztapán es muy grande cosa y está asentado en la ribera de un muy hermoso río. Tiene muy buen asiento para poblar en él españoles; tiene muy hermosa ribera, donde hay buenos pastos; tiene muy buenas tierras de labranzas; tiene buena comarca de tierra labrada.

Después de haber estado en este pueblo de Iztapán ocho días, y proveído lo contenido en el capítulo antes de éste, me partí y llegué aquel día al pueblo de Tatahuitalpan, que es un pueblo pequeño, y hallélo quemado y sin ninguna gente. Llegué yo primero que las canoas que venían río arriba, porque, con las corrientes y grandes vueltas que el río hace, no llegaron tan aína; y, después de venidas, hice pasar con ellas cierta gente de la otra parte del río, para que buscasen los naturales del dicho pueblo, para los asegurar como a los de atrás. Y, obra de media legua de la otra parte del río, hallaron hasta veinte hombres en una casa de sus ídolos, que tenían muy adornados; los cuales me trajeron, e informados de ellos, me dijeron que toda la gente se había ausentado de miedo y que ellos habían quedado allí para morir con sus dioses y no habían querido huir. Y estando con ellos en esta plática, pasaron ciertos indios de los nuestros que tenían ciertas cosas que habían quitado a sus ídolos; y, como las vieron los del pueblo, dijeron que ya eran muertos sus dioses. Y a esto les hablé, diciéndoles que mirasen cuán vana y loca creencia era la suya, pues creían que les podían dar bienes quienes así no se podían defender y tan ligeramente veían desbaratar; respondiéronme que en aquella secta los dejaron sus padres, y que aquella tenían y tendrían hasta que otra cosa supiesen.

No pude por la brevedad del tiempo darles a entender más de lo que dije a los de Iztapán, y dos religiosos de la Orden de San Francisco, que en mi compañía iban, les dijeron asimismo muchas cosas acerca de esto. Roguéles que fuesen algunos de ellos a llamar la gente del pueblo y al señor y asegurarla; y aquel principal que traje de Iztapán asimismo les habló y dijo las buenas obras que de mí habían recibido en el pueblo, y señalaron uno de ellos, y dijeron que aquel era el señor; y envió dos a que llamasen la gente, los cuales nunca vinieron.

Viendo que no venían, rogué a aquel que habían dicho que era el señor que me mostrase el camino para ir a Ziguatecpan, porque por allí había de pasar, según mi figura, y está en este río arriba. Dijéronme que ellos no sabían camino por tierra, sino por el río, porque por allí se servían todos; pero que, a tino, me le darían por aquellos montes, que no sabían si acertarían. Díjeles que me mostrasen desde allí el paraje en que estaba, y marquélo lo mejor que pude; y mandé a los españoles con las canoas, con el principal de Iztapán, que se fuesen río arriba hasta el dicho pueblo de Ziguatecpan y que trabajasen de asegurar la gente de él y de otro que habían de topar antes, que se llamaba Ozumazintlan; y que, si yo llegase primero, los esperaría, y que, si no, que ellos me esperasen. Y, despachados éstos, me partí yo con aquellas guías por la tierra; y, saliendo del pueblo, di en una muy gran ciénaga, que dura más de media legua; y, con mucha rama y yerba que los indios nuestros amigos en ella echaron, pudimos pasar. Y luego dimos en un estero hondo, donde fue necesario hacer una puente por donde pasase el fardaje y las sillas, y los caballos pasaron a nado; y, pasado este estero, dimos en otra medio ciénaga, que dura bien una legua, que nunca baja a los caballos de la rodilla abajo, y muchas veces de las cinchas. Pero, con ser algo tierra debajo, pasamos sin peligro hasta llegar al monte, por el cual anduve dos días abriendo camino por donde señalaban aquellas guías, hasta tanto que dijeron que iban desatinados, que no sabían adónde iban; y era la montaña de tal calidad, que no se veía otra cosa sino donde se ponían los pies en el suelo, o, mirando hacia arriba, la claridad del cielo; tanta era la espesura y alteza de los árboles, que, aunque se subían en algunos, no podían descubrir un tiro de piedra.

Como los que iban delante, con las guías, abriendo camino, me enviaron a decir que andaban desatinados, que no sabían dónde estaban, hice parar la gente y pasé yo a pie adelante, hasta llegar a ellos; y, como vi el desatino que tenían, hice volver la gente atrás a una cienaguilla que habíamos pasado, adonde por causa del agua había alguna poca de yerba que comiesen los caballos, que había dos días que no la comían ni otra cosa. Y allí estuvimos aquella noche con harto trabajo de hambre, y poníanoslo mayor la poca esperanza que teníamos de acertar a poblado; tanto, que la gente estaba casi fuera de toda esperanza y más muertos que vivos. Hice sacar una aguja de marear que traía conmigo —por donde muchas veces me guiaba, aunque nunca nos habíamos visto en tan extrema necesidad como ésta—; y, por ella, acordándome del paraje en que me habían señalado los indios que estaba el pueblo, hallé por cuenta que, corriendo al nordeste desde allí donde estábamos, salíamos a dar al pueblo y muy cerca de él; y mandé a los que iban delante haciendo el camino que llevasen aquella aguja consigo y siguiesen aquel rumbo sin se apartar de él. Y así lo hicieron; y quiso Nuestro Señor que salieron tan ciertos, que, a hora de vísperas, fueron a dar medio a medio de unas casas de sus ídolos, que estaban en medio del pueblo; de que toda la gente hubo tanta alegría, que casi desatinados corrieron todos al pueblo; y, no mirando una gran ciénaga que estaba antes que en él entrasen, se sumieron en ella muchos caballos, que algunos de ellos no salieron hasta otro día, aunque quiso Dios que ninguno peligró. Y los que veníamos atrás desechamos la ciénaga por otra parte, aunque no se pasó sin harto trabajo.

Aquel pueblo de Ziguatecpan hallamos quemado hasta las mezquitas y casas de sus ídolos, y no hallamos en él gente ninguna, ni nuevas de las canoas que habían venido río arriba. Hallóse en él mucho maíz, mucho más granado que lo de atrás, y yuca y ajís, y buenos pastos para los caballos, porque en la ribera del río —que es muy hermosa— había muy buena yerba; y, con este refrigerio, se olvidó algo del trabajo pasado, aunque yo tuve siempre mucha pena por no saber de las canoas que había enviado río arriba. Y, andando mirando el pueblo, hallé yo una saeta hincada en el suelo, donde conocí que las canoas habían llegado allí, porque todos los que venían en ellas eran ballesteros; y diome más pena, creyendo que allí habían peleado con ellos y habían muerto, pues no parecían. Y en unas canoas pequeñas que por allí se hallaron hice pasar de la otra parte del río, donde hallaron mucha copia de labranzas; y, andando por ellas, fueron a dar a una gran laguna, donde hallaron toda la gente del pueblo en canoas y en isletas. Y, en viendo a los cristianos, se vinieron a ellos muy seguros y, sin entender lo que decían, me trajeron hasta treinta o cuarenta de ellos. Los cuales, después de haberles hablado, me dijeron que ellos habían quemado su pueblo por inducimiento de aquel señor de Zagoatán y se habían ido de él a aquellas lagunas por el temor que él les puso; y que, después, habían venido por allí ciertos cristianos de los de mi compañía en unas canoas, y con ellos algunos naturales de Iztapán; de los cuales habían sabido el buen tratamiento que yo a todos hacía, y que por eso se habían asegurado; y que los cristianos habían estado allí dos días esperándome, y, como no venía, se habían ido río arriba a otro pueblo que se llama Petenecte; y que con ellos se había ido un hermano del señor de aquel pueblo con cuatro canoas, cargadas de gente, para que, si en el otro pueblo les quisiesen hacer algún daño, ayudarlos; y que los habían dado mucho bastimento y todo lo que hubieron menester.

Holgué mucho de esta nueva y díles crédito, por ver que se habían asegurado tanto y habían venido a mí de tan buena voluntad; y roguéles que luego hiciesen venir una canoa con gente que fuese en busca de aquellos españoles y que llevasen una carta mía para que se volviesen luego allí. Los cuales lo hicieron con harta diligencia; y yo les di una carta mía para los españoles, y otro día, a hora de vísperas, vinieron, y con ellos aquella gente del pueblo que habían llevado, y más otras cuatro canoas cargadas de gente y bastimentos del pueblo de donde venían. Y dijéronme lo que había pasado río arriba después que de mí se habían apartado: que fue que llegaron a aquel pueblo que estaba antes de éste, que se llama Ozumazintlan; que le habían hallado quemado y la gente de él ausentada; y que, en llegando a ellos, los de Iztapán que con ellos traían los habían buscado y llamado, y habían venido muchos de ellos muy seguros, y les habían dado bastimentos y todo lo que les pidieron; y así los habían dejado en su pueblo. Y después habían llegado a aquel de Ziguatecpan y que asimismo le habían hallado despoblado y la gente de la otra parte del río; y que, como les habían hablado los de Iztapán, se habían todos alegrado y les habían hecho muy buen acogimiento y dado muy cumplidamente lo que hubieron menester; y me habían esperado allí dos días, y como no vine, creyendo que había salido más alto, pues tanto tardaba, habían seguido adelante, y se habían ido con ellos aquella gente del pueblo y aquel hermano del señor, hasta el otro pueblo de Petenecte, que está de allí seis leguas; y que asimismo le habían hallado despoblado, aunque no quemado, y la gente de la otra parte del río; y que los de Iztapán y los de aquel pueblo los habían asegurado; y se vinieron con ellos aquella gente en cuatro canoas a verme, y me traían maíz y miel y cacao y un poco de oro.

Y que ellos habían enviado mensajeros a otros tres pueblos que les dijeron que están río arriba y se llaman Coazacoalco y Taltenango Teutitan, y que creían que otro día vendrían allí a hablarme. Y así fue:

que otro día vinieron por el río abajo hasta siete u ocho canoas, en que venía gente de todos aquellos pueblos, y me trajeron algunas cosas de bastimentos y un poquito de oro. A los unos y a los otros hablé muy largamente, por hacerles entender que habían de creer en Dios y servir a vuestra majestad; y todos ellos se ofrecieron por súbditos y vasallos de vuestra alteza y prometieron en todo tiempo hacer lo que les fuese mandado. Y los de aquel pueblo de Zagoatespan trajeron luego algunos de sus ídolos, y en mi presencia los quebraron y quemaron. Y vino allí el señor principal del pueblo —que hasta entonces no había venido— y me trajo un poquito de oro; y yo di de lo que tenía a todos, de lo que quedaron muy contentos y seguros.

Entre éstos hubo alguna diferencia, preguntándoles yo por el camino que había de llevar para Acalá; porque los de aquel pueblo de Zagoatespan decían que mi camino era por los pueblos que estaban río arriba, y aun, antes que éstos viniesen, habían hecho abrir seis leguas de camino por tierra y hecho una puente en un río para que pasásemos. Y venidos estos otros, dijeron que era muy gran rodeo y de muy mala tierra y despoblada, y que el derecho camino que yo había de llevar para Acalán era pasar el río por aquel pueblo; y por allí había una senda que solían traer los mercaderes, por donde ellos me guiarían hasta Acalán. Finalmente, se averiguó entre ellos ser éste el mejor camino; y yo había enviado antes un español, con gente de los naturales de aquel pueblo de Ziguatecpan, en una canoa por el agua, a la provincia de Acalán, a hacerles saber cómo yo iba y que se asegurasen y no tuviesen temor, y para que supiesen si los españoles que habían de ir con los bastimentos desde los bergantines eran llegados. Y después envié otros cuatro españoles por tierra, con guías de aquellos que decían saber el camino, para que le viesen y me informasen si había algún impedimento o dificultad en él, y que, de ello, esperaría su respuesta.

Idos, me fue forzoso partir antes que me escribiesen, porque no se me acabasen los bastimentos que estaban recogidos por el camino, porque me decían que había cinco o seis días de despoblado. Comencé, pues, a pasar el río con mucho aparejo de canoas que había; y, por ser tan ancho y corriente, se pasó con harto trabajo, y se ahogó un caballo y se perdieron algunas cosas del fardaje de los españoles. Pasado este río, envié delante una compañía de peones con las guías para que abriesen el camino, y yo, con la otra gente, me fui detrás de ellos; y, después de haber andado tres días por unas montañas harto espesas, por una vereda bien angosta, fui a dar a un gran estero, que tenía de ancho más de quinientos pasos, y trabajé de buscar paso por él abajo y arriba, y nunca le hallé; y los guías me dijeron que era por demás buscarle si no subía veinte días de camino hasta las sierras.

Púsome en tanto estrecho este estero o ancón, que sería imposible poderlo significar; porque pasar por él parecía imposible, a causa de ser tan grande y no tener canoas en qué pasarlo; y aunque las tuviéramos para el fardaje y la gente, los caballos no podían pasar, porque a la entrada y a la salida había muy grandes ciénagas y raíces de árboles que las rodeaban. Y de otra manera era excusado el pensar de pasar los caballos; pues pensar en volver atrás era muy notorio perecer todos, por los malos caminos que habíamos pasado y las muchas aguas que había, que ya teníamos por cierto que las crecientes de los ríos se habían robado los puentes que dejamos hechos. Pues tornarlos a hacer era muy dificultoso, porque ya toda la gente venía muy fatigada. También pensábamos que habíamos comido todos los bastimentos que había por el camino y que no hallaríamos qué comer, porque llevaba yo mucha gente y caballos, que, además de los españoles, venían conmigo más de tres mil ánimas de los naturales; pues pasar delante, ya he dicho a vuestra majestad la dificultad que tenía. Así que ningún seso de hombre bastaba para el remedio, si Dios, que es verdadero remedio y socorro de los afligidos y necesitados, no lo pusiera.

Estando en esto, hallé una canoíta pequeña en que habían pasado los españoles que yo envié delante a ver el camino, y con ella hice sondear todo el ancón; y hallóse en todo él cuatro brazas de hondura. E hice atar unas lanzas para ver el suelo qué tal era, y hallóse que, además de la hondura de agua, había otras dos brazas de limo y cieno; así que eran seis brazas. Tomé por postre remedio determinarme de hacer un puente en él; y mandé luego repartir la madera por sus medidas, que eran de a nueve y diez brazas por lo que había de salir fuera del agua. La cual encargué que cortasen y trajesen aquellos señores de los indios que conmigo iban, a cada uno según la gente que traía; y los españoles y yo, con ellos, comenzamos a hincar la madera con balsas y con aquella canoíta y otras dos que después se hallaron.

Era tal la obra que comenzamos, que a todos pareció cosa imposible de acabar, y aun lo decían detrás de mí, diciendo que sería mejor dar la vuelta antes que la gente se fatigase y, después, de hambre no pudiesen volver, porque al fin aquella obra no se podía acabar y, forzados, nos habíamos de volver. Andaba desto tanto murmullo entre la gente, que casi ya me lo osaban decir a mí en la cara; y, como los veía tan desmayados —y en la verdad tenían razón, por ser la obra que emprendíamos de tal calidad que parecía imposible salir de ella—, y estaban descorazonados y dejativos, y porque ya no comían otra cosa sino raíces de yerbas, mandéles que ellos no entendiesen en el puente y que yo la haría con los indios.

Y LUEGO LLAMÉ a todos aquellos señores de ellos y les dije que mirasen en cuánta necesidad estábamos, y que forzado habíamos de pasar aquel ancón o perecer; que les rogaba mucho que ellos esforzasen a sus gentes para que aquel puente se acabase, y que, pasado, teníamos luego una muy gran provincia que se decía Acalán, donde había mucha abundancia de bastimentos, y que allí posaríamos; y que, además de los bastimentos de la tierra, ya sabían ellos que había enviado a mandar que me trajesen de los navíos de los bastimentos que llevaban, y que los habían de traer allí en canoa, y que allí tendrían mucha abundancia de todo; y que, además de esto, yo les prometí que, vueltos a esta ciudad, serían de mí, en nombre de vuestra majestad, muy galardonados. Ellos me prometieron que la trabajarían, y así comenzaron luego a repartirlo entre sí, y diéronse tan buena prisa y maña en ello, que en cuatro días lo acabaron, de tal manera que pasaron por ella todos los caballos y gente; y tardará más de diez años que no se deshaga si a mano no lo deshacen, y esto ha de ser con quemarla; y de otra manera sería dificultoso de deshacer, porque lleva más de mil vigas, que la menor es casi tan gorda como el cuerpo de un hombre, y de nueve y diez brazas de largo, sin otra madera menuda que no tiene cuenta. Y certifico a vuestra majestad que no creo habrá nadie que sepa decir, en manera que se pueda entender, la orden que estos señores de Tenuxtitan que conmigo llevaba, y sus indios, tuvieron en hacer esta puente, sino que es la cosa más extraña que nunca se ha visto.

Pasada toda la gente y caballos de la otra parte del ancón, dimos luego en una gran ciénaga, que dura bien dos tiros de ballesta, la cosa más espantosa que jamás las gentes vieron. Donde todos los caballos desensillados se sumían hasta las cinchas, sin parecer otra cosa, y, queriendo forcejear a salir, sumíanse más, de manera que allí perdimos del todo la esperanza de poder pasar y escapar caballo alguno. Pero todavía comenzamos a trabajar y a ponerles haces de yerbas y ramas grandes debajo, sobre que se sostuviesen y no se sumiesen; remediábanse algo. Andando así trabajando, yendo y viniendo de una parte a otra, abrióse por medio un callejón de agua y cieno en que los caballos comenzaban algo a nadar, y con esto plugo a Nuestro Señor que salieron todos sin peligrar ninguno, aunque tan trabajados y fatigados que casi no se podían tener en los pies. Dimos todos muchas gracias a Nuestro Señor por tan gran merced que nos hizo; y, estando en esto, llegaron los españoles que yo había enviado a Acalán, con casi ochenta indios de los naturales de aquella provincia cargados de mantenimiento de maíz y aves, con que Dios sabe la alegría que todos tuvimos, en especial que nos dijeron que toda la gente quedaba muy segura y pacífica, y con voluntad de no ausentarse.

Venían con aquellos indios de Acalán dos personas honradas, que dijeron venir de parte del señor de una provincia que se llama Apaspolon, a decirme que él había holgado mucho con mi venida; que hacía muchos días que tenía noticias de mí por parte de mercaderes de Tabasco y Xicalango, y que holgaba de conocerme. Y envióme con ellos un poco de oro. Yo lo recibí con toda la alegría que pude, agradeciendo a su señor la buena voluntad que mostraba al servicio de vuestra majestad, y los torné a enviar con los españoles que con ellos habían venido, muy contentos. Fueron muy admirados de ver el edificio de puente, y fue hasta parte para la seguridad que después en ellos hubo, porque, según su tierra está entre lagunas y esteros, pudiera ser que se ausentaran por ellos; mas, con ver aquella obra, pensaron que ninguna cosa nos era imposible.

También llegó en este tiempo un mensajero de la villa de Santisteban del Puerto, que está en el río de Pánuco, que me traía cartas de las justicias de ella, y con él otros cuatro o cinco mensajeros indios, que me traían cartas de esta ciudad de Tenuxtitan, de la villa de Medellín y de la villa de Espíritu Santo, y tuve mucho placer al saber que estaban buenos; aunque no supe del factor y veedor, Gonzalo de Salazar y Peralmíndez Chirino, a quien yo había enviado, como arriba dije, desde la villa del Espíritu Santo para apaciguar las diferencias entre el tesorero y el contador, porque aun no eran llegados a esta ciudad. Este día, después de partidos los indios y españoles que iban delante de Acalán, partí yo con toda la gente tras ellos, y dormí una noche en el monte, y otro día, poco más de mediodía, allegué a las estancias y labranzas de la provincia de Acalán. Y antes de llegar al primer pueblo de ella, que se llama Tizatepetl, había una ciénaga, que para pasarla se rodeó más de una gran legua; al fin se pasó, llevando los caballos del diestro, con harto trabajo, y a hora de vísperas llegamos a aquel primer pueblo dicho Tizatepetl, donde hallamos todos los naturales en sus casas muy reposados y seguros, y mucho bastimento, así para las gentes como para los caballos; tanto, que satisfizo bien la necesidad pasada.

Aquí reposamos seis días, y vino a verme un mancebo de buena disposición y bien acompañado, que dijo ser hijo del señor, y me traía cierto oro y aves, y me ofreció su persona y tierra al servicio de vuestra majestad, y dijo que su padre era ya muerto. Yo mostré que me pesaba mucho de la muerte de su padre, aunque vi que no decía verdad, y le di un collar que yo tenía al cuello de cuentas de Flandes, que él tuvo en mucho; y le dije que fuese con Dios, y él estuvo dos días allí conmigo por su voluntad.

Uno de los naturales de aquel pueblo, que se decía ser señor de él, me dijo que muy cerca de allí estaba otro pueblo que también era suyo, donde había mejores aposentos y más copia de bastimentos, porque era mayor y de más gente; que me fuera allá a aposentar, porque estaría más a mi placer. Yo le dije que me placía, y envió luego a mandar que abriesen el camino y que se aderezasen las posadas, lo cual se hizo todo muy bien, y nos fuimos a aquel pueblo, que está de este primero a cinco leguas, donde asimismo hallamos toda la gente segura y en sus casas, y desembarazada cierta parte del pueblo, donde nos aposentamos.

Este es muy hermoso pueblo; llámase Teutiercas. Tiene muy hermosas mezquitas, en especial dos, donde nos aposentamos, y echamos fuera los ídolos, de que ellos no mostraron mucha pena, porque ya yo les había hablado y dado a entender el yerro en que estaban, y cómo no había más de un solo Dios, creador de todas las cosas, y todo lo demás que acerca de esto se les pudo decir, aunque después al señor principal y a todos juntos les hablé más largo. Supe de ellos que una de estas dos casas o mezquitas —que era la más principal de ellas— estaba dedicada a una diosa en quien ellos tenían mucha fe y esperanza, y que a ésta no le sacrificaban sino doncellas vírgenes y muy hermosas, y que, si no eran tales, se irritaba mucho con ellos; y que por esto tenían siempre muy especial cuidado de buscarlas tales que ella se satisficiese. Y las criaban desde niñas, las que hallaban de buen gesto, para este efecto. Sobre esto también les dije lo que me pareció que convenía, de que pareció que quedaban algo satisfechos.

El señor de este pueblo se mostró muy amigo mío y tuvo conmigo mucha conversación, y me dio muy larga cuenta y relación de los españoles que yo iba a buscar y del camino que había de llevar; y me dijo, en muy gran secreto —rogándome que nadie supiese que él me había avisado—, que Apaspolon, señor de toda aquella provincia, estaba vivo y había mandado decir que estaba muerto; y que era verdad que aquel que me había venido a ver era su hijo; y que él mandaba que me desviasen del camino derecho que había de llevar, porque no viese la tierra y los pueblos de ellos; y que me avisaba de ello porque me tenían buena voluntad y había recibido de mí buenas obras. Pero que me rogaba que de esto se tuviese mucho secreto, porque, si se sabía que él me había avisado, le mandaría matar Apaspolon y quemaría toda su tierra. Yo se lo agradecí mucho y pagué su buena voluntad dándole algunas cosillas, y le prometí el secreto, como él me lo rogaba; y aun le prometí que, el tiempo andado, sería de mí, en nombre de vuestra majestad, muy gratificado.

Luego hice llamar al hijo del señor que me había venido a ver, y le dije que me maravillaba mucho de él y de su padre haberse querido negar, sabiendo la buena voluntad que traía yo de verlo y hacerle mucha honra y darle de lo que yo tenía, porque yo había recibido en sus tierras buenas obras y deseaba mucho pagárselas; que yo sabía cierto que estaba vivo; que le rogaba mucho que él le fuese a llamar y trabajase con él que me viniese a ver, porque creyese cierto que él ganaría mucho. El hijo me dijo que era verdad que él estaba vivo y que, si él me lo había negado, era porque su padre se lo mandó así; y que él iría y trabajaría mucho de traerlo, y que creía que vendría, porque él tenía ya gana de verme, pues conocía que no venía a hacerles daños, antes les daba de lo que yo tenía; y que, por haberse negado, tenían alguna vergüenza de parecer ante mí. Yo le rogué que fuese y trabajase mucho de traerlo, y así lo hizo, que otro día vinieron ambos, y yo les recibí con mucho placer. Y él me dio, en descargo de haberse negado, que era de temor de saber mi voluntad; y que, ya que la sabía, él deseaba mucho verme. Y que era verdad que él mandase que me guiasen por fuera de los pueblos; pero que ahora, que conocía mi intención, me rogaba que me fuese al pueblo principal donde él residía, porque allí había más aparejo de darme las cosas necesarias. Y luego mandó abrir un camino muy ancho para allá, y él se quedó conmigo, y otro día partimos; y le mandé dar un caballo de los míos, y fue muy contento cabalgando en él hasta que llegamos al pueblo, que se llama Izancana, el cual es muy grande y de muchas mezquitas, y está en la ribera de un gran estero que atraviesa hasta el punto de Términos, de Xicalango y Tabasco. Alguna de la gente de este pueblo estaba ausentada, y algunos estaban en sus casas; tuvimos allí mucho acopio de bastimentos, y el señor se estuvo conmigo dentro del aposento, aunque tenía su casa ahí cerca y poblada.

Todo el tiempo que yo allí estuve, dio me muy larga cuenta de los españoles que iba a buscar, e hízome una figura en un paño del camino que había de llevar. Y dióme cierto oro y mujeres, sin yo pedir ninguna cosa; porque hasta hoy ninguna cosa he pedido a los señores de estas partes, si ellos no me lo quisieron dar.

HABÍAMOS DE pasar aquel estero, y antes de él estaba una gran ciénaga; y el dicho señor Apaspolon hizo hacer en ella una puente; y para este estero nos dio mucho aparejo de canoas, todo el que fue menester; y dióme, además, guías para el camino, y me dio también una canoa y guías para que llevasen al español que me había traído las cartas de la villa de Santisteban del Puerto, y a los otros indios de México, a las provincias de Xicalango y Tabasco. Y con este español torné a escribir a las villas y a los tenientes que dejé en esta ciudad, y a los navíos que estaban en Tabasco, y a los españoles que habían de venir con los bastimentos, diciendo a todos lo que habían de hacer; y, despachado todo esto, le di al señor ciertas cosillas a que él se aficionó; y, quedando muy contento, y toda la gente de su tierra muy segura, partí de aquella provincia de Acalán el primer domingo de Cuaresma del año 25; y este día no se hizo más jornada de pasar aquel estero, que no se hizo poco. Díle a este señor una nota, porque él me lo rogó, para que, si por allí viniesen españoles, supiesen que yo había pasado por allí y que él quedaba por mi amigo.

Aquí, en esta provincia, acaeció un caso que es bien que vuestra majestad lo sepa, y es que un ciudadano honrado de esta ciudad de Tenuxtitan, que se llamaba Mexicalcingo, y después que es bautizado se llama Cristóbal, vino a mí muy secretamente una noche y me trajo cierta figura en un papel de lo de su tierra; y, queriéndome dar a entender lo que significaba, me dijo que Guatemucín, señor que fue de esta ciudad de Tenuxtitan, a quien yo, después que la gané, he tenido preso —teniéndole por hombre bullicioso—, le llevé conmigo aquel camino con todos los demás señores que me pareció que eran parte para la seguridad y revuelta de estas partes. Y díjome aquel Cristóbal que aquel Guatemucín y Guanacaxín, señor que fue de Tezcuco, y Tetepanquezal, y un Tacitecle, que a la sazón era en esta ciudad de México, en la parte de Tatelulco, habían hablado muchas veces —y dado cuenta de ello a Mexicalcingo, que, como dije, se llama ahora Cristóbal—, diciendo cómo estaban desposeídos de sus tierras y señoríos, y las mandaban los españoles, y que sería bien que buscasen algún remedio para que ellos las tornasen a señorear y poseer. Y que, hablando en ello muchas veces en este camino, les había parecido que era buen remedio tener manera como me matasen a mí y a los que conmigo iban; y que, después, muertos nosotros, irían apellidando la gente de aquellas partes hasta matar a Cristóbal de Olid y la gente que con él estaba.

Y enviar sus mensajeros a esta ciudad de Tenuxtitan para que matasen todos los españoles que en ella habían quedado, porque les parecía que lo podían hacer muy ligeramente, siendo así que todos los que quedaban aquí eran de los que habían venido nuevamente, y que no sabían las cosas de la guerra; y que, acabado de hacer ellos lo que pensaban, irían apellidando y juntando consigo toda la tierra por todas las villas y lugares donde hubiese españoles, hasta matarlos y acabar con todos; y que, hecho esto, pondrían en todos los puertos de la mar recias guarniciones de gente para que ningún navío que viniese se les escapase, de manera que no se pudiese volver de nuevo a Castilla; y que así se harían señores como antes lo eran; y que tenían ya hecho repartimiento de las tierras entre sí, y que a este Mexicalcingo le hacían señor de cierta provincia.

Pues, como yo fui tan largamente informado por aquel Cristóbal de la traición que contra mí y contra los españoles estaba urdida, di muchas gracias a Nuestro Señor por haberla así revelado; y luego, en amaneciendo, prendí a todos aquellos señores y los puse apartados el uno del otro, y les fui a preguntar cómo pasaba el negocio, y a los unos decía que los otros me lo habían dicho, y a los otros, que los unos. Así que tuvieron todos de confesar la verdad: que Guatemucín y Tetepanquezal habían movido aquella cosa, y que los otros era verdad que lo habían oído, pero que nunca habían consentido en ello. De esta manera fueron ahorcados estos dos, y a los otros solté, porque no parecía que tenían más culpa de haberlos oído, aunque aquella bastaba para merecer la muerte; pero quedaron procesos abiertos, para que, cada vez que se vuelvan a ver, puedan ser castigados. Aunque creo que ellos quedan de tal manera espantados —porque nunca han sabido de quién lo supe—, que no creo se tornarán a revolver, porque creen que lo supe por algún arte, y así piensan que ninguna cosa se me puede esconder.

Porque, como han visto que para acertar aquel camino muchas veces sacaba una carta de marcar y una aguja —en especial cuando se acertó el camino de Cagoatezpan—, han dicho a muchos españoles que por allí lo saqué; y aun a mí me han dicho algunos de ellos, queriéndome hacer cierto que tienen buena voluntad, que, para que conozca sus buenas intenciones, me rogaban mucho mirase el espejo y la carta, y que allí verían cómo ellos me tenían buena voluntad, pues por allí sabía todas las otras cosas. Yo también les hice entender que así era la verdad y que en aquella aguja y carta de marear veía yo y sabía y se me descubrían todas las cosas.

Esta provincia de Acalán es muy gran cosa, porque hay en ella muchos pueblos y de mucha gente, y muchos de ellos vieron los españoles de mi compañía; y es muy abundosa de mantenimientos y de mucha miel. Hay en ella muchos mercaderes y gentes que tratan en muchas partes, y son ricos de esclavos y de las cosas que se tratan en la tierra. Está toda cercada de esteros, y todos ellos salen a la bahía o puerto que llaman de Términos, por donde, en canoas, tienen gran contratación en Xicalango y Tabasco; y aun créese —aunque no está sabida del todo la verdad— que atraviesan por allí a esta otra mar, de manera que aquella tierra que llaman Yucatán queda hecha isla. Yo trabajaré de saber el secreto de esto y haré de ello a vuestra majestad verdadera relación. Según supe, no hay en ella otro señor principal sino el que es el más caudaloso mercader y que tiene más trato de sus navíos por la mar, que es este Apaspolon, de quien arriba he nombrado a vuestra majestad por señor principal. Y es la causa de ser muy rico y de mucho trato de mercadería, que hasta en el pueblo de Nito —de que adelante hablaré—, donde hallé ciertos españoles de la compañía de Gil González de Ávila, tenían un barrio poblado de sus factores y, con ellos, un hermano suyo, que trataba sus mercaderías. Las que más por aquellas partes se tratan entre ellos son cacao, ropa de algodón, colores para teñir, otra cierta manera de tinta con que se tiñen ellos los cuerpos para defenderse del calor y del frío, tea para alumbrarse, resina de pino para los sahumerios de sus ídolos, esclavos y otras cuentas coloradas de caracoles, que tienen en mucho para el ornato de sus personas. En sus fiestas y placeres tratan algún oro, aunque mezclado con cobre y otras mezclas.

A este apaspolon y a muchas personas honradas de la provincia que me venían a ver les dije lo que a todos los otros del camino les había dicho acerca de sus ídolos y de lo que debían creer y hacer para salvarse, y también lo que eran obligados del servicio de vuestra majestad. De lo uno y de lo otro pareció que recibieron contentamiento, y quemaron muchos de sus ídolos en mi presencia, y dijeron que de allí en adelante no los honrarían más, y prometieron que siempre serían obedientes a cualquier cosa que, en nombre de vuestra majestad, les fuese mandado; y así me despedí de ellos y partí, como arriba he dicho.

Tres días antes que saliese de esta provincia de Acalán envié cuatro españoles con dos guías que me dio el señor de ella, para que fuesen a ver el camino que había de llevar a la provincia de Mezatlán, que en su lengua de ellos se llama Quiatleo; porque me dijeron que había mucho despoblado y que había de dormir cuatro días en los montes antes que llegase a la dicha provincia. Mandé que viesen el camino y si había en él ríos o ciénagas que pasar, y mandé a toda la gente se apercibiese de bastimentos para seis días, porque no nos acaeciese otra necesidad como la pasada; los cuales se abastecieron muy cumplidamente, porque de todo tenían harto acopio. A cinco leguas andadas después de la pasada del estero topé los españoles que venían de ver el camino con los guías que habían llevado, y me dijeron que habían llevado muy buen camino, aunque cerrado de monte, pero que era llano, sin río ni ciénaga que nos estorbase, y que habían llegado sin ser sentidos hasta unas labranzas de la dicha provincia, donde habían visto alguna gente; desde allí se habían vuelto sin ser vistos ni sentidos. Holgué mucho de aquella nueva, y de allí adelante mandé que fuesen seis peones sueltos con algunos indios de nuestros amigos, delante, una legua de los que iban abriendo el camino, para que, si topasen algún caminante, le asiesen, de manera que pudiésemos llegar a la provincia sin ser sentidos, porque tomásemos la gente antes que se ausentase o quemasen los pueblos, como lo habían hecho los de atrás. Aquel día, cerca de una laguna de agua, hallaron dos indios naturales de la provincia de Acalán que venían de la de Mazatlán —según dijeron— de rescatar sal por ropa; y en algo pareció ser así verdad, porque venían cargados de ropa. Trajéronlos ante mí y yo les pregunté si de mi ida tenían noticia los de aquella provincia, y dijeron que no, antes estaban muy seguros. Yo les dije que se habían de volver conmigo y que no recibiesen pena de ello, porque ninguna cosa de lo que traían se les perdería; antes yo les daría más, y que, en llegando a la provincia de Mazatlán, yo les daría licencia para que se volviesen, porque yo era muy amigo de todos los de Acalán, pues del señor y de todos ellos había recibido buenas obras.

Ellos mostraron buena voluntad de hacerlo, y así volvieron guiándonos, y aun nos llevaron por otro camino, y no por el que los españoles que yo envié primero habían ido abriendo: que aquel iba a dar a los pueblos y el otro iba a ciertas labranzas. Aquel día dormimos asimismo en el monte; y otro día los españoles que iban por corredores delante toparon cuatro indios de los naturales de Mazatlán con sus arcos y flechas, que estaban —según pareció— en el camino por escuchas. Y como dieron sobre ellos, desembarazaron sus arcos e hirieron a un indio de los míos; y, como era el monte espeso, no pudieron prender más de uno, el cual entregaron a tres indios de los míos, y los españoles siguieron el camino adelante, creyendo que había más de aquellos. Y, como los españoles se apartaron, volvieron los otros que habían huido, y —según pareció— se quedaron allí cerca metidos en el monte, y dan sobre los indios mis amigos, que tenían a su compañero preso; y pelearon con ellos, y quitáronsele. Y los nuestros, de corridos, los siguieron por el monte y los alcanzaron, y tornaron a pelear e hirieron a uno de ellos en un brazo de una gran cuchillada, y le prendieron, y los otros huyeron, porque ya sentían venir gente de la nuestra cerca. De este indio me informé si sabían de mi ida, y dijo que no. Le pregunté que para qué estaban ellos allí por velas, y dijeron que ellos siempre lo acostumbraban hacer así, porque tenían guerra con muchos de los comarcanos; que, para asegurar los labradores que andaban en sus labranzas, el señor mandaba siempre poner sus espías por los caminos, por no ser salteados.

Seguí mi camino a la más prisa que pude, porque este indio me dijo que estábamos cerca, y porque sus compañeros no llegasen antes a dar mandado; y mandé a la gente que iba delante que, en llegando a las primeras labranzas, se detuviesen en el monte y no se mostrasen hasta que yo llegase. Cuando llegué ya era tarde, y me di mucha prisa pensando llegar aquella noche al pueblo; y porque el fardaje venía algo derramado, mandé a un capitán que se quedase allí en aquellas labranzas con veinte de caballo y los recogiese y durmiese allí con ellos; y, recogidos todos, que siguiesen mi rastro. Yo trabajé de andar por un caminillo algo seguido, aunque de monte muy cerrado, a pie con el caballo del diestro, y todos los que me seguían de la misma manera; y fui por él hasta que, cerca la noche, di en una ciénaga que, sin aderezarse, no se podía pasar, y mandé que, de mano en mano, dijesen que se volviesen atrás; y así nos volvimos a una sabanilla que atrás quedaba, y dormimos aquella noche en ella, sin tener agua que beber nosotros ni los caballos. Otro día por la mañana hice aderezar la ciénaga con mucha rama, y pasamos los caballos del diestro, aunque con trabajo; y, a tres leguas de donde dormimos, vimos un pueblo en un peñol, y, pensando que no habíamos sido sentidos, llegamos en mucho concierto hasta él, y estaba tan bien cercado que no hallábamos por dónde entrar. Al fin se halló entrada, y le hallamos despoblado y muy lleno de bastimentos de maíz, aves, miel y fríjoles, y de todos los bastimentos de la tierra en mucha cantidad; y, como fueron tornados de improviso, no lo pudieron alzar, y también, como era frontero, estaba muy bastecido.

La manera de este pueblo es que está en un peñol alto, y por una parte le cerca una gran laguna, y por la otra un arroyo muy hondo que entra en la laguna; y no tiene sino sólo una entrada llana, y todo él está cercado de un fosado hondo; y, después del fosado, un pretil de madera hasta los pechos de altura; y, después de este pretil de madera, una cerca de tablones muy gordos, de hasta dos estados en alto, con sus troneras en toda ella para tirar sus flechas; y, a trechos de la cerca, unas garitas altas que sobrepujan sobre ella cerca de otro estado y medio, asimismo con sus torreones y muchas piedras encima para pelear desde arriba, y sus troneras también en lo alto, y, de dentro, todas las casas del pueblo asimismo sus troneras y traveses a las calles, por tan buena orden y concierto, que no podía ser mejor —digo, para propósito de las armas con que ellos pelean—. Aquí hice ir alguna gente por la tierra a buscar la del pueblo, y tomaron dos o tres indios; y con ellos envié a uno de aquellos mercaderes de Acalán que había tomado en el camino, para que buscasen al señor y le dijesen que no tuviese miedo alguno, sino que se volviese a su pueblo, porque yo no le venía a hacer enojo; antes le ayudaría en aquellas guerras que tenían y le dejaría su tierra muy pacífica y segura. Y, a los dos días, volvieron y trajeron a un tío del señor consigo, el cual gobernaba la tierra, porque el señor era muchacho; y no vino el señor porque dice que tuvo temor. A este hablé y aseguré, y se fue conmigo hasta otro pueblo de la misma provincia, que está a siete leguas de éste, que se llama Tiac; y tienen guerra con los de este pueblo. Está también cercado como este otro, y es mucho mayor, aunque no es tan fuerte, porque está llano; pero tiene sus cercas, cavas y garitas más recias, y cercado cada barrio por sí —que son tres barrios—, cada uno de ellos cercado por sí, y una cerca que cerca a todos.

A este pueblo había enviado dos capitanías de caballo y una de peones delante, y hallaron el pueblo despoblado, y en él mucho bastimento; y cerca del pueblo tomaron siete u ocho hombres, de los cuales soltaron algunos para que fuesen a hablar al señor y asegurar la gente; e hiciéronlo tan bien, que, antes que yo llegase, habían ya venido mensajeros del señor y traído bastimentos y ropa. Y, después que yo vine, vinieron otras dos veces a traernos de comer y hablar, así de parte del señor de este pueblo como de otros cinco o seis que están en esta provincia —que son cada uno cabecera por sí—; y todos ellos se ofrecieron por vasallos de vuestra majestad y nuestros amigos, aunque jamás pude acabar con ellos que los señores me viniesen a ver. Y, como yo no tenía espacio para detenerme mucho, enviéles a decir que les agradecía su buena voluntad; que yo los recibía en nombre de vuestra alteza, y les rogaba que me diesen guía para mi camino adelante; lo cual hicieron de muy buena voluntad, y me dieron un guía que sabía muy bien hasta el pueblo donde estaban los españoles y los había visto. Con esto partí de este pueblo de Tiac y fui a dormir a otro que se llama Yasuncabíl, que es el postrero de la provincia, el cual asimismo estaba despoblado y cercado de la manera que los otros. Aquí había una muy hermosa casa del señor, aunque de paja.

En este pueblo nos proveímos de todo lo que hubimos menester para el camino, porque nos dijo el guía que teníamos cinco días de despoblado hasta la provincia de Taiza, por donde habíamos de pasar; y así era verdad. Desde esta provincia de Mazatlán o Guiache despedí los mercaderes que había tomado en el camino y los guías que traía de la provincia de Acalán, y les di de lo que yo tenía, así para ellos como para que llevasen a su señor, y fueron muy contentos. También envié a su casa al señor del primer pueblo, que había venido conmigo, y le di ciertas mujeres que los nuestros habían tomado por los montes —de las suyas— y otras cosillas, con lo que se fue muy contento.

Salido de esta provincia de Mazatlán seguí mi camino para la de Taiza, y dormí a cuatro leguas en despoblado —que todo el camino lo era— y de grandes montañas y sierras; y aun hubo en él un mal puerto que, por ser todas las peñas y piedras de él de alabastro muy fino, se le puso por nombre Puerto de Alabastro. Al quinto día, los corredores que llevaba delante con el guía asomaron a una muy gran laguna —que parecía brazo de mar, y aun así creo que lo es, aunque es dulce, según su grandeza y hondura—, y en una isleta que hay en ella vieron un pueblo, el cual les dijo aquel guía ser el principal de aquella provincia de Taiza; y que no teníamos remedio para pasar a él si no fuese en canoas. Quedaron allí los españoles corredores puestos en salto, y volvió uno de ellos a hacerme saber lo que pasaba. Yo hice detener toda la gente y pasé adelante a pie para ver aquella laguna y la disposición de ella; y, cuando llegué, hallé a los corredores que habían prendido a un indio de los del pueblo, que había venido en una canoa chiquita con sus armas a descubrir el camino y a ver si había gente; y, aunque venía descuidado de lo que le acaeció, se les fuera, si no por un perro que tenían, que le alcanzó antes que se echase al agua.

De este indio me informé y me dijo que ninguna cosa se sabía de mi venida; le pregunté si había paso para el pueblo y dijo que no; pero dijo que cerca de allí, pasando un brazo pequeño de aquella laguna, había algunas labranzas y casas pobladas, donde creía —si llegásemos sin ser sentidos— hallaríamos algunas canoas. Luego envié a mandar a la gente que se viniesen tras mí, y yo, con diez o doce peones ballesteros, seguí a pie por donde el indio nos guió; y pasamos un gran rato de ciénaga y agua hasta la cinta, y otras veces más arriba; y llegué a unas labranzas. Y, con el mal camino, y aun porque muchas veces no podíamos ir sino descubiertos, no pudimos dejar de ser sentidos; y llegamos a tiempos que ya la gente se embarcaba en sus canoas y se hacían al largo de la laguna, y anduve con mucha prisa por la ribera de aquella laguna dos tercios de legua de labranza; y en todas habíamos sido sentidos e iban ya huyendo.

YA ERA TARDE y seguir más era en vano; y así reposé en aquellas labranzas, y recogí toda la gente y la aposenté al mejor recaudo que yo pude, porque me decía el guía de Mazatlán que aquella era mucha gente y muy ejercitada en la guerra, a quien todas aquellas provincias comarcanas temían. Díjome que él quería ir en aquella canoíta en que había venido el indio; que tornaría al pueblo que se parecía en la isleta —y está bien dos leguas de aquí hasta llegar a él—, y que hablaría al señor, que él conocía muy bien, y se llama Canec, y le diría mi intención y causa de mi venida por aquellas tierras, pues él había venido conmigo y la sabía y la había visto; y creía que se aseguraría mucho y le daría crédito a lo que dijese, porque era de él muy conocido y había estado muchas veces en su casa.

Luego le di la canoa y el indio que la había traído con él, y le agradecí el ofrecimiento que me hacía, y le prometí que, si lo hiciese bien, se lo gratificaría muy a su contento; y así se fue, volviendo a la medianoche, y con él dos personas honradas del pueblo, que dijeron ser enviados de su señor a verme e informarse de lo que aquel mensajero mío les había dicho, y saber de mí qué era lo que quería. Yo les recibí muy bien y les di algunas cosillas, y les dije que yo venía por aquellas tierras por mandado de vuestra majestad, a verlas y hablar a los señores y naturales de ellas algunas cosas cumplideras a su real servicio y bien de ellos; que dijesen a su señor que le rogaba que, pospuesto todo temor, viniese adonde yo estaba; y que, para más seguridad, yo les quería dar un español que fuese allá con ellos y se quedase en rehenes en tanto que él venía. Con esto se fueron, y otro día de mañana vino el señor, y hasta treinta hombres con él, con cinco o seis canoas, y consigo el español que había enviado para los rehenes, y mostró venir muy alegre.

Fue de mí muy bien recibido; y, porque cuando llegó era hora de misa, hice que se dijese cantada y con mucha solemnidad, con los ministriles de chirimías y sacabuches que conmigo iban; la oyó con mucha atención, y las ceremonias de ella. Y, acabada la misa, vinieron allí aquellos religiosos que llevaba, y por ellos les fue hecho un sermón con la lengua, de manera que muy bien lo pudo entender, acerca de las cosas de nuestra fe, y dándole a entender por muchas razones cómo no había más de un solo Dios, y el yerro de su secta. Y, según mostró y dijo, satisfízose mucho, y dijo que él quería luego destruir sus ídolos y creer en aquel Dios que nosotros le decíamos, y que quisiera mucho saber la manera que debía de tener para servirle y honrarle; y que, si yo quisiese ir a su pueblo, vería cómo en mi presencia los quemaba, y quería que le dejase en su pueblo aquella cruz que le decía que yo dejaba en todos los pueblos por donde había pasado.

Después de este sermón yo le torné a hablar, haciéndole saber la grandeza de vuestra majestad, y que, como él y todos los del mundo éramos sus súbditos y vasallos y le somos obligados a servir, a los que así lo hacían vuestra majestad les mandaría hacer muchas mercedes; y yo, en su real nombre, lo había hecho en estas partes, así con todos los que a su real servicio se habían ofrecido y puesto debajo de su imperial yugo; y que así lo prometía a él. Él me respondió que hasta entonces no había reconocido a nadie por señor ni había sabido que nadie lo debiese ser; que verdad era que hacía cinco o seis años que los de Tabasco, viniendo por su tierra, le habían dicho cómo había pasado por allí un capitán con cierta gente de nuestra nación, y que los habían vencido tres veces en la batalla, y que después les habían dicho que habían de ser vasallos de un gran señor, y todo lo que yo ahora le decía; que le dijese si era todo uno. Yo le respondí que el capitán que los de Tabasco le dijeron que había pasado por su tierra era yo; y, para que creyese ser verdad, que se informase de aquella lengua que con él hablaba —que es Marina, la que yo siempre conmigo he traído, porque allí me la habían dado con otras veinte mujeres—. Ella le habló y le certificó de ello, y cómo yo había ganado a México, y le dijo todas las tierras que yo tengo sujetas y puestas debajo del imperio de vuestra majestad. Mostró holgarse mucho en haberlo sabido y dijo que él quería ser sujeto y vasallo de vuestra majestad y que se tendría por dichoso de serlo de un tan gran señor como yo le decía que vuestra alteza lo es.

E hizo traer aves, miel y un poco de oro y ciertas cuentas de caracoles coloradas, que ellos tienen en mucho, y me lo dio; y yo asimismo le di algunas cosas de las nuestras, de que mucho se contentó; y comió conmigo con mucho placer. Y, después de haber comido, yo le dije cómo iba en busca de aquellos españoles que estaban en la costa de la mar, porque eran de mi compañía y yo los había enviado, y hacía muchos días que no sabía de ellos; y por eso los venía a buscar, y le rogaba que él me dijese alguna nueva si sabía de ellos. Él me dijo que tenía mucha noticia de ellos, porque bien cerca de donde ellos estaban tenía él ciertos vasallos suyos, que le servían de labrar ciertos cacahuatalés —porque era aquella tierra muy buena de ellos—; y que de éstos y de muchos mercaderes que cada día iban y venían de su tierra allá, sabía siempre nuevas de ellos; y que él me daría guía para que me llevasen adonde estaban, pero que me hacía saber que el camino era muy áspero, de sierras muy altas y de muchas peñas; que, si había de ir por la mar, no me fuera tan trabajoso. Yo le dije que ya él veía que, para tanta gente como yo traía conmigo y para el fardaje y caballos, no bastarían navíos; que me era muy forzado ir por tierra. Le rogué que me diese orden para pasar aquella laguna, y me dijo que, yendo por ella arriba, a las tres leguas se desecaba, y por la costa podía tomar el camino frontero de su pueblo; y que me rogaba mucho que, ya que la gente se había de ir por acullá, yo me fuese con él en las canoas a ver su pueblo y casa, y que vería quemar los ídolos y le haría hacer una cruz. Y yo, por darle placer —aunque contra la voluntad de los de mi compañía—, me metí con él en las canoas con casi veinte hombres, los más de ellos ballesteros, y me fui a su pueblo con él todo aquel día holgando; y, ya que era casi noche, me despedí de él, y me dio un guía, y entré en las canoas, y me salí a dormir a tierra, donde hallé ya mucha de la gente de mi compañía que había bajado a la laguna, y dormimos allí aquella noche. En este pueblo —digo, en aquellas labranzas— quedó un caballo que se hincó un palo por el pie y no pudo andar; me prometió el señor curarlo; no sé lo que hará.

Otro día, después de recogida mi gente, partí por donde los guías me llevaron, y a obra de media legua del aposento di en un poco de llano y cabaña, y después torné a dar en otro montecillo, que duró obra de legua y media, y torné a salir a unos muy hermosos llanos. Y, en saliendo a ellos, envié muy delante ciertos de caballo y algunos peones, porque, si alguna gente hubiese por el campo, la tomasen, porque nos dijeron los guías que aquella noche llegaríamos a un pueblo; y en estos llanos se hallaron muchos gamos y alanceamos a caballo dieciocho de ellos, y, con el sol y con haber muchos días que los caballos no corrían, porque nunca habíamos tenido tierra para ello, sino montes, murieron dos caballos, y muchos estuvieron en harto peligro. Hecha nuestra montería, seguimos el camino adelante, y a poco rato hallé algunos de los corredores que iban delante parados, y tenían cuatro indios cazadores que habían tomado, y traían muerto un león y ciertas iguanas, que son unos grandes lagartos que hay en las islas.

De éstos me informé si sabían de mí en su pueblo, y dijeron que no, y mostráronmele a su vista, que, al parecer, no podía estar de una legua arriba, y me di mucha prisa por llegar allá, creyendo que no habría embarazo alguno en el camino. Y, cuando pensé que llegaba a entrar en el pueblo y vi a la gente andar por él, fui a dar sobre un gran estero de agua muy hondo, y así me detuve y comencé a llamarlos; y vinieron dos indios en una canoa y traían hasta una docena de gallinas, y llegaron así cerca de mí, que estaba dentro del agua hasta la cincha del caballo; y se detuvieron, que nunca quisieron llegar afuera, y allí estuve con ellos hablando gran rato, asegurándolos, y jamás quisieron llegarse a mí; antes comenzaron a volverse al pueblo en su canoa, y un español que estaba a caballo junto a mí puso las piernas por el agua y fue a nado tras ellos, y, de temor, desampararon la canoa, y llegaron de presto otros peones nadadores y tomáronlos.

Ya toda la gente que habíamos visto en el pueblo se había ido de él, y pregunté a aquellos indios por dónde podíamos pasar, y me mostraron un camino, que, rodeando una legua arriba, se desecaba el estero; y por allí fuimos aquella noche a dormir al pueblo, que hay desde donde partimos aquel día ocho leguas grandes. Se llama este pueblo Checán, y el señor de él Amohán; aquí estuve cuatro días por bastecerme para seis días —que me dijeron los guías había de despoblado— y por esperar se viniera el señor del pueblo, que le envié a llamar y asegurar con aquellos indios que había tomado; y nunca él ni ellos vinieron. Pasados estos días y recogido el mayor bastimento que por allí se pudo, partí, y llevé la primera jornada de muy buena tierra, llana y alegre, sin monte, sino algunos pedazos; y, andadas seis leguas, al pie de unas sierras y junto a un río, se halló una gran casa, y, junto a ella, otras dos o tres pequeñas, y alrededor, algunas labranzas; y me dijeron los guías que aquella casa era de Amohán, señor de Checán, y que las tenía allí para venta, porque pasaban por allí muchos mercaderes.

Allí estuve un día —sin el que llegué— porque era fiesta y por dar lugar a los que iban delante abriendo el camino; y se hizo en aquel río una muy hermosa pesquería, que atajamos en él mucha cantidad de sábogas, y las tomamos todas, sin írsenos una de las que metimos en el atajo. Y otro día partí, y así anduve siete leguas, o casi, de harto mal camino, y salí a unos llanos muy hermosos, sin monte, sino algunos pinares. Nos duraron estos llanos otras dos leguas, y en ellos matamos siete venados, y comimos en un arroyo muy fresco que se hacía al cabo de estos llanos; y, después de haber comido, comenzamos a subir un portezuelo, aunque pequeño, harto áspero, que de diestro subían los caballos con trabajo; y en la bajada de él hubo hasta media legua de llano, y luego comenzamos a subir otro que, en subida y bajada, tuvo bien dos leguas y media, tan áspero y malo, que ningún caballo quedó que no se desherrase. Y dormí a la bajada de él en un arroyo, y allí estuve otro día casi hasta hora de vísperas, esperando que se herrasen los caballos; y, aunque había dos herradores y más de diez que ayudaban a echar clavos, no se pudieron en aquel día herrar todos, y yo me fui aquel día a dormir tres leguas más adelante, y quedaron allí muchos españoles, así por herrar sus caballos como por esperar el fardaje, que, por haber sido el camino malo y haberle pasado con mucha agua que llovía, no habían podido llegar.

Otro día me partí de allí, porque las guías me dijeron que cerca estaba una casería que se llama Asuncapín, que es del señor de Taica, y que llegaríamos allí temprano a dormir. Y, después de haber andado cuatro o cinco leguas, llegamos a la dicha casería, y la hallamos sin gente; y allí me aposenté dos días, por esperar todo el fardaje y por recoger algún bastimento; y después me partí, y fui a dormir a otra casería, y la hallamos sin gente; y allí me aposenté dos días, por esperar todo el fardaje y por recoger algún bastimento; y después me partí, y fui a dormir a otra casería que se llama Taxueytel, que está cinco leguas de esta otra, y es de Amohán, señor de Checán, donde había muchos cacahuatalés y algún maíz, aunque poco y verde. Aquí me dijeron las guías, y el principal de esta casería —que se hubo a las manos él y su mujer y un su hijo, antes que huyesen—, que habíamos de pasar unas muy altas y agrias sierras, todas despobladas, hasta llegar a otras caserías que son de Canec, señor de Taica, que se llaman Tenciz. No reposamos aquí mucho, que luego, otro día, nos partimos; y, habiendo andado seis leguas de tierra llana, comenzamos a subir el puerto, que fue la cosa del mundo más maravillosa de ver y pasar. Pues, querer yo significar a vuestra majestad la aspereza y fragosidad de este puerto y sierras, ni quien mejor que yo supiese lo podría explicar, ni quien lo oyese lo podría entender si, vista de ojos, no lo viese y, pasando por él, no lo experimentase. Y no quiero decir otra cosa sino —vuestra majestad— que, en ocho leguas que tuvo este puerto, estuvimos en las andar doce días, digo los postreros en llegar al cabo de él, en que murieron sesenta y ocho caballos despeñados y desjarretados; y todos los demás vinieron heridos y tan lastimados, que no pensamos aprovecharnos de ninguno; y así murieron, de las heridas y del trabajo de aquel puerto, sesenta y ocho caballos, y los que escaparon estuvieron más de tres meses en tornar en sí.

En todo este tiempo que pasamos este puerto jamás cesó de llover de noche y de día; y eran las sierras de tal calidad que no se detenía en ellas agua para poder beber, y padecíamos mucha necesidad de sed; y los más de los caballos murieron por esta falta. Y, si no fuera porque de los ranchos y chozas que cada noche hacíamos para nos meter, que de ellos cogíamos agua en calderas y otras vasijas —que, como llovía tanto, había para nosotros y los caballos—, fuera imposible escapar ningún hombre ni caballos de aquellas sierras.

En este camino cayó un sobrino mío y se quebró una pierna por tres o cuatro partes, que, demás del trabajo que él recibió, nos acrecentó el de todos por sacarle de aquellas sierras, que fue harto dificultoso. Para remedio de nuestro trabajo hallamos, una legua antes de llegar a Tenciz, un muy gran río que, con las muchas aguas, iba tan crecido y recio, que era imposible pasarlo. Y los españoles que fueron delante habían subido el río arriba y hallaron un vado, el más maravilloso que se puede pensar, y es que por aquella parte se tiende el río más de dos tercios de legua, porque unas peñas muy grandes que se ponen delante le hacen tender, y hay entre estas peñas angosturas por donde pasa el río, la cosa más espantosa, de recia, que puede ser; y de éstas hay muchas, que por esta parte no se puede pasar el río sino por entre aquellas peñas. Allí cortábamos árboles grandes, que se atravesaban de una peña a otra, y por allí pasábamos, con tanto peligro, asidos por unos bejucos que también se ataban de una parte a otra, que, a resbalar un poquito, era imposible escaparse quien cayese. Había de estos pasos hasta veinte y tantos, de manera que se estuvo en pasar el río dos días por este vado; y los caballos pasaron a nado por abajo, que iba algo más mansa el agua, y estuvieron tres días muchos de ellos en llegar a Tenciz, que no había —como digo— más de una legua, porque venían tan maltratados de las sierras que casi los llevaban a cuestas, y no podían ir.

Yo llegué a estas caserías de Tenciz, víspera de Pascua de Resurrección, a 15 días del año de 1525, y mucha de la gente no llegó hasta tres días adelante —digo los que tenían caballos, que se detuvieron por ellos—. Dos días antes que yo llegase habían llevado la delantera y hallaron gente en tres o cuatro casas de aquéllas;

tomaron veinte y tantas personas, porque estaban muy descuidadas de mi venida; y a aquellos pregunté si había algunos bastimentos, y dijeron que no, ni se pudieron hallar por toda la tierra; lo que nos puso en harta más necesidad que traíamos, porque había diez días que no comíamos sino cuescos de palmas y palmitos; y aun de éstos se comían pocos, porque no traíamos ya fuerzas para cortarlos. Pero díjome un principal de aquellas caserías que, a una jornada de allí, el río arriba —que lo habíamos de tornar a pasar por donde lo habíamos pasado—, había mucha población de una provincia que se llama Tahuytal, y que allí había mucha abundancia de bastimentos de maíz y cacao y gallinas, y que él me daría quien me guiase allá. Luego proveí que fuese allá un capitán con treinta peones y más de mil indios de los que iban conmigo; y quiso Nuestro Señor que hallaron mucha abundancia de maíz, y hallaron la tierra despoblada de gente; y de allí nos remediamos, aunque, por ser tan lejos, nos proveíamos con trabajo.

DESDE ESTAS estancias envié, con una guía de los naturales de ellas, ciertos españoles ballesteros que fuesen a mirar el camino que habían de llevar hasta una provincia que se llama Acuculín; y que llegasen a una aldea de la dicha provincia, que está diez leguas de donde yo quedé y seis de la cabecera de la provincia, que se llama —como dije— Acuculín, y el señor de ella Acahuilguín. Y llegaron sin ser sentidos, y de una casa tomaron siete hombres y una mujer, y volviéronse; y dijeron que el camino era, hasta donde ellos habían llegado, algo trabajoso, pero que les había parecido muy bueno en comparación de los que habíamos pasado.

De estos indios que trajeron estos españoles me informé de los cristianos que yo iba a buscar; y entre ellos venía uno, natural de la provincia de Aculán, que dijo que era mercader y tenía su casa de asiento de mercadería en el pueblo donde residían los españoles que yo iba a buscar, que se llama el pueblo Nito, donde había mucha contratación de mercaderes de todas partes; y que los mercaderes naturales de Aculán tenían en él un barrio por sí, y con ellos estaba un hermano de Apaspolon, señor de Aculán; y que los cristianos los habían salteado de noche y les habían tomado el pueblo y quitádoles las mercaderías que en él tenían, que eran en mucha cantidad, porque había mercaderes de muchas partes; y que desde entonces —que podía haber cerca de un año— todos se habían ido por otras provincias; y que él y ciertos mercaderes de Aculán habían pedido licencia a Acahuilguín, señor de Acuculín, para poblar en su tierra, y habían hecho en cierta parte que él les señaló un pueblezuelo donde vivían, y desde allí contrataba; aunque ya el trato estaba muy perdido después que aquellos españoles allí habían venido, porque era por allí el paso y no osaban pasar por ellos. Y que él me guiaría hasta donde estaban, pero que habíamos de pasar, allá junto a ellos, un gran brazo de mar, y, antes de llegar allí, muchas sierras y malas; y que había desde allí diez jornadas. Holgué mucho con tener tan buena guía e hícele mucha honra; y habláronle las guías que yo llevaba de Mazatlán y Taica, diciéndole cuán bien tratados habían sido de mí y cuán amigo era yo de Apaspolon, su señor. Y con esto parecía que él aseguró más; y, fiándome de su seguridad, mandé soltar a él y a los que con él habían traído, y, con su confianza, hice que se volviesen de allí las guías que traía; y les di algunas cosillas para ellos y para sus señores, y les agradecí su trabajo, y se fueron muy contentos.

Luego envié cuatro de aquellos de Acuculín, con otros dos de los de aquellas caserías de Tenciz, para que fuesen a hablar al señor de Acuculín y le asegurasen, porque no se ausentase; y, tras ellos, envié los que iban abriendo el camino; y yo me partí desde ahí a dos días por la necesidad de los bastimentos, aunque teníamos harta necesidad de reposar, en especial por amor de los caballos; pero, llevando los más de ellos de diestro, nos fuimos. Y aquella noche amaneció ido el que había de ser guía y los que con él quedaron; de que Dios sabe lo que sentí, por haber despachado las otras.

Seguí mi camino y fui a dormir a un monte cinco leguas de allí, donde se pasaron hartos malos pasos, y aun se desjarretó otro caballo que había quedado sano, que hasta hoy no lo está. Y, otro día, anduve seis leguas, y pasé dos ríos: el uno se pasó por un árbol que estaba caído —que atravesaba de la una parte a la otra—, con que hicimos sobre él para que pasase la gente y no cayesen; y los caballos lo pasaron a nado, y se ahogaron en él dos yeguas. Y el otro se pasó en unas canoas, y los caballos también a nado; y fui a dormir a una población pequeña, de hasta quince casas, todas nuevas. Y supe que aquellas casas eran las de los mercaderes de Aculán que habían salido del pueblo donde los cristianos habían poblado. Allí estuve yo un día esperando recoger la gente y fardaje, y envié delante dos capitanías de caballos y una de peones al pueblo de Acuculín; y escribiéronme cómo lo habían hallado despoblado, y, en una casa grande —que es del señor—, habían hallado dos hombres, que les dijeron que estaban allí por el mandado del señor, esperando a que yo llegase para lo ir a hacer saber; porque él había sabido de mi venida de aquellos mensajeros que yo le había enviado desde Tenciz, y que él holgaba de verme, y venía en sabiendo que yo era llegado; y que se había ido el uno de ellos a llamar al señor y a traer algún bastimento, y el otro había quedado. Escribiéronme también que habían hallado cacao en los árboles, pero que no habían hallado maíz; aunque había razonable pasto para los caballos.

Como yo llegué a Acuculín, pregunté si había venido el señor o vuelto el mensajero, y dijéronme que no; y hablé al que había quedado, preguntándole cómo no habían venido; respondióme que no sabía, y que él también estaba esperando de ello, pero que podría ser que hubiese aguardado a saber que yo fuese venido y que, ahora que ya lo sabía, vendría.

Esperé dos días, y, como no vino, tornéle a hablar; y díjome que él no sabía qué era la causa de no haber venido, pero que le diese algunos españoles que fuesen con él, que él sabía dónde estaba, y que lo llamarían. Y luego fueron con él diez españoles, y llevólos bien cinco leguas de allí por unos montes, hasta unas chozas que hallaron vacías, donde —según dijeron los españoles— parecía bien que había estado gente poco había. Y aquella noche se les fue la guía, y se volvieron.

Quedé del todo sin guía, que fue harta causa de doblarse los trabajos; y envié cuadrillas de gente, así españoles como indios, por toda la provincia; y anduvieron por todas partes de ella más de ocho días, y jamás pudieron hallar gente ni rastro de ella, sino fueron unas mujeres, que hicieron poco fruto a nuestro propósito, porque ni ellas sabían camino ni dar razón del señor ni gente de la provincia. Y una de ellas dijo que había un pueblo dos jornadas de allí, que se llamaba Chianteca, y que allí se hallaría gente que les diese razón de aquellos españoles que buscábamos, porque había en el dicho pueblo muchos mercaderes y personas que trataban en muchas partes. Así, envié luego gente y a esta mujer por guía; y, aunque era el pueblo dos jornadas buenas de donde yo estaba, y todo despoblado y mal camino, los naturales de él estaban ya avisados de mi venida, y no se pudo tomar tampoco guía.

Quiso Nuestro Señor que, estando ya casi sin esperanza —por estar sin guía y porque de la aguja no nos podíamos aprovechar, por estar metidos entre las más espesas y bravas sierras que jamás se vieron, sin hallar camino que para ninguna parte saliese, más del que hasta allí habíamos llevado—, que se halló por unos montes un muchacho de hasta quince años, que, preguntando, dijo que él nos guiaría hasta unas estancias de Taniha, que es otra provincia que llevaba yo en mi memoria que había de pasar; las cuales estancias dijo estar dos jornadas de allí. Y con esta guía me partí, y en dos días llegué a aquellas estancias, donde los corredores que iban delante tomaron un indio viejo; y éste nos guió hasta los pueblos de Taniha, que están otras dos jornadas adelante. Y en estos pueblos se tomaron cuatro indios, y, luego como les pregunté, me dieron muy cierta nueva de los españoles que buscaba, diciendo que los habían visto, y que estaban dos jornadas de allí, en el mismo pueblo que yo llevaba en mi memoria, que se llama Nito; que, por ser pueblo de mucho trato de mercaderes, se tenía de él mucha noticia en muchas partes, y así me la dieron de él en la provincia de Aculán, de que ya a vuestra majestad he hecho mención. Y aun trajéronme dos mujeres de las naturales del dicho pueblo Nito, donde estaban los españoles; las cuales me dieron más entera noticia, porque dijeron que al tiempo que los cristianos tomaron aquel pueblo, ellas estaban en él, y, como los saltearon de noche, las habían tomado entre otras muchas que allí tomaron, y que habían servido a ciertos cristianos de ellos, los cuales nombraban por sus nombres.

No podré significar a vuestra majestad la mucha alegría que yo y todos los de mi compañía tuvimos con las nuevas que los naturales de Taniha nos dieron, por hallarnos ya tan cerca del fin de tan dudosa jornada como la que traíamos; que, aunque en aquellas cuatro jornadas que desde Acuculín allí trujimos se pasaron innumerables trabajos —porque fueron todas sin camino y de muy ásperas sierras y despeñaderos, donde se despeñaron algunos de los caballos que nos quedaron, y un primo mío, que se dice Juan de Ávalos, rodó él y su caballo una sierra abajo, donde se quebró un brazo; y, si no fuera por las placas de un arnés que llevaba vestido, que le defendieron de las piedras, se hiciera pedazos, y fue harto trabajoso de le tornar a sacar arriba— y otros muchos trabajos, que serían largos de contar, que aquí se nos ofrecieron, en especial de hambre, porque, aunque yo traía algunos puercos de los que saqué de México —que aún no eran acabados—, había más de ocho días, cuando a Taniha llegamos, que no comíamos pan, sino palmitos cocidos con la carne, y sin sal, porque había muchos días que nos había faltado. Y con esto y con algunos cuescos de palmas nos pasábamos; y tampoco hallamos en estos pueblos de Taniha cosa ninguna de comer, porque, como estaba tan cerca de los españoles, estaban despoblados mucho había, creyendo que habían de venir a ellos; aunque de esto podían estar bien seguros, según yo hallé a los españoles. Con las nuevas de hallarnos tan cerca, olvidamos todos estos trabajos pasados, y púsonos este esfuerzo para sufrir los presentes, que no eran de menos condición; en especial el de la hambre, que era el mayor, porque aun de aquellos palmitos sin sal no teníamos abasto, porque se cortaban con mucha dificultad de unas palmas muy gordas y altas, que, en todo un día, dos hombres tenían que hacer en cortar uno, y, cortado, le comían en media hora.

Estos indios que me dieron las nuevas de los españoles me dijeron que hasta llegar allá había dos jornadas de mal camino, y que, junto con el dicho pueblo de Nito, donde los españoles estaban, estaba un muy gran río que no se podia pasar sin canoas, porque era tan ancho que no era posible pasarlo a nado.

Luego despaché quince españoles de los de mi compañía, a pie, con una de aquellas guías, para que viesen el camino y el río, y mandéles que trabajasen de haber alguna lengua de aquellos españoles, sin ser sentidos, para me informar cuál gente era: si era de la que yo había enviado con Cristóbal de Olid o Francisco de las Casas, o de la de Gil González de Ávila. Y así fueron, y el indio los guió hasta el dicho río, donde tomaron una canoa de unos mercaderes, y, tomada, estuvieron allí dos días escondidos; y al cabo de este tiempo salió del pueblo de los españoles —que estaban de la otra parte del río— una canoa con cuatro españoles que anduvieron pescando, a los cuales tomaron, sin se les ir ninguno y sin ser rescatados en el pueblo; los cuales me trajeron, y me informé de ellos y supe que aquella gente que allí estaba era de los de Gil González de Ávila y que estaban todos enfermos y casi muertos de hambre.

Y luego despaché dos criados míos en la canoa que aquellos españoles traían, para que fuesen al pueblo de los españoles con una carta mía en que los hacía saber de mi venida, y que yo me iba a poner al paso del río, y que les rogaba mucho allí me enviasen todo el aderezo de barcas y canoas en que pasase; y yo me fui luego con toda mi compañía al dicho paso del río, que estuve tres días en llegar a él. Y allí vino a mí un Diego Nieto, que dijo estar allí por justicia, y me trajo una barca y una canoa, en que yo, con diez o doce, pasé aquella noche al pueblo; y aun me vi en harto trabajo, porque nos tomó un viento al pasar, y, como el río es muy ancho allí a la boca de la mar por donde lo pasamos, estuvimos en mucho peligro de perdernos; y plugo a Nuestro Señor de sacarnos a puerto. Otro día hice aderezar otra barca que allí estaba, y buscar más canoas y atarlas de dos en dos; y con este aderezo pasó toda la gente y caballos en cinco o seis días.

LA GENTE DE españoles que yo allí hallé fueron hasta sesenta hombres y veinte mujeres, que el capitán Gil González de Ávila allí había dejado; los cuales los hallé tales, que era la mayor compasión del mundo de verlos y de ver las alegrías que con mi venida hicieron; porque, en la verdad, si yo no llegara, fuera imposible escapar ninguno de ellos. Porque, demás de ser pocos y desarmados y sin caballos, estaban muy enfermos y llagados y muertos de hambre, porque se les acababan los bastimentos que habían traído de las islas y alguno que habían habido en aquel pueblo cuando lo tomaron a los naturales de él; y, acabados, no tenían remedio de dónde hacer otros, porque no estaban para irlos a buscar por la tierra. Y, ya que los tuvieran, estaban en tal parte asentados, que por ninguna tenían salida —digo que ellos supiesen ni pudiesen hallar, según se halló después con dificultad— y la poca posibilidad que en ellos había para salir a ninguna parte, porque a media legua de donde estaban poblados jamás habían salido por tierra.

Vista la gran necesidad de aquella gente, determiné de buscar algún remedio para los sostener en tanto que le hallaba para poderlos enviar a las islas, donde se aviasen; porque de todos ellos no había ocho para poder quedar en la tierra, ya que se hubiese de poblar. Y luego, de la gente que yo traje, envié por muchas partes por la mar en dos barcas que allí tenían y en cinco o seis canoas. La primera salida que se hizo fue a una boca de un río que se llama Yasa, que está diez leguas de este pueblo donde yo hallé estos cristianos, hacia el camino por donde había venido; porque yo tenía noticia que allí había pueblos y muchos bastimentos. Y fue esta gente, y llegaron al dicho río, y subieron por él seis leguas arriba, y dieron en unas labranzas asaz grandes; y los naturales de la tierra, sintiéndolos venir, alzaron todos los bastimentos que tenían por unas caserías que por aquellas estancias había, y sus mujeres e hijos y haciendas; y ellos se escondieron en los montes. Y como los españoles llegaron por aquellas caserías, dicen que les hizo una grande agua, y recogiéronse a una gran casa que allí había y, como descuidados y mojados, todos se desarmaron y aun muchos se desnudaron para enjugar sus ropas y calentarse a fuegos que habían hecho. Y, estando así descuidados, los naturales de la tierra dieron sobre ellos, y, como los tomaron desapercibidos, hicieron muchos de ellos de tal manera que les fue forzado tornarse a embarcar y venir donde yo estaba, sin más recaudo del que habían llevado. Y, como vinieron, Dios sabe lo que yo sentí, así por verlos heridos —y aun algunos de ellos peligrosos— y por el favor que a los indios quedaría, como por el poco remedio que trajeron para la gran necesidad en que estábamos.

Luego, a la hora, en las mismas barcas y canoas, torné a embarcar otro capitán con más gente, así de españoles como de los naturales de México que conmigo fueron; y, porque no pudo ir toda la gente en las dichas barcas, hícelos pasar de la otra parte de aquel gran río que está cabe este pueblo, y mandé que se fuesen por toda la costa, y que las barcas y canoas se fuesen tierra a tierra junto con ellos para pasar los ancones y ríos —que hay muchos—; y así fueron y llegaron a la boca del dicho río donde primero habían ido los otros españoles, y volviéronse sin hacer cosa ninguna ni traer recaudo de bastimento, más de tomar cuatro indios que iban en una canoa por la mar. Y, preguntados cómo se venían así, dijeron que, con las muchas aguas que hacía, venía el río tan furioso, que jamás habían podido subir por él arriba una legua; y que, creyendo que amansara, habían estado esperando a la baja ocho días sin ningún bastimento ni fuego; más de frutas de árboles silvestres, de que algunos vinieron tales, que fue menester harto remedio para escaparlos.

Me vi aquí en harto aprieto y necesidad, y, si no fuera por unos pocos puercos que me habían quedado del camino —que comíamos con harta regla y sin pan ni sal—, todos nos quedáramos aislados. Pregunté con la lengua a aquellos indios que habían tomado en la canoa si sabían ellos por allí alguna parte donde pudiésemos ir a buscar bastimentos, prometiéndoles que, si me encaminasen donde los hubiese, los pondría en libertad, y además les daría muchas cosas. Y uno de ellos dijo que él era mercader y todos los demás sus esclavos, y que él había ido por allí de mercadería muchas veces con sus navíos, y que él sabía un estero que atravesaba desde allí hasta un gran río, por donde, en tiempo que había tormentas y no podían navegar por la mar, todos los mercaderes atravesaban; y que en aquel río había muy grandes poblaciones y de gente muy rica y abastada de bastimentos, y que él los guiaría a ciertos pueblos donde muy cumplidamente pudiesen cargar de todos los bastimentos que quisiesen; y, porque yo fuese cierto que él no mentía, que le llevase atado con una cadena, para que, si no fuese así, yo le mandase dar la pena que mereciese. Y luego hice aderezar las barcas y canoas, y metí en ellas toda cuanta gente sana en mi compañía había, y los envié con aquel guía; y fueron, y al cabo de diez días volvieron de la manera que habían ido, diciendo que el guía los había metido en unas ciénagas donde ni las barcas ni las canoas podían navegar, y que habían hecho todo lo posible por pasar, y que jamás habían hallado remedio. Pregunté al guía cómo me había burlado; respondióme que no había hecho tal, sino que aquellos españoles con quien yo le envié no habían querido pasar adelante, y que ya estaban muy cerca de atravesar la mar adonde el río salía; y aun muchos de los españoles confesaron que habían oído muy claro el ruido del mar, y que no podía estar muy lejos de donde ellos habían llegado.

No se puede decir lo que sentí al verme tan sin remedio, que casi estaba sin esperanza de él, y con pensamiento de que ninguno podía escapar de cuantos allí estábamos, sino morir de hambre. Estando en esta perplejidad, Dios Nuestro Señor —que de remediar semejantes necesidades siempre tiene cargo, en especial en mi inmérito, que tantas veces me ha remediado y socorrido en ellas por andar yo en el real servicio de vuestra majestad—, aportó allí un navío que venía de las islas, harto sin sospecha de hallarme, el cual traía hasta treinta hombres —sin la gente que navegaba el dicho navío—, y trece caballos y setenta y tantos puercos y doce botas de carne salada, y pan hasta treinta cargas de lo de las islas. Dimos todos muchas gracias a Nuestro Señor, que en tanta necesidad nos había socorrido, y compré todos aquellos bastimentos y el navío, que me costó todo cuatro mil pesos; y ya yo me había dado prisa a adobar una carabela que aquellos españoles tenían casi perdida y a hacer un bergantín de otros que allí había quebrados; y, cuando este navío vino, ya la carabela estaba adobada, aunque el bergantín no creo que pudiéramos dar fin si no viniera aquel navío, porque vino en él hombre que, aunque no era carpintero, tuvo para ello harta buena manera. Andando después por la tierra por unas y otras partes, se halló una vereda por unas muy ásperas sierras que, a dieciocho leguas de allí, fue a salir a cierta población que se dice Leguela, donde se hallaron muchos bastimentos; pero, como estaba tan lejos y de tan mal camino, era imposible proveernos de ellos.

De ciertos indios que se tomaron allí en Leguela se supo de Naco —que es un pueblo donde estuvieron Francisco de las Casas y Cristóbal de Olid y Gil González de Ávila, y donde el dicho Cristóbal de Olid murió, como ya a vuestra majestad tengo hecha relación, y adelante diré—; también de ello yo tuve noticia por aquellos españoles que hallé en aquel pueblo de Leguela. Y luego hice abrir el camino y envié un capitán con toda la gente y caballos —que en mi compañía no quedaron sino los enfermos y los criados de mi casa y algunas personas que se quisieron quedar conmigo para ir por la mar—, y mandé a aquel capitán que se fuese hasta el dicho pueblo de Naco, y que trabajase en apaciguar la gente de aquella provincia, porque quedó algo alborotada del tiempo que allí estuvieron aquellos capitanes; y que, llegado, luego enviase diez o doce de a caballo y otros tantos ballesteros a la bahía de San Andrés, que está a veinte leguas del dicho pueblo; porque yo me partiría por la mar, con aquellos navíos, y con ellos todos aquellos enfermos y gente que conmigo quedaron, y me iría a la dicha bahía y puerto de San Andrés; y que, si yo llegase primero, esperaría allí a la gente que él había de enviar, y que les mandase que si ellos llegasen primero, también me esperasen para que les dijese lo que habían de hacer.

Después de partida esta gente, y acabado el bergantín, quise meterme con la gente en los navíos para navegar, y hallé que, aunque teníamos algún bastimento de carne, no lo teníamos de pan; y que era gran inconveniente meterme en la mar con tanta gente enferma, porque, si algún día los tiempos nos detuviesen, sería perecer todos de hambre, en lugar de buscar remedio. Y, buscando manera para hallarle, me dijo el que estaba por capitán de aquella gente que, cuando luego allí habían venido, vinieron doscientos hombres, y que traían un muy buen bergantín y cuatro navíos —que eran todos los que Gil González había traído—; y que con el dicho bergantín y con las barcas de los navíos habían subido aquel gran río arriba, y que habían hallado en él dos golfos grandes, todos de agua dulce, y alrededor de ellos muchos pueblos y de muchos bastimentos; y que habían llegado hasta el cabo de aquellos golfos —que era catorce leguas el río arriba—, y que había tornado a angostarse el río, y que venía tan furioso, que en seis días que quisieron subir por él arriba no habían podido subir sino cuatro leguas, y que todavía iba muy hondable, y que no habían sabido el secreto de él; y que allí creía él que había bastimentos de maíz hartos; pero que yo tenía poca gente para ir allá, porque, cuando ellos habían ido, habían saltado ochenta hombres en un pueblo, y aun lo habían tomado sin ser sentidos; pero, después que se habían juntado y peleado con ellos, y hécholes embarcar por fuerza, les habían herido cierta gente.

Yo, viendo la extrema necesidad en que estaba, y que era más peligroso meterme en la mar sin bastimentos que no irlos a buscar por tierra, pospuesto todo, me determiné de subir aquel río arriba; porque, demás de no poder hacer otra cosa sino buscar de comer para aquella gente, pudiera ser que Dios Nuestro Señor fuese servido que de allí se supiese algún secreto en que yo pudiera servir a vuestra majestad. Hice luego contar la gente que tenía para poder ir conmigo, y hallé hasta cuarenta españoles —aunque no todos podían servir para quedar en guarda de los navíos cuando yo saltase en tierra—; y, con esta gente, y con hasta cincuenta indios que conmigo habían quedado de los de México, me metí en el bergantín —que ya tenía acabado— y en dos barcas y cuatro canoas; y dejé en aquel pueblo un despensero mío que tuviese cargo de dar de comer a aquellos enfermos que allí quedaban. Y así seguí mi camino el río arriba con harto trabajo, por la gran corriente de él; y en dos noches y un día salí al primero de los dos golfos que arriba se hacen —que está hasta tres leguas de donde partí—, el cual cogerá doce leguas; y en todo este golfo no hay población alguna, porque en torno de él es todo anegado. Y navegué un día por este golfo, hasta llegar a otra angostura que el río hace; y entré por ella, y, otro día por la mañana, llegué al otro golfo, que era la cosa más hermosa del mundo de ver: que, entre las más ásperas y agrias sierras que puede ser, estaba una mar tan grande, que boja, y tiene en su contorno más de treinta leguas. Y fui por la una costa de él, hasta que ya casi noche se halló una entrada de camino; y, a dos tercios de legua, fui a dar en un pueblo, donde, según pareció, había sido sentido y estaba todo despoblado y sin cosa ninguna.

Hallamos en el campo mucho maíz verde; y, así, comimos aquella noche; y, otro día de mañana, viendo que de allí no nos podíamos proveer de lo que veníamos a buscar, cargámonos de aquel maíz verde para comer, y volvimos a las barcas, sin haber reencuentro ninguno ni ver gente de los naturales de la tierra. Y, embarcados, a través de la otra parte del golfo; y en el camino nos tomó un poco de tiempo contrario, que atravesamos con trabajo, y se perdió una canoa, aunque la gente fue socorrida con una barca, que no se ahogó sino un indio. Tomamos la tierra ya muy tarde, cerca de noche, y no pudimos saltar en ella; otro día por la mañana —que con las barcas y canoas— subimos por un riatillo pequeño que allí entraba, y, quedando el bergantín en el golfo, fuera del dicho riatillo, fui a dar en un camino; y allí salté con treinta hombres y con todos los indios, y mandé volver las barcas y canoas al bergantín. Y yo seguí aquel camino, y luego, a un cuarto de legua de donde desembarqué, di en un pueblo que, según pareció, había muchos días que estaba despoblado, porque las casas estaban todas llenas de yerba, aunque tenían muy buenas huertas de cacahuatalés y otros árboles de fruta. Y anduve por el pueblo buscando si había camino que saliese a alguna parte, y hallé uno muy cerrado, que parecía que había mucho tiempo que no se seguía; y, como no hallé otro, seguí por él y anduve aquel día cinco leguas por unos montes —que casi todos los subimos con manos y pies, según era cerrado— y fui a dar a una labranza de maizales, adonde, en una casita que en ella había, se tomaron tres mujeres y un hombre, cuya debía ser aquella labranza. Éstas nos guiaron a otras labranzas, donde se tomaron otras dos mujeres; y, guiándonos por un camino, hasta nos llevar adonde estaba otra gran labranza, y en medio de ella hasta cuarenta casillas muy pequeñas, que nuevamente parecían ser hechas. Y, según pareció, fuimos sentidos antes que llegásemos, y toda la gente era huida por los montes; y, como se tomaron así de improviso, no pudieron recoger tanto de lo que tenían que no nos dejasen algo, en especial gallinas, palomas, perdices, faisanes, que tenían en jaulas; aunque maíz seco y sal no la hallamos.

Allí estuve aquella noche, que remediamos alguna necesidad de la hambre que traíamos, porque hallamos maíz verde, con que comimos estas aves; y, habiendo más de dos horas que estábamos dentro en aquel pueblezuelo, vinieron dos indios de los que vivían en él, muy descuidados de hallar tales huéspedes en sus casas, y fueron tomados por las velas que yo tenía. Y, preguntados si sabían de algún pueblo por allí cerca, dijeron que sí, y que ellos me llevarían allá otro día, pero que habíamos de llegar ya casi noche. Y, otro día de mañana, nos partimos con aquellos guías, y nos llevaron por otro camino más malo que el del día pasado; porque, demás de ser tan cerrado como él, a tiro de ballesta pasábamos un río —que todos iban a dar en aquel golfo—; y de este gran ayuntamiento de aguas que bajan de todas aquellas sierras se hacen aquellos golfos y ciénagas, y sale aquel río tan poderoso a la mar, como a vuestra majestad he dicho.

Y así, continuando nuestro camino, anduvimos siete leguas sin llegar a poblado, en que se pasaron cuarenta y cinco ríos caudales, sin muchos arroyos —que no se contaron—; y en el camino se tomaron tres mujeres, que venían de aquel pueblo donde nos llevaba la guía, cargadas de maíz; las cuales nos certificaron que la guía nos decía verdad. Y, ya que el sol se quería poner, o era puesto, sentimos cierto ruido de gente y unos atabales; y pregunté a aquellas mujeres que qué era aquello, y dijéronme que era cierta fiesta que hacían aquel día. E hice poner toda la gente en el monte lo mejor y más secretamente que yo pude, y puse mis escuchas casi junto al pueblo, y otras por el camino, porque, si viniese algún indio, lo tomasen. Así estuve toda aquella noche con la mayor agua que nunca se vio, y con la mayor pestilencia de mosquitos que se podía pensar; y era tal el monte y el camino, y la noche tan oscura y tempestuosa, que dos o tres veces quise salir para ir a dar en el pueblo, y jamás acerté a dar en el camino, aunque estaríamos tan cerca del pueblo, que casi oíamos hablar la gente de él; y así fue forzado esperar a que amaneciese. Y fuimos tan a buen tiempo que los tomamos a todos durmiendo; y yo había mandado que nadie entrase en casa ni diese voz, sino que cercásemos estas casas más principales —en especial la del señor— y una grande atarazana en que nos habían dicho aquellas guías que dormía toda la gente de guerra.

Quiso Dios y nuestra dicha que la primera casa con que fuimos a topar fue aquella donde estaba la gente de guerra; y como hacía ya claro, que todo se veía, uno de los de mi compañía, que vido tanta gente y armas, parecióle que era bien —según nosotros éramos pocos, y a él le parecían los contrarios muchos, aunque estaban durmiendo— que debía invocar algún auxilio; comenzó a grandes voces a decir: "¡Santiago, Santiago!", a las cuales los indios recordaron, y de ellos acertaron a tomar las armas, y de ellos no; y, como la casa donde estaban no tenía pared ninguna por ninguna parte, sino sobre postes armado el tejado, salían por donde querían, porque no la pudimos cercar toda. Y certifico a vuestra majestad que si aquél no diera voces, todos se prendieran, sin se nos ir uno, que fuera la más hermosa cabalgada que nunca se vio en estas partes; y aun pudiera ser causa de dejar todo pacífico, tornándolos a soltar y diciéndoles la causa de mi venida a aquellas partes, y asegurándolos, y viendo que no les hacíamos mal, antes les soltábamos teniéndolos presos; pudiera ser que hiciera mucho fruto, y así fue al revés.

PRENDIMOS HASTA quince hombres y hasta veinte mujeres, y murieron otros diez o doce que no se dejaron prender; entre los cuales murió el señor, sin ser conocido, hasta que, después de muerto, me lo mostraron los presos. Tampoco en este pueblo hallamos cosa que nos aprovechase; porque, aunque hallábamos maíz verde, no era para el bastimento que veníamos a buscar. En este pueblo estuve dos días porque la gente descansase; y pregunté a los indios que allí se prendieron si sabían de algún pueblo adonde hubiese bastimento de maíz seco; y dijéronme que sí, que ellos sabían un pueblo que se llama

Chacujal, que era muy gran pueblo y muy antiguo, y que era muy abastecido de todo género de bastimentos.

Después de haber estado aquí estos dos días, partíme, guiándome aquellos indios para el pueblo que dijeron, y anduve aquel día seis leguas grandes, también mal camino y de muchos ríos, y llegué a unas muy grandes labranzas; y dijéronme las guías que aquellas eran del pueblo donde íbamos. Fuimos por ellas bien dos leguas por el monte, por no ser sentidos, y tomáronse —de leñadores y otros labradores que andaban por aquellos montes a caza— ocho hombres, que venían muy seguros a dar sobre nosotros; y, como yo llevaba siempre mis corredores delante, tomáronlos sin se ir ninguno. Ya que se quería poner el sol, dijéronme las guías que me detuviese, porque ya estábamos muy cerca de pueblo; y así lo hice, que estuve en un monte hasta que fue tres horas de la noche, y luego comencé a caminar y fui a dar en un río, que le pasamos a los pechos, e iba tan recio que fue harto peligroso de pasar, sino que, con ir asidos todos unos a otros, pasamos sin que nadie peligrase; y, en pasando el río, me dijeron las guías que el pueblo estaba ya junto. Hice parar toda la gente, y fui con dos compañías hasta que llegué a ver las casas de pueblo, y aun oírlos hablar, y parecióme que la gente estaba sosegada y que no éramos sentidos. Volvíme a la gente, e hícelos que reposasen, y puse seis hombres a vista de pueblo, de la una parte y de la otra del camino, y volvíme a reposar adonde la gente estaba; y, ya que me recostaba sobre unas pajas, vino una de las escuchas que tenía puestas y díjome que por el camino venía mucha gente con armas, y que venían hablando como gente descuidada de nuestra venida.

Apercibí la gente lo más presto que yo pude; y, como el trecho de allí al pueblo era poco, vinieron a dar sobre las escuchas, y, como las sintieron, soltaron una rociada de flechas, e hicieron mandado al pueblo; y así se fueron retirando y peleando hasta que entramos en el pueblo. Y como hacía oscuro, luego desaparecieron por entre las calles; y yo no consentí desmandar la gente, porque era de noche, y también porque creí que habíamos sido sentidos y que tenían alguna celada. Con mi gente junta salí a una gran plaza donde ellos tenían sus mezquitas y oratorios; y, como vimos las mezquitas y los aposentos alrededor de ellas a la forma y manera de Culúa, púsonos más espanto del que traíamos, porque hasta allí, después que pasamos de Acalan, no las habíamos visto de aquella manera. Hubo muchos votos de los de mi compañía, en que decían que luego nos tornásemos a salir de pueblo y pasásemos aquella noche el río, antes que los del pueblo nos sintiesen que éramos pocos y nos tomasen aquel paso. Y es verdad: no era muy mal consejo, porque todo era razón de acortar, según lo que habíamos visto del pueblo. Y así, estuvimos recogidos en aquella gran plaza gran rato, que nunca sentimos rumor de gente; y a mí me pareció que debíamos salir del pueblo de aquella manera, porque quizá los indios, viendo que nos deteníamos, tendrían más temor, y que, si nos viesen volver, conocerían nuestra flaqueza y nos sería más peligroso. Y así plugo a Nuestro Señor que fue; y, después de haber estado en aquella plaza muy gran rato, recogíme con la gente a una gran sala de aquellas, y envié algunos que anduviesen por el pueblo por ver si sentían algo; y nunca sintieron rumor, antes entraron en muchas de las casas de él —porque en todas había lumbre—, donde hallaron mucha copia de bastimentos, y volvieron muy contentos y alegres; y así estuvimos allí aquella noche al mejor recaudo que fue posible.

Luego que fue de día, se buscó todo el pueblo —que era muy bien trazado, y las casas muy juntas y muy buenas—, y hallóse en todas ellas mucho algodón hilado y por hilar, y ropa hecha de la que ellos usan; buena copia de maíz seco y cacao y fríjoles, ají y sal, y muchas gallinas y faisanes en jaulas, y perdices, y perros de los que crían para comer, que son asaz buenos, y todo género de bastimentos; tanto, que si tuviéramos los navíos donde lo pudiéramos meter, me tuviera yo harto bien bastecido para muchos días. Pero, para nos aprovechar de ellos, habíalos de llevar veinte leguas a cuestas, y estábamos tales, que nosotros, sin otra carga, tuviéramos bien que hacer en volver al navío, si allí no descansáramos algunos días. Aquel día envié un indio natural de aquel pueblo —de los que habíamos prendido por aquellas labranzas— que pareció algo principal, según el hábito en que fue tomado, porque se tomó andando a caza con su arco y flechas, y su persona a su manera bien aderezada; y habléle con una lengua que llevaba, y díjele que fuese a buscar al señor y gente de aquel pueblo y que les dijese, de mi parte, que yo no venía a hacerles enojo ninguno, antes a hablarles cosas que a ellos mucho les convenían; y que viniesen el señor o alguna persona honrada de pueblo, y que sabrían la causa de mi venida; y que fuesen ciertos que, si viniesen, se les seguiría mucho provecho, y por el contrario, mucho daño. Y así le despaché con una carta mía —porque se aseguraban mucho con ellas en estas partes—, aunque fue contra la voluntad de algunos de los de mi compañía, diciendo que no era buen consejo enviarle, porque manifestaría la poca gente que éramos, y que aquel pueblo era recio y de mucha gente, según pareció por las casas de él; y que podía ser que, sabido cuán pocos éramos, viniesen sobre nosotros y juntasen consigo gentes de otros pueblos. Yo bien vi que tenían razón; mas, con deseo de hallar alguna manera para podernos proveer de bastimentos, creyendo que, si aquella gente venía de paz, me darían manera para llevar algunos, pospuse todo lo que se me pudiese ofrecer; porque, en la verdad, no era menos peligro el que esperábamos de hambre si no llevábamos bastimentos, que el que se nos podía recrecer de venir los indios sobre nosotros. Por esto, todavía despaché el indio, y quedó que volvería otro día, porque sabía dónde podría estar el señor y toda la gente.

Otro día, después que se partió —que era el plazo a que había de venir—, andando dos españoles rodeando el pueblo y descubriendo el campo, hallaron la carta que le había dado, puesta en el camino en un palo; donde teníamos por cierto que no tendríamos respuesta. Y así fue: que nunca vi el indio, él ni otra persona, puesto que estuvimos en aquel pueblo dieciocho días descansando y buscando algún remedio para llevar de aquellos bastimentos. Pensando en esto, me pareció que sería bien seguir el río de aquel pueblo abajo, para ver si entraba en el otro grande que entra en aquellos golfos dulces adonde dejé el bergantín y barcas y canoas; y preguntélo a aquellos indios que tenía presos, y dijeron que sí, aunque no los entendíamos bien, ni ellos a nosotros, porque son de lengua diferente de los que hasta aquí hemos visto. Por señas y por algunas palabras que de aquella lengua entendía, les rogué que dos de ellos fuesen con diez españoles a mostrarles la salida de aquel río; y ellos dijeron que era muy cerca y que aquel día volverían. Y así fue, que, plugo a Nuestro Señor, habiendo andado dos leguas por unas huertas muy hermosas de cacahuatalés y otras frutas, dieron en el río grande, y dijeron que aquel era el que salía a los golfos donde yo había dejado el bergantín y barcas y canoas, y nombráronle por su nombre, que se llama

Apolochic. Preguntéles en cuántos días iría desde allí en canoas hasta llegar a los golfos; dijéronme que en cinco días. Y luego despaché dos españoles con una guía de aquellos, para que fuesen fuera de camino, porque la guía se me ofreció de los llevar así hasta el bergantín; y mandéles que el bergantín y barcas y canoas llevasen a la boca de aquel gran río, y que trabajasen, con la una canoa y barca, de subir el río arriba hasta donde salía el otro río.

Despachados éstos, hice hacer cuatro balsas de madera y canoas muy grandes: cada una llevaba cuarenta fanegas de maíz y diez hombres, sin otras muchas cosas de fríjoles y ají y cacao que cada uno de los españoles echaba en ellas; y, hechas ya las balsas —que pasaron bien ocho días en hacerlas— y puesto el bastimento para llevar, llegaron los españoles que había enviado al bergantín; los cuales me dijeron que había seis días que comenzaron a subir el río arriba y que no habían podido llegar con la barca arriba, y que la dejaron de allí con diez españoles que la guardasen; y que con la canoa tampoco habían podido llegar, porque venían muy cansados de remar, pero que quedaba una legua de allí escondida; y que, viniendo el río arriba, les habían salido algunos indios y peleado con ellos, aunque habían sido pocos; pero que creían que, para la vuelta, ya se habían de juntar más a esperarlos. Hice ir luego gente que subiese la canoa adonde estaban las balsas; y, puesto en ella todo el bastimento que habíamos recogido, metí la gente que era menester para guiarnos con unas palancas grandes, para amparar de árboles que había en el río —asaz peligroso—; y a la gente que quedó señalé un capitán y mandé que se fuesen por el camino que habíamos traído; y, si llegasen primero que yo, esperasen ellos donde habíamos desembarcado, y que yo iría allí a tomarlos; y que, si yo llegase primero, yo los esperaría. Yo metíme en aquella canoa con las balsas, con sólo dos ballesteros —que no tenía más—.

Aunque era el camino peligroso por la gran corriente y ferocidad de río, y porque se tenía por cierto que los indios habían de esperar al paso, quise yo ir allí para que hubiese mejor recaudo; y, encomendándome a Dios, me dejé el río abajo ir. Llevábamos tal andar, que en tres horas llegamos a donde había quedado la barca, y aun quisimos echar alguna carga en ella por aliviar las balsas; era tanta la corriente, que jamás pudieron parar. Yo metíme en la barca, y mandé que la canoa —bien equipada de remeros— fuese siempre delante de las balsas, para descubrir si hubiese indios en canoas y para avisar de algunos malos pasos; y yo quedé en la barca, atrás de todos, aguardando que pasasen todas las balsas delante, para que, si alguna necesidad se les ofreciese, los pudiese socorrer de arriba para abajo mejor que de abajo para arriba. Y ya que quería ponerse el sol, la una de las balsas dio en un palo que estaba debajo del agua, y trastornóla un poco, y la furia del agua la sacó, aunque perdió la mitad de la carga. Yendo nuestro camino, tres horas ya de la noche, oí delante gran grita de indios; y, por no dejar las balsas atrás, no me adelanté a ver qué era; y, dende a un poco, cesó y no se oyó más. A otro rato tornéla a oír, y parecióme más cerca, y cesó; y tampoco pude saber qué cosa era, porque la canoa y las tres balsas iban delante, y yo quedaba con la balsa que no andaba tanto. Y, yendo ya algo descuidado, porque había rato que la grita no sonaba, yo me quité la celada que llevaba y me recosté sobre la mano, porque iba con gran calentura.

Yendo así, tomónos una furia de una vuelta de río, que, por fuerza, sin poderlo resistir, dio con la barca y balsa en tierra; y, según pareció, allí habían sido dadas las gritas que habíamos oído. Porque, como los indios sabían el río —como criados en él—, y nos traían espiados, y sabían que forzado la corriente nos había de echar allí, estaban muchos de ellos esperándonos a aquel paso; y, como la canoa y balsas que iban delante habían dado donde nosotros después dimos, habíanlos flechado y herido casi a todos, aunque, con saber que veníamos atrás, no se hubieron con ellos tan reciamente como después con nosotros. Y nunca la canoa nos pudo avisar, porque no pudo volver con la corriente. Y, como nosotros dimos en tierra, alzan muy gran alarido y echan tanta cantidad de flechas y piedras, que nos hirieron a todos; y a mí me hirieron en la cabeza, que no llevaba otra cosa desarmada. Y quiso Nuestro Señor que allí era una barranca alta, y hacia el río gran hondadura; y a esta causa no fuimos tomados, porque algunos que se quisieron arrojar a saltar en la balsa y barca con nosotros, no les fue bien, que, como era oscura, cayeron en el agua, y creo que escaparon pocos. Fuimos tan presto apartados de ellos, con la corriente, que en poco rato casi no los oíamos; y así anduvimos casi toda aquella noche, sin hallar más reencuentro, sino algunas gritillas que unas veces nos daban de lejos y otras desde las barrancas del río, porque está todo, de la una parte y de la otra, poblado y de muy hermosas heredades de huertas de cacao y de otras frutas. Y, cuando amaneció, estábamos hasta cinco leguas de la boca del río que sale del golfo, donde nos estaba esperando el bergantín, y llegamos aquel día casi a mediodía; de manera que, en un día entero y una noche, anduvimos veinte leguas grandes por aquel río abajo.

Queriendo descargar las balsas para echar los bastimentos en el bergantín, hallamos que todo lo más de ello venía mojado; y, viendo que, si no se enjugaba, se perdería todo y nuestro trabajo sería perdido —y no teníamos dónde buscar otro remedio—, hice escoger todo lo enjuto y metílo en el bergantín; y lo mojado, echarlo en las dos barcas y dos canoas, y enviélo a más andar al pueblo, para que lo enjugasen; porque en todo aquel golfo no había dónde, por ser todo anegado. Y así se fueron; y mandéles que luego volviesen las barcas y canoas a ayudarme a llevar la gente, porque el bergantín y una canoa que quedaba no podían llevar toda la gente. Partidas las barcas y canoas, yo me hice a la vela y me fui adonde había de esperar la gente que venía por tierra; y esperéla tres días, y, a cabo de éstos, llegaron muy buenos, excepto un español, que dijeron haber comido en el camino ciertas yerbas, y murió casi súbitamente. Trajeron un indio que tomaron en aquel pueblo donde yo los dejé, que venía descuidado; y, porque era diferente de los de aquella tierra así en lengua como en hábito, le pregunté casi por señas y porque, entre los indios presos, se halló uno que le entendía, y dijo ser natural de Teculutlán. Y, como yo oí el nombre del pueblo, parecióme que lo había oído decir otras veces; y, desde que llegué al pueblo, miré ciertas memorias que yo tenía, y hallé ser verdad que le había oído nombrar. Pareció por allí no haber de traviesa, de donde yo llegué a la otra mar del Sur —adonde yo tengo a Pedro de Alvarado—, sino setenta y ocho leguas. Porque por aquellas memorias me parecía haber estado españoles de la compañía de Pedro de Alvarado en aquel pueblo de Teculutlán; y aun el indio así lo afirmaba; holgué mucho de saber aquella traviesa.

Venida toda la gente, porque las barcas no venían, y allí gastamos aquel poco de bastimento que había quedado enjuto, metímonos todos en el bergantín con harto trabajo —que no cabíamos—, con pensamiento de atravesar al pueblo donde primero habíamos saltado; porque los maizales habíamos dejado muy granados, y había ya más de veinticinco días, y, de razón, habíamos de hallar mucho de ello seco para podernos aprovechar. Y así fue, que, yendo una mañana en mitad del golfo, vimos las barcas que venían, y fuímonos todos juntos; y, en saltando en tierra, fue toda la gente —españoles como indios nuestros amigos y más de cuarenta indios de los presos— al pueblo, y hallaron muy buenos maizales y muchos de ellos secos, y no hallaron quien se lo defendiese; y cristianos e indios hicieron aquel día cada tres caminos, porque era muy cerca. Con eso cargué el bergantín y barcas, y fuime con ello al pueblo, y dejé allí toda la gente acarreando maíz; y enviéles luego las dos barcas y otra que había aportado allí de un navío que se había perdido en la costa viniendo a esta Nueva España, y cuatro canoas; y en ellas se vino toda la gente y trajeron mucho maíz. Y fue este gran remedio, que dio bien el fruto del trabajo que costó; porque, a faltarnos, todos pereciéramos de hambre, sin tener ningún remedio.

Hice luego meter todos aquellos bastimentos en los navíos, y metíme en ellos con toda la gente que en aquel pueblo había de la de Gil González, y la que había quedado conmigo de mi compañía, y me hice a la vela a ... días del mes ...*, y fuime al puerto y bahía de San Andrés, echando primero en una punta toda la gente que pudo andar —con dos caballos que yo había dejado para llevar conmigo en los navíos—, para que se fuesen por tierra al dicho puerto y bahía, adonde había de hallar o esperar a la gente que había de venir de Naco; porque ya se había andado aquel camino, y en los navíos no podíamos ir sino a mucho peligro, porque íbamos muy abalumbados. Y envié por la costa una barca para que les pasase ciertos ríos que había en el camino. Yo llegué al dicho puerto, y hallé que la gente que había de venir de Naco había dos días que era llegada; de los cuales supe que todos los demás estaban buenos, y que tenían mucho maíz y ají y muchas frutas de la tierra; excepto que no tenían carne ni sal, que había dos meses que no sabían qué cosa era. Yo estuve en este puerto veinte días, proveyendo de dar orden en lo que aquella gente que estaba en Naco había de hacer, y buscando algún asiento para poblar en aquel puerto, porque es el mejor que hay en toda la costa descubierta de esta tierra firme —digo, desde las Perlas hasta la Florida—.

Y QUISO DIOS que le hallé bueno y muy a propósito; e hice buscar ciertos arroyos, y, aunque con poco aderezo, se encontró, a una y a dos leguas del asiento del pueblo, buena muestra de oro; y por esto, y por ser el puerto tan hermoso, y por poner tan buenas comarcas y tan pobladas, parecióme que vuestra majestad sería muy servido en que se poblase. Y luego envié a Naco de la gente que estaba, a saber si hubiera algunos que allí quisiesen quedar por vecinos; y, como la tierra es buena, halláronse muchos, y aun algunos de los más de los vecinos que habían ido en mi compañía. Y así, en nombre de vuestra majestad, fundé allí una villa que, por ser el día en que se empezó a talar el asiento de la Natividad de Nuestra Señora, le puse a la villa aquel nombre; y señalé alcaldes y regidores, y dejéles clérigos y ornamentos y todo lo necesario para celebrar, y dejé oficiales mecánicos —así como herrero, con muy buena fragua, y carpintero y calafate, y barbero y sastre—. Quedaron entre estos vecinos veinte de a caballo y algunos ballesteros; dejéles también cierta artillería y pólvora.

Cuando a aquel puerto llegué, y supe de aquellos españoles que habían venido de Naco que los naturales de aquel pueblo y de los otros a él comarcanos estaban todos alborotados y fuera de sus casas, por las sierras y montes, que no se querían asegurar —aunque había hablado a algunos de ellos— por el gran temor que tenían de los daños que habían recibido de la gente que Gil González y Cristóbal de Olid llevaron, escribí al capitán que allí estaba que trabajase mucho de haber algunos de ellos, de cualquier manera que fuese, y me los enviase para que yo les hablase y asegurase. Y así lo hizo, que me envió ciertas personas que tomó en una entrada que hizo; y yo les hablé y aseguré mucho, e hice que les hablase algunas personas principales de los de aquí de México, que yo conmigo llevé, y les dijeron quién era yo y lo que había hecho en su tierra, y el buen tratamiento que de mí todos recibían después que fueran mis amigos; y cómo eran amparados y mantenidos en justicia ellos y sus haciendas e hijos y mujeres, y los daños que recibían los que eran rebeldes al servicio de nuestra majestad, y otras muchas cosas que les dijeron, de que se aseguraron mucho. Aunque todavía me dijeron que tenían temor de que no sería verdad lo que les decían, porque aquellos capitanes que antes de mí habían venido les habían dicho aquellas palabras y otras, y que después les habían mentido, y les habían llevado las mujeres que ellos les daban para que les hiciesen pan, y los hombres que les traían para que les llevasen sus cargas; y que así creían que haría yo. Pero, todavía, con la seguridad que aquellos de México les dieron, y la lengua que yo conmigo traía, y como los vieron a ellos bien tratados y alegres de nuestra compañía, se aseguraron algún tanto.

Los envié para que hablasen a los señores y gente de los pueblos, y de ahí a pocos días me escribió el capitán que ya habían venido de paz algunos de los pueblos comarcanos, en especial los más principales, que son aquel de Naco, donde están aposentados, y Quimistlán, y Zula, y Cholomé, que el que menos de éstos tiene por más de dos mil casas, sin otras aldeas que cada uno tiene sujetas a sí. Y que habían dicho que luego vendría toda la tierra de paz, porque ya ellos les habían enviado mensajeros, asegurándoles y haciéndoles saber cómo yo estaba en la tierra, y todo lo que yo les había dicho y habían oído a los naturales de México; y que deseaban mucho que yo fuese allá, porque yendo yo se aseguraría más la gente; lo cual yo hiciera de buena voluntad, sino que me era muy necesario pasar adelante a dar orden en lo que en este capítulo siguiente a vuestra majestad haré relación.

Cuando yo, invictísimo César, llegué a aquel pueblo de Nito, donde hallé aquella gente de Gil González perdida, supe de ellos que Francisco de las Casas —a quien yo envié a saber de Cristóbal de Olid, como ya a vuestra majestad por otras he hecho saber— había dejado, setenta leguas de allí la costa abajo, en un puerto que los pilotos llaman de las Honduras, ciertos españoles que cierto estaban allí poblados. Y, luego que llegué a este pueblo y bahía de San Andrés, donde en nombre de vuestra majestad está fundada la villa de la Natividad de Nuestra Señora, en tanto que yo me detenía en dar orden en la población y fundamento de ella, y en dar asimismo orden al capitán y gente que estaba en Naco de lo que habían de hacer para la pacificación y seguridad de aquellos pueblos, envié al navío que yo compré para que fuese al dicho puerto de Honduras a saber de aquella gente, y volviese con la nueva que hallase. Y, ya que en las cosas de allí yo había dado orden, llegó el dicho navío de vuelta y vinieron en él el procurador del pueblo y un regidor, y me rogaron mucho que yo fuese a remediarlos, porque tenían muy extrema necesidad, a causa que el capitán que Francisco de las Casas les había dejado y un alcalde —que él asimismo dejó nombrados— se había alzado con un navío y llevádoles, de ciento diez hombres, los cincuenta que eran; y a los que habían quedado les habían llevado las armas y herraje y todo cuanto tenían, y que temían cada día que los indios los matasen, o de morirse de hambre por no poderlo buscar. Y que un navío que un vecino de la isla Española, que se dice el bachiller Pedro Moreno, traía, aportó allí; y le rogaron que les proveyese, y que no había querido, como sabría más largamente después al dicho su pueblo.

Por remediar esto, me torné a embarcar en los dichos navíos con todos aquellos dolientes —aunque ya algunos eran muertos—, para enviarlos desde allí, como después los envié, a las islas y a esta Nueva España. Metí conmigo algunos criados míos, y mandé que por tierra se viniesen veinte de a caballo y diez ballesteros, porque supe que había algunos ríos que pasar; y estuve en llegar nueve días, porque tuve algunos contrastes de tiempo. Y, echando el ancla en el dicho puerto de Honduras, salté en una barca con dos frailes de la Orden de San Francisco —que conmigo siempre he traído— y con hasta diez criados míos, y fui a tierra; y ya toda la gente del pueblo estaba en la playa esperándome. Y, como llegué cerca, entraron todos en el agua y me sacaron de la barca en peso, mostrando mucha alegría con mi venida; y juntos nos fuimos al pueblo y a la iglesia que allí tenían; y, después de haber dado gracias a Nuestro Señor, me rogaron que me sentase, porque me querían dar cuenta de todas las cosas pasadas, porque creían que yo tenía enojo de ellos por alguna mala relación que me hubiesen hecho, y querían hacerme saber la verdad antes que por aquella los juzgase. Y comenzó la relación por un clérigo que allí tenían, a quien dieron la mano que hablase; propuso en la manera que sigue:

"Señor, ya sabéis cómo desde la Nueva España enviastes a todos, o los más, de los que aquí estamos, con Cristóbal de Olid, vuestro capitán, a poblar, en nombre de su majestad, estas partes; y a todos nos mandaste que obedeciésemos al dicho Cristóbal de Olid en todo lo que nos mandase, como a vuestra persona. Y así salimos con él para ir a la isla de Cuba a acabar de tomar algunos bastimentos y caballos que nos faltaban; y, llegados a la Habana, que es un puerto de la dicha isla, el dicho Cristóbal de Olid se carteó con Diego Velázquez y con los oficiales de su majestad que en aquella isla residen, y le enviaron alguna gente; y, después de bastecidos de todo lo que hubimos menester —que nos lo dio muy cumplidamente Alonso de Contreras, vuestro criado—, nos partimos y seguimos nuestro viaje.

"Dejadas algunas cosas que nos acaecieron en el camino —que sería largo de contar—, llegamos a esta costa, catorce leguas abajo del puerto de Caballos; y luego, como saltamos en tierra, el dicho capitán Cristóbal de Olid tomó la posesión de ella por vuestra merced, en nombre de su majestad, y fundó en ella una villa con alcaldes y regidores que de allá venían señalados, e hizo ciertos autos, así en la posesión como en la población de la villa, todos en nombre de vuestra merced, y como su capitán y teniente. Y, de allí a algunos días, juntóse con aquellos criados de Diego Velázquez que con él vinieron, e hizo allá ciertas formas, en que luego se mostró fuera de la obediencia de vuestra merced; aunque a algunos nos pareció mal —o a la más—, no le osábamos contradecir, porque amenazaba con la horca; antes dimos consentimientos a todo lo que él quiso; y aun ciertos criados y parientes de vuestra merced que con él vinieron hicieron lo mismo, porque no osaron hacer otra cosa ni les cumplía. Y, hecho esto, porque supo que cierta gente del capitán Gil González de Ávila había de ir donde él estaba —que lo supo de seis hombres mensajeros que él prendió—, se fue a poner en un paso de un río por donde habían de pasar, para prenderlos; y estuvo allí algunos días esperándolos; y, como no venían, dejó allí recaudo con un maestre de campo, y él volvió al pueblo, y comenzó a aderezar dos carabelas que allí tenía, y metió en ellas artillería y munición para ir sobre un pueblo de españoles que el dicho capitán Gil González tenía poblado, la costa arriba. Y, estando aderezando su partida, llegó Francisco de las Casas con dos navíos; y, como supiera que era él, mandó que le tirasen con la artillería que tenían en las naos; y, puesto que el dicho Francisco de las Casas alzó bandera de paz y daba voces diciendo que era de vuestra merced, todavía mandó que no cesasen de tirarle, y le tiraron diez o doce tiros, que el uno dio por un costado del navío, que pasó de la otra parte. Y, como el dicho Francisco de las Casas conoció su mala intención, y pareció ser verdad la sospecha que de él se tenía, echó las barcas fuera de los navíos y gente en ellas y comenzó a jugar con su artillería, y tomó los dos navíos que estaban en el puerto, con toda la artillería que tenía, y la gente saliéndose huyendo a tierra.

"Tornados los navíos, luego el dicho Cristóbal de Olid comenzó a mover partidos con él, no con voluntad de cumplir nada, sino por detenerle hasta que viniese la gente que había dejado aguardando para prender a los de Gil González, creyendo de engañar al dicho Francisco de las Casas. Y el dicho Francisco de las Casas, con buena voluntad, hizo todo lo que él quería. Así estuvo con él en los tratos, sin concluir cosa, hasta que vino un tiempo muy recio; y, como allí no era puerto, sino costa brava, dio con los navíos del dicho Francisco de las Casas a la costa, y se ahogaron treinta y tantos hombres y se perdió cuanto traían. Él y todos los demás escaparon en carnes y tan maltratados de la mar, que no se podían tener; y Cristóbal de Olid los prendió a todos, y, antes que entrasen en el pueblo, los hizo jurar sobre unos evangelios que le obedecieran y tendrían por su capitán y nunca serían contra él.

"Estando en esto, vino la nueva cómo su maestre de campo había prendido cincuenta y siete hombres que iban con un alcalde mayor del dicho Gil González de Ávila, y que después los había tornado a soltar; y ellos se habían ido por una parte y él por otra. De esto recibió mucho enojo, y luego se fue la tierra adentro a aquel pueblo de Naco —que ya otra vez él había estado en él— y llevó consigo al dicho Francisco de las Casas y a algunos de los que con él prendió; y otros dejó allí en aquella villa con un su lugarteniente y un alcalde. Y muchas veces el dicho Francisco de las Casas le rogó, en presencia de todos, que le dejase ir adonde vuestra merced estaba, a darle cuenta de lo que le había acaecido; o que, pues no le dejaba, que le hubiese a buen recaudo y que no se fiase de él; y nunca jamás le quiso dar licencia.

"Después de algunos días supo que el capitán Gil González de Ávila estaba con poca gente en un pueblo que se dice Choloma; y envió allá cierta gente, y dieron sobre él de noche y prendiéronle a él y a los que con él estaban, y trajéronselos presos; y allí los tuvo a ambos capitanes muchos días, sin quererlos soltar, aunque muchas veces se lo rogaron. E hizo jurar a toda la gente del dicho Gil González que le tendría por capitán, de la manera como se había hecho a los de Francisco de las Casas. Y muchas veces, después de preso el dicho Gil González, le tornó a decir el dicho Francisco de las Casas, en presencia de todos, que los soltase; si no, que se guardase de ellos, que le habían de matar; y nunca jamás quiso.

"Hasta que, viendo ya su tiranía tan conocida, estando una noche hablando en una sala todos tres, y mucha gente con ellos, sobre ciertas cosas, le asió por la barba, y con un cuchillo de escribanías —que otra arma no tenía—, con que se andaba cortando las uñas paseándose, le dio una cuchillada, diciendo: 'Ya no es tiempo de sufrir más este tirano'. Y luego saltó con él el dicho González y otros criados de vuestra merced, y tomaron las armas a la gente que tenían de su guarda; y a él le dieron ciertas heridas; y al capitán de la guarda, al alférez, al maestre de campo y a otras gentes que acudieron de su parte, los prendieron luego y tomaron las armas, sin haber ninguna muerte. Y el dicho Cristóbal de Olid, con el ruido, se escapó huyendo y se escondió; y, en dos horas, los dos capitanes tenían apaciguada toda la gente y presos a los principales de sus secuaces; e hicieron dar un pregón que quien supiese de Cristóbal de Olid lo viniese a decir, so pena de muerte. Y luego supieron dónde estaba, y le prendieron y pusieron a buen recaudo; y, otro día por la mañana, hecho su proceso contra él, ambos los capitanes juntamente le sentenciaron a muerte, la cual ejecutaron en su persona, cortándole la cabeza. Y luego quedó toda la gente muy contenta viéndose en libertad; y mandaron pregonar que los que quisiesen quedar a poblar la tierra lo dijesen, y los que quisiesen irse fuera de ella, asimismo; y halláronse ciento diez hombres que dijeron que querían poblar, y los demás todos dijeron que se querían ir con Francisco de las Casas y Gil González, que iban adonde vuestra merced estaba; y había entre éstos veinte de a caballo. Y de esta gente fuimos los que en esta villa estamos. Y luego el dicho Francisco de las Casas nos dio todo lo que hubimos menester y nos señaló un capitán, y nos mandó venir a esta costa y que en ella poblásemos por vuestra merced, en nombre de su majestad; y señaló alcaldes, regidores, escribano, procurador del concejo de la villa y alguacil; y nos mandó que se nombrase la villa de Trujillo. Y nos prometió, y dio su fe —como caballero—, que él haría que vuestra merced nos proveyese muy brevemente de más gente, armas, caballos, bastimentos y todo lo necesario para apaciguar la tierra; y nos dio dos lenguas —una india y un cristiano— que muy bien la sabían. Así partimos de él para venir a hacer lo que él nos mandó; y, para que más brevemente vuestra merced lo supiese, despachó un bergantín, porque por la mar llegaría más aína la nueva y vuestra merced nos proveería más presto. Y, llegados al puerto de San Andrés o de Caballos, hallamos allí una carabela que había venido de las islas; y, porque allí, en aquel puerto, no nos pareció que había aparejo para poblar, y teníamos noticia de este puerto, fletamos la dicha carabela y metímoslo todo; y se metió con ello el capitán y con él cuarenta hombres; y quedamos por tierra todos los de a caballo y la otra gente, sin traer más de sendas camisas, por venir más livianos y desembarazados por si algo nos acaeciese por el camino. Y el capitán dio su poder a uno de los alcaldes —que es el que aquí está—, a quien mandó que obedeciésemos en su ausencia, porque el otro alcalde se iba con él en la carabela. Y así nos partimos los unos de los otros para venirnos a juntar a este puerto; y, por el camino, se nos ofrecieron algunos reencuentros con los naturales de la tierra, y nos mataron dos españoles y algunos de los indios que traíamos de nuestro servicio.

"Llegados a este puerto —harto destrozados y desherrados los caballos—, pero alegres, creyendo hallar al capitán, nuestro fardaje y armas que habíamos enviado en la carabela, no hallamos cosa ninguna; que nos fue harta fatiga, por vernos así desnudos, sin armas y sin herraje, que todo lo había llevado el capitán en la carabela. Y estuvimos con harta perplejidad, no sabiendo qué hacernos. En fin, acordamos esperar el remedio de vuestra merced, porque le teníamos por muy cierto; y luego asentamos nuestra villa, y se tomó la posesión de la tierra por vuestra merced, en nombre de su majestad; y así se asentó por auto —como vuestra merced lo verá— ante el escribano del cabildo. Y, desde ahí a cinco o seis días, amaneció en este puerto una carabela, surta bien dos leguas de aquí; y luego fue el alguacil, en una canoa, allá a saber qué carabela era; y nos trajo nueva de cómo era un bachiller, Pedro Moreno, vecino de la isla Española, que venía por mandado de los jueces que en la dicha isla residen, a estas partes, a entender en ciertas cosas entre Cristóbal de Olid y Gil González; y que traía muchos bastimentos y armas en aquella carabela, que todo era de su majestad.

"Fuimos todos muy alegres con esta nueva, y dimos muchas gracias a Nuestro Señor, creyendo que éramos remediados de nuestra necesidad; y luego fue allá el alcalde y los regidores y algunos de los vecinos, para rogarle que nos proveyese y contarle nuestra necesidad. Y, como allá llegaron, puso su gente armada en la carabela, y no consintió que ninguno entrase dentro; y cuando mucho se acabó con él fue que entrasen cuatro o cinco, y sin armas; y así entraron. Y, ante todas cosas, le dijeron cómo estaban aquí poblados por vuestra merced, en nombre de su majestad, y que, a causa de habérsenos ido en una carabela el capitán con todo lo que teníamos, estábamos con muy gran necesidad, así de bastimentos, armas, herraje, como de vestidos y otras cosas; y que, pues Dios le había traído allí para nuestro remedio, y lo que traía era de su majestad, que le rogábamos y pedíamos nos proveyese, porque en ello se serviría su majestad; y, demás, nosotros nos obligaríamos a pagar todo lo que nos diese. Y él nos respondió que él no venía a proveernos, ni nos daría cosa alguna de lo que traía si no se lo pagásemos luego en oro, o le diésemos esclavos de la tierra en precio."

"Y dos mercaderes que en el navío venían y un Gaspar Troche, vecino de la isla de San Juan, le dijeron que nos diese todo lo que le pidiésemos y que ellos se lo obligarían de pagarlo al plazo que quisiese, hasta en cinco o seis mil castellanos, pues sabía que eran abonados para pagarlo, y que ellos querían hacer esto porque en ello servían a su majestad y tenían por cierto que vuestra merced se lo pagaría, demás de agradecérselo. Y ni por esto nunca jamás quiso darnos la menor cosa del mundo; antes nos dijo que nos fuésemos con Dios, que él se quería ir, y así nos echó fuera de la carabela y echó fuera tras nosotros a un Juan Ruano que traía consigo, el cual había sido el principal movedor de la traición de Cristóbal de Olid; y éste habló secretamente al alcalde, a los regidores y a algunos de nosotros, y nos dijo que si hiciésemos lo que él nos dijese, que él haría que el bachiller nos diese todo lo que hubiésemos menester y aun que haría con los jueces que residen en la Española que no pagásemos nada de lo que él nos diese, y que él volvería luego a la Española y haría a los dichos jueces que nos proveyesen de gente, caballos, armas, bastimentos y de todo lo necesario, y que volvería el dicho bachiller muy presto con todo esto y con poder de los dichos jueces para ser nuestro capitán.

"Y preguntando qué era lo que habíamos de hacer, dijo que, ante todas las cosas, reponer los oficios reales que tenían el alcalde, los regidores, tesorero, contador y veedor que habían quedado en nombre de vuestra merced; y pedir al dicho bachiller que nos diese por capitán al dicho Juan Ruano y que queríamos estar por los jueces y no por vuestra merced; y que todos firmásemos este pedimento y jurásemos de obedecer y tener al dicho Juan Ruano por nuestro capitán; y que si alguna gente o mandado de vuestra merced viniese, que no le obedeciésemos y que, si en algo se pusiese, que lo resistiésemos con mano armada. Nosotros le respondimos que eso no se podía hacer, porque habíamos jurado otra cosa y que nosotros por su majestad estábamos y por vuestra merced en su nombre, como su capitán y gobernador, y que no haríamos otra cosa. El dicho Juan Ruano nos tornó a decir que determinásemos de hacerlo o dejarnos morir; que, de otra manera, el bachiller no nos daría ni un jarro de agua, y que supiésemos cierto que, en sabiendo que no lo queríamos hacer, se iría y nos dejaría así perdidos; por eso, que mirásemos bien en ello. Y así nos juntamos y, constreñidos de gran necesidad, acordamos de hacer todo lo que él quisiese, por no morirnos o que los indios no nos matasen, como estábamos, desarmados. Y respondimos al dicho Juan Ruano que nosotros éramos contentos de hacer todo lo que él decía; y con esto se fue a la carabela, y salió el dicho bachiller en tierra con mucha gente armada, y el dicho Juan Ruano ordenó el pedimento para que le pidiésemos por nuestro capitán, y todos los más lo firmamos y le juramos; y el alcalde, regidores, tesorero, contador y veedor dejaron sus oficios, y quitó el nombre a la villa y le puso la villa de la Ascensión, e hizo ciertos autos cómo quedábamos por los jueces y no por vuestra merced.

"Y luego nos dio todo cuanto le pedimos, e hizo hacer una entrada, y trajimos cierta gente, los cuales se herraron por esclavos y él se los llevó; y aun no quiso que se pagase de ellos quinto a su majestad, y mandó que para los derechos reales no hubiese tesorero ni contador ni veedor, sino que el dicho Juan Ruano, que nos dejó por capitán, lo tomase todo en sí, sin otro libro ni cuenta ni razón. Y así se fue, dejándonos por capitán al dicho Juan Ruano, y dejándole cierta forma de requerimiento que hiciese si alguna gente de vuestra merced aquí viniese. Y nos prometió que muy presto volvería con mucho poder que nadie bastase a resistirle. Y, después de él ido, viendo nosotros que lo hecho no convenía a servicio de su majestad y que era dar causa a más escándalos de los pasados, prendimos al dicho Juan Ruano y lo enviamos a las islas, y el alcalde y regidores tornaron a usar sus oficios como de primero; y así hemos estado por vuestra merced en nombre de su majestad. Y os pedimos, señor, que las cosas pasadas con Cristóbal de Olid nos perdonéis, porque también fuimos forzados como esta otra vez".

YO LES RESPONDÍ que las cosas pasadas con Cristóbal de Olid yo se las perdonaba en nombre de vuestra majestad, y que en lo que ahora habían hecho no tenían culpa, pues por necesidad habían sido constreñidos; y que de aquí adelante no fuesen autores de semejantes novedades ni escándalos, porque de ello vuestra majestad se deservía y ellos serían castigados por todo. Y porque más cierto creyesen que las cosas pasadas yo olvidaba y que jamás tendría memoria de ellas —antes, en nombre de vuestra majestad, los ayudaría y favorecería en lo que pudiese, haciendo ellos lo que deben como leales vasallos de vuestra majestad—, yo, en su real nombre, les confirmaba los oficios de alcaldías y regimientos que Francisco de las Casas, en mi nombre, como mi teniente, les había dado; de que ellos quedaron muy contentos y aun harto sin temor que les serían demandadas sus culpas. Y porque me certificaron que aquel bachiller Moreno vendría muy presto con mucha gente y despachos de aquellos jueces que residen en la isla Española, por entonces no me quise apartar del puerto para entrar la tierra adentro.

Pero, informado de los vecinos, supe de ciertos pueblos de los naturales de la tierra que están a seis y siete leguas de esta villa; y dijéronme que habían habido con ellos ciertos reencuentros yendo a buscar de comer, y que algunos de ellos parecía que, si tuvieran lengua con que entenderse con ellos, se apaciguarían, porque por señas habían conocido de ellos buena voluntad; aunque ellos no les habían hecho buenas obras, antes, salteándolos, les habían tomado ciertas mujeres y muchachos, las cuales aquel bachiller Moreno había herrado por esclavos y llevádolos en su navío; de que Dios sabe cuánto me pesó, porque conocí el gran daño que de allí se seguiría.

Y en los navíos que envié a las islas lo escribí a aquellos jueces, y les envié muy larga probanza de todo lo que aquel bachiller en aquella villa había hecho, y con ella una carta de justicia, requiriéndoles, de parte de vuestra majestad, me enviasen aquí aquel bachiller preso y a buen recaudo, y con él a todos los naturales de esta tierra que había llevado por esclavos, pues había sido hecho contra todo derecho, como verían por la probanza que de ello les enviaba. No sé lo que harán sobre ello; lo que me respondieren haré saber a vuestra majestad.

Pasados dos días después que llegué a este puerto y villa de Trujillo, envié un español que entiende la lengua y, con él, tres indios de los naturales de Culúa, a aquellos pueblos que los vecinos me habían dicho; e informé bien al español e indios lo que habían de decir a los señores y naturales de los dichos pueblos, en especial hacerles saber cómo era yo el que era venido a estas partes, porque, a causa del mucho trato, en mucha de ellas tienen de mí noticia y de las cosas de México por vías de mercaderes. Y a los primeros pueblos que fueron fue uno que se dice Chapagua y a otro que se dice Papayeca, que están siete leguas de esta villa y dos leguas el uno del otro. Son pueblos muy principales, según después ha parecido; porque el de Papayeca tiene dieciocho pueblos sujetos y el de Chapagua diez.

Y quiso Nuestro Señor —que tiene especial cuidado, según cada día vemos por experiencia, de hacer las cosas de vuestra majestad— que oyesen la embajada con mucha atención, y enviaron con estos mensajeros otros suyos para que viesen más por entero si era verdad lo que aquéllos les habían dicho; y, venidos, yo los recibí muy bien y di algunas cosillas, y los torné a hablar con la lengua que yo conmigo llevé —porque la de Culúa y ésta es casi una, excepto que difieren en alguna pronunciación y en algunos vocablos—, y les torné a certificar lo que de mi parte se les había dicho, y les dije otras cosas que me pareció convenían para su seguridad; y les rogué mucho que dijesen a sus señores que me viniesen a ver; y con esto se despidieron de mí muy contentos. Y, de ahí a cinco días, vino de parte de los de Chapagua una persona principal, que se dice Montamal, señor — según pareció— de un pueblo de los sujetos a la dicha Chapagua, que se llama Telica; y, de parte de los de Papayeca, vino otro señor de otro pueblo sujeto que se llama Cecoatl; su pueblo, Coabata. Y trajeron algún bastimento de maíz, aves y algunas frutas; y dijeron que ellos venían de parte de sus señores: que yo les dijese lo que yo quería y la causa de mi venida a aquella tierra; y que ellos no venían a verme porque tenían mucho temor de que los llevasen en los navíos, como habían hecho a cierta gente que los cristianos que primero aquí vinieron les habían tomado. Yo les dije cuánto a mí me había pesado de aquel hecho; pero que fuesen ciertos que de ahí adelante no les sería hecho agravio; antes, yo enviaría a buscar aquellos que les habían llevado y se los haría volver. ¡Plega Dios que aquellos licenciados no me hagan caer en falta, que gran temor tengo que no me los han de enviar! Antes han de tener forma para disculpar al dicho bachiller Moreno que los llevó; porque no creo yo que él hizo por acá cosa que no fuese por instrucción de ellos y por su mandado.

En respuesta de lo que aquellos mensajeros me preguntaron acerca de la causa de mi ida a aquella tierra, les dije que ya yo creía que ellos tenían noticia cómo había ocho años que yo había venido a la provincia de Culúa, y cómo Mutezuma, señor que a la sazón era de la gran ciudad de Temixtitán y de toda aquella tierra, informado por mí de cómo yo era enviado por vuestra majestad, a quien todo el universo es sujeto, para ver y visitar estas partes en el real nombre de vuestra excelencia, luego me había recibido muy bien y reconocido lo que a vuestra grandeza debía; y que así lo habían hecho todos los otros señores de la tierra, y todas las otras cosas que hacían al caso que acá me habían acaecido. Y que, porque yo traje mandado de vuestra majestad que viese y visitase toda la tierra, sin dejar cosa alguna, e hiciese en ella pueblos de cristianos para que les hiciesen entender la orden que habían de tener, así para la conservación de sus personas y haciendas como por la salvación de sus ánimas, que ésta era la causa de mi venida; y que fuesen ciertos que de ella se les había de seguir mucho provecho y ningún daño, y que los que fuesen obedientes a los mandamientos reales de vuestra majestad habían de ser muy bien tratados y mantenidos en justicia, y los que fuesen rebeldes serían castigados; y otras muchas cosas que les dije a este propósito. Y, por no dar a vuestra majestad importunidad con larga escritura, y porque no son de mucha calidad, no las relato aquí.

A estos mensajeros di algunas cosillas que ellos estiman, aunque entre nosotros son de poco precio; y fueron muy alegres y luego volvieron con bastimentos y gente para talar el sitio del pueblo —que era una gran montaña—, porque yo se lo rogué cuando se fueron. Aunque los señores por entonces no vinieron a verme, yo disimulé con ellos, haciendo que no se me daba nada, y les rogué que ellos enviasen mensajeros a todos los pueblos comarcanos, haciéndoles saber todo lo que yo les había dicho, y que les rogasen, de mi parte, que me viniesen a ayudar a hacer aquel pueblo; y así lo hicieron. Que, en pocos días, vinieron de quince o dieciséis pueblos —digo, señoríos, por sí—, y todos con muestra de buena voluntad se ofrecieron por súbditos y vasallos de vuestra majestad, y trajeron gente para ayudar a talar el pueblo y bastimentos, con que nos mantuvimos hasta que vino socorro de los navíos que yo envié a las islas.

En este tiempo despaché los tres navíos y otro que después vino —que asimismo compré— y, con ellos, todos aquellos dolientes que habían quedado vivos. El uno vino a los puertos de esta Nueva España, y escribí en él largo a los oficiales de vuestra majestad que yo dejé en mi lugar, y a todos los concejos, dándoles cuenta de lo que yo por allá había hecho y de la necesidad que había de detenerme yo algún tiempo por aquellas partes; y rogándoles y encargándoles mucho lo que les había quedado a cargo; y dándoles mi parecer de algunas cosas que convenía que se hiciesen. Y mandé a este navío que se viniese por la isla de Cozumel, que está en el camino, y trajese de allí ciertos españoles que un Valenzuela —que se había alzado con un navío y robado el pueblo que primero fundó Cristóbal de Olid— allí había dejado aislados, que tenía información que eran más de sesenta personas. El otro navío, que a la postre compré en la cala, envié a la isla de Cuba y a la villa de la Trinidad, a que cargase de carne, caballos y gente, y se viniese con la más brevedad que fuese posible. El otro envié a la isla de Jamaica a que hiciese lo mismo. El carabelón o bergantín que yo hice, envié a la isla Española, y en él un criado mío, con quien escribí a vuestra majestad y a aquellos licenciados que en la dicha villa residen. Y, según después pareció, ninguno de estos navíos hizo el viaje que llevó mandado; porque el que iba a Cuba y a la Trinidad aportó a Guaniguanico, y hubo de ir cincuenta leguas por tierra a la villa de la Habana a buscar carga. Y, cuando éste vino —que fue el primero—, me trajo nueva de cómo el navío que venía a esta Nueva España había tomado la gente de Cozumel, y que después había dado al través en la isla de Cuba, en la punta que se llama de San Antón o de Corrientes, y que se había perdido cuanto llevaba; y se había ahogado un primo mío, que se decía Juan de Ávalos, que iba por el capitán de él, y los dos frailes franciscanos que habían ido conmigo, que también venían dentro, y treinta y tantas otras personas, que me llevó por copia; y las que habían salido a tierra habían andado perdidas por los montes, sin saber adónde iban, y de hambre se habían muerto casi todos; que de ochenta y tantas personas no habían quedado vivos sino quince, que a dicha aportaron a aquel puerto de Guaniguanico, donde estaba surto aquel navío mío. Que allí había una estancia de un vecino de la Habana, donde cargó mi navío porque había muchos bastimentos, y allí se remediaron aquellos que quedaron vivos. Dios sabe lo que sentí en esta pérdida; porque, demás de perder deudos y criados y muchos coseletes, escopetas y ballestas y otras armas que iban en el dicho navío, sentí más no haber llegado mis despachos, por lo que adelante vuestra majestad verá.

El otro navío que iba a la Jamaica y el que iba a la Española aportaron a la Trinidad, en la isla de Cuba; y allí hallaron al licenciado Alonso de Zuazo, que yo dejé por justicia mayor y por uno de los encargados en la gobernación de esta Nueva España; y hallaron un navío en el dicho puerto que aquellos licenciados enviaron a la Nueva España a certificar de la nueva que allá se decía de mi muerte. Y, como el navío supo de mí, mudó su viaje —porque traía treinta y dos caballos y algunas cosas de la jineta y otros bastimentos, creyendo venderlos mejor donde yo estaba—; y en este navío me escribió el dicho licenciado Alonso de Zuazo cómo en esta Nueva España había muy grandes escándalos y alborotos entre los oficiales de vuestra majestad; y que habían echado fama que yo era muerto, y se habían pregonado por gobernadores los dos de ellos, y hecho que los jurasen por tales; y que habían prendido al dicho licenciado Zuazo y a los otros dos oficiales, y a Rodrigo de Paz, a quien yo dejé mi casa y hacienda, la cual habían saqueado, y quitado las justicias que yo dejé, y puesto otras; muchas cosas que, por ser largas, y porque envío la misma carta original a vuestra majestad —donde las mandará ver—, no las expreso aquí.

Ya puede vuestra majestad considerar lo que yo sentí de estas nuevas, en especial en saber el pago que aquéllos daban a mis servicios, dándome por galardón saquearme la casa, aunque fuera verdad que yo fuera muerto; que, aunque quisieran decir o dar por color que yo debía a vuestra majestad sesenta y tantos mil pesos de oro, no ignoran ellos que no los debo; antes se me deben más de ciento cincuenta mil otros, que he gastado —y no mal gastado— en servicio de vuestra majestad.

Luego pensé en el remedio, y parecióme, por una parte, que yo debía meterme en aquel navío y venir a remediar y castigar tan grande atrevimiento; porque ya por acá todos piensan, en viéndose ausentes con un cargo, que si no hacen befa, no portan penacho. Que también otro capitán, que el gobernador Pedro Arias envió allí a Nicaragua, está también alzado de su obediencia, como adelante daré a vuestra excelencia más larga cuenta de esto. Por otra parte, dolíame el ánimo dejar aquella tierra en el estado y coyuntura que la dejaba, porque era perderse totalmente; y tengo por muy cierto que en ella vuestra majestad ha de ser muy servido y que ha de ser otra Culúa; porque tengo noticia de muy grandes y ricas provincias y de grandes señores en ella, de mucha manera y servicio, en especial de una que llaman Hueitapalan —y en otra lengua Xucutaco—, que ha seis años que tengo noticia de ella, y por todo este camino he venido en su rastro; y tuve por nueva muy cierta que está ocho o diez jornadas de aquella villa de Trujillo, que puede ser cincuenta o sesenta leguas.

Y DE ÉSTA HAY tan grandes nuevas, que es cosa de admiración lo que de ella se dice, que, aunque falten los dos tercios, hace mucha ventaja a ésta de México en riqueza, e iguálale en grandeza de pueblos y multitud de gente y policía de ella. Estando en esta perplejidad, consideré que ninguna cosa puede ser bien hecha ni guiada si no es por mano del Hacedor y Movedor de tropas; e hice decir misas y hacer procesiones y otros sacrificios, suplicando a Dios me encaminase en aquello en que Él más se sirviese.

Y, después de hecho esto por algunos días, parecióme que todavía debía posponer todas las cosas e ir a remediar aquellos daños; y dejé en aquella villa hasta treinta y cinco de a caballo y cincuenta peones, y con ellos, por mi lugarteniente, a un primo mío que se dice Hernando de Saavedra, hermano del Juan de Ávalos que murió en la nao que venía a esta ciudad. Y, después de dejarle instrucción y la mejor orden que yo pude de lo que había de hacer, y después de haber hablado a algunos de los señores naturales de esta tierra, que ya habían venido a verme, me embarqué en el dicho navío con los criados de mi casa, y envié a mandar a la gente que estaba en Naco que se fuesen por tierra por el camino que fue Francisco de las Casas —que es por la costa del Sur— a salir adonde está Pedro de Alvarado, porque ya estaba el camino muy sabido y seguro, y era gente harta para pasar por donde quisiera. Y envié también a la otra villa de la Natividad de Nuestra Señora instrucción de lo que había de hacer; y, embarcado con buen tiempo, teniendo ya la postrera ancla a pique, calmó el tiempo de manera que no pude salir; y, otro día por la mañana, fueme nueva al navío que, entre la gente que dejaba en aquella villa, había ciertas murmuraciones, de que se esperaban escándalos, siendo yo ausente; y por esto, y porque no hacía tiempo para navegar, torné a saltar a tierra y hube mi información, y, con castigar algunos movedores, quedó muy pacífico.

Estuve dos días en tierra, que no hubo tiempo para salir del puerto; y, al tercero día, vino muy buen tiempo, y tornéme a embarcar y hacer a la vela; e, yendo dos leguas de donde partí, que doblaba ya una punta que el puerto hace muy larga, quebróseme la entena mayor, y fue forzado volver al puerto a aderezarla; estuve otros tres días aderezándola, y partíme con muy buen tiempo otra vez, y anduve con él dos noches y un día; y, habiendo andado cincuenta leguas y más, diónos tan recio tiempo de norte, muy contrario, que nos quebró el mástil del trinquete por los tamboretes, y fue forzado, con harto trabajo, volver al puerto; donde, llegados, dimos todos muchas gracias a Dios, porque pensamos perdernos, y yo y toda la gente venimos tan maltratados de la mar, que nos fue necesario tomar algún reposo. Y, en tanto que el tiempo se abonanzaba y el navío se aderezaba, salí en tierra con toda la gente; y, viendo que, habiendo salido tres veces a la mar con buen tiempo, me había vuelto, pensé que no era Dios servido que esta tierra se dejase así; y aun pensélo porque algunos de los indios que habían quedado de paz estaban algo alborotados.

Y torné de nuevo a encomendarlo a Dios y a hacer procesiones y decir misas, y asentóseme que, con enviar yo aquel navío en que había de venir a esta Nueva España, y en él mi poder para Francisco de las Casas, mi primo, y escribir a los consejos y a los oficiales de vuestra majestad, reprendiéndoles su yerro, enviando algunas personas principales de los indios que conmigo vinieron —para que los que acá quedaron creyesen que no era yo muerto, como allá se había publicado—, se apaciguaría todo y yo daría fin a lo que acá tenía comenzado. Y así lo proveí, aunque no proveí muchas cosas que proveyera si supiera a esta sazón la pérdida del navío que había enviado primero; y déjelo, porque en él lo había proveído todo muy cumplidamente y tenía por cierto que ya estaba allá muchos días había, en especial el despacho de los navíos de la mar del Sur, que había despachado en aquel navío como convenía.

Después de haber despachado este navío para esta Nueva España, porque yo quedé muy malo de la mar —y hasta ahora lo estoy—, no pude entrar la tierra adentro; y también por esperar a los navíos que habían de venir de las islas y proveer otras cosas que convenía, envié al teniente que aquí dejaba, con treinta de a caballo y otros tantos peones, que entrasen en la tierra adentro. Y fueron hasta treinta y cinco leguas de aquella villa por un muy hermoso valle, poblado de muchos y muy grandes pueblos, abundoso de todas las cosas que en la tierra hay; muy aparejo para criar en toda ella todo género de ganado y plantar todas y cualesquier plantas de nuestra nación. Y, sin haber reencuentro con los naturales de la tierra, sino hablándoles con las lenguas y con los naturales de la tierra que ya teníamos por amigos, los atrajeron todos de paz, y vinieron ante mí principales y, con muestra de buena voluntad, se ofrecieron por súbditos de vuestra alteza, prometiendo ser obedientes a sus reales mandamientos.

Y así lo han hecho y lo hacen hasta ahora; que, después acá, hasta que yo me partí, nunca había faltado gente de ellos en mi compañía, y casi cada día iban unos y venían otros, y traían bastimentos y servían en todo lo que se les mandaba. Plega a Nuestro Señor de los conservar y llegar al fin que vuestra majestad desea; y yo así tengo por fe que será, porque de tan buen principio no se puede esperar mal fin, sino por culpa de los que tenemos el cargo.

La provincia de Papayeca y la de Chapagua, que dije que fueron las primeras que se ofrecieron al servicio de vuestra majestad y por nuestros amigos, fueron las que, cuando yo me embarqué, hallé alborotadas; y, como yo me volví, tuvieron algún temor. Envíéles mensajeros asegurándolos, y algunos de los de Chapagua vinieron, aunque no los señores, y siempre tuvieron despoblados sus pueblos de mujeres e hijos y haciendas, aunque en ellos había algunos hombres que venían aquí a servir. Híceles muchos requerimientos sobre que se viniesen a sus pueblos, y jamás quisieron, diciendo hoy, más mañana. Y tuve manera como hube a las manos los señores — que son tres—: el uno se llama Chicohuytl, y el otro Poto, y el otro Mendereto; y, habidos, prendílos y díles cierto término, dentro del cual les mandé que poblasen sus pueblos y no estuviesen en las sierras, con apercibimiento que, no lo haciendo, serían castigados como rebeldes. Y así, los poblaron, y los solté, y están muy pacíficos y seguros y sirven muy bien.

Los de Papayeca jamás quisieron parecer, en especial los señores y toda la gente que tenían en los montes consigo, despoblados sus pueblos; y, puesto que muchas veces fueron requeridos, jamás quisieron ser obedientes. Envié allá una capitanía de gente de a caballo y de a pie, y muchos de los indios amigos, naturales de aquella tierra, y saltearon una noche a uno de aquellos señores —que son dos—, que se llama Pizacura, y prendiéronle. Y, preguntado por qué había sido malo y no quería ser obediente, dijo que ya se hubiera venido, sino que el otro su compañero, que se llama Mazatl, era más parte con la comunidad y que éste no consentía; pero que le soltasen a él y que él trabajaría de espiarle para que le prendiesen, y que, si lo ahorcasen, luego la gente estaría pacífica y se vendrían todos a sus pueblos, porque él los recogería, no teniendo contradicción. Y así, le soltaron, y fue causa de mayor daño, según ha aparecido después.

Ciertos indios, nuestros amigos, de los naturales de aquella tierra, espiaron al dicho Mazatl y guiaron a ciertos españoles donde estaba, y fue preso. Notificáronle lo que su compañero Pizacura había dicho de él, y mandósele que dentro de cierto término trajese la gente a poblar en sus pueblos y no estuviese por las sierras; jamás se pudo acabar con él. Hízose contra él proceso y sentencióse a muerte, la cual se ejecutó en su persona.

Ha sido gran ejemplo para los demás; porque luego algunos pueblos que estaban así algo levantados se vinieron a sus casas, y no hay pueblo que no esté muy seguro con sus hijos y mujeres y haciendas, excepto este Papayeca, que jamás se ha querido asegurar. Después que se soltó aquel Pizacura, se hizo proceso contra ellos e hízoseles guerra, y prendiéronse hasta cien personas, que se dieron por esclavos; y entre ellos se prendió a Pizacura, el cual no quise sentenciar a muerte —puesto que, por el proceso que contra él estaba hecho, se pudiera hacer—; antes le traje conmigo a esta ciudad con otros dos señores de otros pueblos, que también habían andado algo levantados, con intención de que viesen las cosas de esta Nueva España y tornarlos a enviar, para que allá notificasen la manera que se tenía con los naturales de acá y cómo servían, para que ellos lo hiciesen así. Y este Pizacura murió de enfermedad; y los otros dos están buenos, y los enviaré habiendo oportunidad. Con la prisión de éste y de otro mancebo que pareció ser el señor natural, y con el castigo de haber hecho esclavos aquellas ciento y tantas personas que se prendieron, se aseguró toda esta provincia; y, cuando yo de allá partí, quedaban todos los pueblos de ella poblados y muy seguros y repartidos en los españoles, y servían de muy buena voluntad, al parecer.

A ESTA SAZÓN llegó a aquella villa de Trujillo un capitán con hasta veinte hombres, de los que yo había dejado en Naco con Gonzalo de Sandoval, y de los de la compañía de Francisco Hernández, capitán que Pedro Arias Dávila, gobernador de vuestra majestad, envió a la provincia de Nicaragua; de los cuales supe cómo al dicho pueblo de Naco había llegado un capitán del dicho Francisco Hernández, con hasta cuarenta hombres de a pie y de a caballo, que venía a aquel puerto de la bahía de San Andrés a buscar al bachiller Pedro Moreno, que los jueces que residen en la isla Española habían enviado a aquellas partes, como ya tengo hecha relación a vuestra majestad. El cual, según parece, había escrito al dicho Francisco Hernández para que se rebelase de la obediencia de su gobernador, como había hecho a la gente que dejaron Gil González y Francisco de las Casas; y venía aquel capitán a le hablar de parte del dicho Francisco Hernández, para se concertar con él para quitarse de la obediencia de su gobernador y darla a los dichos jueces que en la dicha isla Española residen, según pareció por ciertas cartas que traían. Luego los torné a despachar, y con ellos escribí al dicho Francisco Hernández y a toda la gente que con él estaba en general, y particularmente a algunos de los capitanes de su compañía que yo conocía, reprendiéndoles la fealdad que en aquello hacían y cómo aquel bachiller los había engañado, y certificándoles cuánto de ello sería vuestra majestad servido, y otras cosas que me pareció convenía escribirles para apartarlos de aquel camino errado que llevaban.

Y porque algunas de las causas que daban para abonar su propósito eran decir que estaban tan lejos de donde el dicho Pedro Arias de Dávila estaba, que para ser proveídos de las cosas necesarias recibían mucho trabajo y costa, y aun no podían ser proveídos y siempre estaban con mucha necesidad de las cosas y provisiones de España; y que por aquellos puertos que yo tenía poblados en nombre de vuestra majestad lo podían hacer más fácilmente; y que el dicho bachiller les había escrito que él dejaba toda aquella tierra poblada por los dichos jueces e iba a volver luego con mucha gente y bastimentos. Les escribí que yo dejaría mandado en aquellos puertos que se les diesen todas las cosas que hubiesen menester porque allí enviasen, y que se tuviese con ellos toda contratación y buena amistad, pues los unos y los otros éramos y somos vasallos de vuestra majestad y estábamos en su real servicio; y que esto se había de entender estando ellos en obediencia de su gobernador, como eran obligados, y no de otra manera. Y porque me dijeron que de la cosa que al presente más necesidad tenían era de herraje para los caballos y de herramientas para buscar minas, les di dos acémilas mías cargadas de herraje y herramientas, y se las envié. Y, después que llegaron donde estaba Gonzalo de Sandoval, les dio otras dos acémilas mías, cargadas también de herraje, que yo allá tenía.

Y después de partidos éstos vinieron a mí ciertos naturales de la provincia de Huilacho —que es a sesenta y cinco leguas de aquella villa de Trujillo—, de quien días había que yo tenía mensajeros, y se habían ofrecido por vasallos de vuestra majestad; y me hicieron saber cómo a su tierra habían llegado veinte de a caballo y cuarenta peones, con muchos indios de otras provincias que traían por amigos; de los cuales habían recibido y recibían mucho agravio y daños, tomándoles sus mujeres e hijos y haciendas, y que me rogaban los remediase, pues ellos se habían ofrecido por mis amigos y yo les había prometido que los ampararía y defendería de quien mal les hiciese. Y, luego, me envió Hernando de Saavedra, mi primo —a quien yo dejé por teniente en aquellas partes—, que estaba a la sazón pacificando aquella provincia de Papayeca, dos hombres de aquella gente que de los indios se vinieron a quejar; que venían por mandado de su capitán en busca de aquel pueblo de Trujillo, porque los indios les dijeron que estaba cerca y que podían venir sin temor, porque toda la tierra estaba de paz. Y de éstos supe que aquella gente era de la del dicho Francisco Hernández, y que venían en busca de aquel puerto, y que venía por su capitán un Gabriel de Rojas. Luego despaché, con estos dos hombres y con los indios que se habían venido a quejar, un alguacil con un mandamiento mío para el dicho Gabriel de Rojas, para que luego saliese de la dicha provincia y volviese a los naturales todos los indios e indias y otras cosas que les hubiese tomado; y, demás de esto, le escribí una carta, para que, si alguna cosa hubiese menester, me lo hiciese saber, porque se lo proveería de muy buena voluntad, si yo la tuviese.

El cual, visto mi mandamiento y carta, lo hizo luego, y los naturales de la dicha provincia quedaron muy contentos; aunque después me tornaron a decir los dichos indios que, venido el alguacil que yo envié, les habían llevado algunos. Con este capitán torné otra vez a escribir al dicho Francisco Hernández, ofreciéndole todo lo que yo allí tuviese, de que él y su gente tuviesen necesidad —porque de ello creí vuestra majestad era muy servido—, y encargándole todavía la obediencia de su gobernador. No sé lo que después acá ha sucedido, aunque supe del alguacil que yo envié y de los que con él fueron que, estando todos juntos, le había llegado una carta al dicho Gabriel de Rojas, de Francisco Hernández, su capitán, en que le rogaba que a mucha prisa se fuese a juntar con él, porque entre la gente que con él había quedado había mucha discordia, y se le habían alzado dos capitanes: el uno que se decía Soto, y el otro Andrés Garabito; los cuales, diz que se le habían alzado porque supieron la mudanza que él quería hacer contra su gobernador. Ello quedaba ya de manera que no puede ser sino que resulte mucho daño, así en los españoles como en los naturales de la tierra; de donde vuestra majestad puede considerar el daño que se sigue de estos bullicios, y cuánta necesidad hay de castigo en los que los mueven y causan.

Yo quise luego ir a Nicaragua, creyendo poner algún remedio —porque vuestra majestad fuera muy servido si se pudiera hacer—; y estándolo aderezando, y aun abriendo ya el camino de un puerto que hay algo áspero, llegó al puerto de aquella villa de Trujillo el navío que yo había enviado a esta Nueva España, y en él un primo mío, fraile de la Orden de San Francisco, que se dice fray Diego Altamirano, de quien supe —y de las cartas que me llevó— los muchos desasosiegos, escándalos y alborotos que entre los oficiales de vuestra majestad que yo había dejado en mi lugar se habían ofrecido y aún había, y la mucha necesidad que había de venir yo a los remediar. Y a esta causa cesó mi ida a Nicaragua y mi vuelta por la costa del Sur —donde creo Dios y vuestra majestad fueran muy servidos, a causa de las muchas y grandes provincias que en el camino hay—; que, puesto que algunas de ellas están en paz, quedarían más reafirmadas en el servicio de vuestra majestad con mi ida por ellas, mayormente aquellas de Utlatán y Guatemala, donde siempre ha residido Pedro de Alvarado, que, después que se rebelaron por cierto mal tratamiento, jamás se han apaciguado; antes han hecho y hacen mucho daño en los españoles que allí están y en los amigos sus comarcanos. Porque es la tierra áspera y de mucha gente, y muy belicosa y ardida en la guerra; y han inventado muchos géneros de defensa y ofensas, haciendo hoyos y otros muchos ingenios para matar los caballos, donde han muerto muchos.

De tal manera, que aunque siempre el dicho Pedro de Alvarado les ha hecho y hace guerra con más de doscientos de a caballo y quinientos peones, y más de cinco mil indios amigos —y aun de diez, algunas veces—, nunca ha podido ni puede atraerlos al servicio de vuestra majestad; antes, de cada día, se fortalecen más y se refuerzan de gentes que a ellos llegan. Y creo yo, siendo Nuestro Señor servido, que si yo por allí viniera, por amor o por otra manera los atrajera a lo bueno; porque algunas provincias que se rebelaron por los malos tratamientos que en mi ausencia recibieron —y fueron contra ellas más de ciento y tantos de a caballo y trescientos peones, y por el capitán veedor que aquel tiempo gobernaba, y mucha artillería y mucho número de indios amigos—, no pudieron con ellos; antes les mataron diez o doce hombres españoles y muchos indios, y se quedó como antes. Y, venido yo, con un mensajero que les envié —donde supieron mi venida—, sin ninguna dilación vinieron a mí las personas principales de aquella provincia, que se dice Coatlan, y me dijeron la causa de su alzamiento, que fue harto justa, porque el que los tenía encomendados había quemado ocho señores principales: los cinco murieron luego y los otros, dende a pocos días. Y, puesto que pidieron justicia, no les fue hecha; y yo los consolé de manera que fueron contentos, y están hoy pacíficos y sirven como antes que yo me fuese, sin guerra ni riesgo alguno. Y así creo que hicieron los otros pueblos que estaban de esta condición en la provincia de Coazacoalco: en sabiendo mi venida a la tierra, sin yo enviarles mensajero, se apaciguaron.

Ya, muy católico señor, hice a vuestra majestad relación de ciertas isletas que están frontero de aquel puerto de Honduras, que llaman los Guanajos; que algunas de ellas están despobladas a causa de las armadas que han hecho de las islas y llevado muchos naturales de ellas por esclavos, y en algunas de ellas había quedado alguna gente. Y supe que de la isla de Cuba y de la de Jamaica, nuevamente habían armado para ir a ellas, para acabarlas de asolar y destruir; y, para remedio, envié una carabela que buscase por las dichas islas el armada y les requiriese, de parte de vuestra majestad, que no entrasen en ellas ni hiciesen daño a los naturales, porque yo pensaba apaciguarlos y traerlos al servicio de vuestra majestad; porque, por medio de algunos que se habían pasado a vivir a la tierra firme, yo tenía inteligencia con ellos. La cual dicha carabela topó, en una de las dichas islas que se dice Huitila, otra de la dicha armada, que era un capitán Rodrigo de Merlo, y el capitán de mi carabela le atrajo con la suya y con toda la gente que había tomado en aquellas islas allí donde yo estaba. La cual dicha gente yo luego hice llevar a las islas donde los habían tomado, y no procedí contra el capitán porque mostró licencia para ello del gobernador de la isla de Cuba, por virtud de la que ellos tienen de los jueces que residen en la isla Española; y así los envié, sin que recibiesen otro daño más de tomarles la gente que habían tomado de las dichas islas. Y el capitán y los más de los que venían en su compañía se quedaron por vecinos en aquellas villas, pareciéndoles bien la tierra. Conociendo los señores de aquellas islas la buena obra que de mí habían recibido, e informados de los que en la tierra firme estaban del buen tratamiento que se les hacía, vinieron a mí a darme las gracias de aquel beneficio y se ofrecieron por súbditos y vasallos de vuestra alteza y pidieron que les mandase en qué sirviesen. Yo les mandé, en nombre de vuestra majestad, que al presente en sus tierras hiciesen muchas labranzas, porque la verdad ellos no pueden servir en otra cosa; y así se fueron y llevaron para cada isla un mandamiento mío, para que notificasen a las personas que por allí viniesen, por donde les aseguré, en nombre de vuestra cesárea majestad, que no recibirían daño. Y pidiéronme que les diese un español que estuviese en cada isla con ellos, y por la brevedad de mi partida no se pudo proveer; pero dejé mandado al teniente Hernando de Saavedra que lo proveyese.

LUEGO ME METÍ en aquel navío que me trajo la nueva de las cosas de esta tierra, y en él y en otros dos que yo allí tenía se metió alguna gente de los que yo había llevado en mi compañía —que fueron hasta veinte personas—, con nuestros caballos, porque los demás de ellos quedaron por vecinos en aquellas villas, y los otros estaban esperándome en el camino, creyendo que había de ir por tierra; a los cuales envié a mandar que se viniesen ellos, diciéndoles mi partida y la causa de ella. Hasta ahora no son llegados, pero tengo nueva de cómo vienen.

Dada orden en aquellas villas que, en nombre de vuestra majestad, dejé pobladas —con harto dolor y pena de no poder acabar de dejarlas tal cual yo pensaba y convenía—, a 25 días del mes de abril de 1526 años hice mi camino por la mar con aquellos tres navíos, y traje tan buen tiempo, que en cuatro días llegué hasta ciento cincuenta leguas del puerto de Chalchicueca; y allí me dio un vendaval muy recio, que no me dejó pasar adelante. Creyendo que amansara, me tuve a la mar un día y una noche; y fue tanto el tiempo, que me deshacía los navíos, y fue forzado arribar a la isla de Cuba, y en seis días tomé el puerto de la Habana, donde salté en tierra y me holgué con los vecinos de aquel pueblo, porque había entre ellos muchos mis amigos del tiempo que yo viví en aquella isla. Y, porque los navíos que llevaba recibieron algún detrimento del tiempo que nos tomó en la mar, fue necesario recorrerlos; y, a esta causa, me detuve allí diez días, y aun por abreviar mi camino compré un navío que hallé en el dicho puerto dando carena, y dejé allí en el que yo iba, porque hacía mucha agua.

Luego, otro día, como llegué a aquel puerto, entró en él un navío que iba de esta Nueva España, y al segundo día entró otro, y al tercero día otro; de los cuales supe cómo la tierra estaba muy pacífica y segura y en toda tranquilidad y sosiego después de la muerte del factor y veedor, aunque me dijeron que había dejado algunos bullicios y que se habían castigado los movedores de ellos; de que holgué mucho, porque había recibido mucha pena de la vuelta que hice del camino, teniendo algún desasosiego.

De allí escribí a vuestra majestad, aunque breve, y me partí a 16 días del mes de mayo; y traje conmigo hasta treinta personas de los naturales de esta tierra que llevaban aquellos navíos, que de acá fueron escondidamente; y en ocho días llegué al puerto de Chalchicueca, y no pude entrar en el puerto a causa de mudarse el tiempo, y surgí dos leguas de él, ya casi noche; y, con un bergantín que topé perdido por la mar y en la barca de mi navío, salí aquella noche a tierra y fui a pie a la villa de Medellín, que está a cuatro leguas de donde yo desembarqué, sin ser sentido de nadie de los del pueblo; y fui a la iglesia a dar gracias a Nuestro Señor, y luego fue sabido y los vecinos se regocijaron conmigo y yo con ellos. Aquella noche despaché mensajeros, así a esta ciudad como a todas las villas de la tierra, haciéndoles saber mi venida y proveyendo algunas cosas que me pareció convenientes al servicio de vuestra sacra majestad y al bien de la tierra; y, por descansar del trabajo del camino, estuve en aquella villa once días, donde me vinieron a ver muchos señores de pueblos y otras personas naturales de los de estas partes, que mostraron holgarse con mi venida.

De allí me partí a esta ciudad y estuve en camino quince días; y por todo él fui visitado de muchas gentes de los naturales, que hartos de ellos venían de más de ochenta leguas, porque todos tenían sus mensajeros por postas para saber de mi venida, como ya la esperaban; y así vinieron, en poco tiempo, muchos y de muchas partes y muy lejos, a verme, los cuales todos lloraban conmigo y me decían palabras tan vivas y lastimeras, contándome sus trabajos que en mi ausencia habían padecido por los malos tratamientos que se les habían hecho, que quebraban el corazón a todos los que oían. Y, aunque de todas las cosas que me dijeron sería dificultoso dar a vuestra majestad copia, algunas —harto dignas de notar— pudiera escribir, que dejo por ser de ore propio.

Llegado a esta ciudad, los vecinos españoles y naturales de ella y de toda la tierra, que allí se juntaron, me recibieron con tanta alegría y regocijo como si yo fuera su propio padre; y el tesorero y contador de vuestra majestad salieron a recibirme con mucha gente de a pie y de a caballo, en ordenanza, mostrando la misma voluntad que todos. Y así me fui derecho a la casa y monasterio de San Francisco, a dar gracias a Nuestro Señor por haberme sacado de tantos y tan grandes peligros y trabajos, y haberme traído a tanto sosiego y descanso, y por ver la tierra —que tan en trabajo estaba— puesta en tanto sosiego y conformidad. Allí estuve seis días con los frailes, hasta dar cuenta a Dios de mis culpas; y dos días antes que de allí saliese me llegó un mensajero de la villa de Medellín, que me hizo saber que al puerto de ella habían llegado ciertos navíos y que se decía que en ellos venían un pesquisidor o juez por mandado de vuestra majestad y que no sabían otra cosa.

Yo creí que debía ser que, sabiendo vuestra católica majestad los desasosiegos y comunidad en que los oficiales de vuestra alteza —a quien yo dejé la tierra— la habían puesto, y no siendo cierto de mi venida a ella, había mandado proveer sobre este caso; de que Dios sabe cuánto holgué, porque tenía yo mucha pena de ser juez de esta causa; porque, como injuriado y destruido por estos tiranos, me parecía que cualquier cosa que en ello proveyese podía ser juzgada por los malos a pasión, que es la cosa que yo más aborrezco; puesto que, según sus obras, no pudiera yo ser con ellos tan apasionado, que no sobrara a todo mucho merecimiento en sus culpas. Con esta nueva despaché a mucha prisa un mensajero al puerto a saber lo cierto, y envié a mandar al teniente y justicias de aquella villa de Medellín que, de cualquiera manera que aquel juez viniese, viniendo por mandado de vuestra majestad, fuese muy bien recibido, servido y aposentado en una casa que yo en aquella villa tengo, donde mandé que a él y a todos los suyos se les hiciese todo servicio, aunque después, según pareció, él no lo quiso recibir.

Otro día —que fue de San Juan—, como despaché este mensajero, llegó otro, estando corriendo ciertos toros y en regocijo de cañas y otras fiestas; y me trajo una carta del dicho juez y otra de vuestra sacra majestad, por las cuales supe a lo que venía y cómo vuestra sacra majestad era servido de mandarme tomar residencia del tiempo que vuestra alteza ha sido servido que yo tenga el cargo de la gobernación de esta tierra. Y de verdad yo holgué mucho, así por la inmensa merced que vuestra majestad sacra me hizo en querer ser informado de mis servicios y culpas, como por la benignidad con que vuestra alteza, en su carta, me hacía saber su real intención y voluntad de hacerme mercedes. Y por lo uno y por lo otro, cien mil veces los reales pies de vuestra católica majestad beso; y plega a Nuestro Señor sea servido de hacerme tanto bien, que yo alguna parte de tan insigne merced pueda servir, y que vuestra majestad católica para esto conozca mi deseo; porque, conociéndolo, no pienso que era chica parte de paga.

En la carta que Luis Ponce, juez de residencia, me escribió, me hacía saber que a la hora se partía para esta ciudad; y porque para venir a ella hay dos caminos principales, y en su carta no me hacía saber por cuál de ellos había de venir, luego despaché, por ambos, criados míos, para que le viniesen sirviendo y acompañando y mostrando la tierra. Y fue tanta la prisa que en este camino se dio el dicho Luis Ponce, que, aunque yo proveí esto con harta brevedad, le toparon ya a veinte leguas de esta ciudad; y, puesto que con mis mensajeros, diz que mostró holgarse mucho, no quiso recibir de ellos ningún servicio. Y, aunque me pesó de no recibirlo —porque diz que de ello traía necesidad por la prisa de su camino—, por otra parte holgué de ello, porque pareció de hombre justo y que quería usar de su oficio con toda rectitud; y, pues venía a tomarme a mí residencia, no quería dar causa a que de él se tuviese sospecha. Y llegó a dos leguas de esta ciudad a dormir una noche, y yo hice aderezar para recibirle otro día por la mañana. Me envió a decir que no saliese de mañana, porque él quería estar allí hasta comer; que le enviase un capellán que allí le dijese misa. Y yo así lo hice; pero, temiendo lo que fue —que era excusarse del recibimiento—, estuve sobre aviso, y él madrugó tanto que, aunque yo me di harta prisa, le tomé ya dentro en la ciudad; y así nos fuimos hasta el monasterio de San Francisco, donde oímos misa, y acabada le dije que, si quería allí presentar sus provisiones, que lo hiciese, porque allí estaba todo el cabildo de la ciudad conmigo y el tesorero y contador de vuestra majestad. Y no las quiso presentar, diciendo que otro día las presentaría.

Y así fue: que, otro día por la mañana, nos juntamos en la iglesia mayor de esta ciudad el cabildo de ella y los dichos oficiales y yo; y allí las presentó, y por mí y por todos fueron tomadas, besadas y puestas sobre nuestras cabezas como provisiones de nuestro rey y señor natural, y obedecidas y cumplidas en todo y por todo, según que vuestra majestad sacra por ellas nos lo enviaba a mandar; y a la hora le fueron entregadas todas las varas de la justicia. Y hechos todos los otros cumplimientos necesarios, según que más larga y cumplidamente lo envió vuestra majestad católica —por ser del escribano del cabildo ante quien pasó—, luego fue pregonada públicamente en la plaza de esta ciudad mi residencia; y estuve en ella diecisiete días, sin que se me pusiese demanda alguna. En este tiempo el dicho Luis Ponce, juez de residencia, adoleció, y todos cuantos en la armada que él vino vinieron; de la cual enfermedad quiso Nuestro Señor que muriese él y más de treinta otros de los que en la armada vinieron; entre los cuales murieron dos frailes de la Orden de Santo Domingo que con él vinieron. Y hasta hoy hay muchas personas enfermas y de mucho peligro de muerte, porque ha parecido casi pestilencia la que trajeron consigo; porque aun a algunos de los que acá estaban se pegó, y murieron dos personas de la misma enfermedad; y hay otros muchos que aún no han convalecido de ella.

Luego que el dicho Luis Ponce pasó de esta vida —hecho su enterramiento con aquella honra y autoridad que a su persona enviada por vuestra majestad requería hacerse—, el cabildo de esta ciudad y los procuradores de todas las villas de la tierra que aquí se hallaron me pidieron y requirieron, de parte de vuestra majestad cesárea, que tomase en mí el cargo de la gobernación y justicia, según que antes lo tenía por mandato de vuestra majestad y por sus reales provisiones; dándome por ello causas y poniéndome inconvenientes que se seguirían no aceptándolo, según que vuestra sacra majestad lo mandará ver por la copia que de todo envío. Yo les respondí excusándome de ello, como asimismo parecerá por la dicha copia; y después se me han hecho otros requerimientos sobre ello, y puesto otros inconvenientes más recios que se podrían seguir si yo no lo aceptase; y de todo me he defendido hasta ahora, y no lo he hecho. Aunque se me ha figurado que hay en ello algún inconveniente, deseando que vuestra majestad sea muy cierto de mi limpieza y fidelidad en su real servicio —teniéndolo por principal, porque, sin tenerse de mí este concepto, no querría bienes en este mundo, mas antes no vivir en él—, lo he puesto todo por este fin; y antes he sostenido con todas mis fuerzas en el cargo a un Marcos de Aguilar, a quien el dicho licenciado Luis Ponce tenía para su alcalde mayor. Y le he pedido y requerido proceda en mi residencia hasta el fin de ella, y no lo ha querido hacer, diciendo que no tiene poder para ello; de que he recibido asaz pena, porque deseo sin comparación —y no sin causa— que vuestra majestad sacra sea verdaderamente informado de mis servicios y culpas.

Porque tengo por fe —y no sin mérito— que por ellas me ha de mandar vuestra majestad cesárea muy grandes y crecidas mercedes, no habiendo respeto a lo poco que mi pequeña vasija puede contener, sino a lo mucho que vuestra celsitud es obligado a dar a quien tan bien y con tanta fidelidad sirve como yo le he servido. A la cual, humildemente, suplico con toda la instancia a mí posible no permita que esto quede debajo de simulación, sino que muy clara y manifiestamente se publique lo malo y lo bueno de mis servicios; porque, como sea caso de honra —que, por alcanzarla, yo tantos trabajos he padecido y mi persona a tantos peligros he puesto—, no quiera Dios, ni vuestra majestad por su reverencia permita ni consienta que basten lenguas de envidiosos, malos y apasionados a hacérmela perder. Y no quiero ni suplico a vuestra majestad sacra, en pago de mis servicios, me haga otra merced sino ésta, porque nunca plega a Dios que sin ella yo viva.

Según lo que yo he sentido, muy católico príncipe, puesto que, desde el principio que comencé a entender esta negociación, yo he tenido muchos, diversos y poderosos émulos y contrarios, no ha podido tanto su maldad y malicia, que la notoriedad de mi fidelidad y servicios no la hayan supeditado; y, como ya desesperados de todo remedio, han buscado dos, por los cuales —según parece— han puesto alguna niebla u oscuridad ante los ojos de vuestra grandeza, por donde le han movido del católico y santo propósito que siempre de vuestra excelencia se ha conocido a remunerarme y pagar mis servicios. El uno es acusarme ante vuestra potencia de crimine lesae majestatis, diciendo que yo no había de obedecer sus reales mandamientos y que yo tengo en esta tierra, en su poderoso nombre, sino en tiránica e inefable forma; dando para ello algunas depravadas y diabólicas razones, juzgadas por falsas y no verdaderas conjeturas. Los cuales, si las verdaderas obras miraran y justos jueces fueran, muy a lo contrario lo debieran significar; porque hasta hoy no se ha visto ni se verá, en cuanto yo viviere, que ante mí o a mi noticia haya venido carta u otro mandamiento de vuestra majestad, que no haya sido, es y sea obedecido y cumplido, sin faltar en él cosa alguna. Y ahora se ha manifestado más clara y abiertamente su maldad —de los que esto han querido decir—; porque, si así fuera, no me fuera yo seiscientas leguas de esta ciudad, por tierra inhabitada y caminos peligrosos, y dejara la tierra a los oficiales de vuestra majestad, como de razón se había de creer ser las personas que habían de tener más celo al real servicio de vuestra alteza, aunque sus obras no correspondieron al crédito que yo de ellos tuve.

El otro es que han querido decir que yo tengo en esta tierra mucha parte, o la mayor, de los naturales de ella, de que me sirvo y aprovecho; de donde he habido mucha suma y cantidad de oro y plata que tengo atesorado; y que he gastado de las rentas de vuestra majestad católica sesenta y tantos mil pesos de oro, sin haber necesidad de gastarlos; y que no he enviado tanta suma de oro a vuestra excelencia cuanta de sus reales rentas se ha habido, y que lo detengo con formas y maneras exquisitas, cuyo efecto yo no puedo alcanzar. Pero bien creo que, pues lo han oído decir, que le habrán dado algún color; mas no puede ser tal, según lo que yo de mí confío, que muy pequeño toque no descubra lo falso. Y cuanto a lo que dicen de tener yo mucha parte de la tierra, así lo confieso; y que ha cabido harta suma y cantidad de oro; pero digo que no ha sido tanta que haya bastado para que yo deje de ser pobre y estar adeudado en más de quinientos mil pesos de oro, sin tener un castellano de qué pagarlo. Porque, si mucho ha habido, muy mucho más he gastado; y no en comprar mayorazgos ni otras rentas para mí, sino en dilatar por estas partes el señorío y patrimonio real de vuestra alteza, conquistando y ganando —con ello y con poner mi persona a muchos trabajos, riesgos y peligros— muchos reinos y señoríos para vuestra excelencia. Los cuales no podrán encubrir ni agazapar los malos con sus serpentinas lenguas; que, mirándose mis libros, se hallarán en ellos más de trescientos mil pesos de oro que se han gastado de mi casa y hacienda en estas conquistas; y, acabado lo que yo tenía, gasté los sesenta mil pesos de oro de vuestra majestad, y no en comerlos yo, ni entraron en mi poder, sino darlos por mis libramientos para los gastos y expensas de esta conquista. Y si aprovecharon o no, vean los casos, que están muy manifiestos.

En lo que dicen de no enviar las rentas a vuestra majestad, muy manifiesto está ser la verdad en contrario; porque, en este poco tiempo que yo estoy en esta tierra —pienso, y así es verdad—, de ella se ha enviado a vuestra majestad más servicio e intereses que de todas las islas y tierra firme, que ha treinta y tantos años que están descubiertas y pobladas; las cuales costaron a los Católicos Reyes, vuestros abuelos, muchas expensas y gastos, lo que ha cesado en ésta. Y no solamente se ha enviado lo que a vuestra majestad de sus reales servicios ha pertenecido, mas aun de lo mío y de los que me han ayudado —sin lo que acá hemos gastado en su real servicio— hemos enviado alguna copia. Porque, luego que envié la primera relación a vuestra majestad con Alonso Hernández Portocarrero y Francisco de Montejo, no solamente envié el quinto que a vuestra majestad perteneció de lo hasta entonces habido, mas aun todo cuanto se hubo, porque me pareció ser así justo, por ser las primicias.

Pues de todo lo que en esta ciudad se hubo, siendo vivo Mutezuma, señor de ella, del oro se dio el quinto a vuestra majestad —digo de lo que se fundió—, que le pertenecieron treinta y tantos mil castellanos; y aunque las joyas también se habían de partir y dar a la gente sus partes, ellos y yo holgamos que no se diesen, sino que todas se enviasen a vuestra majestad, que fueron en número de más de quinientos mil pesos de oro; aunque lo uno y lo otro se perdió, porque nos lo tomaron cuando nos echaron de esta ciudad, por el levantamiento que en ella hubo con la venida de Narváez a esta tierra. Lo cual, aunque fue por mis pecados, no fue por mi negligencia.

Cuando después se conquistó y redujo al real servicio de vuestra alteza, no menos se hizo que, sacado el quinto para vuestra majestad del oro que se fundió, yo hice que todas las joyas mis compañeros tuvieran a bien que, sin partir, se quedasen para vuestra alteza, que no fueron de menos valor y precio que las que primero teníamos; y así, con mucha brevedad y recaudo, las despaché todas, con treinta y tres mil pesos de oro en barras, y con ellos a Julián Alderete, que a la sazón era tesorero de vuestra majestad; y las tomaron los franceses. Tampoco fue mía la culpa, sino de aquellos que no proveyeron la armada que fue por ello a las islas de las Azores, como debieran para cosa de tanta importancia.

AL TIEMPO QUE yo me partí de esta ciudad para el golfo de las Hibueras, asimismo se enviaron a vuestra excelencia mil pesos de oro con Diego de Ocampo y Francisco de Montejo; y no se envió más, aun por parecerme a mí, y aun a los oficiales de vuestra majestad católica, que con enviar tanto junto aun excedíamos y pervertíamos la orden que vuestra majestad tiene mandado dar en estas partes en el llevar del oro; pero atrevímonos por la necesidad que supimos que vuestra sacra majestad tenía. Y con esto envié yo, asimismo, a vuestra grandeza, con Diego de Soto, criado mío, todo cuanto yo tenía, sin quedarme un peso de oro: que fue un tiro de plata, que me costó la plata y hechura y otros gastos de él más de treinta y cinco mil pesos de oro. También ciertas joyas que yo tenía de oro y piedras, las cuales envié no por su valor ni precio —aunque no era muy pequeño para mí—, sino porque habían llevado los franceses las que primero envié, y me pesó en el ánima que vuestra majestad sacra no las hubiese visto; y para que viese la muestra, y por ello, como desecho, considerase lo que sería lo principal, envié aquello que yo tenía. Así que, pues yo con tan limpio celo y voluntad quise servir a vuestra majestad católica con lo que yo tenía, no sé qué razón hay de creer que yo detuviese lo de vuestra alteza. También me han dicho los oficiales que, en mi ausencia, han enviado cierta cantidad de oro, por manera que nunca se ha cesado de enviar, todas las veces que para ello ha habido oportunidad.

También me han dicho, muy poderoso señor, que a vuestra majestad sacra han informado que yo tengo en esta tierra doscientos cuentos de renta de las provincias que o tengo señaladas para mí; y porque mi deseo no es ni ha sido otro, sino que vuestra católica majestad sepa muy de cierto mi voluntad a su real servicio y se satisfaga muy de hecho de mí, que siempre le he dicho y diré la verdad, no siendo cosa que yo pudiese hacer con que mejor eso se manifestase que con hacer de esta tan crecida renta servicio a vuestra majestad, y hácense a mi propósito muchas cosas, en especial que vuestra alteza perdiese ya esta sospecha —que tan pública por acá está— que vuestra majestad de mí tiene. Por tanto, a vuestra majestad suplico reciba en servicio todo cuanto yo acá tengo y en esos reinos me haga merced de los veinte cuentos de renta; y quedarle han los ciento ochenta, y yo serviré en la real presencia de vuestra majestad, donde nadie pienso me hará ventaja ni tampoco podrá encubrir mis servicios; y aun por lo de acá pienso será vuestra majestad de mí muy servido, porque sabré, como testigo de vista, decir a vuestra celsitud lo que a vuestro real servicio conviene que acá mandé proveer, y no podrá ser engañado por falsas relaciones.

Y certifico a vuestra majestad sacra que no será menos, ni de menos calidad, el servicio que allá haré en avisar de lo que se debe proveer para que estas partes se conserven, y los naturales de ellas vengan en conocimiento de nuestra fe, y vuestra majestad tenga acá perpetuamente muchas y muy crecidas rentas, y que siempre vayan en crecimiento y no en disminución, como han hecho las de las islas y tierra firme por falta de buena gobernación y de ser los Católicos Reyes, padres y abuelos de vuestra excelencia, avisados con celo de su servicio y no de particulares intereses, como siempre lo han hecho los que, en las cosas de estas partes, a sus altezas y a vuestra majestad han informado. O que fue ganarlas y haberlas sostenido hasta ahora, habiendo tenido para ello tantos obstáculos y embarazos, por donde no poco se ha dejado de acrecentar en ellas.

Dos cosas me hace desear que vuestra majestad sacra me haga tanta merced que se sirva de mí en su real presencia: la una y más principal, en satisfacer a vuestra majestad y a todo el mundo de mi lealtad y fidelidad en su real servicio; porque esto tengo en más que todos los otros intereses que en este mundo se me pueden seguir. Porque, por cobrar nombre de servidor de vuestra majestad y de su imperial y real corona, me he puesto a tantos y tan grandes peligros, y he sufrido trabajos tan sin comparación, y no por codicia de tesoros; que si esto me hubiera movido —pues he tenido hartos, digo para un escudero como yo—, no los hubiera gastado ni pospuesto por conseguir este otro fin, teniéndolo por más principal; aunque mis pecados no han querido darme lugar a ello, ni pienso que ya, en este caso, yo me podría satisfacer si vuestra majestad no me hiciese esta tan inmensa merced que le suplico. Y porque no parezca que pido a vuestra excelencia mucho porque no se me conceda —aunque todo cabría, y aun es poco, para yo venir sin afrenta, habiendo yo tenido en estas partes, en el real nombre de vuestra majestad, el cargo de la gobernación de ellas y haber, en tanta cantidad por estas partes, dilatado el patrimonio y señorío real de vuestra majestad, poniendo debajo de su real yugo tantas provincias pobladas de tantas y tan nobles villas y ciudades, y quitando tantas idolatrías y ofensas como en ellas a nuestro Creador se han hecho, y traído a muchos de los naturales a su conocimiento, y plantado en ellas nuestra santa fe católica—; en tal manera que, si estorbo no hay de los que mal sienten de estas cosas y su celo no es enderezado a este fin, en muy breve tiempo se puede tener en estas partes por muy cierto se levantará una nueva Iglesia, donde, más que en todas las del mundo, Dios Nuestro Señor será servido y honrado. Digo que, siendo vuestra majestad servido de hacerme merced de mandar dar en esos reinos diez cuentos de renta y que yo en ellos le vaya a servir, no será para mí pequeña merced, con dejar todo cuanto acá tengo; porque, de esta manera, satisfaciera mi deseo, que es servir a vuestra majestad en su real presencia, y vuestra celsitud, asimismo, se satisfaría de mi lealtad y sería de mí muy servido.

La otra, tener por muy cierto que, informada vuestra católica majestad de mí de las cosas de esta tierra, y aun de las islas, se proveería en ellas muy más cierto lo que conviniese al servicio de Dios Nuestro Señor y de vuestra majestad; porque se me daría crédito diciéndolo desde allá, lo que no se me dará aunque de acá lo escriba, porque todo se atribuirá —como hasta aquí se ha atribuido— a ser dicho con pasión de mi interés y no de celo que, como vasallo de vuestra sacra majestad, debo a su real servicio. Y porque es tanto el deseo que tengo de besar los reales pies de vuestra majestad y servirle en su real presencia, que no lo sabría significar, si vuestra grandeza no fuere servido, o no tuviera oportunidad de hacerme merced de lo que a vuestra majestad suplico para mantenerme en esos reinos y servirle, celsitud me haga merced de dejarme en esta tierra lo que yo ahora tengo en ella, o lo que en mi nombre a vuestra majestad se suplicare, haciéndome merced de ello de juro y de heredad para mí y mis herederos, con que yo no vaya a esos reinos a pedir por Dios que me den de comer; y con esto recibiré muy señalada merced. Vuestra majestad me mande enviar licencia para que yo me vaya a cumplir este mi tan crecido deseo; que bien sé y confío en mis servicios y en la católica conciencia de vuestra majestad sacra que, siéndole manifiestos, y la limpieza de la intención con que los he hecho, no permitirá que viva pobre. Harta causa se me había ofrecido con la venida de este juez de residencia para cumplir este mi deseo; y aun lo comencé a poner por obra, sino que dos cosas me lo estorbaron: la una, hallarme sin dinero para poder gastar en mi camino, a causa de haberme robado y saqueado mi casa, como vuestra sacra majestad ya creo de ello está informado; y la otra, temer con mi ausencia, entre los naturales de esta tierra, no hubiese algún levantamiento o bullicio, y aun entre los españoles, porque por ejemplo de lo pasado se podía muy bien juzgar lo porvenir.

Estando, muy católico señor, haciendo este despacho para vuestra sacra majestad, me llegó un mensajero de la mar del Sur con una carta en que me hacían saber que en aquella costa, cerca de un puerto que se dice Tecoantepeque, había llegado un navío que —según pareció por otra que se me trajo del capitán del dicho navío, la cual envío a vuestra majestad— es de la armada que vuestra majestad sacra mandó ir a las islas de Maluco con el capitán Loaisa. Y porque en la carta que escribió el capitán de este navío verá vuestra majestad el suceso de su viaje, no daré de ello a vuestra celsitud cuenta, más de hacer saber a vuestra excelencia lo que sobre ello proveí: y es que a la hora despaché, con mucha prisa, una persona de recaudo, para que fuese adonde el dicho navío llegó, y, si el capitán de él luego se quisiese tornar, le diese todas las cosas necesarias a su camino, sin faltarle nada, y se informase de él de su camino y viaje muy cumplidamente, por manera que de todo trajese muy larga y particular relación, para que yo la enviase a vuestra majestad, porque, en esta vía, vuestra alteza fuese más brevemente informado.

Y, por si el navío trajese alguna necesidad de reparo, envié también un piloto para que lo trajese al puerto de Zacatula, donde yo tengo tres navíos muy a punto para partir a descubrir por aquellas partes y costas, para que allí se remedie y se haga lo que más conviniere al servicio de vuestra majestad y bien del dicho viaje. En habiendo la información de este navío, la enviaré luego a vuestra majestad, para que de todo sea informado y envíe a mandar lo que fuese su real servicio.

MIS NAVÍOS DE la mar del Sur están —como a vuestra majestad he dicho— muy a punto para hacer su camino; porque, luego como llegué a esta ciudad, comencé a dar prisa en su despacho; y ya fueran partidos, sino por esperar a ciertas armas, artillería y munición que me trajeron de esos reinos para ponerlo en los dichos navíos, porque vayan a mejor recaudo. Y yo espero en Nuestro Señor que, en ventura de vuestra majestad, tengo de hacer en este viaje un muy gran servicio; porque, ya que no se descubra estrecho, yo pienso dar por aquí camino para la Especiería, que en cada un año vuestra majestad sepa lo que en toda aquella tierra se hiciere. Y si vuestra majestad fuere servido de mandarme conceder las mercedes que, en cierta capitulación, envié a suplicar se me hiciesen cerca de este descubrimiento, yo me ofrezco a descubrir por aquí toda la Especiería y otras islas, si hubiere, cerca de Maluco y Malaca y la China; y aun de dar tal orden que vuestra majestad no haya la Especiería por vía de rescate —como la ha el rey de Portugal—, sino que la tenga por cosa propia, y los naturales de aquellas islas le reconozcan y sirvan como a su rey y señor natural. Porque yo me ofrezco, con el dicho aditamento, a enviar a ellas tal armada, o ir yo con mi persona, por manera que las sojuzgue y pueble, y haga en ellas fortalezas, y las bastezca de pertrechos y artillería, de tal manera que a todos los príncipes de aquellas partes —y aun a otros— se puedan defender. Y si vuestra majestad fuere servido que yo entienda en esta negociación, concediéndome lo que pido, creo será de ello muy servido; y ofrezco que, si como he dicho no fuere, vuestra majestad me mande castigar como a quien a su rey no dice verdad. También, después que vine, he provisto enviar por tierra y por la mar a poblar el río de Tabasco —que es el que dicen de Grijalva— y conquistar muchas provincias que están en sus comarcas, de que Dios Nuestro Señor y vuestra majestad serán muy servidos; y los navíos que van y vienen a estas partes reciben mucho provecho en poblarse aquel puerto y apaciguarse aquella costa, porque allí han dado muchos navíos al través y, por estar la gente indómita, han muerto todos los españoles que iban en los navíos.

También envío a la provincia de los zapotecas —de que ya vuestra majestad está informado— tres capitanías de gente que entren en ella por tres partes, para que con más brevedad den fin a aquella demanda; que, cierto, será muy provechosa, por el daño que los naturales de aquella provincia hacen en los otros naturales que están pacíficos, y por tener —como tienen— ocupada la más rica tierra de minas que hay en esta Nueva España, de donde, conquistándose, vuestra majestad recibirá mucho servicio.

También tengo enhilado, y ya harta parte de gente allegada, para ir a poblar el río de Palmas, que es en la costa del norte, abajo del de Pánuco, hacia la Florida; porque tengo información que es muy buena tierra y es puerto. No creo que menos allí Dios Nuestro Señor y vuestra majestad serán servidos que en todas las otras partes, porque yo tengo muy gran nueva de aquella tierra.

Entre la costa del norte y la provincia de Mechuacán hay cierta gente y población que llaman chichimecas; son gentes muy bárbaras y no de tanta razón como estas otras provincias. También envío ahora sesenta de a caballo y doscientos peones, con muchos de los naturales, nuestros amigos, a saber el secreto de aquella provincia y gentes. Llevan mandado por instrucción que, si hallaren en ellos alguna aptitud o habilidad para vivir como estos otros viven, y venir en conocimiento de nuestra fe y reconocer el servicio que a vuestra majestad deben, que trabajen por todas las vías posibles en apaciguarlos y traer al yugo de vuestra majestad, y pueblen entre ellos en la parte que mejor les pareciese; y, si no lo hallaren como arriba digo y no quisieren ser obedientes, les hagan guerra y los tomen por esclavos, porque no haya cosa superflua en toda la tierra, ni que deje de servir ni reconocer a vuestra majestad. Y trayendo estos bárbaros por esclavos —que son gente salvaje— será vuestra majestad servido y los españoles aprovechados, porque sacarán oro en las minas, y aun en nuestra conversación podrá ser que algunos se salvasen.

Entre estas gentes he sabido que hay cierta parte muy poblada de muchos y muy grandes pueblos, y que la gente de ellos viven a la manera de los de acá, y aun algunos de estos pueblos se han visto por españoles. Tengo por muy cierto que poblarán aquella tierra, porque hay grandes nuevas de ella de riqueza de plata.

Cuando yo, muy poderoso señor, partí de esta ciudad para el golfo de las Hibueras, dos meses antes que partiese despaché un capitán a la villa de Coliman, que está en la mar del Sur, ciento cuatro leguas de esta ciudad; al cual mandé que siguiese desde aquella villa la costa del sur abajo, hasta ciento cincuenta o doscientas leguas, no a más efecto que saber el secreto de aquella costa y si en ella había puertos. El cual dicho capitán fue, como yo le mandé, hasta ciento treinta leguas de la dicha villa de Coliman por la costa abajo, y algunas veces veinte o treinta leguas la tierra adentro; y me trajo relación de muchos muertos que halló en la costa —que no fue poco bien para la falta que de ellos hay en todo lo descubierto hasta allí—, y de muchos pueblos y muy grandes, y de mucha gente y muy diestra en la guerra, con los cuales hubo ciertos reencuentros; y apaciguó muchos de ellos. Y no pasó más adelante porque llevaba poca gente y porque no halló yerba. Y, entre la relación que trajo, me dio noticia de muy gran río, que los naturales le dijeron que había diez jornadas de donde él llegó, del cual y de los pobladores de él le dijeron muchas cosas extrañas. Le torno a enviar con más copia de gente y aparejo de guerra, para que vaya a saber el secreto de aquel río; y, según la anchura y grandeza que de él señalan, no tendría en mucho ser estrecho. En viniendo, haré relación a vuestra majestad de lo que de él supiere.

De todos estos capitanes de estas entradas están ahora para partir casi a una. Plega[8] a Nuestro Señor de guiarlos como él se sirva; que yo, aunque vuestra majestad más me mande desfavorecer, no tengo de dejar de servir; que no es posible que, por tiempo, vuestra majestad no conozca mis servicios. Y ya que esto no sea, yo me satisfago con hacer lo que debo, y con saber que a todo el mundo tengo satisfecho, y le son notorios mis servicios y la lealtad con que los hago; y no quiero otro mayorazgo para mis hijos sino éste.

---

[8] Forma antigua del verbo plazer (hoy placer o complacer). "Plega a Nuestro Señor" significa literalmente: "Plázcale a Nuestro Señor" o "Ojalá quiera Dios".

Invictísimo César, Dios Nuestro Señor la vida y muy poderoso estado de vuestra sacra majestad conserve y aumente por largos tiempos, como vuestra majestad desea.

De la ciudad de Tenuxtitán, a 3 de septiembre de 1526 años.

CONTENIDO

TRES MIL KILÓMETROS DE MÉXICO A HONDURAS 5

PRIMERA CARTA DE RELACIÓN (JULIO 10 DE 1519): CORTÉS ES RECIBIDO POR MOCTEZUMA 9

SEGUNDA CARTA DE RELACIÓN (30 DE OCTUBRE DE 1520): LA VIOLENTA CONQUISTA DE TENOCHTITLÁN 43

TERCERA CARTA DE RELACIÓN (15 DE MAYO DE 1522): EVANGELIZACIÓN A SANGRE Y FUEGO 145

CUARTA CARTA DE RELACIÓN (15 DE OCTUBRE DE 1524): TRAICIONES Y LA EXPEDICIÓN FALLIDA EN HONDURAS 253

QUINTA CARTA DE RELACIÓN (3 DE SEPTIEMBRE DE 1526 AÑOS): INFORME DEL VIAJE DEL CONQUISTADOR EN HONDURAS 301